中国近代史学文献丛刊

王　东　李孝迁／主编

国家出版基金项目
NATIONAL PUBLICATION FOUNDATION

《辩证唯物主义与历史唯物主义》在中国

任虎／编校

上海古籍出版社

2022年度国家出版基金资助项目

国家社科基金重大项目
"现代中国马克思主义史学文献的调查、整理和研究（1900-1949）"
（18ZDA169）

上海市教育委员会科研创新计划重大项目
"'行动的指针'：中共史家的国史书写（1941—1979）"
（2023SKZD06）

华东师范大学社会主义历史与文献研究院、
"中国历史学话语体系建设与国际传播基地"资助项目

浙江省哲学社会科学规划青年课题
"斯大林《辩证唯物主义与历史唯物主义》与中国马克思主义史学研究
（24NDQN117YBM）

杭州市哲学社会科学规划"优秀青年人才"专项课题
"早期中国马克思主义史家的唯物史观转向研究（1920—1950年代）"
（2023QNRC26）

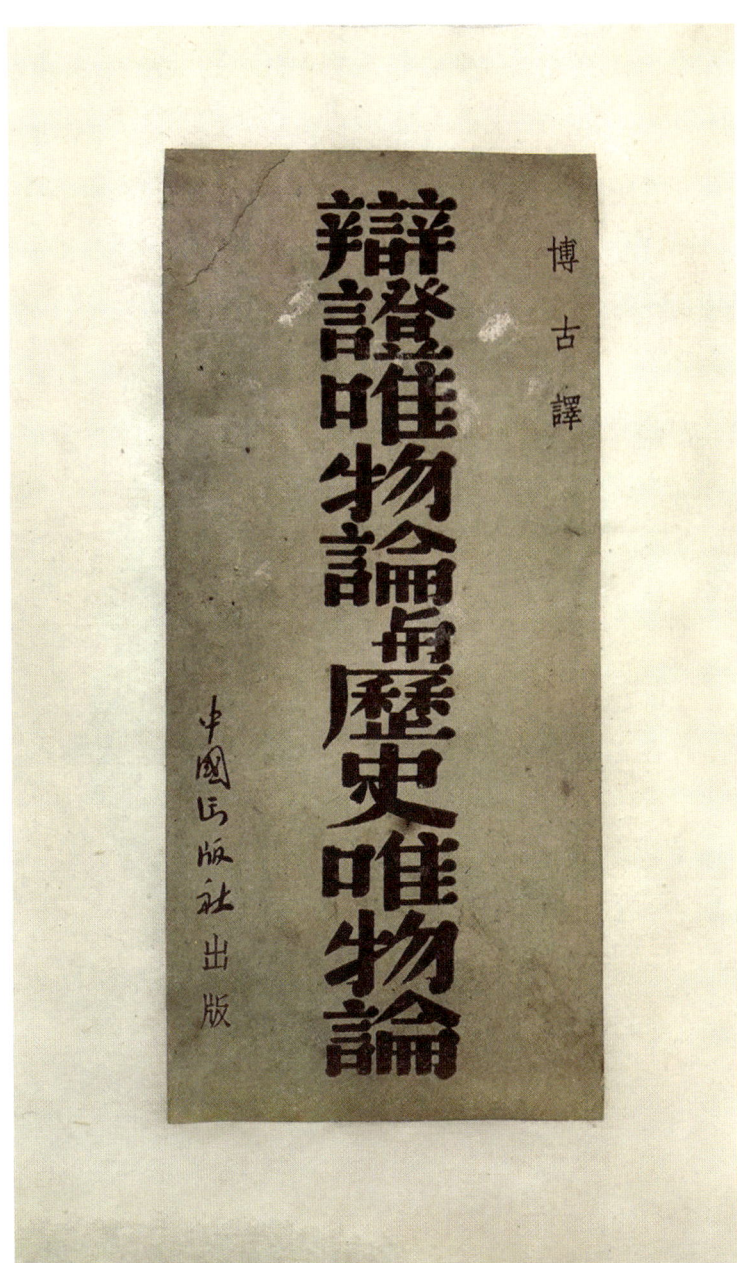

博古译《辩证唯物论与历史唯物论》书影

丛刊缘起

学术的发展离不开新史料、新视野和新方法,而新史料则尤为关键。就史学而言,世人尝谓无史料便无史学。王国维曾说:"古来新学问之起,大都由于新发现。"无独有偶,陈寅恪亦以为"一时代之学术,必有其新材料与新问题",取用此材料,以研求问题,则为此时代学术之新潮流;顺此潮流者,谓之预流,否则谓之未入流。王、陈二氏所言,实为至论。抚今追昔,中国史学之发达,每每与新史料的发现有着内在联系。举凡学术领域之开拓、学术热点之生成,乃至学术风气之转移、研究方法之创新,往往均缘起于新史料之发现。职是之故,丛刊之编辑,即旨在为中国近代史学史学科向纵深推进,提供丰富的史料支持。

当下的数字化技术为发掘新史料提供了捷径。晚近以来大量文献数据库的推陈出新,中西文报刊图书资料的影印和数字化,各地图书馆、档案馆开放程度的提高,近代学人文集、书信、日记不断影印整理出版,凡此种种,都注定这个时代将是一个史料大发现的时代。我们有幸处在一个图书资讯极度发达的年代,当不负时代赋予我们的绝好机遇,做出更好的研究业绩。

以往研究中国近代史学,大多关注史家生平及其著作,所用材料以正式出版的书籍和期刊文献为主,研究主题和视野均有很大的局限。如果放宽学术视野,把史学作为整个社会、政治、思潮的有机组成部分,互相联络,那么研究中国近代史学所凭借的资料将甚为丰富,且对其也有更为立体动态的观察,而不仅就史论史。令人遗憾的是,近代史学文献资料尚未有系统全面的搜集和整理,从而成为学科发展的瓶颈之一。适值数字化时代,我们有志于从事这项为人作嫁衣裳的事业,推出《中国近代史学文献丛刊》,计划陆续出版各种文献资料,以飨学界同仁。

丛刊收录文献的原则：其一"详人所略,略人所详",丛刊以发掘新史料为主,尤其是中西文报刊以及档案资料;其二"应有尽有,应无尽无",丛刊并非常见文献的大杂烩,在文献搜集的广度和深度上,力求涸泽而渔,为研究者提供一份全新的资料,使之具有长久的学术价值。我们立志让丛刊成为相关研究者的案头必备。

这项资料整理工作,涉及面极广,非凭一手一足之力,亦非一朝一夕之功,便可期而成,必待众缘,发挥集体作业的优势,方能集腋成裘,形成规模。华东师范大学历史学系,在史学理论与史学史研究领域有着长久深厚的学术传统,素为海内外所共识。我们有责任,也有雄心和耐心为本学科的发展贡献绵薄之力。在当下的学术评价机制中,这些努力或许不被认可,然为学术自身计,不较一时得失,同仁仍勉力为之。

欢迎学界同道的批评！

斯大林《辩证唯物主义与历史唯物主义》在中国的传播
——代前言

斯大林的《辩证唯物主义与历史唯物主义》(以下简称《主义》)是马克思主义经典著作之一,实现了马克思、恩格斯、列宁关于"写出一本关于马列主义党的哲学之系统解释"的任务,[①]被誉为"马克思列宁主义哲学发展中的新的最高阶段",[②]将历史科学提升到"更高的水平"的理论源泉。[③] 因此,《主义》自1938年底传入中国以来就得到"以苏为师"的中国共产党的高度认可。以往学界对马克思主义经典文本在华传播的考察,多集中在《共产党宣言》《资本论》《家庭、私有制和国家的起源》《国际歌》等,而对《主义》的研究尚处于初始阶段。[④] 本文通过搜集、比对《主义》的十数种珍稀译本,[⑤]结合大量档案文献资料,试图梳理其文本形成和在华传播过程。

[①] 〔苏〕米丁:《论斯大林的〈辩证唯物主义与历史唯物主义〉——斯大林的〈辩证唯物主义与历史唯物主义〉在马列主义哲学思想发展中的作用和意义》,杨献珍译,生活·读书·新知三联书店,1950年,第2页。
[②] 〔苏〕马卡洛夫:《论斯大林著〈辩证唯物论与历史唯物论〉》,潘舒心译,学习杂志社,1952年,第1页。
[③] 〔苏〕西道洛夫:《斯大林与苏联历史学》,邱伯年译,中华书局,1951年,第40页。
[④] 参见李长林:《恩格斯的〈家庭、私有制和国家的起源〉一书在中国的传播——纪念中译本首次出版八十周年》,《湖南师范大学社会科学学报》2009年第6期;徐洋、林芳芳:《〈资本论〉在中国的翻译、传播和接受(1899—2017)》,《马克思主义与现实》2017年第2期;方红:《〈共产党宣言〉百年汉译出版及传播考释》,《出版发行研究》2020年第5期;宋逸炜:《"英特纳雄耐尔"的文本传布与象征意义——基于三十九份〈国际歌〉文本的考察》,《学术月刊》2021年第6期;等等。
[⑤] 本文主要探讨斯大林《辩证唯物主义与历史唯物主义》中译本在中国的传播过程,其俄文本乃至中俄对照本虽也存在传播现象,但流传广度和深度均受到一定限制。以《辩证唯物主义与历史唯物主义》的重要载体《联共(布)党史简明教程》俄文本为例,据何兆武回忆,他在西北大学师范学院历史系执教时,"上面"发现诸多教师阅读俄文本《联共(布)党史简明教程》的现象后,就"下了一道令",规定"学习《联共党史》不准看俄文本!"参见何兆武口述,文靖执笔:《上班记》,香港牛津大学出版社,2022年,第14页。

一、成书过程

20世纪20年代中后期以来,联共(布)中央在取得对党内反对派斗争胜利,并通过一系列政治举措巩固领导权后,就试图整肃马克思主义理论领域,建立新权威体系。1930年12月,斯大林参加苏联红色教授学院党组织会议后,在苏联哲学界逐渐确立起为政治需要服务的工作方针。联共(布)中央宣传鼓动部部长明确宣布:"从现在起,要在各个领域包括哲学领域在内确立一个权威,这个权威就是我们的领袖斯大林。"①

20世纪30年代前中期,斯大林发起对人文科学领域尤其是哲学、历史学和政治经济学领域的改革。一方面,苏联哲学领域在这一时期相继出版一批以"辩证唯物主义"与"历史唯物主义"命名的著作。其中产生较大影响的有西洛可夫、爱森堡等著《辩证法唯物论教程》,米丁②、拉里察维基等著《辩证法唯物论》,米丁、拉祖莫夫斯基主编《辩证唯物论与历史唯物论》,它们都运用斯大林提出的"两条路线的斗争"理论。

《辩证法唯物论教程》是苏联"最近哲学大论战的总清算"后的早期代表,③总结了辩证法唯物论的"伊里奇〔列宁〕阶段",并强调斯大林对列宁主义的发展,使"内容更加丰富,更成就新的发展"。④《辩证法唯物论》介绍了苏联学界关于"史××〔斯大林〕给辩证法唯物论的发展",认为"史××〔斯大林〕"是对马克思主义理论"更加发展了的"。⑤《辩证唯物论和历史唯物论》作为"苏联哲学园地内实行总清除以后第一部最完备的新哲学和新社会学底教科书",总结了马克思主义的"邬梁诺夫

---

① 〔苏〕伏尔科夫:《复活・斯大林是怎样成为伟大哲学家的》,转引自李宗禹等:《斯大林模式研究》,中央编译出版社,1999年,第309页。
② 米丁是20世纪30年代苏联马克思主义哲学领域的领军人物之一,1933年在苏联红色教授学院主讲"辩证唯物论"课程。米丁的中译名计有"米丁""米定""米汀"等,为行文统一,本文正文一律采用通用译名"米丁",注释则保留实际译名。
③ 李达:《译者例言》,〔苏〕西洛可夫、爱森堡等:《辩证法唯物论教程》,李达、雷仲坚译,笔耕堂,1935年,第1页。
④ 〔苏〕西洛可夫、爱森堡等:《辩证法唯物论教程》,李达、雷仲坚译,第224页。
⑤ 〔苏〕米定、拉里察维基等:《新哲学大纲》,艾思奇、郑易里译,北平国际文化社,1936年,第166页。按,《新哲学大纲》为《辩证法唯物论》的中译名。

〔列宁〕阶段",①并表达出"约塞夫〔斯大林〕"理论的最新和权威性质。②该书基本固化了将马克思主义哲学二分为"辩证唯物主义"与"历史唯物主义"的模式,对《主义》具有直接影响。

另一方面,斯大林通过组织编写联共(布)党史,推动马克思主义理论与联共(布)革命实践相结合来揭示历史发展规律。1932年1月,联共(布)中央政治局在斯大林指导下通过"关于编写《联共(布)历史》"的决定。③ 但由于政治局势不稳定,编写进程直到1937年仍无较大进展。斯大林认为既有的党史论著存在历史分期问题,缺乏对过去党内路线斗争作哲学层面的"马克思主义的解释"。④ 因此,他亲自制定联共(布)党史的写作指南和历史分期大纲,并亲自写作《主义》。批评意见和《主义》分别于1937年5月和1938年9月在苏联《布尔什维克》和《真理报》登载。此后《主义》主要有三种形式存在,在发行单行本的同时,也被收入《联共(布)党史简明教程》(以下简称《联共党史》)和《列宁主义问题》第11版。这三种文本发行量巨大,被列为苏联共产党员和高校师生必读书。据统计,《主义》单行本仅第一版就发行300万册,⑤而《联共党史》从1938年至2003年共被翻译成126种文字,发行4 280万部。⑥

《主义》对以往马克思主义理论体系作了一定突破。首先,在理论体系方面。斯大林延续米丁的二分法,将马克思主义哲学划分为"辩证唯物主义"与"历史唯物主义",而在《主义》中进一步分为辩证法、哲学唯物主义和历史唯物主义三部分。他延续了恩格斯、列宁的"推广说",将历史唯物主义定义为"就是把辩证唯物主义原理推广去研究社会生活,就是把辩证唯物主义原理应用于社会生活现象,应用于研究社会,应用于研究社会历史"。⑦

---

① 沈志远:《序言》,〔苏〕米汀:《辩证唯物论与历史唯物论》上册,沈志远译,商务印书馆,1938年,第1—2页。
② 〔苏〕米汀:《辩证唯物论与历史唯物论》上册,沈志远译,第35页。
③ 〔苏〕罗伊·梅德维杰夫:《斯大林与〈联共(布)党史简明教程〉》,郑异凡译,《俄罗斯学刊》2015年第2期。
④ 〔苏〕斯大林:《论联共党史课本》,《解放》第1卷第13期,1937年8月9日。
⑤ 汉夫:《书报介绍:〈辩证唯物论与历史唯物论〉》,《杂志半月刊》第4卷第4号,1939年5月1日。
⑥ 转引自张树华、徐海燕:《俄重新出版发行〈联共(布)党史简明教程〉》,《红旗文稿》2006年第1期。
⑦ 〔苏〕斯大林:《辩证唯物主义与历史唯物主义》,任弼时译,解放社,1949年,第1页。

其次,在辩证法方面。斯大林在恩格斯的辩证法思想基础上作了一定变动,他总结了马克思主义辩证法的四个特征,分别是联系、发展、质变与量变,以及部分对立统一观点,而"抛弃"和"改正"了恩格斯强调的否定之否定规律。究其原因,斯大林根据苏联通过三个五年计划"实现了社会主义"的实践经验,论证了否定之否定规律并非完全正确。①

再次,在哲学唯物主义方面。斯大林归纳了哲学唯物主义的三个特征,主要包括世界是物质的,物质世界的运动有其规律;物质世界是意识以外而不依赖精神而存在,意识是物质的反映;物质世界及其规律是可认识的。②

最后,在历史唯物主义方面。斯大林通过批判"地理环境论"和"人口论"后,认为"社会底物质生活条件"是"人们生存所必需的生活资料底谋得方式"。斯大林概括生产的三个特点,并总结出社会历史发展的主要法则,包括劳动群众是历史的主人、五种社会形态论、阶级斗争和暴力革命等。③

早在《主义》未发表前,联共(布)中央政治局委员加里宁、莫洛托夫,以及《联共党史》主要编写者波斯别洛夫、雅罗斯拉夫斯基等人,就在阅读《主义》校样后作了高度肯定,认为其"理论内容之丰富让人震惊","把辩证唯物主义讲得更简单、明了和准确",是"对党史研究者来说十分新鲜的内容"。④《主义》发表后,它的理论内容得到苏联学界的广泛认可。⑤ 米丁将《主义》标榜为联共(布)和苏维埃人民争取共产主义胜利斗争中的"一个强有力的思想武器"。⑥ 马卡罗夫将其誉为"马克思列宁主义哲学中一切基本思想的百科全书",扼要、系统地解决了马列主义哲学中的一切基本问题。⑦ 苏联科学院马恩列学院更将其盛

---

① 李圣悦:《学习斯大林的历史学说》(手稿),吴诗陶记录,1953年12月21日,第3、15页。按,该手稿由邬国义老师提供,谨致谢忱。
② 〔苏〕斯大林:《辩证唯物主义与历史唯物主义》,任弼时译,第15—19页。
③ 〔苏〕斯大林:《辩证唯物主义与历史唯物主义》,任弼时译,第29—33、35—51页。
④ 转引自〔苏〕罗伊·梅德维杰夫:《斯大林与〈联共(布)党史简明教程〉》,郑异凡译,《俄罗斯学刊》2015年第2期。
⑤ 参见任虎:《〈联共(布)党史简明教程〉与中国马克思主义史学(1919—1980)》,《人文杂志》2021年第6期。
⑥ 〔苏〕米丁:《论斯大林的〈辩证唯物主义与历史唯物主义〉》,杨献珍译,第51—52页。
⑦ 〔苏〕马卡罗夫:《论斯大林著〈辩证唯物主义与历史唯物主义〉》,潘舒心译,第3页。

赞为"把辩证唯物主义提到了新的、更高的阶段,这真正是马列主义哲学思想底顶峰"。①

《主义》通过简明扼要和官方性质的文字叙述,在一定程度上统一了以往关于马克思主义理论的分歧。《主义》的理论具有"异常的力量和不可反驳性",②传入中国以后被中共树立为权威理论,成为学习马列主义的必读文本之一。

二、中译版本

1938年9月,《主义》在苏联发表后,迅速得到在苏中共学者和国内马克思主义者的高度重视,他们积极组织汉译和出版。1938年底至20世纪80年代,先后出现了七种译本。受《主义》俄文本的影响,中译本的传播类型主要为章节载体和单行本两种。

在章节载体方面,《主义》主要依托《联共党史》和《列宁主义问题》第11版。《联共党史》作为"在中国流行最广的一本马克思列宁主义的书籍",③1939年至1976年间,计有莫斯科外国文书籍出版局版、重庆中国出版社版、延安解放社版、上海启明社版、真理社版、人民出版社版六种中译本及相关翻印、节印本。《主义》在《联共党史》中的版本区别为:莫斯科版任弼时翻译《关于辩证唯物主义和历史唯物主义》(1939年1月)、重庆版博古(秦邦宪)组织翻译《辩证唯物论与历史唯物论》(1939年2、3月)、上海版吴清友翻译《关于辩证唯物论与历史唯物论》(1939年7月)、真理社版《关于辩证唯物主义和历史唯物主义》(1945年12月)、莫斯科新版《辩证唯物主义与历史唯物主义》(1948年),以及人民出版社版由中共中央马克思、恩格斯、列宁、斯大林著作编译局组织翻译《论辩证唯物主义和历史唯物主义》(1975年7月)六种。《列宁主义问题》第11版的中译本也在1940年前后发行,主要为莫斯科外

---

① 〔苏〕苏联马恩列学院编:《斯大林传略》,莫斯科外国文书籍出版局,1946年,第94页。
② 〔苏〕雅鲁斯拉夫斯基:《斯大林同志与〈联共(布)党史简明教程〉》,心清译,《解放》第128期,1941年5月15日。
③ 杨松:《关于〈联共(布)党史简明教程〉一书与马克思列宁主义底宣传》,《解放》第128期,1941年5月15日。

国文书籍出版局版,1949年以后也有多种版本,如东北书店版(1949年)、人民出版社版(1950年)、新华书店版(1950年)、中国人民解放军战士出版社版(1964年)等。

此外,《主义》还被收录在中国学者编辑的各种书籍中,底本来源于以上各种。1940年1月,艾思奇主编《哲学选辑》,就将博古译本收录其中,认为《主义》"对于辩证唯物论的几个根本要点有极深刻明了的阐明,可以当作全辑的序论看,读者不妨读它一遍,然后再阅全书"。① 同年,徐懋庸、何干之等以"中共延安社会科学研究会"名义增订再版《社会科学概论》,"特载"《主义》,以解决1938年旧版没有关于辩证唯物主义与历史唯物主义章节"美中不足"的问题。② 1949年以后,《主义》还被收入或节选入各种文集、丛书中,如《斯大林文选(1934—1952)》《斯大林选集》《斯大林全集》《辩证唯物主义与历史唯物主义经典著作介绍》《辩证唯物论与历史唯物论》《马克思、恩格斯、列宁、斯大林论辩证唯物主义与历史唯物主义》《马克思、恩格斯、列宁、斯大林、毛主席哲学著作选读》《马克思、恩格斯、列宁、斯大林著作选》《马克思主义哲学经典著作选编》等。

在单行本方面,《主义》主要有四种,分别是博古翻译《辩证唯物论与历史唯物论》(重庆中国出版社,1938年12月)、蓝火编译《辩证唯物主义与历史唯物主义》(上海世界文化出版社,1949年6月)、胡敏翻译《辩证唯物主义与历史唯物主义》(广州两广书店,1949年11月),莫斯科版也发行了单行本,常见有1946年、1949年、1950年三版。《主义》各译本的出版地涵盖西(重庆)、北(延安、莫斯科)、东(上海)、南(广州、香港)等地,各地翻印本更如星罗棋布般充盈大江南北,充分说明《主义》在中国的流行。

在《主义》各译本中,流行最广的是重庆版单行本和莫斯科版《联共党史》,前者在早期影响较大。《主义》的章节载体和单行本在数十年间的发行数量虽难以统计,但其影响之广泛与深远是毋庸置疑的。以下就几种主要版本略作介绍:

博古译本 博古译本是《主义》在国内的最早中译本。1938年9

---

① 《编前》,艾思奇主编:《哲学选辑》,解放社,1940年,第1页。
② 《增订再版序言》,徐懋庸、何干之等编著:《社会科学概论》,辽东建国书社,1946年,第3—4页。

月《主义》在《真理报》刊载后,博古就认识到它对马克思主义史学的巨大意义,认为它是"近年来苏联的历史科学及马克思主义理论底重大收获。……他对辩证唯物论与历史唯物论给了最正确而又简单的叙述。实为研究新哲学不可多得的佳作"。① 他根据《真理报》原文组织翻译,12月初以《辩证唯物论与历史唯物论》为书名在重庆中国出版社出版,次年2月在上海发行再版。博古译本共57页,没有目录,定价"国币一角五分",由生活书店代售。它与其他译本的最大区别在于使用"辩证唯物论与历史唯物论"名称,这是受到20世纪30年代国内学界广泛流行的"辩证唯物论""历史唯物论"概念的影响,尤其以沈志远译自米丁的《辩证唯物论与历史唯物论》(1936年、1938年)为典型。而自莫斯科版《主义》传入中国以后,"辩证唯物主义与历史唯物主义"开始取代"辩证唯物论与历史唯物论",逐渐被学界采用,但课程体系仍沿用"辩证唯物论与历史唯物论"名(见后文)。

任弼时译本　《联共党史》在1938年9月发表并正式出版后,共产国际在11月就作出要将它翻译为中、英、法、德等国语言的决定,由莫斯科外国文书籍出版局发行。②《联共党史》的翻译活动由中文部谢唯真组织,《主义》部分则由中共驻莫斯科代表任弼时具体担任翻译和校订工作。③ 因莫斯科版《联共党史》在1948年发行新版,所以任弼时译本有1939年和1948年两个版本,略有微调:首先,题名发生了改变,前者是"关于辩证唯物主义和历史唯物主义",后者是"辩证唯物主义与历史唯物主义";其次,框架上没有变化,均在总体上划分为"辩证唯物主义"和"历史唯物主义"两大块,并将前者细分为"辩证法"和"哲学唯物主义";再次,或因版次原因,初版34页,新版33页,体量大致相当;最后,新版改进了许多不合理或过时的译法,如"玄学"改译为"形而上学"。④

---

① 博古:《前言》,〔苏〕斯大林:《辩证唯物论与历史唯物论》,博古译,中国出版社,1939年,第1页。
② 朱宝强:《〈联共(布)党史简明教程〉在中国的翻译、出版与传播》,《党史研究与教学》2012年第4期。
③ 章学新:《任弼时(传略)》,中共中央文献研究室综合研究组编:《任弼时研究文集》,中共党史资料出版社,1989年,第184页。
④ 〔苏〕斯大林:《辩证唯物主义与历史唯物主义》,任弼时译,联共(布)中央特设委员会编:《联共(布)党史简明教程》,唯真编译,莫斯科外国文书籍出版局,1949年,第135页。

蓝火译本 蓝火译本初版于1949年6月,由上海世界文化出版社印行,陈独举发行,共61页,定价"国币二元五角"。该版虽早已在"四月排印"完毕,但由于上海白色恐怖,直到5月28日上海完全解放后才正式出版。[1] 在内容上,该版参考莫斯科1948年新版的痕迹较明显,但在细节上有较多调整,因此作者署名为"蓝火编译"。该版的创新之处在于:第一,根据《主义》具体内容,新设目录,概括出斯大林的主要观点,使读者仅需通过目录便可一窥全貌;第二,在文字论述中,因为斯大林惯用排比手法和多用逗号断句,造成读者不能正确分辨原文各对象之间的相互关系,蓝火遂增加了许多介词、连词以增强文字可读性。如"其所以叫作辩证唯物主义,是因为它对自然界现象的看法和它研究并认识自然界现象的方法是辩证的,而它对自然界现象的解释和了解,和它的理论是唯物主义的"。今人乍读此句中的"和",或觉其冗余,然而在语法和马克思主义基本理论并不普及的时代,在一定程度上有助于读者理解斯大林原意。[2]

胡敏[3]译本 胡敏译本的发行与东南地区解放战争的形势相关,1949年10月14日广州解放后,该书即于11月由两广书店出版,广州的光明书局、国光新书店、华南书店,厦门的长风书店和香港的百新书店发售。1950年1月,该版还在香港同志书店出版,由诚泰印务局发行。就内容而言,该版同蓝火译本相似,参考了莫斯科1948年新版。该版增设了目录,并对部分文字和语言结构作了修改,使阅读性得到提升。

自《主义》各译本出版后,各地多有翻印单行本或节印《联共党史》

---

[1] 〔苏〕斯大林:《辩证唯物主义与历史唯物主义》,蓝火编译,上海世界文化出版社,1949年,书末版权页。
[2] 〔苏〕斯大林:《辩证唯物主义与历史唯物主义》,蓝火编译,第1页。
[3] "胡敏"疑为胡明的同音名。胡明精通俄语,曾翻译多部苏联社会科学著作,如《新兴哲学体系》《政治经济学基础教程》《最新哲学辞典》《苏联历史教程》《向斯大林学习》等。他是上海光华书店创办人,该出版社以发行苏联社会科学著作为主。1949年以后,胡明曾在北京师范大学讲授"政治经济学",50年代中后期在北京某区担任"人民陪审员"。参见贾植芳:《迟到的悼念——纪念一位值得纪念的朋友卢扬(克绪)先生(1993年8月)》,《历史的背面——贾植芳自选集》,山东教育出版社,1998年,第180页;顾明远:《顾明远教授在从教六十周年庆典暨教育思想研讨会上的发言》,王英杰、曲恒昌编:《教育人生 明志致远——顾明远教授从教六十周年庆贺文集》,教育科学出版社,2009年,第30页;《文化部召开哲学、社会科学作家座谈会纪要(1957年5月21日、23日)》,中国出版科学研究所、中央档案馆编:《中华人民共和国出版史料》第9卷,中国书籍出版社,2004年,第171页。

中《主义》部分的现象,如1948年解放社版、西南人民革命大学版、华中新华书店版、大连大众书店版,1949年人民出版社版、华北人民革命大学版、冀鲁豫新华书店版,1950—1951年川北日报社版,1950—1952年南方大学版,1955年人民出版社版等。各地为进行思想改造和理论学习而翻印、节印的现象更无法统计。20世纪50年代,中共中央马克思、恩格斯、列宁、斯大林著作编译局组织重新翻译《主义》,因政治环境影响而未发行单行本,直到1975年7月,人民出版社将其作为《联共党史》的章节正式出版。

此外,为辅助学习《主义》,学界还从苏联引入多种辅助文本,主要有罗森塔尔与犹琴编《简明哲学辞典》、博古与高烈编译《辩证唯物论与历史唯物论基本问题》4分册、米丁主编《辩证唯物论与历史唯物论研究提纲》、米丁《论斯大林的〈辩证唯物主义与历史唯物主义〉》、马卡洛夫《论斯大林著〈辩证唯物论与历史唯物论〉》、西道洛夫《斯大林与苏联历史学》、斯杰潘宁《约·维·斯大林的天才著作〈论辩证唯物论与历史唯物论〉解释》等。

三、传播与接受

《主义》发行后,中共认识到它对构建马克思主义理论体系的重要意义,积极推动《主义》传播。毛泽东尚未接触《主义》时已高度认可斯大林理论,他在1938年10月强调:"马克思、恩格斯、列宁、斯大林的理论,是'放之四海而皆准'的理论。"[1]年底,博古版《主义》出版后,毛泽东就"系统"阅读重庆版并作详细批注。[2] 1941年9月,毛泽东强调:"报纸上要多登文章,奖励辩证唯物论的文章……研究马、恩、列、斯的思想方法论,以《联共党史》为学习的中心。"[3]1953年,斯大林逝世后,毛泽东把以《主义》为核心的斯大林理论体系提升到顶峰,他说:"斯大

---

[1] 毛泽东:《中国共产党在民族战争中的地位》,《毛泽东选集》第2卷,人民出版社,1991年,第533页。
[2] 田松年:《对几本哲学书籍的批注》,龚育之、逄先知、石仲泉编:《毛泽东的读书生活》,生活·读书·新知三联书店,1986年,第66页。
[3] 毛泽东:《反对主观主义和宗派主义》,《毛泽东文集》第2卷,人民出版社,1993年,第374页。

林同志全面地划时代地发展了马克思列宁主义的理论,把马克思主义发展推进到新的阶段。"①毛泽东反复阅读《主义》,20世纪60年代明确要求中国学者将《主义》作为参考和突破对象。②《主义》传入国内后,成为党建理论体系、高等院校课程改革以及唯物史观思想改造的主要学习内容之一。

在党建理论体系中,中共在各地的党校、干部教育中,将《主义》列为马列主义理论学习的必读书目。如1940年1月,中共中央发布《中央关于干部学习的指示》,强调将"历史唯物论与辩证唯物论"列入全党干部学习的高级必修课程。③ 6—10月,中宣部为配合学习运动,"组织专人"在延安宣讲《主义》。④ 1948年9月,中共中央发布《中共中央关于党校教学材料的规定》,规定各地党校要开设"辩证唯物论与历史唯物论"课程,并将《主义》列为六本"马克思主义基本理论"书之一。⑤

在延安,1939年8月5日,延安中共机关刊物《解放》第79期就用逾一半版面登载两篇关于学习斯大林理论和《主义》的文章。一篇强调中共六中全会后,干部要学习马克思、恩格斯、列宁、斯大林的学说,重点关注辩证唯物论与历史唯物论、马列主义和政治经济学,"特别是《联共党史》"。⑥ 另一篇则是由徐冰翻译自联共(布)中央的决议《关于〈联共(布)党史简明教程〉出版后党底宣传的决议》。《决议》也强调要将"辩证的历史的唯物论与列宁主义"结合成一个整体,并与"党的政策联系起来"。⑦

同月30日,艾思奇在《解放》第80期发表《怎样研究辩证法唯物

---

① 毛泽东:《最伟大的友谊》,人民出版社,1953年,第2—3页。
② 按,具有典型意义的是,1965年毛泽东在阅读李达《马克思主义哲学大纲(内部讨论稿)》上册后,就强调书中部分文字"不必抄斯大林"。这说明毛泽东对斯大林《辩证唯物主义与历史唯物主义》的内容相当熟悉,他对李达所著《大纲》的既定要求也是以突破《主义》为目标。转引自胡为雄:《毛泽东与〈辩证唯物主义 历史唯物主义〉的编写》,《北京行政学院学报》2016年第4期。
③ 《中央关于干部学习的指示(1940年1月3日)》,中共中央党史研究室第一研究部编:《共产国际、联共(布)与中国革命文献资料选辑(1938—1943)》,中共党史出版社,2012年,第168页。
④ 万树玉:《茅盾年谱》,浙江文艺出版社,1986年,第266页。
⑤ 《中共中央关于党校教学材料的规定(1948年9月15日)》,中共中央文献研究室、中央档案馆编:《建党以来重要文献选编(1921—1949)》第25册,中央文献出版社,2011年,第474页。
⑥ 罗迈:《我们要学习什么?怎样学习?》,《解放》第79期,1939年8月5日。
⑦〔苏〕联共(布)中央:《关于〈联共(布)党史简明教程〉出版后党底宣传的决议——联共(布)中央决议》,徐冰译,《解放》第79期,1939年8月5日。

论》。他在论及如何具体"把握辩证法唯物论的步骤"时,建议初学者读完一两本入门书以后,应进一步阅读"《联共党史》(特别是第四章第二节)〔即《主义》〕"等书,来"把握辩证法唯物论本身的基本观点"。① 1946 年,陈伯达比较马克思主义者的宇宙观与孙中山的宇宙观时,以《主义》对英雄史观的批判文字作为理论依据。② 1949 年,哲学研究社增订《新哲学研究纲要》,不仅在书中附录《主义》,在各章中大量引用《主义》,将其列为参考书目之一;而且在第 6 章专论"斯大林对马克思、列宁主义哲学更进一步的发展",呼吁研究"斯大林同志《辩证唯物论与历史唯物论》一书,在马克思列宁主义哲学更往前发展中的意义"。③

在重庆,1939 年 3 月,《读书月报》编辑部在回答读者关于"唯物辩证法和历史唯物论的练习问题"时,就将重庆版《主义》列为初步学习书籍。④ 1940 年 1 月,沈志远发表《唯物辩证法家的斯大林》,系统介绍了《主义》。⑤ 10 月,向林冰认为《主义》"解决了社会主义社会和共产主义社会内生产力与生产关系的新质态、新规律问题",确立了"马克思主义理论发展中斯大林阶段"。⑥ 10 月底,侯外庐将《主义》作为理论武器,"根据斯大林所指示'社会主义的生产关系完全适应于生产力'的理论"来批判范同敏关于"剥削关系"和"生产方法"的观点。⑦ 同年,邓初民在《社会史简明教程》中也大量采用《主义》来作为"唯物论"理论依据,这在第 6 编第 3 章第 3 节《社会主义社会的哲学》中最为明显。⑧ 1946年,侯外庐、罗克汀合著《新哲学教程》不仅大量引用《主义》,而且强调斯大林是列宁哲学的"光辉的继承人"。《新哲学教程》突出《主义》的价

---

① 艾思奇:《怎样研究辩证法唯物论》,《解放》第 82 期,1939 年 8 月 30 日。
② 陈伯达:《论共产主义者对于三民主义关系的几个问题》,《论三民主义》,胶东新华书店,1946 年,第 56—58 页。
③ 哲学研究社编著:《新哲学研究纲要(增订版)》,实践出版社,1949 年,第 173 页。
④ 《唯物辩证法和历史唯物论的练习问题(答汪纯鑫)》,《读书月报》第 1 卷第 2 期,1939 年 3 月 1 日。
⑤ 沈志远:《唯物辩证法家的斯大林——纪念斯大林先生六十寿辰》,《理论与现实》第 1 卷第 4 期,1940 年 2 月 15 日。
⑥ 向林冰:《苏联三个五年计划中的理论斗争》,《中苏文化》"苏联十月革命 23 周年纪念特刊",1940 年 11 月 7 日。按,该文落款为"一九四〇·十·十五"。
⑦ 侯外庐:《历史阶段的了解》,《读书月报》第 2 卷第 9 期,1940 年 12 月 1 日。按,该文落款为"十月三十一日"。
⑧ 邓初民:《社会史简明教程》,生活书店,1945 年,第 260—262 页。

值在于:"一、具体地将辩证法分成四个要点;二、指出了理论和政治的实际联系;三、指出了社会主义社会的特殊法则。"①

在高等院校课程改革中,随着1949年后唯物史观被确立为指导思想,"辩证唯物论与历史唯物论"被列为全国各高校重要必修、选修课程。1949年10月,华北人民政府高等教育委员会颁布《华北专科以上学校1949年度公共必修课过渡时期实施暂行办法》,规定各院校第一学期必修"辩证唯物论和历史唯物论(包括社会发展史)"。② 北京高校积极响应,争相开展以辩证唯物主义与历史唯物主义、社会发展史为主要内容的马列主义学习活动。北京大学在当年就将"辩证唯物论与历史唯物论"列为各年级必修课程,艾思奇在全校动员大会上呼吁加强对该课程的学习,有教授还特别在该课程的讨论会中将《主义》列为学习第一位。③

1950年2月,中央人民政府教育部副部长钱俊瑞强调课程改革要"开设和加强革命的政治课(包括社会发展史、辩证唯物论与历史唯物论、政治经济学、新民主主义论等)"。④ 1951年,教育部专门指示华北地区各高校要在1951年度上学期开展"'辩证唯物论与历史唯物论'等课"的教学工作,并将"社会发展史"课程改为"辩证唯物论与历史唯物论"。⑤ 1952年,全国高等院校调整,在年底制定的文科统一教学计划中,规定将"辩证唯物论与历史唯物论"设为四门政治理论课之一,课时量为480学时。1955年9月,高等教育部发布新教学计划,仍规定综合大学将"辩证唯物论与历史唯物论"列入必修政治理论课程,且将课时量提升为500—600学时。⑥ 1954年,中央高等教育部发布《1954年

---

① 侯外庐、罗克汀:《新哲学教程》,上海新知书店,1946年,第64—66页。
② 《华北专科以上学校一九四九年度公共必修课过渡时期实施暂行办法(1949年9月29日)》,教育部社会科学司组编:《普通高校思想政治理论课文献选编(1949—2006)》,中国人民大学出版社,2007年,第2—3页。
③ 白胡:《政治课在北大》,《新建设》1949年第5期。
④ 《钱副部长在学联执委扩大会议报告改革旧教育建设新教育》,《人民日报》1950年2月26日,第3版。
⑤ 《教育部关于华北区各高等学校1951年度上学期进行"辩证唯物论与历史唯物论"等课教学工作的指示(1951年9月10日)》,教育部社会科学司组编:《普通高校思想政治理论课文献选编(1949—2006)》,第9—10页。
⑥ 《中国教育年鉴》编辑部编:《中国教育年鉴(1949—1981)》,中国大百科全书出版社,1984年,第251—252页。

度留学研究生专业考试科目》,要求历史专业留苏学生需要考试"辩证唯物论与历史唯物论"。①

"辩证唯物论与历史唯物论"课程的主要内容实际上是《主义》。1950年,马特与侯外庐在北京师范大学历史系开设"马列主义历史名著选读",就将《主义》列为重点内容,马特还根据教学体会在次年发表《学习斯大林的〈论辩证唯物主义和历史唯物主义〉》。② 1950年南方大学成立,由副校长陈唯实专门讲授"辩证唯物论与历史唯物论"和"斯大林对辩证法的新发展"。他在讲授《主义》第2章《马克思主义的哲学唯物论》时,"联系实际讲得好,使同学们思想上有很大提高"。③ 此外,费孝通也曾在清华大学担任"辩证唯物论与历史唯物论"课程的教职。④ 1949—1950年,王燕生、薛星奎、张遂五担任四川大学文学院历史学系"辩证唯物论与历史唯物论"课程的教职。⑤ 1952年,华中大学师范学院制定教学计划,也要求开设"马克思列宁主义基础(包括辩证唯物论与历史唯物论)"作为公共必修科目。⑥

在唯物史观思想改造方面,1949年以来全国掀起了以《主义》作为重要内容的思想改造运动。据蒋大椿回忆,在中华人民共和国成立初期的思想改造运动中,"尤其是斯大林的《论辩证唯物主义和历史唯物主义》对当时的人们的思想影响最深"。⑦ 1949年暑假,北平辅仁大学成立170人左右的教职员暑期学习会,专门系统学习"辩证唯物主义与历史唯物主义"。⑧ 1950年6月,毛泽东在中共七届三中全会上呼吁

---

① 中央高等教育部:《1954年度留学研究生专业考试科目》,四川大学学生工作部档案:《高教部、教育部、西南行委高教局、省府办公厅、人事厅等关于选拔留苏研究生的来信》,档案号:1954—6。
② 参见北京师范大学档案馆教务处档案:《北京师范大学历史系一九五零年度第一学期课程表》,《一九五零年各系班级课程表》,档案号:1950—15;马特:《学习斯大林的〈论辩证唯物主义和历史唯物主义〉》,《新建设》1951年第1期。
③ 何锦州:《我就读于中共中央委员叶剑英同志创办的南方大学》,江门市政协文史资料委员会编:《江门文史》第32辑,江门市政协文史资料委员会,1996年,第6页。
④ 费孝通:《知识份子与政治学习》,费孝通等编:《旧人物的改造》,通俗文化出版社,1950年,第2页。
⑤ 四川大学教务处档案:《学校1950年度第一学期课程表》,档案号:1950—103。
⑥ 师范学院教学计划(草案)总说明(1952年7月)》,华中师范大学教务处档案:《一九五二年教学计划、课程表》,档案号:1952—1—1。
⑦ 蒋大椿:《近五十年来的史学理论研究》,《安徽大学学报》1999年第6期。
⑧ 《辅大教职员的暑期学习》,《人民日报》1949年8月6日,第5版。

"教育和改造"全国知识分子,学习"社会发展史、历史唯物论等几门课程"。① 1951年、1954年,学界先后开展对《武训传》和以胡适、俞平伯等为代表的资产阶级唯心主义思想的批判,运动特别强调要研读斯大林在"哲学方面的著作",积极"研读和复习"苏联关于辩证唯物主义与历史唯物主义的论著,并以中国人民大学为代表举行演讲。② 其中苏联专家弗·然·克列专门作《关于斯大林的著作〈无政府主义还是社会主义?〉与〈辩证唯物主义与历史唯物主义〉中的历史唯物论问题》的演讲,以说明《主义》在批判唯心论者、庸俗化者、反马克思主义者过程中的积极意义。③

1953年3月至1954年9月,山东大学组织全校师生学习社会发展史、斯大林《主义》和《马克思主义与语言学问题》等,校长华岗还多次在全校演讲关于《主义》的内容和价值。④ 通过学习,山东大学师生"树立了辩证唯物主义的观点",能够"初步运用了辩证唯物观点,打下了开展科学研究工作的基础","掌握辩证唯物观点来改进业务,提高教学质量和工作质量","获得了辩证唯物论的基本知识,为今后学习马克思列宁主义理论打下了基础"。历史系主任杨向奎通过学习,开始将辩证唯物主义与历史唯物主义观点与中国古代历史分期问题相结合。⑤ 历史系教师童书业甚至可以"背诵《联共(布)党史》'四章二节'"。⑥ 1953年12月,上海华东师范大学由李平心做《学习斯大林的历史学说》讲座,强调开展历史教学和历史研究"就不得不学习斯大林的历史学说",要在历史研究中结合《主义》的辩证法和哲学唯物主义理论。⑦

综上可知,《主义》自传入中国以来,就从政治和学术两方面被确立为马列主义的"中心文本",对中共党建理论建设、高校课程体系改革、唯

---

① 毛泽东:《不要四面出击》,《毛泽东文集》第6卷,人民出版社,1993年,第74页。
② 《广泛宣传辩证唯物主义,批判资产阶级唯心主义》,《教学与研究》1955年第3期。
③ 〔苏〕弗·然·克列:《关于斯大林的著作〈无政府主义还是社会主义?〉与〈辩证唯物主义与历史唯物主义〉中的历史唯物论问题》,中国人民大学辩证唯物论与历史唯物论教研室资料室整理,《教学与研究》1955年第5期。
④ 按,关于华岗在山东大学演讲斯大林《辩证唯物主义与历史唯物主义》的讲座内容,可参阅《文史哲》1953年第4—6期、1954年第1、5、6、8期。
⑤ 《山东大学教职员"辩证唯物论"学习总结(一九五四年十一月)》,《文史哲》1955年第2期。
⑥ 刘光裕:《华岗与〈文史哲〉》,《出版史料》2006年第4期。
⑦ 李圣悦:《学习斯大林的历史学说》(手稿),吴诗陶记录,1953年12月21日。

物史观思想改造和历史研究影响巨大。甚至在中苏关系紧张阶段，《主义》仍是学界获取辩证唯物主义与历史唯物主义理论的主要来源之一。

结　　语

与马克思《共产党宣言》、恩格斯《家庭、私有制和国家的起源》等在20世纪20年代已传入中国的马克思主义经典论著相比，当《主义》在20世纪30年代末传入时，社会环境已发生根本性变化。在政治阵线上，中共在这一时期所面临的主要任务是巩固全民族统一战线和加强党的自身建设。在文化阵线上，中共开始成立专门从事俄文翻译的机关单位和出版社编译部，组织翻译苏联的马克思主义著作，如重庆中国出版社1938年底翻译的《主义》，延安解放社自1939年初编译的《斯大林选集》（5卷本）等；同时，中共积极响应共产国际号召，以推动国际共产主义运动发展，传播莫斯科外国文书籍出版局翻译出版的中译本论著，包括莫斯科版《联共党史》及《主义》。

《主义》以将辩证唯物主义与历史唯物主义理论应用到社会实践和历史研究作为根本目的，其作用主要体现在三个方面。第一，《主义》有效推动了中共马列主义学习运动，对加强党员的理论教育和思想整风具有直接影响；第二，《主义》关于唯物史观的定义和解释，尤其是"五阶段论"和历史分期特征，基本结束了社会史论战时期中国马克思主义史学界的分歧，推动了中国马克思主义史学界的统一；第三，随着抗日战争和解放战争走向胜利，《主义》的传播履迹遍及大江南北，促进了辩证唯物主义与历史唯物主义理论在全中国的传播。

值得注意的是，《主义》篇幅较小，全文2万余字，其文字简朴性和论述决绝性的特征虽然有利于普及和统一理论，但也容易造成局限性。《主义》片面强调社会历史发展的普遍适用性，对"五阶段论"的公式化处理，刻意突出苏联社会主义阶段的优越性，片面强调对立而忽视统一等诸多弊端，曾一度对中国学术与政治产生不良影响。随着理论实践的深入，中国马克思主义学者开始认识到《主义》的不足，华岗在20世纪50年代上半期就指出"马列主义'也不能定于一尊'……斯大林也是有错误的",①毛泽东在1957年还批评《主义》片面强调对立而忽视统一的做法。② 新时期以来,学界对《主义》作了较系统的拨乱反正,促进马克思主义中国化的进一步发展。

整理说明:此次汇编《〈辩证唯物主义与历史唯物主义〉在中国》,主要做了三方面的工作:其一,本书第一编"译本"搜集并挑选了1938—1949年间斯大林《辩证唯物主义与历史唯物主义》在中国传播的七种中译本,出版地涵盖了中国大部分地区,充分展现了斯大林《辩证唯物主义与历史唯物主义》的流行。本书第二编"接受",摘选了华岗、范文澜、艾思奇、吴泽、吴玉章、荣孟源、李平心以及西道洛夫对斯大林《辩证唯物主义与历史唯物主义》的学习和应用文章。这些文章说明了斯大林《辩证唯物主义与历史唯物主义》传入中国以后,受到中国马克思主义历史学者的服膺,逐渐成为唯物史观历史研究的理论指南和研究范式。其二,为了便于读者了解斯大林《辩证唯物主义与历史唯物主义》的文本形成和在中国的传播过程,以及它对中共党建理论体系、高等院校课程改革和唯物史观思想改造产生的影响,编校者撰写了本文作为代前言,希望对读者进一步认识这一经典文本在中国的传播和影响有所裨益。其三,因本书收录版本来源的多样性,每种原本的编辑质量和行文、标点规范并不一致,因此本书在编校过程中对错字、衍字、脱字等皆径改,对于行文和段落的格式,均按现行的出版规范重新标点。另,书中的"编者""编者注"为译稿原文,非编校者注释。民国时期外国人名译法、字词用法多样,为保留原貌,本书不作修改。本书的编校工作皆由本人负责,如有失误不当之处,真诚期待学界同行的批判指正!

任 虎
2021年夏于樱桃河畔

---

① 转引自刘光裕:《华岗与〈文史哲〉》,《出版史料》2006年第4期。
② 毛泽东:《在省市自治区党委书记会议上的讲话》,《毛泽东文集》第7卷,人民出版社,2004年,第194—195页。

目　录

丛刊缘起　/ 1
斯大林《辩证唯物主义与历史唯物主义》在中国的传播
　　——代前言　/ 1

译　本

辩证唯物论与历史唯物论　博　古　译 / 3
关于辩证唯物主义和历史唯物主义　任弼时　译 / 29
关于辩证唯物论与历史唯物论　吴清友　译 / 57
关于辩证唯物主义和历史唯物主义　佚　名　译 / 83
辩证唯物主义与历史唯物主义　任弼时　译 / 111
辩证唯物主义与历史唯物主义　胡　敏　译 / 137
辩证唯物主义与历史唯物主义　蓝　火　编译 / 165

接　受

研究中国历史的锁钥　华　岗 / 195
关于上古历史阶段的商榷　范文澜 / 202
辩证法唯物论怎样应用于社会历史的研究　艾思奇 / 212
中国历史研究法（选）　吴　泽 / 226
研究中国历史的方法　吴玉章 / 253
学习斯大林的《辩证唯物主义与历史唯物主义》　荣孟源 / 288
学习斯大林的历史学说　李平心 / 298
斯大林与苏联历史学　А.Сидоров / 321

译 本

辩证唯物论与历史唯物论

博 古 译

前　言

　　呈献于读者之前的这本小册子是《苏联共产党（布）史简明教程》中的第四章底一节。该书为苏联共产党中央党史编辑委员会所编，经苏联共产党中央委员会审定的。连续发表于本年九月九日至十九日的《真理报》。这本书是近年来苏联的历史科学及马克思主义理论底重大收获。全书已在翻译之中，不久即可刊印。本节在全书中可成为独立的一节，而且他对辩证唯物论与历史唯物论给了最正确而又简单的叙述。实为研究新哲学的不可多得的佳作。特先付印为单行本。

　　译文是根据本年九月十二日的《真理报》所载的原文。其中马克思、昂格斯、列宁的引证文句，国内虽有的已有译本，但一时难于收集，故悉照原文重译。所注书名、卷数、页数亦均为俄文版的卷数、页数。

译者，一九三八·十二·五

辩证唯物论是马克思主义、列宁主义政党的宇宙观。这个宇宙观的所以称为辩证唯物论是因为他对自然界现象的态度、他研究自然界现象的方法、他对这些现象的认识的方法是辩证的,而他对自然界现象的解释、他对自然界现象的了解、他的理论是唯物论的。

历史唯物论是将辩证唯物论的论点扩展于社会生活的研究上,是将辩证唯物论的论点应用于社会生活现象,应用于研究社会、研究社会的历史。

在说明自己的辩证方法时,马克思与昂格斯常常引证黑格尔;黑格尔是完成了辩证法底基本要点的哲学家。但是,这不是说:马克思和昂格斯的辩证法与黑格尔的辩证法是一样的。实际上,马克思与昂格斯仅仅采用了黑格尔辩证法的"合理的核心",抛弃了黑格尔的唯心论的外壳并且继续发展了他,给了他以现代科学的形态。

马克思说:

> 我的辩证法不仅仅根本上和黑格尔的不同,而且正和他的直接相反。对于黑格尔,思维的过程(他称之为观念甚至变成为独立的主体)是现实的创造者,而现实只不过是他的外表。相反的,对于我,观念的东西只不过是移植在人的头脑中并在人的头脑中改造过了的物质的东西。(马克思:《资本论》第一卷《序言》)

在说明自己的唯物论时,马克思和昂格斯常常引证费尔巴哈,费尔巴哈是恢复唯物论的权力的哲学家。但是,这不是说:马克思和昂格斯的唯物论与费尔巴哈的唯物论是一样的。实际上,马克思和昂格斯采用了费尔巴哈唯物论的"基本的核心",并且继续发展了他成为唯物论的科学哲学的理论,抛弃了他的观念论的和宗教伦理学的杂质。大家知道:费尔巴哈虽则基本上是唯物论者,可是他起来反对唯物论这个名称。昂格斯不止一次地说过:费尔巴哈"不管他的唯物论的基础,但是还没有从老的唯心论的锁枷下解放起来"。"当我们接近他的伦理学及宗教哲学时,费尔巴哈的真正的唯心论就马上显露出来了。"(《马克思昂格斯全集》第十四卷,第六五二—六五四页)

辩证法这字是从希腊字"辩论"而来的。古代对辩证法之了解是指以发现对手的谈论中底矛盾及克服这些矛盾的方法来获得真理的艺术。在古代有些哲学家认为：发现思维过程中底矛盾及对立的意见底冲突，乃是发见真理的最好手段。这个思维的辩证的方法扩展其应用于自然现象，变成为认识自然之辩证的方法；这方法观察自然现象，是把他看做永远运动着和变化着的，而自然之发展乃是自然间矛盾发展底结果，是自然间对立力量的互动底结果。

辩证法是根本上和形而上学直接对立的。

（一）马克思主义的辩证法有以下的基本特点

甲、与形而上学相反，辩证法不把自然看做互相脱离、互相孤立、互相没有依存的对象和现象之偶然的堆集——而看做联结的统一的整体，在这里对象、现象有机地相互联结着、互相依存着、互相范围着。

因之辩证法认为：如果把自然界的现象，以其孤立的形态来看，离开其周围的现象来看，那么没有一个自然现象可以了解的，因为在自然界中任何部门的任何现象，如果在其周围条件之外脱离其周围条件来观察，那么都可以变为毫无意义的东西；相反地，如果从他和其周围现象之不可分割的联结上，从他对其周围现象的依存上来观察，那么任何现象都可了解、都可解释。

乙、与形而上学相反，辩证法观察自然不把他当做静止和不动、停滞和不变的状态，而看做不断的运动和变化、不断的更新和发展的状态，在这里永远是某种东西产生着、发展着，某种东西破坏着，过完了自己的时代。

因之辩证法要求：不仅要从现象的互相联结、互相依存的观点去观察现象，而且要从他们的运动、他们的变化、他们的发展的观点上，从他们的产生与衰亡的观点上去观察现象。

对于辩证法最重要的不是目前似乎坚固的而已经开始衰亡的东西，而是正在产生与发展的东西，即使这东西目前看来还是不坚固的。因为对于辩证法只有正在产生着与发展着的东西才是不可征服的。

昂格斯说：

整个自然界从最小的分子起到最大的体积止，从沙粒到太阳，从细胞到人,都是处在永远地产生与消灭中,处在不断的流动中,处在不停的运动与变化中。(《马克思昂格斯全集》第十四卷,第四八四页)

因此,昂格斯说:辩证法"主要地是从其互相联结、互相关联,从其运动、产生和消灭上来观察事物及其在头脑中底反映"(同上,第二三页)。

丙、与形而上学相反,辩证法观察发展的过程不当做简单的上升的过程,数量变化不引起质量变化的过程,而看做这样的发展。在这里,从小小的隐秘的数量的变化转变到公开的变化、根本的变化;在这里,质量的变化之到来不是逐渐的,而是迅速的、突然的,出之于从一种状态到另一种状态的跳跃式的转变。质量变化之到来不是偶然的,而是规律性的,是看不见的逐渐的数量变化底积累的结果。

因此辩证法认为:发展的过程不应该了解为转圈子的运动,为过去了的事物的简单的重复;而应该了解为前进的运动,为向上昂涨线的运动,为从旧的质量状态到新的质量状态之转变,为从简单到复杂、从低级到高级的发展。

昂格斯说:

> 自然是辩证法的试验石,而现代自然科学供给了这个试验以最丰富与日益增加着的材料,这便证明了在自然中归根到底一切是依辩证法而不是依形而上学完成着的。自然界不是在一个永远一样、经常重复的圆圈上运动的,而是经历着真正的历史。这里应该首先指出达尔文,他给了对自然之形而上学的观点以最有力的打击,他证明了整个现代的有机世界,植物和动物(人自然亦包括在内)是几千万年之久的发展过程的结果。(《马克思昂格斯全集》第十四卷,第二三页)

在说明辩证法发展之特点是从数量的变化到质量的变化之转变时,昂格斯说:

> 在物理学上……每种变化都是数量到质量的转变——某种固有的物体的数量变化或其所有的某种运动形式的数量变化底结

果。例如水的温度起初对于他的液体的状态是没有什么意义的，但是在增高或减低水之温度到某一时机，则水的凝结状态变化了，水或化为汽或结为冰……例如必须有一定的最低限度的电力才能使白金丝发光；例如每种金属都有他自己的溶解的温度；例如每种液体都有在一定的气压下特有的沸点与冰点——只要我们现有的工具能得出这样的温度。最后例如每种气体都有危险点，在这点上加上气压与冷化可以变成液体状态……所谓物理学上的定数，大部份实质上不过是一个联结点的名称，在这里运动的数量之增减（变化）唤起某种物体之质量的变化。这里就是数量转变为质量。（同上，第五二七页）

其次讲到化学，昂格斯继续道：

化学可以称为论物体在数量组成部份变化的影响之下发生质量变化的科学。这是黑格尔自己就知道了的……以氧气为例，则如果分子中不是两个而是三个原子，那么我们将得到臭氧，这与普通的氧气香味性能均异的物体。至于说到氧气与氮气或硫磺的各种不同的比例的结合，那么每一种都给予和其他各种不同的物体。（同上，第五二八页）

最后，在批评杜林时，（杜林攻击黑格尔的一切而同时轻轻地窃取黑格尔的著名的论点说：从无感觉的世界到感觉的世界，从无机世界到有机生活世界是一个到新的状态的跳跃。）昂格斯说：

这就是黑格尔的度量关系联接线啊！在这里纯粹数量的增减在一定联接点上唤起质量的跳跃，例如将水燃沸或冰冷，到一定的联结点——即沸点与冰点上（在一定的气压下）就完成了到新的物体状态的跳跃，这样，数量便转变为质量。（同上，第四五—四六页）

丁、与形而上学相反，辩证法的出发点是自然的对象，自然的现象都固有着内部矛盾，因为所有他们都有自己的正反两方面，自己的过去与将来、自己的衰亡方面与发展方面，而这些对立的斗争、新与旧之间的斗争、衰亡与生长之间的斗争、消灭与发展之间的斗争组成了发展过程底内部的内容、从数量到质量转变底内部的内容。

因此，辩证法认为：从低级到高级之发展过程不是在现象的和协的展开上发生的，而是在对象、现象所固有的矛盾的发展上，在根据于这些矛盾而动作的对立倾向之"斗争"上发生的。

列宁说：

> 辩证法在其本义上说来是对象的最本质的矛盾之研究。（列宁：《哲学笔记》，第二六三页）

以及：

> 发展是对立的"斗争"。（《列宁全集》第十三卷，第三〇一页）

这便是马克思主义的辩证法的基本要点底简单的说明。不难了解：将辩证法的论点扩展于社会生活的研究上、社会历史的研究上有怎样重大的意义；将这些论点应用于社会历史上、应用于无产阶级的实际行动上有怎样重大的意义。

假如在世界上没有孤立的现象，假如一切现象都互相联结着、互相依存着；那么，很明显的，对于历史上每个社会制度和每个社会运动就不应该从"永恒的正义"，或者任何其他预定观念的观点上去判断他（如不少历史家之所为），而应该从产生这个社会制度与社会运动及与他们相联结的各种条件上去判断他。

奴隶制度在现代条件下，是糊涂、是反自然的蠢事。奴隶制度在原始公社制度瓦解的条件下，是完全可以了解及合规律性的现象，因为他较之原始公社制度是前进一步。

在沙皇制度及资产阶级社会存在的条件下（例如在俄国一九〇五年），资产阶级民主共和国的要求是完全可以了解的——正确的与革命的要求，因为在当时资产阶级共和国是前进一步。资产阶级民主共和国的要求在现今苏联的条件下是糊涂的反革命的要求，因为资产阶级共和国较之苏维埃共和国是退步。

一切决于条件、地点与时间。

显然，如果没有这种对社会现象底历史的态度，那么历史科学底存在与发展是不可能的，因为只有这种态度才能使历史的科学不致成为偶然性底混乱与盲目错误底堆积。

其次，假如世界是在不断的运动与发展中，假如旧的死亡和新的生长是发展的规律，那么，很明白的，没有什么"不可动摇"的社会制度，没有什么私有财产和剥削的"永久的原则"，没有什么农民必须服从地主、工人必须服从资本家的"永久的原则"。

这就是说：资本主义制度是可以用社会主义制度来代替的，恰似资本主义制度在当时曾经代替了封建制度一样。

这就是说：不应该依据不再向前发展的（虽然现在还是占优势的）社会阶层，而应该依据正在发展着的有其将来的阶层，尽管这阶层在目前尚不是占优势的力量。

在前世纪八十年时代，在马克思主义者与民粹派斗争的时代，当时无产阶级在俄国较之占居民极大多数的小农乃是很少的少数。但是无产阶级作为一个阶级是在发展着，而农民作为一个阶级是在分解着，而正因为无产阶级作为一个阶级正在发展着，所以马克思主义者依据无产阶级。他们并没有错误，因为大家知道以后无产阶级从很小的力量生长为第一等的、历史的与政治的力量。

这就是说：要在政治上不犯错误，那么就要向前看，而不要向后看。

次之，假如缓慢的数量变化底转变为迅速的突然的质量变化是发展的规律，那么，很明白的：被压迫阶级所完成的革命的变革乃是完全自然的与不可避免的现象。

这就是说：从资本主义到社会的转变和工人阶级从资本主义压迫下的解放不能经过缓慢的变化、经过改良的道路来完成的，只能经过资本主义制度之质量的变化、经过革命的道路来完成。

这就是说：假如要在政治上不犯错误，那么，就要做革命者，而不要做改良主义者。

复次，假如发展是产生于内部矛盾的发现上，是产生于根据这些矛盾而来的对立力量之冲突以克服这些矛盾；那么，很明白的，无产阶级的阶级斗争是十分自然的不可避免的现象。

这就是说：不应该掩饰资本主义秩序的矛盾，而应该揭发与暴露这些矛盾，不应该湮没阶级斗争，而应该把他贯彻到底。

这就是说：要在政治上不犯错误，那么，就要实行不可调和的无产阶级的阶级政策，而不要实行无产阶级与资产阶级利益协调的改良主义政策，而不要实行资本主义"成长"为社会主义的妥协政策。

这就是应用马克思主义的辩证法到社会生活上、到社会历史上去的情形。

至于马克思主义的哲学的唯物论，那他根本地和哲学的唯心论是直接对立的。

（二）马克思主义的哲学的唯物论有以下的基本特点

甲、与唯心论相反，唯心论认为世界是"绝对观念""世界精神""意识"之体现——马克思的哲学的唯物论底出发点是：世界按其自然之本质说是物质的；世界各色各样的现象，乃是运动着的物质的各种不同的形态；为辩证法所确定的现象底互相联结与互相依存性乃是运动着的物质底发展的规律性；世界是按着物质运动底规律而自己发展的，用不着任何"世界精神"。

昂格斯说：

> 唯物论的宇宙观就是说简单地了解自然，按照其本来面目而不加任何旁的增添。（《马克思昂格斯全集》第十四卷，第六五一页）

讲到古代哲学家——海拉克里脱的唯物论观点时（海拉克里脱说："世界是一切中的统一的，不由任何神与任何人所创立，而过去、现在、将来都是永久活着的火，规律地燃烧和规律地熄灭。"）列宁说："这是辩证唯物论基础底很好的说明。"（列宁：《哲学笔记》，第三一八页）

乙、与唯心论相反，唯心论断言：真实存在的只有我们的意识；物质世界、存在、自然只存在于我们的意识、感觉、想像、概念之中——马克思主义的哲学的唯物论底出发点是：物质、自然、存在乃是客观的真实性，他在意识之外离开意识而存在的；物质是最初的，因为他是感觉、想像、意识底来源，而意识是第二次的、派生的，因为他是物质的反映、存在的反映；思维是高度发展的物质的产品，即脑子的产品，而脑子是思维的器官，因之如果不想陷入于蠢笨的谬误中，就不能够将思维从物质脱离开来。

昂格斯说：

> 一切哲学的最高问题是思想对存在、精神对自然底关系的问题。……按照他们如何回答这个问题，哲学家分成两大营垒。谁肯定精神先于自然而存在……组成了唯心论的营垒。谁认为自然是基本的发端，便参加了唯物论的各种学派。（《马克思文选》第一卷，第三二九页）

又说：

> 物体的可感觉的世界（我们自己亦属于这个世界），乃是唯一的真正的世界……我们的意识与思维（不管其如何好像是超感觉的），乃是物体的身体的器官，脑子底产物。物质不是精神之产物，而精神本身乃是物质的高级产物。（同上，第一卷，第三三二页）

讲到物质与思维问题时，昂格斯说：

> 不能够把思维与思维的物质分离开来。物质是一切变化的主体。（同上，第三〇二页）

在说明马克思主义的哲学的唯物论时，列宁说：

> 唯物论一般地承认，离开意识、感觉、经验……的客观的、真实的存在（物质）。……意识……仅仅是物质底反映，最好情形下他是物质底近于正确的（同等的、理想地确切的）反映。（《列宁全集》第十三卷，第二六六—二六七页）

又说：

> 甲、物质就是作用于感觉器官而发生感觉的东西。物质是给我们感觉的客观真实性……物质、自然、存在和物理的东西是最初的，而精神、意识、感觉和心理的东西乃是第二次的。（《列宁全集》第十三卷，第一一九—一二〇页）

> 乙、世界之图画乃是物质如何运动及"物质如何思想"之图画。（同上，第二八八页）

> 丙、头脑是思想之器官。（同上，第一二五页）

丙、与唯心论相反,唯心论怀疑认识世界及其规律底可能性,不相信我们的智识底可靠性,不承认客观真理,而认为世界上充满着科学所永远不能认识的"自在之物"——马克思主义的哲学的唯物论底出发点是:世界及其规律是完全可以认识的;为经验及实际所考验过的我们的智识是可靠的智识,有客观真理的意义;世界上没有不可认识之物,而只有尚未认识之物,而且这种物件将来亦会被科学及实践的力量所发现和认识的。

在批评康德及其他唯心论者关于世界不可认识性及不可认识的"自在之物"的论点,而坚持唯物论关于我们智识的可靠性的论点时,昂格斯写道:

> 这种及一切其他哲学上的谬误底最坚决的驳斥乃是实践,乃是试验与工业。假如我们可以自己制造他,从他的条件中唤起他,并且要他替我们服务时,那么我们就能够证明我们对自然界某个现象底认识是正确的。那么康德的不可捉摸的"自在之物"也就完了。组成动物与植物肢体的化学物,在有机化学还不能制造时,好似"自在之物",到我们能制造时,"自在之物"便成了我们之物。例如染料茜草色精,我们现在已可不从田野间的茜草根上取来,而可以在煤矿炉中又简单又廉价地制造。哥白尼的太阳系学说三百年间只是一种预言,大概是靠得住的,然而总还是一种预言。当李凡尔根据这个太阳系学说不仅证明了还应该有一个不知道的星球存在,而且还算出了这个星球在天体中的位置,及以后海利真正找到了这个星球之后,哥白尼的太阳系说才证实了。(《马克思选集》第一卷,第三三〇页)

列宁责备鲍格唐诺夫、巴柴洛夫、夏世凯维奇及其他的马赫派为宿命论者,同时坚持唯物论的著名论点,即我们对于自然界的规律底科学认识是可靠的,科学的规律乃是客观真理。这时他写道:

> 现代宿命论完全没有推翻科学;他只推翻了科学的"过度奢望",即奢望为客观真理。假如客观真理是存在的(唯物论者是这样想的),假如只有反映外界世界于人的"经验"中的自然科学能够

给我们以客观真理,那么便无条件地推翻了一切宿命论。(《列宁全集》第十三卷,第一〇二页)

这便是马克思主义的哲学唯物论的特点底简短的说明。

不难了解,将哲学唯物论的论点扩展于社会生活的研究上、社会历史的研究上有怎样重大的意义;将这些论点应用于社会历史上、应用于无产阶级政党的实际行动上有怎样重大的意义。

假如自然现象的联结及其互相依存性是自然发展的规律,那么,社会生活现象的联结及其互相依存同样亦不是偶然的事,而是社会发展的规律。

这就是说:社会生活、社会历史再不是"偶然性"的堆积了,因为社会历史是社会的规律性的发展,而社会历史的研究便变成了科学。

这就是说:无产阶级政党的实际行动不应根据于"杰出人物"之良好的希望之上,不应该根据于"理性""全部的道德"等等的要求之上,而应该根据于社会发展的规律上,根据这些规律的研究上。

其次,假如世界是可以认识的,我们关于自然发展规律的智识是可靠的智识,有客观真理的意义;那么,社会生活、社会发展同样是可以认识的;而关于社会发展规律的智识乃是可靠的智识,有客观真理的意义的。

这就是说:关于社会历史的科学,不论社会生活现象的如何复杂可以成为确实的科学如生物学一样,可以把社会发展的规律来实际应用的。

这就是说:无产阶级政党的实际行动不应该由任何偶然的理由来领导,而应该以社会发展的规律,以这些规律之实际结论来领导。

这就是说:社会主义从对人类良好的将来底梦想变成了科学。

这就是说:科学与实际行动的联结、理论与实践的联结,他们之间的一致应该成为无产阶级政党的南针。

复次,假如自然、存在、物质世界是最初的,而意识、思维是第二次的、派生的;假如物质世界是离开人们的意识而存在的客观现实,而意识乃是这个客观现实的反映;那么,社会的物质生活,他的存在同样亦是最初的,而他的精神生活是第二次的、派生的;社会物质生活是离开人们意志而存在的客观现实,而社会的精神生活是这个客观现实的反映、存在的反映。

这就是说:社会精神生活形成的来源,社会思想、社会理论、政治观点、政治制度的发生的来源不应该从思想、理论、观点、政治制度的本身中去找寻,而应该从社会物质生活的条件、社会的存在中去找寻。思想、理论、观点等等乃是他的反映。

这就是说:假如在社会历史的各个不同的时期中看到各种不同的社会思想、理论、观点、政治制度;假如在奴隶制度下碰到一种社会思想、理论、观点、政治制度,而在封建制度之下另一种,在资本主义之下第三种,那么,这不应该以思想、理论、观点、政治制度的本身的"特质"与"固有性"去说明,而应该以社会发展的不同时期的不同的社会物质生活的条件去解释。

某种的社会存在,某种的社会物质生活的条件,就有某种的他的思想、理论、政治观点、政治制度。

关于这方面,马克思曾说:

> 不是人们的意识决定他的存在,而相反地他们的社会存在决定他们的意识。(《马克思文选》第一卷,第二六九页)

这就是说:要在政治上不犯错误,不陷于空洞的梦想家的情况中,无产阶级政党的自己的行动不应该从抽象的"人类理性的原则"出发,而应该从社会物质生活的具体条件出发,因为这是社会发展的决定的力量;不应该从"伟人"的善良的希望出发,而应该从社会物质生活发展的现实的要求出发。

乌托邦主义者底没落(民粹派、无政府主义、社会革命党亦在内),其原因之一就在他们不承认社会物质生活条件在社会发展中的首要的作用,而陷入于唯心论,把自己的实际活动不建设在社会物质生活条件的要求的基础上,而离开他们,违反他们,将实际活动建筑在脱离社会实际生活的"理想计划"和"包罗万象的方案"的基础上。

马克思主义列宁主义的生命力与力量,就在他把自己的实际活动正是依据在社会物质生活条件之要求上,永远不脱离社会的现实生活。

但是不应该从马克思的话中得出结论说,社会思想、理论、政治观点、政治制度对社会生活没有意义，说他们不给社会存在、社会物质生活条件的发展以反影响。目前我们仅仅讲到社会思想、理论、观点、政治制度的起源，讲到他们的发生，讲到社会精神生活是他的物质生活条件的反映。至于社会思想、理论、观点、政治制度的意义，至于他们在历史上的作用，那么，历史唯物论不仅不否认而且相反地着重指明他们在社会生活中、在社会历史中的重大的作用与意义。

有各种不同的社会思想和理论。有老的、过时了的、替衰亡下去的社会力量服务的思想和理论。他们的意义就在阻碍社会的发展、阻碍他的前进。有新的先进的适合社会先进力量利益的思想和理论。他们的意义就在帮助社会的发展、帮助他的前进；而且如果他愈确切的反映社会物质生活的发展，那么他的意义来得愈加重大。

新的社会思想与理论只有在社会物质生活的发展已经提出了新任务之后才会产生。但是，在他们产生之后，他们便成了极重大的力量，能够帮助解决社会物质生活发展所提出的新任务，能够帮助社会的前进。新的思想、新的理论、新的政治观点、新的政治制度的最伟大的组织的、动员的、改造的意义就在这里。新的社会思想与理论的产生，本身就因为社会必须他们，因为没有他们的组织、动员、改造的工作，就不可能解决社会物质生活发展成熟起来的任务。产生于社会物质生活条件发展所提出的新任务之基础上的新的社会思想与理论，开辟自己的道路，深入民众、动员民众，组织他们起来反对社会中的没落力量，这样便帮助了推翻阻碍社会物质生活发展的没落的社会力量。

这样，产生于由社会物质生活的发展、社会存在的发展所成熟起来的任务之基础上的新的社会思想和理论，以后自己反影响于社会存在、社会物质生活。创造了彻底解决社会物质生活成熟了的任务并使继续发展成为可能。

关于这方面，马克思说：

> 理论如果为群众所掌握时就成了物质力量。(《马克思昂格斯全集》第一卷，第四〇六页)

这就是说：如果要有可能去影响社会物质生活的条件，加速他们的发展，加速他们的改善，那么，无产阶级政党应该依靠在这种社会思想、社会理论之上,这种社会思想与社会理论正确地反映社会物质生活的发展,并由此而能将广大的民众卷入运动,从民众间组成无产阶级政党的伟大的军队,准备着去粉碎反动力量及替社会先进力量开辟道路。

"经济主义者"及孟塞维克底没落的原因之一就在他们不承认先进理论、先进思想之动员、组织、改造的作用;而陷入于庸俗的唯物论,把他们的作用看做等于零,这样,使政党陷于消极、陷于无所作为。

马克思主义、列宁主义的生命力与力量就在他依靠在正确反映社会物质生活发展的先进理论之上,把理论提高到应有的高度而且认为必须彻底使用他的动员、组织与改造的力量。

历史唯物论是这样的解决了社会存在与社会意识的关系的问题、社会物质生活条件与社会精神生活发展的关系的问题。

还有一个问题需要加以说明,就是从历史唯物论的观点上看来应该如何去了解那最后地决定着社会的面貌、他的思想观点、政治制度等等的"社会物质生活条件"?

实际上,什么是"社会物质生活条件"?他们的特点是什么?

无疑地,在"社会物质生活条件"的概念中包含着包围社会的自然、地理环境在内,这是社会物质生活的必需的经常的条件之一,他影响着社会的发展。地理环境在社会的发展上有怎样的作用呢?地理环境是否是决定社会面貌,决定人们社会制度的性质及社会制度的转变的主要力量呢?

历史唯物论对这个问题的回答是否定的。

不可争辩的,地理环境是社会发展的经常的必需的条件之一,当然他影响着社会的发展——他加速或阻滞社会发展之进程。但是他的影响不是决定的影响,因为社会的变化和发展较之地理环境的变化和发展要快得多。在三千年内欧洲已经来得及换去了三种不同的社会制度:原始公社制、奴隶制、封建制;而在欧洲东部、在苏联已经换去了四种不同的社会制度。而在同一时期内欧洲地理条件或者完全没有变动,或者变动得极小,连地理学上都值不得一提。这亦是可以了解的。因为地理环境之多少重大的变化需要几百万年,而人们的社会制度的极重大变化有几百年或千余年已经足够了。

所以，地理环境不能成为社会发展的主要原因、决定的原因；因为几万年中，差不多不变的东西决不能成为几百年中就会根本变化的发展的主要原因。

其次，无疑地，人口之增加、人口密度之大小亦包含在"社会物质生活条件"这一概念中的，因为人是社会物质生活条件的必要因素，而没有一定的最低限度的人，任何社会物质生活都不可能的。那么，人口的增加是否是决定人们社会制度的性质的主要力量呢？

历史唯物论对于这个问题的回答同样是否定的。

当然，人口之增加影响社会的发展，帮助或阻滞社会的发展，但是他不能成为社会发展的主要力量，而他对社会发展的影响不能成为决定的影响，因为人口增加本身不能解释为什么某种社会制度却为这一种新的制度所代替，而不是别的一种，不能解释为什么奴隶制度代替了原始公社制，封建制代替了奴隶制，资产阶级制度代替了封建制，而不是任何别的制度。

假如人口之增加是社会发展之决定力量，那么，人口密度更大就应该引起相当于他的更高形式的社会制度。可是事实上不是这样。中国的人口密度四倍于美国，但是从社会发展的观点来看美国高于中国，因为中国现在还统治着半封建制度，而美国已经达到了资本主义发展的最高阶段。比利时的人口密度十九倍于美国，二十六倍于苏联，但是从社会发展的观点上看，美国高于比利时，而比利时较之苏联却落后了整个历史时代，因为比利时还统治着资本主义制度，而苏联已经推翻了资本主义建立了社会主义制度。

所以，人口之增加不是亦不能是社会发展和决定社会制度的性质、社会的面貌的主要力量。

那么，在社会物质生活的体系内什么是决定社会面貌、社会制度性质、社会从一种制度到另一种制度发展的主要力量呢？

历史唯物论认为：这种力量是人们生活所必需的生活资料的获得的方法，物质财富（食品、衣服、鞋子、房屋、燃料、生产工具等等，即社会生存及发展所必要的东西）的生产的方法。

为了要生活，就必须有食品、衣服、鞋子、房屋、燃料等等，为了要有这些物质财富,就必须生产他们,为了要生产他们,就必须要有生产工具(人们能借生产工具之助来生产食品、衣服、鞋子、房屋、燃料等等),就必须能生产这些工具,就必须能使用这些工具。

借以生产物质财富的生产工具以及由于一定的生产经验和劳动习性而使生产工具运动与实现物质财富生产的人们——所有这些因素组成社会的生产力。

但是生产力只是生产的一方面、生产方法的一方面,他表现着人们对于使用来生产物质财富的自然对象与自然力底关系。生产的另一方面、生产方法的另一方面乃是人与人在生产过程中的互相关系、人们的生产关系。人们与自然斗争并使用自然来生产物质财富时,不是互相孤立地,不是各不相关的单个人,而是共同地、集团地、社会地。因此生产在一切条件下永远地是社会的生产。在实现物质财富的生产时,人们在生产中确立了自己之间的某种关系、某种生产关系。这种关系可以是没有剥削的合作与互相帮助的关系,他亦可以是统治与服从的关系,最后他可以是从一种生产关系的形式到另一种形式的过渡的关系。但是不论生产关系有何性质,他在一切条件下永远地是和社会生产力一样的组成生产的必要因素。

马克思说:

> 在生产中人们不仅影响自然,而且相互影响着。他们是不能生产的,如果不以一定的方法联合起来共同活动与互相交换自己的活动。为着要生产,人们进入一定的联系和关系,只有经过这种社会的联系和关系,他们对自然界的关系才能实现,生产才有地位。(《马克思昂格斯全集》第五卷,第四二九页)

因之,生产、生产方法是包涵着社会生产力及人们的生产关系这两方面的,而在物质财富生产的过程中体现了他们的统一。

生产的特点之一就在:他永远不长期停留在一点上,而永远地处在变化与发展的状态中,而生产方法的变化必然地唤起整个社会制度、社会思想、政治观点、政治制度的变化,唤起整个社会政治结构的改造。在发展的不同阶段上人们运用不同的生产方法,或者粗浅些说:过不同样式的生活。在原始公社下有一种生产方法,在奴隶制度下——另一种生产方法,在封建制度——第三种生产方法,诸如此类。与此相适应的,人们的社会制度、他们的精神生活、他们的观点、他们的政治制度亦是不同的。

社会的生产方法是什么样,那么社会本身在根本上亦就是什么样,他的思想与理论、政治观点与制度亦就是什么样。

或者,粗浅些说:人们过什么样的生活,那么他们的思想亦就什么样。

这就是说:社会发展的历史首先是生产发展的历史、几世纪中互相交替的生产方法的历史,生产力与人们生产关系发展的历史。

这就是说:社会发展的历史同时就是物质财富的生产者的本身的历史、劳动者的历史。劳动者是生产过程的及实现生产社会存在所必需的物质财富的主要力量。

这就是说:历史科学假如想成为真正的科学的话,那就不能再把社会发展的历史归结于皇帝与将军的行动,归结于国家的"胜利者"与"征服者"的活动,而应该首先致力于物质财富生产者的历史、劳动者的历史、民众的历史。

这就是说:研究社会历史规律的锁钥不应该从人们的头脑中,从社会的观点与思想中去找,而应该从每个一定的历史时期中的社会所实行的生产方法中去找,从社会经济中去找。

这就是说:历史科学的第一等的任务乃是研究与发现生产的规律、生产力与生产关系发展的规律、社会经济发展的规律。

这就是说:无产阶级的政党,假如想成为真正的政党,首先就应该深知生产发展的规律,深知社会经济发展的规律。

这就是说:要在政治上不犯错误,无产阶级的政党不论在其政纲的制定上,不论在其实际行动上均应首先以生产发展的规律、社会经济发展的规律为其出发点。

生产的第二个特点就在他的变化与发展永远是开始于生产力的变化与发展,首先是生产工具的变化与发展。这样,生产力是生产中最活动与最革命的因素。开始,社会生产力变化了、发展了,以后,依赖于这些变化及适合于这些变化,人们的生产关系、人们的经济关系亦变化了。但是，这不是说：生产关系不影响生产力的发展，后者不依存于前者。依赖于生产力的发展而发展起来的生产关系，自己亦影响着生产力的发展，加速或阻滞他。这里必须指出：生产关系不能过久的落后于生产力的生长和处在与生产力矛盾之中的，因为生产力要能充分地发展，只有生产关系能适应生产力的性质与状态，并给生产力以发展的领域。因为不论生产关系如何落后于生产力的发展，他早晚必须走向（而且真正的走到了）生产力发展的水准，与生产力的性质相符合。不然，我们就会有在生产体系中生产力与生产关系的统一的完全破裂、整个生产的破裂、生产的危机、生产力的破坏。

生产关系不适合于生产力性质的例子，他们之间冲突的例子就是资本主义国家的经济危机，那里生产手段的资本主义的私有与生产过程的社会性质、生产力的性质是触目的不适合。这种不适合的结果就是经济危机，引导到生产力的破坏；而且这种不适合就是社会革命的经济基础。社会革命的使命就在破坏现有的生产关系而创造新的适合于生产力性质的生产关系。

相反地，生产关系完全适合于生产力性质的例子就是苏联的社会主义国民经济，这里生产手段之公有和生产过程的社会性质是完全相适合的，因之，这里既没有经济危机，亦没有生产力的破坏。

所以，生产力不仅是生产的最活动和最革命的因素，而且他是生产发展的决定的因素。

什么样的生产力就应该有什么样的生产关系。

假如生产力的状态所回答的问题是人们用什么样的工具生产他们所必需的物质财富，那么生产关系状态所回答的是另一个问题，就是生产手段（土地、森林、水道、矿藏、原料、生产工具、生产的房舍、交通手段等）在什么人手中，生产手段在什么人支配下，在整个社会支配下呢？还是在个别的人、集团、阶级支配下用以剥削别的人、别的集团、别的阶级呢？

下面就是从古代到今日生产力发展的图表。从粗石器转变到弓箭，与这相关联的就是从狩猎生活转变为饲育动物及原始畜牧；从石器工具到金属工具（铁斧、铁口锄等等），而与此相适合的就是转变到种植植物,转变到农业;金属工具制造材料的继续改进,转变到冶铁风箱,转变到陶器生产,而与此相适合的就是手工业的发展,手工业与农业的脱离,独立手工业生产以及手工工场生产的发展;从手工业生产工具转变到机器与从手工业工场生产变成机器工业;转变到机器制及现代机器化大工业的出现——这是人类历史上社会生产力发展之一般的(绝非完全的)图画。这里很明白的,生产工具的发展与改进是由与生产有关的人来实现的,而不能离开人的,所以伴着生产工具的变化与发展,人——生产力的最重要的因素——亦变化与发展了,他们的生产经验、他对劳动的习惯、他们使用生产工具之技能亦变化与发展了。

适合于历史上的社会生产力的变化与发展,人们的生产关系、他们的经济关系亦变化与发展了。

历史上有五种生产关系的基本形式:原始公社制、奴隶制、封建制、资本主义制、社会主义制。

在原始公社制度下,生产关系的基础是生产手段之公有。这在基本上是适合于这时期的生产力的性质的。石器工具及以后出现的弓箭没有可能孤单地和自然力量及野兽斗争。为要在森林中采集果实、水中捕鱼、建筑居处,人们假如不愿饿死,不愿为野兽及邻居部落的牺牲品时被迫得共同地工作。共同劳动引导到生产工具以及生产成果之公共所有。这里还没有生产工具私有的概念(如果把某些同时是防御野兽的工具同时是生产的工具之个人私有不计在内)。这里没有剥削、没有阶级。

在奴隶制度下,生产关系的基础是奴隶主私有生产工具及生产工作者——奴隶,奴隶主可以把奴隶买进、卖出、杀死如同牲畜。这种生产关系基本上是适合于这时期的生产力的状态的。代替石器工具的,人们现在有了金属工具,代替不知畜牧、不知农业的困苦的原始的狩猎经济的,出现了畜牧、农业、手工业和这些生产部门的分工,出现了各个个人及各个社会之间生产品交换的可能,财富积累于少数人手中的可能,出现了生产手段真正积累于少数人手中;出现了大多数服从少数之可能而把大多数变成为奴隶。这里,生产过程中一切社会成员公共的自由的劳动没有了——这里统治着被不劳动的奴隶主所剥削的奴隶们的强迫劳动。因之生产手段以及生产品之公共所有亦没有了,私有财产代替了他。这里奴隶主是第一个与根本的贵重的私有者。

富者与贫者、剥削者与被剥削者、全权者与无权者,他们之间的残酷的阶级斗争——这就是奴隶制度的画图。

在封建制度下,生产关系的基础是封建主对于生产手段的私有及对于生产工作者的不完全的私有——农奴制,封建主已不能杀死农奴,但是仍可以买进卖出。封建私有之外,同时存在农民和手工业者对于根据自己劳动之上的生产工具及自己私有经济之个人私有,这种生产关系基本上是适合于这个时期的生产力的状态的。铁的冶炼的改进,铁犁和织机的传布,农业园艺、酿酒、乳造的向前发展;手工业者之外,手工业工场的出现——这是当时生产力状态的特点。

新的生产力要求工作者在生产中有多少创造性、对劳动的好感、对劳动感觉兴味。因此,封建主抛弃了奴隶,因为他是对劳动无兴趣与完全没有创造性的工作者,而愿意有农奴。农奴有自己的经济、自己的生产工具、对劳动有多少的兴味,这是耕种土地及以收获的现品交付与地主所必要的。

私有财产在这里得到进一步的发展。剥削和在奴隶制下差不多同样地残酷——不过多少减轻了一些。剥削者和被剥削者的阶级斗争组成了封建制度的基本点。

在资本主义制度下,生产关系的基础是对于生产工具的私有,而对于生产工作者(雇用工人)没有私有。雇佣工人,资本家既不能杀死又不能出卖他们。因为他们人身是自由的,不过他们被剥夺了生产工具,为了不致饿死,被迫地要出卖劳动力于资本家与忍受剥削的重担。在生产手段的资本主义私有之外,从农奴制度下解放起来的农民及手工业者依据个人劳动之上的生产工具的私有在初期有很大的流行。代替手工业工场上的出现了以机器武装着的大工厂。代替以农民原始工具耕种着的贵族田庄出现了以农业技术为基础使用农业机器的资本主义经济。

新的生产力要求生产工作者要比被压迫的黑暗的农奴来得更文化些、更聪明些,以便能懂得机器及正确地使用他。因此资本家愿意有从农奴制压迫下解放出来的雇佣工人,有足够的文化程度以便正确地使用机器。

但是把生产力发展到巨大范围之后,资本主义陷入于他自己不能解决的矛盾中。产生愈来愈多的商品,减低商品的价格,资本主义就锐化了竞争,使中小私有者群众破产,把他们抛入无产阶级,压低了他们的购买力,因此生产出来的商品就没有了销路。发展了生产,集结了几百万工人在大工厂中,资本主义给了生产过程以社会的性质,这便摇撼了他自己的基础,因为生产过程的社会性质要求生产手段的公共所有,然而生产手段的所有权仍然是资本家私有的,与生产过程之社会性质不相符合的。

生产力性质与生产关系之间的不可调和的矛盾暴露于周期的生产过剩的危机中,这时候资本家由于他自己造成的人民的破产被迫地焚毁生产品,消灭已经制成的商品,停止生产,破坏生产力,这时候千百万人民被迫地忍受失业和饥饿,不是因为商品不足,而是因为商品生产过多。

这就是说:资本主义的生产关系已经不适合于社会生产力的状态,而立于和社会生产力不可调和的矛盾中了。

这就是说:资本主义成熟着革命,革命的使命就在以生产手段的社会主义的公有来代替资本主义的私有。

这就是说:剥削者与被剥削者之间的最尖锐的阶级斗争乃是资本主义制度的基本点。

在社会主义制度之下(这制度现在还只有在苏联实现了),生产关系的基础是生产手段的社会所有。生产品依"工作者得食"的原则按照劳动来分配。这里,生产过程中人的关系的特点是不受剥削的工作者之同志的合作与社会主义的互助。这里,生产关系是完全符合于生产力的状态的,因为生产过程的社会性质为生产手段的社会公有所支持。

因此,苏联的社会主义生产不知道周期的生产过剩的危机及与其相联结的一切蠢事。

因此,在这里生产力以加速的速度发展着,因为适合他的生产关系给了他以这种发展的完满的广大领域。

这就是人类历史上人们生产关系的发展底图画。

这就是生产关系的发展对于社会生产力发展，首先是生产工具发展的依存性，由于这种依存性，所以生产力的变化和发展早晚要引起生产关系的相当的变化与发展。

马克思说：

> 劳动工具①的使用和创造（虽然其萌芽的形式为某几种动物所固有），是人类劳动过程的特殊的特点，因此富兰克林说：人是制造工具的动物。劳动工具的遗骸对于研究消失了社会经济形态之重要等于骨骼的遗骸对于研究消失了的动物一样。经济时代之区分不在生产些什么，而在怎样生产……劳动工具不仅是人类劳动力发展的镜子，而且是劳动在其中实现的社会关系的指标。（马克思：《资本论》第一卷，第一二一页）

其次：

> 甲、社会关系与生产力密切的联结着。获得了新的生产力，人们改变了自己的生产方法，而随着生产方法、保证自己生活的方法的变更——他们改变了自己一切的社会关系。手磨给你们以封建主为首的社会，蒸汽机——工业资本家为首的社会。（《马克思昂格斯全集》第五卷，第三六四页）

> 乙、生产力生长的运动，社会关系的破坏，新思想的产生不断地完成着。不动的只有运动的抽象。（同上，第三六四页）

在说明《共产党宣言》中所确立的历史唯物论时，昂格斯说：

> 每一个历史时代的经济的生产及必然从他发生的社会的结构组成这时代的政治和思想的历史底基础……与此相适应的，从原始的公社公有土地瓦解以来，整个历史是阶级斗争底历史，这些争斗是在社会发展的不同阶段上被剥削的与剥削的、被统治的与统治的阶级之间的斗争。……现在这种斗争已经达到了一个阶段，在这阶段上，被剥削与被压迫阶级（无产阶级），如果不同时把整个

---

① 在劳动工具的名词下，马克思主要地是指生产工具。——编者注

社会永远从剥削、压迫及阶级斗争中解放起来,那么,已经不能够把自己从剥削他、压迫他的阶级(资产阶级)下解放起来。(《共产党宣言》德文版昂格斯《序言》)

生产的第三个特点,就在新的生产力及适应他的生产关系的产生不是脱离旧制度的,不是在旧制度消灭之后,而是在旧制度的胸怀内;不是人们预计的自觉的活动底结果,而是自发地、不自觉地、离开人们意志地。他的所以自发地、离开人们意志地产生是有两个原因的。

第一,因为人们不能自由地选择这种或那种生产方法,因为每一代新的后代,在入世时,就遇到了前一代工作结果底现成的生产力,因之开始时他应该接受在生产部门中所遇到的一切现成形式的东西,适应他们,以便能生产物质财富。

第二,因为当改善这种或那种生产工具时,当改善生产力的这种或那种因素时,人们并不意识、了解与思考这种改善应该引起什么样的社会结果,而仅仅想到自己的日常的利益,就是减轻自己的劳动,求得某种对于自己直接的可感觉的利益。

当原始公社社会某些成员逐渐地试探地从石器工具转用金属工具时,当然,他们不知道亦没有考虑到这新东西会引起什么社会结果,他们没有了解和没有意识到:转变到金属工具就是生产的变革,最后会引导到奴隶制度;他们简单地要想减轻自己的劳动,求得当前的可感觉的利益,他们的自觉的活动仅仅限于这日常的个人的利益底狭小范围内。

当在封建制度下,欧洲的年青的资产阶级在小的行会作坊之旁建设大的制造工场而将社会生产力推进时,当然,他不知道和没有考虑到这新东西会引起什么社会结果,他没有意识和没有了解到:这"小小的"新东西会引导到以革命为结束的社会力量之重新结合,而革命既反对皇帝的政权(皇帝政权的恩惠是他感恩不尽的),又反对贵族(他的较好的代表常常梦想加入贵族的队伍的)。他简单地只想把商品生产弄得廉价些,在亚洲及刚发现的美洲多抛售些商品与获得更大的利润,他们的自觉的活动只限于这个每天的实践的狭小范围内。

当俄国资本家与外国资本家一起加紧地在俄国设立现代的大机器工业而同时不去触动沙皇制度并把农民让地主吞食时,当然,他们没有知道和没有想到这个生产力的重大的生长会引起什么社会结果,他们没有意识和没有了解到:在社会生产力部门中这个重大的跳跃会引导到这样的社会力量的重新结合,这重新结合给了无产阶级以可能去和农民联合起来并完成胜利的社会主义革命。他们简单地想极度的扩大工业生产,攫取巨大的国内市场,变为垄断者,并从国民经济中榨取更大的利润。他们的自觉的活动没有走出他们日常的狭隘的实际利益的范围之外。

与这相适应的,马克思说:

在自己生活底社会生产中(即在人们所必需的物质财富的生产中。——编者),人们加入一定的、必须的、与他们意志无关的关系——生产关系。生产关系适合着他们的物质生产力发展的一定阶段的。(《马克思选集》第一卷,第二六九页)

但是,这不是说:生产关系的变化,从旧的生产关系到新的生产关系底转变是顺利的、没有冲突的、没有震动的。相反地,这种转变普遍地是经过革命的推翻旧的生产关系与建立新的生产关系的。到一定的时期前,生产力的发展和生产关系部门的变化是自发地、脱离人们的意志地发生的。但是这只是到一定的时机,这就是新生的与发展着的生产力能够获得应有的成熟的时机。以后,当新的生产力成熟了,现存的生产关系及其担负者——统治阶级变成"不可克服的"阻碍,这种阻碍只有以新的阶级的自觉的活动、以这些阶级的暴力的行动、以革命才能够扫除掉他。这里特别明显地暴露出担负清除旧生产关系的力量底新的社会思想、新的政治制度、新的政权的伟大作用。根据新旧生产关系之间的冲突,根据社会的新的经济要求而产生了新的社会思想、新的思想组织与动员群众,群众团结为新的政治军队,建立起新的革命政权,并运用他以清除生产关系中的旧秩序的力量和创立新秩序。发展的自发过程让位于人们的自觉活动,和平发展—暴力变革、进化—革命。

马克思说:

> 无产阶级在反对资产阶级的斗争中必然地团结成为阶级……经过革命使自己转成统治阶级,而以统治阶级的资格用强力去废除旧的生产关系。(《共产党宣言》,第五二页)

其次:

> 甲、无产阶级利用自己的政治统治,以便一步步地把一切资本从资产阶级那儿夺来,把一切生产工具集中在国家手里,就是说,集中在组成为统治阶级的无产阶级手里,而尽可能地最迅速地增加生产力的总量。(同上,第五〇页)

> 乙、暴力是一切旧社会在怀孕新社会时的产婆。(马克思:《资本论》第一卷,第六〇三页)

下面便是马克思在其著名的《政治经济批判》一书的有历史意义的《序言》中所下的历史唯物论本质的天才定义:

> 在自己生活底社会生产中,人们加入一定的、必需的、与他们意志无关的关系——生产关系,生产关系适合着他们社会生产力发展的一定阶段。这些生产关系的总和组成社会的经济结构,法律的及政治的上层建筑在上的真实基础,而社会意识的一定形式就适合于这上层建筑。物质生活底生产方法一般地规定着社会的、政治的、精神的过程。不是人们的意识决定他们的存在,而相反,是他们的社会存在决定他们的意识。在自己发展的某一阶段上,社会的物质生产力就与现存的生产关系或者财产关系(这不过是他的法律的称谓)发生矛盾,而在这以前他是在这种关系内发展起来的。这种关系从生产力发展的形式变成为他的障碍。这时候社会革命的时代到来了。随着经济基础的变化或迟或速地发生着整个巨大的上层建筑的变革。在观察这些变革时,必须以自然科学的确切性把在生产经济条件中的物质的变革和法律的、政治的、宗教的、艺术的(或简单地说思想的)形式分别开来;人们正是在这些思想形式中意识到这个冲突并和他斗争。正像在判断个别的人的时候,不能以他自己怎样思想作为根据一样,在判断这类变革时代时,亦不能以其意识为根据。相反地,这种意识应该从物质生活

的矛盾中,从社会生产力与生产关系的冲突中去解释。在全部生产力还没有突破他所容许的充分的发展领域前,任何社会形式是不会死亡的;在旧社会胸怀内还没有形成他的存在底物质条件前,新的更高的生产关系是永远不会出现的。因此人类永远只提出那些他们所能够解决的任务,因为当最亲近地去考察时,永远可以看到:只有解决任务的物质条件已经存在或者至少在成立的过程中底时候,任务本身才会发生。(《马克思选集》第一卷,第二六九—二七〇页)

这就是应用马克思主义的唯物论到社会生活上、到社会历史上去的情形。

这就是辩证唯物论与革命唯物论的基本要点。

(中国出版社1939年版)

关于辩证唯物主义和历史唯物主义

任弼时　译

辩证唯物主义,乃是马克思主义—列宁主义党底世界观。它之所以叫作辩证唯物主义,就是因为它对自然界现象的观察方法,它用以研究自然界现象的方法、它用以认识这些现象的方法乃是辩证的,而它对于自然界现象的解释、它对于自然界现象的了解、它的理论乃是唯物主义的。

历史唯物主义,就是把辩证唯物主义原理推广去研究社会生活,就是把辩证唯物主义原理应用于社会生活现象、应用于研究社会、应用于研究社会历史。

马克思与恩格斯在说明其辩证方法底特征时,通常都是援引黑格尔,把他看作是规定了辩证法底基本特征的哲学家。然而这并不是说,马克思与恩格斯底辩证法是和黑格尔底辩证法一样的。其实,马克思与恩格斯只是从黑格尔辩证法中取出其"合理的内核",而抛弃了黑格尔的唯心主义的外壳,并向前发展了辩证法,因而赋与了辩证法以现代的科学的模样。

马克思说:

我的辩证方法,在自己的基本上,不仅是和黑格尔的辩证方法不同,而且是和它正相反对的。在黑格尔看来,思维过程——他甚至于用观念这个名称把思维过程变成独立的主体——乃是现实界底创造主(demiurge),而现实界却不过是思维过程底外部表现。在我看来,却是恰巧相反,观念只不过是被移置于人类头脑中并在人类头脑中改造过的物质而已。(马克思:《资本论》第

一卷,德文第二版《跋言》)

马克思与恩格斯在说明其唯物主义底特征时,通常都是援引费尔巴黑,把他看作是恢复了唯物主义应有权威的哲学家。然而这并不是说,马克思与恩格斯底唯物主义是和费尔巴黑底唯物主义一样的。其实,马克思与恩格斯是从费尔巴黑底唯物主义中摘取其"基本的内核",把它往前发展为科学—哲学的唯物主义理论,并摒弃了它那唯心主义的和宗教—伦理的赘瘤成分。大家知道,费尔巴黑虽然在基本上是唯物主义者,可是他却曾极力反对唯物主义这个名称。恩格斯曾多次声称,说费尔巴黑"虽然有其唯物主义的基础,可是还是没有摆脱旧时的、唯心主义的羁绊",说"我们只要一去考察他的伦理学和宗教哲学,就立刻看出费尔巴黑底实在的唯心主义"。(《马克思与恩格斯全集》第十四卷,第六五二至六五四页)

辩证法是导源于希腊文"dialego"一字,其含义就是进行谈话、进行论战。古代人所谓辩证法,就是借助于揭露对方议论中的矛盾并克服这些矛盾来求得真理的方术。古代有些哲学家认为思维中的矛盾之揭破以及对立意见之冲突,乃是发现真理的最好方法。这个辩证的思维方式,后来推广到自然界现象中去,就变为辩证的认识自然界的方法,这个方法把自然界现象看作永恒运动着和永恒变化着的现象,而自然界之发展乃是自然界中各种矛盾发展的结果,乃是自然界中各对立势力相互影响的结果。

辩证法在自己的基本上,是与玄学正相反对的。

(一)马克思主义的辩证方法底基本特征如下

(1)辩证法与玄学相反,它把自然界不是看作什么彼此隔离的、彼此孤立的、彼此不相依赖的各个对象、各个现象之偶然的积聚,而是看作联系着的、统一的整体,在这里,各个对象、各个现象是互相有机联系着、互相依赖着、互相制约着。

因此,辩证方法认为:自然界中任何一个现象,如果把它孤独拿来看,把它看作是与其周围现象没有联系的,那它就不能被人了解,因为自然界任何一部分中的任何一个现象,如果把它看作是与其周围条件没有联系的,是与它们隔离的,那它就会变成毫无意思的东西;反之,任何一个现象,如果把它看作是与其周围现象密切联系的,把它看作是受其周围现象所制约的,那它就能被人了解和被人论证。

(2) 辩证法与玄学相反,它不是把自然界看作静止的和不动的形态、停顿的和不变的形态,而是看作不断运动的和不断变化的形态、不断革新的和不断发展的形态,在这里,无论何时,都总有某种东西在产生着和发展着,都总有某种东西在败坏着和腐朽着。

因此,辩证方法要求人们在观察现象时,不仅只是以各现象底相互联系和相互制约为观点,而且以它们的运动、它们的变化、它们的发展为观点,以它们的产生和死亡为观点来加以观察。

在辩证方法看来,最重要的,不是那在现时似乎坚固但已经开始死亡的东西,而是那正在产生着和正在发展着的东西,即令它在现时还似乎是不坚固的,因为在辩证方法看来,只有正在产生着和正在发展着的东西才是不可被战胜的。

恩格斯说:

> 整个自然界,由其最小单位到最大物体,由沙粒到太阳,由protista(原始的活细胞。——"编者")到人,都是处在永恒的产生和消灭过程中、处在毫不间断的流动中、处在始终不倦的运动和变化中。(《马克思与恩格斯全集》第十四卷,第四八四页)

因此,恩格斯说辩证法之"观察对象及其精神的反映,主要是在它们的相互联系中、在它们的结合中、在它们的运动中、在它们的产生和消灭中,去观察它们"(同上,第二三页)。

(3) 辩证法与玄学相反,它不是把发展过程看作简单的增长过程,在这里,数的变化并不引起质的变化;而是看作这样的发展,这个发展是由不大的和不显露的数的变化进到显露的变化、根本的变化、质的变化,在这里,质的变化之到来并不是逐渐地,而是迅速地、突然地,是表现于由一个形态之飞跃式地进到别一个形态;质的变化之到来,并不是偶然地,而是有规律地,是由于许多不明显的逐渐的数的变化之积累起来的结果。

因此,辩证方法认为:发展过程不应当了解为循环式的运动,不应当了解为过去事物之简单的重复;而应当了解为前进的运动、上升的运动,由旧的质态进到新的质态、由简单而发展到复杂、由低级而发展到高级。

恩格斯说:

> 自然界乃是试验辩证法的试金石,而现代的自然科学,既供给这个试验以非常丰富的、与时俱增的材料,于是它就证明了:在自然界中,归根到底说来,一切都是辩证法式地进行的,而不是玄学式地进行的;自然界并不是在永远一样的、经常辗转重复的循环周里运动着,而是经历着实在的历史。在这里,首先就应当指出达尔文,他给了玄学的自然观以最有力的打击,因为他证明了:整个现代有机界,植物和动物,因而也就是说人类,乃是那曾延长到几百万年的发展过程底产物。(同上,第二三页)

恩格斯在说明辩证发展过程乃是由数变进到质变的过程时说:

> 在物理学中……每一个变化都是由数进到质,即某个物体所固有的或某个物体所承受的某种运动底数量之数变的结果。例如,水之温度,在最初时候,对于水之液体形态是没有丝毫意义的,然而,当液体的水之温度不断增加或不断减少时,那就会有这样一个时机到来,那时,这个结合形态就要变化,于是水就会变为蒸气或冰块……例如,必须具有一定最低限度的电力时,白金丝才开始发光;例如,每种金属都有其一定的熔点;例如,每种液体都有其一定的——在相当气压之下——冰点和沸点,既然我们能用我们所有的工具求得相当的温度;最后,例如,每种气体都有其一定的临界温度,当它冷到这临界温度时,只要施以相当的气压和寒力,就可把它变成液体了……物理学中所谓 constants(即由某一种形态到另一种形态的过渡点。——"编者"),大部分都不过是这样一些交错点底名称,在这些交错点上,运动之数的增减(变化)引起该物体形态之质的变化,因而也就是说,在这些交错点上,数转变为质。(同上,第五二七至五二八页)

其次,恩格斯就进而说到化学,他继续说:

  化学可以称为研究物体底质变的科学,这种质变是在数量成份变化之影响下发生的。黑格尔自己已经知道这一点……譬如拿养气来说:如果结合在一个分子中的是有三个原子,而不是如普通那样只有两个原子,那我们就得到臭氧,就是说,得到一种按其气味和作用都与普通养气不同的物体。更不待说,如果把养气与淡气或硫黄按各种比例结合起来,那末其中每一种比例的结合,都产生出一种以其质别于其他一切物体的物体哩!(《马克思与恩格斯全集》第十四卷,第五二八页)

最后,恩格斯在批评杜林时——而杜林曾大骂黑格尔,但同时却又暗中剽窃黑格尔底著名原理:由无感觉世界进到感觉世界的过渡,由无机物世界进到有机生物世界的过渡,乃是进到新形态的飞跃。恩格斯在批评杜林时说:

  这正是黑格尔式的数质关系交错线,在这线上,纯粹数的增减,到一定交错点上就引起质的飞跃,例如,水液被烧煮或冰冻时,沸点或冰点就是这样的交错点,在这些交错点上——在通常的气压之下——就发生由旧的物态进到新的物态的飞跃,因而也就是说,在这里,是数转变为质。(同上,第四五至四六页)

(4)辩证法与玄学相反,它是从以下一点出发,就是自然界的对象、自然界的现象具有内在的矛盾,因为所有这些对象、现象都有其反面和正面,都有其过去和将来,都有其腐朽着的东西和发展着的东西,这些对立方面之间的斗争、旧的与新的之间的斗争、衰亡着的和产生着的之间的斗争、腐朽着的和发展着的之间的斗争,就构成发展过程之内在的内容、由数变进到质变的过程之内在的内容。

因此,辩证方法认为:由低级到高级的发展过程,并不是经过各现象之协和的开展,而是经过各对象、各现象所固有的矛盾之揭露,经过那在这些矛盾基础上动作的互相对立趋势之"斗争"。

列宁说:

  辩证法,按其本意说来,就是研究对象自身本质内的矛盾。

(列宁:《哲学笔记簿》,第二六三页)

其次:

发展就是各对立方面之间的"斗争"。(《列宁全集》第十三卷,第三〇一页)

简略说来,马克思主义的辩证方法底基本特征就是如此。

不难了解:把辩证方法原理推广去研究社会生活、研究社会历史,这是有如何巨大的意义;把这些原理应用到社会历史上去、应用到无产阶级党底实际活动上去,这是有如何巨大的意义。

如果在世界上没有孤立的现象,如果所有一切现象都是彼此联系着并相互制约着,那末很明显的,在估计历史上的每一个社会制度和每一个社会运动时,都不要以"永恒正义"或其他某种成见为观点,如历史家时常所作那样,而是要以这个制度和这个社会运动所由产生并与之关连的那些条件为观点。

奴隶占有制度,就现代的条件看来,乃是荒谬的现象、反自然的蠢事。而奴隶占有制度在瓦解着的原始公社制度条件之下,却是完全可以了解的并且合于规律的现象,因为它和原始公社制度比较起来,乃是前进一步。

资产阶级民主共和国的要求,在沙皇制度存在和资产阶级社会存在条件之下,譬如说,在一九〇五年的俄国曾是完全可以了解的,是正确的、革命的要求,因为在当时,资产阶级共和国乃是前进一步。而资产阶级民主共和国的要求,就我们苏联现时的条件看来,却是荒谬的反革命的要求,因为资产阶级共和国与苏维埃共和国比较起来,乃是后退一步。

一切都以条件、地方以及时间为转移。

显而易见的,如果没有这样的历史的观察社会现象的态度,那么历史科学就没有可能存在和发展,因为只有这样的态度,才能使历史科学不致于变成各种偶然现象的糊涂账,不致于变成荒谬绝伦的错误堆。

其次,如果世界是处在不断运动和不断发展中,如果旧东西之死灭和新东西之生长乃是发展之规律,那末很明显的,再也没有什么"不变不易的"社会秩序,没有什么私有制和剥削制的"永恒原则",没有什么农民服从地主、工人服从资本家的"永恒观念"了。

由此可见,资本主义制度是可以用社会主义制度来替代的,正好似资本主义制度在当时替代了封建制度一样。

由此可见,不是要指靠于社会里那些已经不再发展的阶层,即令这些阶层在现时还是占较大比重的力量,而是要指靠于社会里那些正在发展着并具有远大前程的阶层,即令这些阶层在现时还不是占较大比重的力量。

在第十九世纪八十年代,在马克思主义者和民粹派斗争的时代,无产阶级在俄国与当时占居民绝大多数的个体农民比较起来,还占不大的少数。然而当时,无产阶级之为阶级是发展着,而农民之为阶级则日趋瓦解。而正是因为无产阶级之为阶级是发展着,所以马克思主义者就指靠于无产阶级。而且他们并没有弄错,因为,大家知道,无产阶级后来已由一个不大的力量发展成为头等的历史的和政治的力量。

由此可见,为着不致在政治上弄出错误,那就要向前看,而不是向后看。

其次,如果由迟慢的数变进到迅速的突然的质变,乃是发展底规律,那末很明显的,由被压迫阶级所实行的革命大变革,就是完全自然的和必不可免的现象。

由此可见,由资本主义进到社会主义,工人阶级之摆脱资本主义压迫,决不能是经过缓慢的变化,决不能是经过改良来实现,而只能是经过资本主义制度之质变、经过革命来实现。

由此可见,为着不致在政治上弄出错误,那就要做革命家,而不是做改良主义者。

其次,如果发展之进行是经过内在矛盾之揭露,经过基于这些矛盾的彼此对立势力之冲突来克服这些矛盾,那末很明显的,无产阶级底阶级斗争就是完全自然的和必不可免的现象。

由此可见,不是要掩饰资本主义制度中的各种矛盾,而是要暴露和揭开它们,不是要熄灭阶级斗争,而是要把它进行到底。

由此可见,为着不致在政治上弄出错误,就要进行不调和的阶级的无产阶级的政策,而不是进行调协无产阶级与资产阶级利益的改良主义政策,而不是进行让资本主义"长成"社会主义的妥协主义政策。

如果把马克思主义的辩证方法应用到社会生活上来、应用到社会历史上来,那末马克思主义的辩证方法就是如此。

至于说到马克思主义的哲学唯物主义,那末,它在自己的基本上是与哲学唯心主义正相反对的。

(二)马克思主义的哲学唯物主义底基本特征如下

(1)马克思底哲学唯物主义与唯心主义相反,唯心主义认为世界是"绝对观念""宇宙精神""意识"之体现——而马克思底哲学唯物主义底出发点,则是认为:世界按其本质说来是物质的;世界上的五光十色的现象,乃是运动着的物质底各种形式;各现象之由辩证方法所判定的相互联系和相互制约,乃是运动着的物质底发展规律;世界是按物质运动规律而发展着,它并不需要任何"宇宙精神"。

恩格斯说:

> 唯物主义的世界观,不过就是对自然界本来面目的了解,而不需要任何外来的附加。(《马克思与恩格斯全集》第十四卷,第六五一页)

列宁谈到古代哲学家赫拉克利泰底唯物主义观点时,而照这个观点看来,"世界是包括一切的整体,它不是由任何一个神所造成,也不是由任何一个人所造成,而曾经是、现在是、将来也还是永恒生动的、按规律燃烧着的并按规律熄灭着的火",列宁论到这个观点时说:"这是辩证唯物主义基础之很好的叙述。"(列宁:《哲学笔记簿》,第三一八页)

(2)马克思主义的哲学唯物主义与唯心主义相反,唯心主义断言,说只有我们的意识才是真实存在着,说物质世界、存在、自然界只是在我们的意识中,只是在我们的感觉、观念、概念中存在着。而马克思主义的哲学唯物主义底出发点,则是认为:物质、自然界、存在乃是在意识以外和不依赖于意识而存在着的客观现实;物质是第一性的现象,因为它是感觉、观念、意识底来源;而意识则是第二性的现象,是从生的现象,因为它是物质底反映,是存在底反映;思维是发展到完善高度的物质底产物,就是说,是人脑底产物,而人脑则是思维底器官;因此,如果不愿意大错特错,那就不可把思维和物质分开。

恩格斯说:

> 整个哲学底最高问题,就是思维对于存在的关系、精神对于自然界的关系问题……哲学家们之分成了两大营垒,就是按他们如何回答这个问题为标准。凡断定说精神先于自然界而存在者……就组成唯心主义的营垒。而凡认为自然界是基本起源者,则属于唯物主义底各个学派。(《马克思选集》第一卷,第三二九页)

其次:

> 物质的、可以感觉得到的世界,即我们自己也属于它的世界,乃是唯一的真实的世界……我们的意识与思维,无论它是如何仿佛像是超感觉的东西,总是物质的、实体的器官底产物,即人脑底产物。物质不是精神底产物,而精神自己不过是物质底最高的产物。(同上,第三三二页)

马克思谈到物质与思维问题时说:

> 决不可把思维与思维着的物质分开。物质是一切变化之主体。(同上,第三〇二页)

列宁在说明马克思主义的哲学唯物主义底特征时说道:

> 一般唯物主义就是承认客观现实的存在(物质),这个存在是不依赖于意识的,是不依赖于感觉的,是不依赖于经验的……意识……只是存在之反映,至多也不过是存在之近乎正确的(等量的、理想地确切的)反映。(《列宁全集》第十三卷,第二六六至二六七页)

其次:

> (a)物质就是射着我们的感觉器官而引起感觉的东西;物质是我们可以感觉得到的客观现实……物质、自然界、存在、物理现象乃是第一性的现象,而精神、意识、感觉、心理现象则是第二性的

现象。(同上,第一一九至一二〇页)

(b) 世界底情景,就是物质如何运动着和"物质如何思维着"的情景。(同上,第二八八页)

(c) 人脑是思想底器官。(《列宁全集》第十三卷,第一二五页)

(3) 马克思主义的哲学唯物主义与唯心主义相反,唯心主义否认世界及其规律是可以认识的,不相信我们的智识是确实的,不承认有客观真理,并且认为世界是充满着那些为科学所永远不能认识的"自在之物"。而马克思主义的哲学唯物主义底出发点则是认为:世界及其规律是完全可以认识的,我们关于自然界规律的智识,既然已为经验、实践所考验,就是具有客观真理意义的确实智识;世界上没有不可认识之物,而只有尚未认识之物,这些尚未认识之物将被科学和实践力量所揭明和认识。

恩格斯在批评康德及其他唯心主义者关于世界不可认识和"自在之物"不可认识的原理,而坚持关于我们的智识底确实性的唯物主义著名原理时,写道:

> 而把这些以及其他一切哲学遁辞驳斥得最彻底的就是实践,就正是实验和工业。既然我们能够以这样的方法来证明我们对于自然界某一现象的了解之正确,就是说,我们自己把它制造出来,依它的条件而把它产生出来,并强迫它服务于我们的目的——既然如此,那末,康德的不可捉摸的"自在之物"就要消灭了。在动植物身体上所形成的种种化学原素,当有机化学还未开始把它们一一制造出来时,曾仍然是这类的"自在之物";而当有机化学已开始把它们一一制造出来时,"自在之物"就变成为我之物了。例如拿亚里查林,即茜素颜料来说,我们现在并不是从那生于田野的茜草根上取得它,而是更便宜得多地、更简单得多地从煤焦油中取得它。哥白尼底太阳系学说,曾于三百年中被人视为假设,固然是很可信的假设,但终究是一种假设。可是,当列月尔略根据这太阳系学说底论据,不仅已证明一定有一个前此所未知的行星存在,而且已用计算方法确定它在天空中所占的地位,后来,当加列果然已发现这个行星时,哥白尼底太阳系学说就被证明了。(《马克思选集》

第一卷,第三三〇页)

列宁在责备波格丹诺夫、巴查罗夫、尤史克维奇以及其他马赫信徒为崇神主义,而坚持唯物主义底著名原理,认为我们的关于自然界规律的科学智识是确实的智识,认为科学底定律乃是客观的真理时说道:

> 现代的崇神主义并不否认科学,它只是否认科学底"过分欲求",即科学想成为客观真理的欲求。既然有客观真理存在(如唯物主义者所想的那样),既然只有在人类"经验"中反映着外部世界的自然科学,才能给我们以客观真理,那末,任何崇神主义就毫无条件地被推翻了。(《列宁全集》第十三卷,第一〇二页)

简略说来,马克思主义的哲学唯物主义底显著特征就是如此。

容易懂得:把哲学唯物主义原理推广去研究社会生活、去研究社会历史,这是有如何巨大的意义;把这些原理应用到社会历史上去、应用到无产阶级党底实际活动上去,这是有如何巨大的意义。

既然自然界中各现象之相互联系以及其相互制约,乃是自然界发展底规律,那末由此可见,社会生活中各现象底相互联系和相互制约,就同样也不是偶然的事情,而是社会发展底规律。

由此可见,社会生活、社会历史就不复是"种种偶然现象"之凑合,因为社会历史已成为社会之规律性的发展,而社会历史之研究则已变为科学。

由此可见,无产阶级党底实际活动,应当不是以"卓越人物"底善良愿望为基础,不是以"理性""普遍道德"等等底要求为基础,而是以社会发展底规律为基础,而是以这些规律底研究为基础。

其次,既然世界是可以认识的,既然我们关于自然界发展规律的智识乃是具有客观真理意义的确实智识,那末由此可见,社会生活、社会发展也同样是可以认识的,而科学关于社会发展规律的论据就是具有客观真理意义的确实论据。

由此可见,社会历史科学,不管社会生活中的现象是如何复杂,总都能够成为例如生物学一样的实验科学,它能够利用社会发展规律来供实际的应用。

由此可见，无产阶级党在其实际活动中，应当不是以什么偶然的动机为准则，而是以社会发展规律，以及由这些规律中所得出的实际结论为准则。

由此可见，社会主义就由关于人类美满未来的空想变成为科学。

由此可见，科学和实际活动间的联系、理论和实践间的联系，它们的一致，就应当成为无产阶级党底指路明星。

其次，既然自然界、存在、物质世界是第一性的现象，而意识、思维是第二性的现象，是从生的现象；既然物质世界是不依赖于人们意识而存在的客观现实，而意识则是这客观现实之反映，那末由此可见，社会底物质生活、社会底存在也是第一性的现象，而社会底精神生活则是第二性的现象、从生的现象；社会底物质生活乃是不依赖于人们意志而存在的客观现实，而社会底精神生活则是这客观现实之反映、存在之反映。

由此可见，社会底精神生活借以形成的来源，社会观念、社会理论、政治观点、政治组织借以产生的来源，不是要到观念、理论、观点、政治组织本身中去寻找，而是要到社会底物质生活条件中、社会存在中去寻找，因为这些观念、理论、观点等等乃是这社会存在之反映。

由此可见，如果在社会历史各个不同的时期，我们可以看见各种不同的社会观念、理论、观点、政治组织，如果在奴隶制度之下，我们所遇见的是一种社会观念、理论、观点、政治组织，在封建制度之下却是另一种，而在资本主义制度之下却是第三种，那末这就不是由于观念、理论、观点、政治组织本身底"天性"和"属性"，而是由于在社会发展底各个不同的时期有各个不同的社会物质生活条件。

社会底存在怎样，社会底物质生活条件怎样，那末社会底观念、理论、政治观点、政治组织也就是怎样。

马克思关于这个问题说：

> 不是人们底意识决定人们底存在，恰巧相反，而是人们底社会存在决定人们底意识。（《马克思选集》第一卷，第二六九页）

由此可见，为着不致在政治上弄出错误，为着不致陷入空洞臆想家的地位，那末无产阶级党在自己的活动中，就应当不是从抽象的"人类理性原则"出发,而是从社会底具体的物质生活条件,即社会发展底有决定作用的力量出发;不是从"伟大人物"底善良愿望出发,而是从社会底物质生活发展之现实需要出发。

空想派——民粹主义者、无政府主义者、"社会革命"党人也包括在内——之所以陷于覆亡,就中也是因为他们不承认社会底物质生活条件在社会底发展过程中的首要作用,而且他们既然陷入唯心主义,于是就把自己的实际活动不是建筑在社会底物质生活发展之需要上面,而是——不依赖于这些需要并违反着这些需要——建筑在那些脱离社会现实生活的"理想计划"和"包罗万象的草案"上面。

马克思主义—列宁主义之所以强有力和生气勃勃,就是因为它在自己的实际活动中正是凭借于社会底物质生活发展之需要,而无论何时也不脱离社会底现实生活。

可是不应当从马克思这段话里面作出结论,说社会的观念、理论、政治观点、政治组织在社会底生活中没有意义,说他们不反转来影响到社会的存在,影响到社会生活底物质条件之发展。我们在这里暂且只说到关于社会的观念、理论、观点、政治组织之起源,关于它们之产生,关于社会底精神生活是社会底物质生活条件之反映。至于说到社会的观念、理论、观点、政治组织底意义,至于说到它们在历史上的作用,那末,历史唯物主义不仅不否认,而且恰巧相反,正是着重指出它们在社会生活中、在社会历史中的严重作用和意义。

有各种各样的社会的观念和理论。有旧的观念和理论,这些观念和理论已经腐朽,而且是服务于社会里正在腐朽着的势力底利益。它们的意义就在于它们是阻碍着社会之发展,阻碍着社会之前进。同时又有新的、先进的观念和理论,这些观念和理论是服务于社会里先进势力底利益。它们的意义就在于它们是促进着社会之发展、促进着社会之前进,而且它们愈是确切反映着社会底物质生活发展之需要,它们就获到愈加巨大的意义。

新的社会的观念和理论,只有当社会底物质生活之发展已在社会面前提出新的任务以后才产生出来。然而,当它们已经产生出来以后,它们就成为最严重的力量,能促进解决由社会底物质生活之发展过程所提出的新任务,能促进社会之向前进展。正是在这里,就表现出新观念、新理论、新政治观点、新政治组织底最伟大的组织的、动员的以及改造的意义。新的社会观念和理论之所以产生出来,就是因为它们是为社会所必需,因为如果没有它们的组织的、动员的以及改造的工作,就没有可能来解决社会底物质生活发展过程中已经成熟的任务。新的社会观念和理论,既然已在社会底物质生活发展过程所提出的那些新任务基础上产生出来,它们就给自己开辟道路,而变为民众所享有的东西,动员民众、组织民众去反对社会里正在腐朽的势力,并因此而便利着推翻社会里正在腐朽的、阻碍社会物质生活发展的势力。

于是,社会的观念、理论、政治组织既然已在社会底物质生活之发展过程、社会存在之发展过程中已经成熟的任务基础上产生出来——它们自己然后就影响到社会存在、影响到社会底物质生活,并造成必要的条件,以便彻底解决社会底物质生活中之已经成熟的任务,并使这社会底物质生活之向前发展成为可能。

马克思关于这个问题说:

> 理论只要一掌握群众,就立刻成为物质的力量。(《马克思与恩格斯全集》第一卷,第四〇六页)

由此可见,无产阶级党为要有可能去影响社会底物质生活条件并加速其发展、加速其改善,它就应当凭借于这样一个社会理论,凭借于这样一个社会观念,这个理论和这个观念是正确反映出社会底物质生活发展之需要,并因此而能够发动广大民众,能够动员他们并把他们组织成无产阶级党底伟大军队,这个军队是决意打破社会里的反动势力并给社会里的先进势力打通道路的。

"经济主义者"和孟什维克们之所以陷于覆亡,就中也是因为他们不承认先进理论、先进观念底动员的、组织的、改造的作用,而他们既然落到庸俗唯物主义中去,于是就会去把先进理论、先进观念底作用几乎化为乌有。所以,他们就会去使党陷于消极的地步、陷于苟延残喘的地步。

马克思主义—列宁主义之所以强有力和生气勃勃,就是因为它是凭借于正确反映出社会底物质生活发展之需要的先进理论,把这理论提到它所应有的高度，并以彻底利用这理论底动员的、组织的、改造的力量为己任。

历史唯物主义，就是这样来解决社会存在和社会意识之间的关系、社会底物质生活发展条件和社会底精神生活发展之间的关系问题的。

现在还要说明一个问题：从历史唯物主义观点看来，究竟应把"社会底物质生活条件"——这些终归是决定着社会底面貌、社会底观念、观点、政治组织等等的条件，了解为什么东西呢？

实在说来，这"社会底物质生活条件"究竟是什么，它们的特征究竟是怎样呢？

毫无疑义的，"社会底物质生活条件"这一个概念，首先就包含有环绕着社会的自然界、地理环境，这个环境是社会底物质生活所必要的和经常的条件之一，而且当然是影响到社会之发展。地理环境在社会发展中的作用如何呢？地理环境不就是决定着社会底面貌、人们社会制度底性质，以及由一个制度过渡到别一个制度的主要力量么？

历史唯物主义对于这个问题的答复乃是否定式的。

地理环境当然是社会发展底经常的必要的条件之一，而且它当然影响到社会之发展——它是加速或延缓社会发展底进程的。然而，它的影响并不是有决定作用的影响，因为社会之变更和发展是比地理环境之变更和发展迅速得不可比较的。在三千年中间，在欧洲更换过三种不同的社会制度：原始公社制度、奴隶占有制度、封建制度；而在欧洲东部、在苏联甚至于更换过四种社会制度。可是，在这同一时期内，欧洲境内的地理条件或者是完全没有变更，或者是变更得如此小，甚至地理学都不肯提及。而这是不言而喻的。地理环境之稍许严重的变更都需要几百万年，而人们社会制度之甚至最严重的变更，也只需要几百年或一两千年就够了。

而由此就要得出结论：地理环境决不能成为社会发展底主要的原因、有决定作用的原因，因为在数万年间几乎仍旧不变的现象，是不能成为那在几百年间就发生根本变更的现象之发展的主要原因的。

其次，毫无疑义的，人口之增长、居民密度之高低，也是包含于"社会底物质生活条件"概念之中，因为人是社会底物质生活条件之必要因素,而如果没有一定的最低限度的人口,那么任何社会底物质生活都是不可能的。人口之增长不就是决定着人们社会制度底性质的主要力量么?

历史唯物主义对于这个问题的答复也是否定式的。

人口之增长当然是影响到社会之发展,是促进或延缓社会之发展的,然而,它不能成为社会发展过程中的主要力量,它对于社会发展的影响不能是具有决定作用的影响,因为人口之增长本身并不能给我们以关键来说明:为什么某个社会制度恰巧是要由一定的新制度来替代,而不是由其他某一个制度来替代;为什么原始公社制度恰巧是由奴隶占有制度所替代,奴隶占有制度恰巧是由封建制度所替代;封建制度恰巧是由资产阶级制度所替代,而不是由其他某一个制度所替代。

如果人口之增长是社会发展过程中的有决定作用的力量,那么较高的人口密度,就一定应当产生与之相当的较高式样的社会制度。可是在事实上,却没有这样的情形。中国人口密度是高过美国四倍,可是美国按社会发展程度看来却比中国为高,因为在中国仍然是以半封建制度占统治,而美国却早已达到资本主义发展底最高阶段了。比利时人口密度是比美国高十九倍,比苏联高二十六倍,可是美国按社会发展程度看来却高过比利时,而苏联则较比利时高出一整个历史时代,因为在比利时是以资本主义制度占统治,而在苏联则已经消灭了资本主义并在本国奠定了社会主义制度。

而由此就要得出结论:人口之增长并不是而且不能是社会发展过程中能决定社会制度底性质、决定社会底面貌的主要力量。

既然如此,那末,在社会底物质生活条件系统中,决定着社会底面貌、决定着社会制度底性质、决定着社会由这一制度发展为另一制度的主要力量,究竟何在呢?

这样的力量,据历史唯物主义看来,就是人们生存所必需的生活资料底谋得方式,就是物质资料底生产方式——这些物质资料就是食品、衣服、靴鞋、住房、燃料、生产工具以及其他各种为社会能借以生活和发展的必需资料。

为要生活，就要有食品、衣服、靴鞋、住房、燃料等等，为要有这些物质资料，就要生产它们，而为要生产它们，就要具有那些被人们利用来生产食品、衣服、靴鞋、住房、燃料等等的生产工具，就要善于生产这些工具，就要善于使用这些工具。

被利用来生产物质资料的生产工具，以及因有相当生产经验和劳动技能而发动着生产工具并实现着物质资料生产的人们——所有这些因素总合起来，就构成社会底生产力。

然而，生产力还只是生产底一方面、生产方式底一方面，这个方面乃是表明人们对于物件和自然界力量的关系，而这些物件和自然界力量是被利用来生产物质资料的。生产底另一方面、生产方式底另一方面，则是人们彼此在生产过程中的关系，即人们底生产关系。人们之和自然界斗争以及利用自然界来生产物质资料，并不是彼此孤立着，并不是以彼此隔绝的单身资格，而是以团体为单位、以社会为单位来共同进行的。因此，生产在无论什么时候以及在任何条件之下，都是社会的生产。人们在实现物质资料生产时，就建立彼此间在生产内部的某种相互关系，即某种生产关系。这些关系可以是不受剥削的人们间的合作关系和互助关系；这些关系可以是统治和服从的关系；最后，这些关系也可以是由一个生产关系形式过渡到另一个生产关系形式的过渡关系。然而，不管生产关系带着怎样的性质，可是它们总是构成——在任何时候和在任何制度之下——生产底必要因素，正好似社会底生产力一样。

马克思说：

> 在生产中，人们不仅是影响着自然界，而且还彼此互相影响着。他们如果不用相当形式结合起来以便共同活动和互相交换其活动，那他们就不能生产。为要生产，人们就彼此发生一定的联系和关系，而只是经过这些社会联系和社会关系，才存在着人们对于自然界的关系，才有生产。(《马克思与恩格斯全集》第五卷，第四二九页)

所以，生产、生产方式是既包括着社会底生产力，又包括着人们底生产关系，因而就是它们两者在物质资料生产过程中的统一之体现。

生产底特点之一就是它永远也不会在长时期内停留在一个地点，而是时时处在变更和发展情况中，而同时，生产方式中的变更又必不可免地要引起整个社会制度、社会观念、政治观点、政治组织之变更，引起整个社会的和政治的结构之改造。在各个不同的发展阶段上，人们利用着各个不同的生产方式，或者，粗一点说，人们过着各种不同样式的生活。在原始的公社之下有一种生产方式，在奴隶制度之下有另一种生产方式，而在封建制度之下有第三种生产方式，以及余此类推。而与此相适合的，就是人们底社会制度、他们的精神生活、他们的观点、他们的政治组织也各不相同。

社会所有的生产方式怎样，那末，社会本身在基本上也就是怎样，社会底观念和理论、政治观点和政治组织也就是怎样。

或者，粗一点说：人们底生活样式怎样，那末，人们底思想样式也就是怎样。

这就是说，社会发展史首先就是生产发展史，就是在数千百年中新陈代谢的生产方式发展史，就是生产力和人们生产关系发展史。

由此可见，社会发展史同时也就是物质资料生产者本身底历史，就是劳动群众——他们是生产过程之基本力量并实现着为社会生存所必需的物质资料之生产——底历史。

由此可见，历史科学如果它想成为真正的科学，就不能再把社会发展史归结为帝王和将相底行动，缔结为国家"侵略者"和"征服者"底行动，而是应当首先就研究物质资料生产者底历史、劳动群众底历史、各国人民底历史。

由此可见，研究社会历史底规律的关键，不是要在人们底头脑中，不是要在社会底观点和观念中去寻找，而是要在社会于每个一定历史时期内所采取的生产方式中、在社会底经济中去寻找。

由此可见，历史科学底最首要的任务，就是要研究和揭明生产底规律、生产力与生产关系发展底规律、社会经济发展底规律。

由此可见，无产阶级党如果它想成为真正的党，它应当首先就精通生产发展底规律、社会经济发展底规律。

由此可见，为着不致在政治上弄出错误，那末无产阶级党无论是在制定自己的党纲时,无论是在自己的实际活动中,都应当首先就以生产发展底规律、以社会经济发展底规律为出发点。

生产之第二个特点就在于生产之变更和发展,无论何时都是从生产力之变更和发展,首先就是从生产工具之变更和发展而开始。所以,生产力乃是生产底最活动的最革命的因素。起初是社会底生产力变更和发展,而然后,依赖于这些变更并与之相适合的,就是人们底生产关系、人们底经济关系也发生变更。可是,这并不是说,生产关系不影响到生产力之发展,生产力不依赖于生产关系。生产关系虽然是依赖于生产力之发展而发展,但同时,它们又反转来影响到生产力,或加速其发展,或延缓其发展。而且必须指出,生产关系不能太长期落后于生产力底增长并和这增长相矛盾,因为生产力只有当生产关系适合于生产力底性质及情况并给生产力以发展余地时,方能尽量地发展。因此,无论生产关系是怎样落后于生产力之发展,但它们迟早总应当去与生产力发展底水平、去与生产力底性质相适合,而且一定会相适合。如果不然,那我们就会看见生产力与生产关系在生产系统中的统一之根本破坏、整个生产之破裂、生产危机、生产力之毁坏。

生产关系和生产力性质不相适合的实例、它们两者间冲突的实例,就是资本主义国家的经济危机,在资本主义国家里,对于生产资料的私人资本主义所有制,是和生产过程底社会公共性质,是和生产力底性质处在极不相适合的地位。而这种不相适合的结果,就是使生产力陷于破坏的经济危机,而同时,这种不相适合情况本身就是社会革命底经济基础,而这个社会革命底使命就是要破坏现有的生产关系,并建立新的、适合于生产力性质的生产关系。

反之,生产关系和生产力性质完全相适合的实例就是在苏联的社会主义国民经济,在苏联,对于生产资料的社会公共所有制是和生产过程底社会公共性质完全相适合的,因此,在苏联,既没有经济危机,也没有生产力破坏现象。

所以,生产力不仅是生产底最活动的和最革命的因素,生产力同时又是生产发展过程底决定的因素。

生产力是怎样,那末生产关系也就应当是怎样。

如果生产力底情况所回答的问题,是人们用怎样的生产工具来生产他们所必需的物质资料,那末生产关系底情况所回答的则是另一个问题,就是:生产资料(土地、森林、水利、矿源、原料、生产工具、生产建筑物、交通联络工具等等)是归谁所有;生产资料是由谁所支配——是由全社会所支配呢,抑或是由单个人们、集团、阶级所支配并利用去剥削其他人们、集团、阶级呢?

兹将生产力由古代到现代的发展情形大略叙述如下:由粗笨的石头工具过渡到弓箭,并因此而由狩猎式的生活过渡到驯养动物和原始畜牧业;由石头工具过渡到金属工具(铁斧、铁嘴木犁等等),并与此适应而过渡到种植植物和从事农业;金属制物工具之继续改良,过渡到打铁炉风箱,过渡到陶器生产,并与此相适应而有手工业之发展,有手工业之离农业而分立,有独立手工业生产以及后来的工场手工业生产之发展;由手工业生产工具过渡到机器,手工业—工场手工业生产转变为机器工业;再进而过渡到机器系统,以及现代巨大机器化工业之出现——这就是社会生产力在人类史上发展底一般的——远不完全的——情形。同时,不言而喻的,生产工具之发展和改善是由那些和生产有关系的人们所实现的,而并不是与人们无关,所以,随着生产工具之变更和发展,人们即生产力最重要的因素也变更和发展了,他们的生产经验、他们的劳动技能、他们运用生产工具的本领也变更和发展了。

随着社会生产力在历史上的变更和发展,于是人们底生产关系、人们底经济关系也与之适合而变更和发展了。

历史所知道的,有五个基本式样的生产关系:原始公社的、奴隶占有制度的、封建制度的、资本主义的、社会主义的。

在原始公社制度之下,生产关系底基础就是对于生产资料的社会公有制。这在基本上是适合于生产力在这时期内的性质的。石头工具以及后来出现的弓箭,使人们绝对没有可能单身去和自然界势力及猛兽作斗争。人们当时为要在森林中采集果实,在水里捕获鱼类,建筑某种住所,就不得不共同工作,否则就会饿死,被猛兽所吞食或为邻近团体所牺牲。公共的劳动就引起对于生产资料以及对于生产品的公共所有制。在这里,并不知道生产资料私有制为何物,而不过有些生产工具是个人所有的，而这些工具同时又是用来防御猛兽的。在这里，并没有剥削，并没有阶级。

在奴隶占有制度之下，生产关系底基础就是奴隶主对于生产资料以及对于生产工作者的所有制，这生产工作者就是奴隶主所能当作牲畜一样来买卖屠杀的奴隶。这样的生产关系在基本上是适合于生产力在这时期内的情况的。此时，人们所拥有的已经不是石头工具，而是金属工具；此时，已经不是贫乏的、原始的，既不知畜牧业为何物，也不知农业为何物的狩猎经济，而是已经出现畜牧业、农业、手工业，以及在这些生产部门间的分工；此时，已经有可能在各个人间以及在各个团体间交换生产品，已经有可能把财富积累于少数人手中，而且真正把生产资料积累于少数人手中，已经有可能迫令大多数人服从少数人并把这大多数人变为奴隶。在这里，已经不是团体中一切组成员在生产过程中间共同地和自由地劳动了；在这里，已经是由奴隶们底强迫劳动占统治地位，而这些奴隶是由那些不劳而获的奴隶主们所剥削的。因此，也就没有对于生产资料以及对于生产品的公共所有制。它已被私人所有制所替代了。在这里，奴隶主乃是第一个和基本的十足私有主。

富人和穷人、剥削者和被剥削者、享有完全权利者和毫无权利者，他们之间的残酷阶级斗争——这就是奴隶占有制度底情景。

在封建制度之下，生产关系底基础，就是封建主对于生产资料的所有制，以及对于生产工作者的不完全的所有制，这生产工作者就是封建主已经不能屠杀但是可以买卖的农奴。与封建所有制并存的，还有农民和手工业者对于生产工具以及对于自己以本身劳动为基础的私有经济的个人所有制。这样的生产关系在基本上是适合于生产力在这时期内的情况的。熔铁和制铁工作之继续改善；铁犁和织布车之散布；农业、园圃业、酿酒业、制油业之继续发展；与手工作坊并存的工场手工企业之出现——这就是当时生产力情况之显著的特征。

新的生产力要求工作者具有某种在生产中的自动性，要求他具有从事于劳动的嗜好，要求他具有愿意从事劳动的兴趣。因此，封建主就把奴隶抛弃，因为奴隶是不愿意从事劳动的和完全没有自动性的工作者；而宁愿利用农奴,因为农奴有自己的经济,有自己的生产工具,并具有某些愿意从事劳动的兴趣,因为一定要有这种兴趣,农奴才会耕种土地并能付给封建主以自己收成所得的自然品。

在这里,私有制已经继续发展了。剥削几乎是和奴隶制下面的剥削一样残酷,而不过是稍许减轻一些罢了。剥削者和被剥削者之间的阶级斗争,就是封建制度底基本的特征。

在资本主义制度之下,生产关系底基础就是对于生产资料的资本主义所有制,同时在这里已经没有对于生产工作者的所有制,这生产工作者就是资本家既不能加以屠杀也不能出卖的雇佣工人,因为雇佣工人已免除人格上的依赖；可是,他们没有生产资料,而为要不致饿死,他们就不得不出卖自己的劳动力给资本家,并在自己的颈项上带着剥削制的枷锁。与对于生产资料的资本主义所有制并存的,还存在有而且在第一个时期还广阔流行的,就是已摆脱农奴制依赖的农民和手工业者对于生产资料的私有制,这私有制是以本身劳动为基础的。起而代替手工作坊和工场手工企业的是以机器装备的巨大工厂。起而代替那些用农民粗笨生产工具来耕作的贵族地产的,乃是根据农艺学来经营并具备有农业机器的巨大资本主义农场。

新的生产力要求生产工作者是比闭塞无知的农奴们文化程度高些的、伶俐些的、能够懂得机器并正确使用机器的人们。因此,资本家宁愿利用那些已免除农奴制羁绊的雇佣工人,这些雇佣工人是具有足够的文化程度来正确使用机器的。

然而,资本主义既把生产力发展到巨大的程度,于是它就陷入它自己所不能解决的矛盾中。资本主义既然生产着日益增多的商品并减低着商品价格,于是它就使竞争趋于尖锐化,使大批小私有主和中等私有主陷于破产,把他们变成无产者,减低他们的购买能力,因而就使生产出来的商品无法销售出去。资本主义既然扩大着生产并把千百万工人集合在巨大工厂以内,于是它就赋与生产过程以社会公共的性质,并因此而破坏自己本身的基础,因为生产过程底社会公共性质是要求有对于生产资料的社会公共所有制的,可是同时,对于生产资料的所有制,却仍然还是私人资本主义的所有制,就是说,是与生产过程底社会公共性质势不两立的所有制。

生产力性质与生产关系间的这些不可调和的矛盾，就在定期发生的生产过剩危机当中明显暴露出来，此时，资本家们既然因他们已使大批居民遭受破产之故而找不到有支付能力的需求者，遂不得不烧毁生产品，消灭已制成的商品，停止生产，毁坏生产力；此时，千百万居民却不得不忍受失业和饥饿的痛苦，而这并不是因为商品不够，却是因为商品出产得太多。

这就是说，资本主义的生产关系已经不复适合于社会生产力底情况，而是已经和社会生产力发生不可调和的矛盾。

这就是说，资本主义怀妊着革命，这个革命底使命就是要拿对于生产资料的社会主义所有制，来代替现存的对于生产资料的资本主义所有制。

这就是说，剥削者和被剥削者间的最尖锐的阶级斗争，乃是资本主义制度底基本的特征。

在社会主义制度之下——这个制度，此刻还只在苏联实现——对于生产资料的社会公共所有制乃是生产关系底基础。在这里，已经是既没有剥削者，也没有被剥削者。生产出来的物品，是根据"不劳动者不得食"的原则而按劳动分配的。在这里，人们在生产过程中的相互关系底特征，就是已经摆脱剥削制的工作者们底同志的合作和社会主义的互助的关系。在这里，生产关系是完全适合于生产力底情况的，因为生产过程底社会公共性质，是由对于生产资料的社会公共所有制所巩固。

因此，在苏联的社会主义的生产，根本就不知道什么是定期的生产过剩危机以及与此危机相牵连的荒谬现象。

因此，在这里，生产力就以加快的速度发展着，因为，适合于生产力的生产关系是给与生产力以这样发展的完全广阔的可能。

这就是人们生产关系在人类史上发展的情景。

这就是生产关系之发展对于社会生产力之发展，而首先是对于生产工具之发展的依赖性，而因为有这种依赖性，所以生产力之变更和发展就迟早要引起生产关系之与其适合的变更和发展。

马克思说:

> 劳动资料①之使用和创造,虽然在某几种动物中发现其萌芽形式,然而却是人类劳动过程所独具的显著特征,所以佛兰克林给人类所下的定义是:制造工具的动物。劳动资料之遗骸对于研究已经消亡的诸社会经济形态,也正如动物骨骼之遗骸结构对于研究已消亡的诸种动物之身体组织一样,有同样重要的意义。使各经济时代彼此区别的,不是生产什么,而是怎样生产……劳动资料,不仅是人类劳动力发展之尺度,而且是这些社会关系之指标,在这些关系之下,就实现着劳动。(马克思:《资本论》第一卷,一九三五年版,第一二一页)

其次:

> (a)社会关系是和生产力密切联系着。人们既获得新的生产力,他们就改变自己的生产方式,而随着生产方式之改变,即本身生活保证方式之改变,他们就改变自己所有一切社会关系。手力的磨坊就产生以封建主为首的社会;蒸汽力的磨坊就产生以工业资本家为首的社会。(《马克思与恩格斯全集》第五卷,第三六四页)

> (b)生产力增长之运动、社会关系之毁坏、观念之产生,凡此都是毫不间断地发生着;而不动的,只是运动之抽象。(同上,第三六四页)

恩格斯当说明在《共产党宣言》内规定的历史唯物主义底特征时说:

> 经济生产以及必然由它而生的每一历史时代底社会结构,就构成这时代底政治史和思想史之基础……因此,自原始公社土地占有制瓦解之时起,全部历史都是阶级斗争的历史,即社会发展各阶段上的被剥削阶级与剥削阶级、被征服阶级与统治阶级间斗争的历史……现在,这个斗争已达到这样的阶段,在这个阶段上,被剥削的和被压迫的阶级(无产阶级),已经是除非同时使整个

---

① 马克思所说的"劳动资料",主要是指生产工具而言。——"编者注"

社会永远摆脱剥削、压迫以及阶级斗争,就不能摆脱那剥削它和压迫它的阶级(资产阶级)了……(恩格斯给《宣言》德文版所作《序言》)

生产之第三个特点就是新的生产力以及与之相适合的生产关系之产生,并不是离开旧制度而单独发生的,并不是在旧制度消灭以后发生的,而是在旧制度内部发生的;不是由于人们有意的自觉的活动之结果,而是自发地、不自觉地不依赖于人们意志而发生的。其所以是自发而不依赖于人们意志而发生的,是因为有以下两个原因。

第一,是因为人们不能自由选定这种或那种生产方式,这是因为当每一新辈人开始生活时,他们是遇着已经现成的生产力和生产关系,即前辈人所工作之结果,因此这新辈人在最初一个时候,是应当接受他们在生产方面所遇到的一切现成东西,并应当迁就于这些东西,以便取得生产物质资料的可能。

第二,就是因为人们在改善这种或那种生产工具,这种或那种生产力要素时,他们并不觉悟到、不了解到,也不想到这些改善将会引起怎样的社会的结果,而只是想到自己的日常利益,只是想要减轻自己的劳动和为自己谋得某种直接的感触得到的益处。

当原始公社社会中某些社员们逐渐地和摸索式地由石头工具过渡到铁制工具时,他们当然没有知道和没有想到这种创新办法会引起怎样的社会的结果;他们没有了解和没有意识到:由石头工具过渡到金属工具,就是生产中的大变革;这个过渡终究会引导到奴隶占有制度——他们当时只是想要减轻自己的劳动和谋得眼前的感觉得到的益处——他们当时的自觉活动,只是限于这种日常个人益处的狭隘范围。

当欧洲年轻资产阶级在封建制度时期开始建造巨大工场手工企业以与细小行业作坊并列,并因此而推进社会生产力时,它当然没有知道而且没有想到它这种创新办法会引起怎样的社会的结果;它没有意识到和没有了解到:这种"细微的"创新办法,会引起这样一种社会力量的重新组合,这种重新组合将以革命来终结,而这个革命既要反对它当时所十分推崇其恩德的王室政权,又要反对那为它的优秀代表们所往往梦想侧身其间的贵族——它当时只是想要减低商品生产成本费,更多拿些商品到亚洲市场以及刚才发现的美洲市场上去销售,并借以取得更多的利润——它当时的自觉活动,只是限于这种日常实践的狭隘范围。

当俄国资本家们协同外国资本家们来加紧在俄国培植现代巨大机器化工业,而又丝毫不触动沙皇制度,同时却听凭地主们随便鱼肉农民时,他们当然没有知道和没有想到生产力这种严重的增长会引起怎样的社会的结果;他们没有意识到和没有了解到:这个在社会生产力方面发生的严重飞跃,将引起这样一种社会力量的重新组合,这种重新组合会给无产阶级以可能把农民和自己结合起来并实现胜利的社会主义的革命——他们当时只是想要极端扩大工业生产,掌握巨大的国内市场,变成垄断家并从国民经济中吸取更多的利润——他们当时的自觉活动未曾超过他们的日常的狭隘实践的利益。

马克思因此就说:

> 人们在自己生活底社会生产中(就是说,在生产为人们生活所必需的物质资料中。——"编者"),彼此发生一定的、必然的、不依[①]他们本身意志为转移的关系,即生产关系,这些生产关系是适合于他们的物质生产力之一定的发展阶段的。(《马克思选集》第一卷,第二六九页)

然而这并不是说,生产关系之变更以及由旧的生产关系之过渡到新的生产关系乃是一帆风顺地进行,而不经过冲突、不经过震动。恰恰相反,这样的过渡通常都是经过用革命手段来推翻旧的生产关系而奠定新的生产关系。到一定时期为止,生产力之发展以及生产关系方面之变更,是自发地、不依赖于人们意志而进行的。然而这只是到一定时候为止,只是到那已经产生和正在发展的生产力尚未及充分成熟的时候为止。而当新生产力已经成熟后,现存的生产关系及其体现者——统治阶级,就变为这样一个"不可克服的"障碍,而为要把这个障碍从程途上扫除,就只有经过新阶级之自觉的活动、经过新阶级之强力的行动、经过革命,才可做到。在这里,新的社会观念、新的政治组织、新的

[①] 着重点是本书编者所加。

政权底伟大的作用,就特别明显地表现出来,其使命就是要用强力来废除旧的生产关系。在新的生产力与旧的生产关系互相冲突的基础上,在社会底新的经济需要的基础上,就产生出新的社会观念。这些新的社会观念就组织着和动员着群众,而群众则团结为新的政治大军,建立新的革命政权并运用着这个政权,以便用强力来废除生产关系方面的旧秩序而奠定新秩序。于是,发展底自发的过程就让位于人们底自觉的活动,和平的发展就让位于强力的大变革,进化就让位于革命。

马克思说:

> 无产阶级在反对资产阶级的斗争中,一定团结成为阶级……它以实现革命而把自己变为统治阶级,并以统治阶级资格去用强力废除旧的生产关系。(《共产党宣言》一九三八年版,第五二页)

其次:

(a) 无产阶级利用自己的政治统治,来一步一步夺取资产阶级所有的全部资本,来把一切生产工具集中于国家之手,就是说,集中于已组织成为统治阶级的无产阶级之手,并尽可能更加迅速地增加全部生产力。(同上,第五〇页)

(b) 强力是任何一个旧社会——当它怀妊着新社会时——之接生婆。(马克思:《资本论》第一卷,一九三五年版,第六〇三页)

马克思于一八五九年在其给他那本名著《政治经济学批评》所作的有历史意义的《序言》中,曾英明地把历史唯物主义底实质归纳如下:

> 人们在自己生活底社会生产中,彼此发生一定的、必然的、不依他们本身意志为转移的关系,即生产关系,这些生产关系是适合于他们的物质生产力底一定的发展阶段的。这些生产关系底总和就组成社会底经济结构,即现实的基础,而法律的和政治的上层建筑物就是在这个基础上树立起来的;同时,一定的社会意识形式是和这个基础相适合的。物质生活底生产方式决定着一般社会生活的、政治生活的、精神生活的过程。不是人们底意识决定人们底存在,而是相反,正是人们底社会存在决定人们底意识。社会底物质生产力发展到一定阶段时,就和现存生产关系,或者说,就和所有

权关系——所有权关系不过是现存生产关系之法律上的表现而已——发生矛盾,而生产力在此以前是在这些关系内部发展了的。于是这些关系就由生产力底发展形式,变成生产力底枷锁。那时,社会革命时代就到来了。随着经济基础之变更,在整个庞大的上层建筑物中也就或多或少迅速地发生大变革。在考察这些大变革时,必须时刻把在经济生产条件方面发生的——可以用自然科学精确眼光指明出来的——物质大变革,去与法律的、政治的、宗教的、美术的或哲学的形式——简而言之,就是去与观念形式分别清楚,而人们就是在这些观念形式中认识这个冲突并力求克服这个冲突。正如我们不可根据一个人自己对于自己的揣度来判断这个人一般,同样也不可根据这样的大变革时代底意识来判断这样的大变革时代。恰恰相反,这个意识正须从物质生活底矛盾中、从社会生产力和生产关系间现存的冲突中来解释。无论哪一个社会形态,当它还给一切生产力以发展余地而这一切生产力尚未展开以前,是决不会灭亡的;而新的更高的生产关系,当其借以存在的物质条件尚未在旧社会本身胎包里成熟以前,是决不会出现的。所以,人类无论何时都只是给自己提出自己所能够解决的任务,因为只要仔细一看,那就总可看出:任务本身,只有当它能借以得到解决的物质条件已经存在着或至少已在形成过程中的时候,才会产生出来。(《马克思选集》第一卷,第二六九至二七〇页)

马克思主义的唯物主义,就其应用于社会生活、应用于社会历史说来,就是如此。

辩证唯物主义和历史唯物主义底基本特征就是这样。

由此可见,列宁是为党保持住怎样的理论财富以打退修正派和变节者谋害这财富的企图;而列宁所著《唯物主义与经验批评主义》一书之出现,对于我们党底发展是有怎样重要的意义。

(节选自任弼时译:《苏联共产党(波尔什维克)历史简要读本》,莫斯科外国文书籍出版局1939年版)

关于辩证唯物论与历史唯物论

吴清友 译

辩证唯物论是马列政党的宇宙观。它称为辩证唯物论是因为它对自然现象的态度、它研究自然现象的方法、它认识这些现象的方法是辩证的,而它对自然现象的解析、它对自然现象的了解、它的理论是唯物的。

历史唯物论是辩证唯物论论纲在社会生活研究上的传播,是辩证唯物论论纲对社会生活现象、对社会研究、对社会历史研究上的应用。

马克思和恩格斯描写自己的辩证法的特征时,平常是引证作为哲学家的黑格尔所规定的辩证法的基本要点。但,这不是说马恩的辩证法与黑格尔的辩证法是一样的。实际上,从黑格尔的辩证法中,马恩不过只取其"合理的核心",抛弃黑格尔观念论的外壳,并把辩证法往前发展,使它具有现代科学的形态。

我的辩证法,马克思说,不仅在其基础上不同于黑格尔的,而且是它的直接对立。在黑格尔看来,思维的过程——他称此种过程为观念,甚至变为独立的主体——是现实的创造者,而现实不过是思维过程的外部表现。在我看来,相反地,观念不是别的,而只是被移植在人类的头脑中并在人类头脑加以改造过的物质东西罢了。(马克思:《资本论》第一卷,德文再版本的《跋言》)

马克思和恩格斯描写自己的唯物论的特征时,平常是引证恢复唯物论权力,作为哲学家看待的费尔巴哈;但这不是说马恩的唯物论是与费尔巴哈的唯物论是一样的。实际上,从费尔巴哈的唯物论中,马恩不过只取其"基本的核心",把它往前发展为唯物论的、科学哲学的理论并抛弃其观念的和宗教伦理的表层。大家都知道,在基本上是唯物论者的费尔巴哈曾经起来反对过唯物论的名称。恩格斯不只一次地声称说,费尔巴哈"不管他的唯物论的基础,但他还没有从旧观念论的枷锁之下解脱出来","当我们接近他的伦理学及宗教哲学时,费尔巴哈真正的观念论立刻就暴露出来了"。(《马恩全集》第十四卷,第六五二—六五四页)

辩证法这个字是从希腊字"辩论"而来的,意思是指进行对话、进行辩驳。在古代,是把辩证法当做揭露对手在推论中的矛盾并克服这些矛盾的方法来达到真理的艺术来了解的。古代有些哲学家认为揭露思维中的矛盾和对立意见的冲突是发现真理的最佳手段。这种思维的、辩证的方法以后传播到自然现象中去,变成了认识自然的辩证法;这个方法把自然的现象作为永久运动着的和变化着的加以考察,而把自然的发展作为自然界中矛盾发展的结果、自然界中对立力量相互关系的结果加以考察。

辩证法在其基本上是与形而上学直接对立的。

(一)下列的基本要点是马克思主义辩证法的特征

(A)与形而上学相反,辩证法不把自然当做互相脱离、互相孤立以及互相没有依存关系的对象和现象之偶然的堆集来观察,而是把它当做联系的、统一的整体来观察,对象、现象在这里互相有机地联系着、互相依存着和互相制约着。

因此,辩证法认为自然界中任一现象不能了解,如果在它的孤立形态中,在它与周围的联系之外来看它;因为在自然界任何领域内的任何现象可能变为毫无意义的东西,如果在它与周围的条件之外以及与这些条件脱离地来看它;相反的,任何现象可以了解并创立起来,如果在它与周围现象不分的联系性中,在它与其周围的现象的制约性中来看它。

(B)与形而上学相反,辩证法把自然界不当做静止和不动、停滞和不变的状态去观察,而把它当做不断发展和运动、不断更新和发展的状态去观察,这里永远是某种东西发生着和发展着,某种东西破坏着和消逝着自己的时代。

因此,辩证法要求不仅要从现象的相互联系及相互制约中来观察现象,而且要从它们的运动、它们的变化、它们的发展之观点去观察现象,要从它们的产生和衰亡的观点去观察现象。

对辩证法最重要的不是目前好像稳固而实已开始衰亡的东西,而是正在产生着和发展着的东西,即使这种东西在目前看去甚至是不稳固的,因为对辩证法只有正在发生和发展的东西才是不可征服的。

> 整个自然界,恩格斯说,从它最小的分子起到最大的体积,从沙粒起到太阳止,从原生生物(最初的生命细胞。——编者)起到人止,都处于永远地产生和消灭中,处于不断流动中,处于不停的运动和变化中。(同书,第四八四页)

因此,恩格斯说,辩证法"主要是在事物的相互联系中,在事物的相互连锁中、在事物的运动中、在事物的产生和消灭中来把握事物及其精神的反映"(《马恩全集》第十四卷,第二三页)。

(C) 与形而上学相反,辩证法把发展的过程不当做增长的单纯过程去观察,这里量的变化不归结到质的变化,而是当做这样的发展,它从小小的潜伏的量的变化转变到公开的变化、根本的变化、质的变化,这种质的变化之来到不是逐渐的,而是迅速地、突然地,采取从一种状态向别种状态跳跃转变的形式。此种质的变化之来到不是偶然地,而是规律地;此种质的变化之来到是看不见的和逐渐的量的变化之积聚的结果。

因此,辩证法认为发展的过程应当不当做兜圈子的运动去了解,不当做过了的事物之单纯的重复去了解,而应当当做前进的运动、向上升路线的运动去了解;从旧质的状态向新质的状态转变、从简单的到复杂的发展、从低级到高级的发展去了解。

> 自然界,恩格斯说,是辩证法的试验石,而现代的自然科学对这个试验提供了非常丰富的、日益增加着的材料,这就证明了在自然界中归根结蒂一切都是辩证地,而不是形而上学地完成着。自

然界不是在永久一样、经常从新重复着的圆圈上运动着,而是经历着真正的历史。这里首先应当指出达尔文,他给对自然界的形而上学的观点以最有力的打击,证明了整个现代的有机世界、植物动物,而人自然也在内,是延续几百万年的发展过程之产物。(同书,第二三页)

恩格斯描写辩证法发展的特征是从量的变化向质变化的转变时说:

> 在物理学中……每种变化都是量到质的转变——是某种物体本身固有的量的变化或其所有的某种运动形态的量的变化之结果。例如水的温度起初对水的蒸汽点、液体状态没有任何意义;但液体的水在温度增加或减少的条件下,到某一契机,那个时候,这种凝结状态起了变化,而水在某一场合下化为汽,在另一场合下则结为冰……例如必须在一定的、最低限度的电流的力量,才能使白金丝发光;例如每一种都有它自己的溶解热度;例如每一种液体在某种压力之下,都有它自己一定的冰点和沸点——只在借助我们的工具,才能得到相当的温度;最后,例如每一种汽体都有界点,在这界点上加以相当的气压及冷化可以把它变为液体状态……物理学所谓定数(就是从一种状态转化为另一种状态的点。——编者)大部分不过是联结点的名称,这里运动的量之增加或减少(变化)会引起相当物体状态之质的变化——这里就是量转变为质。(同书,第五二七—五二八页)

其次讲到化学,恩格斯继续着说:

> 化学可以称为是关于物质在量组成变化影响之下而发生的质变化的科学。黑格尔自己已明白了这一点……我们拿氧气来说:如果在分子中结合着三个原子,而不是如平常一样,是两个原子,那么我们得到的是臭气——是以自己的气味及性能与普通氧气确定地相区别的物体。至于说到不同的比例,在这种比例之下,氧气与臭气或硫磺相结合,则从这里每一种都提供与一切其它各种质不相同的物体!(同书,第五二八页)

最后,在批判杜林时——杜林竭其能事地嘲骂黑格尔,但同时却一声不响地窃取黑格尔的著名论点:从无感觉界转变到感觉界,从无机界转变到有机生命界是向新状态的跳跃——恩格斯说:

> 这就是黑格尔的度量关系之联结线,这里纯粹量的增加或减少在一定的联结点上会引起质的跳跃,例如在水燃沸或冰冷的场合下,这里的沸点和冰点就是联结点,在这联结点上(在常度的压力之下)完成了到新的物质结合状态的跳跃,这里量就转变为质了。(同书,第四五—四六页)

(D) 与形而上学相反,辩证法是从自然的对象、自然的现象都固有着内部的矛盾做出发的,因为它们一切都有自己的反面和正面、有自己的过去和未来、有自己的衰亡和发展,而这些对立的斗争、旧与新之间的斗争、衰亡与生长之间的斗争、消灭与发展之间的斗争构成发展过程的内部的内容、量的变化转为质的变化之内部的内容。

因此,辩证法认为从低级向高级的发展过程,不是在现象协调地开展的程序上发生的,而是在对象、现象本身所固有的矛盾之揭露的程序上,在基础上影响这些矛盾的对立倾向之"斗争"的程序上发生的。

> 辩证法在其本身的意义说来,列宁说,是对象最本质的矛盾之研究。(列宁:《哲学笔记》,第二六三页)

再:

> 发展是对立的"斗争"。(《列宁全集》第十三卷,第三〇一页)

马克思主义辩证法简略的说明就是如此。

不难了解,辩证法的论点在社会生活研究上、在社会历史研究上的传播具有何种伟大的意义;把这些论点应用到社会历史上去、应用到无产阶级政党的实践活动上去具有何种伟大的意义。

如果在世界上没有孤立的现象,如果一切现象是互相联系和互相制约,那么就明白不应当从"永久正义"的观点或其它任何预定观念的观点来评价历史上的每一社会制度及每一社会运动,如历史家们所常做的一样,而应当从产生这种制度与这种社会运动及与它们相联系的那些条件上去评价它。

奴隶主制度对现代的条件是无意义的、反自然的蠢事,但奴隶主制度在原始公社制度瓦解的条件下,是完全可以了解的和法则性的现象,因为它比原始公社制度是表明着前进一步。

在沙皇制度及资产阶级制度存在的条件下,在一九〇五年的俄国中,资产阶级民主共和国的要求是完全可以了解的、正确的和革命的要求,因为资产阶级共和国表明了前进一步。资产阶级民主共和国的要求,在我们目前苏联的条件下是无意义的和反革命的要求,因为资产阶级共和国与苏维埃共和国相比较是后退一步。

一切依存于条件、地点与时间。

显然的,如果对社会现象没有这种历史的态度,则历史科学的存在和发展就不可能;因为只有此种态度才能避免历史科学变为它的偶然性的紊乱和盲目错误的堆积。

再,如果世界是处于不断运动和发展中,如果旧的衰亡和新的生长是发展的法则,那就明白:没有什末"不可动摇的"社会秩序,没有什末私有财产和剥削的"永久原则",没有什末农民服从地主、工人服从资本家的"永久观念"。

这就是说,可以用社会主义制度来替代资本主义制度,也如资本主义制度当时替代了封建制度一样。

这就是说,不应当把方向朝到不再往前发展的那些社会阶层上,纵使这些阶层在目前还是占优势的力量;而应当把方向朝到正在发展着的、有前途的那些社会阶层上,纵使这些阶层在目前还不是占优势的力量。

在前世纪八十年代,在马克思主义者与民粹派斗争的时代,那个时候俄国的无产阶级与占人口大多数的、个人经营的农民相比较是极小的少数。但无产阶级作为阶级发展起来了,而农民作为阶级而分解了。就是因为无产阶级作为阶级发展起来,所以马克思主义者把方向朝到无产阶级方面。而他们并没有错误,因为大家知道,无产阶级以后由极小的力量长成为第一等历史的和政治的力量。这就是说,要在政治上不犯错误,应当往前看,而不应当往后看。

再,如果说,缓慢的、量的变化转变为迅速的并突然的质的变化是构成发展的法则,那就明白:由被压迫阶级所完成的革命转变是十分自然的和不可避免的现象。

这就是说,从资本主义向社会主义的转变以及工人阶级从资本主义压迫下的解放不是用缓慢改变的方法,不是用改良的方法所能实现,而只有用资本主义质改变的方法、用革命的方法才能实现。

这就是说,要在政治上不犯错误,应当做革命者,不应当做改良主义者。

再,如果发展是产生于内部矛盾揭露的程序上,是产生于这些矛盾基础上的对立力量之冲突的程序上,并以此来克服这些矛盾,那就明白无产阶级的阶级斗争是十分自然和不可避免的现象。

这就是说,不应当抹杀资本主义秩序的矛盾,而应当揭发并暴露它们,不应当窒息阶级斗争,而应当把它进行到底。

这就是说,为要在政治上不犯错误,应当实行不调和的、阶级的、无产阶级的政策,而不应当实行无产阶级与资产阶级利益调和的、改良主义的政策,而不应当实行资本主义"长成"为社会主义的妥协政策。

如果把马克思主义的辩证法应用到社会生活上去、应用到社会历史上去,事情就是如此。

至说到马克思主义的哲学唯物论,那么它根本上是与哲学的观念论直接对立的。

(二)马克思主义的唯物论以下列的基本要点为特征

(A)与观念论相反,观念论认为世界是"绝对观念""世界精神""意识"之体现,而马克思的哲学唯物论的出发点是:世界依其本质是物质的,世界上多样性的现象是运动着的物质之不同的形态,由辩证法所确定的现象之相互联系性和相互制约性是运动着的物质发展之法则性,世界是按照物质运动的法则而自己发展着的,用不着任何"世界精神"。

> 唯物论的宇宙观是表明着对自然界简单的了解,依照其原有面目,不加以任何旁的增添。(《马恩全集》第十四卷,第六五一页)

说到古代哲学家赫拉克里特的唯物论观点时,赫拉克里特说:"世界是万物中最统一的,不是由任何神或任何人创造出来的,而是过去、现在及将来都是永远活跃着的火,它法则地燃烧着和法则地消灭着。"列宁写道:"这是辩证法唯物论基础优越的解析。"(列宁:《哲学笔记》,第三一八页)

(B)与观念论相反——观念论断定真实地存在着的只是我们的意识;物质的世界、存在、自然只在我们的意识中、感觉中、表象中、概念中存在着——马克思主义的哲学唯物论的出发点是:物质、自然、存在是客观的真实性,它在意识之外并不依存于意识而存在着;物质是最初的,因为它是感觉、表象、意识的源泉;而意识是第二次的、派生的,因为它是物质的反映、存在的反映;思维是物质在其高度发展中达到完成的产物,就是头脑的产物,而头脑是思维的器官,因此,如果不想陷入愚蠢的错误,就不该把思维离开物质。

整个哲学的最高问题,恩格斯说,是思维对存在、精神对自然的关系问题……按照他们如何回答这个问题,哲学家们分成两个最大的营垒。断定精神先于自然而存在的那些人……构成观念论的营垒。而认为自然是基本的发端的那些人就附和到唯物论的各种学派中去。(《马克思文选》第一卷,第三二九页)

再:

物体的、可感觉的世界——我们自己也属于这个世界——是唯一真实的世界……我们的意识和思维,不管它如何似乎是超感觉的,是物体的、身体器官的、头脑的产物。物质不是精神的产物,而精神本身不过是物质的高度产物。(同书,第三三二页)

至说到物质和思维的问题,马克思说:

不能把思维与思维的物质分离开来。物质是一切变化的主体。(同书,第三〇二页)

列宁描写马克思主义哲学唯物论的特征时说:

唯物论一般地承认不依存于意识、感觉、经验……的客观的真实的存在（物质）。……意识……只是存在的反映，充其量是存在的近于正确的（同等的、观念地精确的）的反映。（《列宁全集》第八卷，第二六六—二六七页）

再：

（A）物质是作用于我们的感觉器官而发生感觉的东西；物质是提供我们感觉的客观实在性……物质、自然、存在、物理的东西是最初的；而精神、意识、感觉、心理的东西是第二次的。（同书，第一一九—一九〇页）

（B）世界的图景是物质如何运动以"物质如何思维"的图景。（同书，第二八八页）

（C）头脑是思维的器官。（同书，第一二五页）

（D）与观念论相反——观念论反驳认识世界及其法则性的可能，不相信我们智识的充分可靠性，不承认客观的真理，认为世界完全是"自在之物"，此种"自在之物"永远不能被科学所认识——马克思主义的哲学唯物论之出发点是：世界及其法则性是完全可认识的，由经验及实践所考验过的，我们关于自然法则的智识是充分可靠的、有客观真理意义的智识；在世界上没有不可认识的物，而只有还未被认识的物，这种物将由科学及实践的力量加以揭露和认识。

在批判康德及其它观念论者关于世界的不可认识性和不可认识的"自在之物"的论点，并且坚持唯物论关于我们智识充分可靠性的著名论点时，恩格斯写道：

> 这些以及一切其它哲学上的谬误之最坚决的驳斥在于实践，就是在于试验和工业。如果我们自己可以制造它，从其条件中唤起它，并迫它服务我们的目的，用这些就可以证明我们对自然的某一现象的了解之正确性，那末，康德的不可摸捉的"自在之物"也就完了。构成动物体和植物体的化学物依然是"自在之物"，当有机化学还不能接二连三地制造它们的时候；当"自在之物"变成我们之物的时候，例如染料茜草色精，我们现在已不是从栽在田地上的茜草根中得来，而是从煤炭炉中更廉价和更简单地取得它。哥白尼的太阳系说在三百年中依然是一种假定，是极可思议的，然

而还是一种假定。当李维尔根据这一学说,不仅证明了应该还有一个到此刻还未被人知道的星球存在着,并且借助测量,规定了这个星球在天空中所占的位置,而以后,贾利真的找到了这个星球,哥白尼的太阳系说被证明了。(《马克思选集》第一卷,第三三〇页)

列宁责备博格达诺夫、巴查洛夫、尤斯凯维切及其它马赫派的宿命论并坚持唯物论的著名论点:我们关于自然法则性和科学,智识是充分可靠的,科学的法则是客观的真理时说:

> 现代的宿命论完全没有推翻科学;它只推翻了科学的"过分奢望",就是成为客观真理的奢望。如果客观的真理是存在着(唯物论者是这样想的),如果反映外部世界于人的"经验"中的自然科学,只它一个能够提供我们客观的真理,那么一切宿命论便无条件地被推翻了。

马克思主义的哲学唯物论的特征之简略的说明就是如此。……

容易了解,哲学唯物论的论点在社会生活研究上、在社会历史研究上的传播具有何种伟大的意义;这些论点对社会历史、对无产阶级政党实践活动上的应用具有何种伟大的意义。

如果自然现象的联系性及它们的相互制约性是自然发展的法则,则从这里就推论出社会生活现象的联系性及相互制约性也不是偶然的事情,而是社会发展的法则。

这就是说,社会生活、社会历史已不是"偶然性"的堆积;因为社会历史成为社会法则性的发展,而社会历史的研究变成科学了。

这就是说,无产阶级政党的实践活动不应当根据"杰出人物"的善良欲望之上,不应当根据"理性""总的道德"等等的要求之上,而应当根据社会发展的法则性,根据这些法则性的研究。

再,如果世界是可以认识以及我们关于自然发展法则的智识是充分可靠的,具有客观真理意义的智识,那末从这里跟着来的是社会生活,社会发展也是可以认识的,而关于社会发展法则的科学论据也是充分可靠的、具有客观真理意义的论据。

这就是说，关于社会历史的科学，不管社会生活现象的整个复杂性也可以成为精确的，能够利用社会发展法则到实践应用中去的科学，例如生物学。

这就是说，无产阶级政党在其自己的实践活动中不应当受任何偶然的动机所领导，而应当受社会发展的法则，从这些法则所得出的实践结论所领导。

这就是说，社会主义由人类的良好的将来之幻想变成了科学。

这就是说，科学与实践活动的联系性、理论与实践的联系性，它们的统一，应当成为无产阶级政党的导星。

再，如果自然、存在、物质的世界是最初的，而意识思维是第二次的、派生的；如果物质的世界是不依存于人们的意识而存在着的客观真实性，而意识是此种客观真实性的反映，则从这里跟着来的是社会的物质生活，它的存在也是最初的，而它的精神生活是第二次的、派生的；社会物质生活是不依存于人们的意识而存在着的客观真实性，而社会的精神生活是此种客观真实性的反映，是存在的反映。

这就是说，社会精神生活形成的源泉，社会思想、社会理论、政治观点、政治制度发生的源泉不应当在思想、理论、观点、政治制度本身中去找，而应当在社会物质生活的条件中去找，应当在社会存在中去找，一切思想、理论、观点等等都是社会存在的反映。

这就是说，如果在社会历史不同时期中看到不同的社会思想、理论、观点、政治制度；如果在奴隶主制度下遇到一种社会思想、理论、观点、政治制度，在封建制度下遇到另一种，在资本主义制度下遇到第三种，那末这不应当用思想、理论、观点、政治制度本身的"特性""固有性"来解析，而应当用社会发展不同时期的社会物质生活不同条件来解析。

什末样的社会存在，什末样的社会物质生活条件，就有什末样的社会思想、理论、政治观点、政治制度。

因此，马克思说：

> 不是人们的意识决定他们的存在，而相反地，是他们的社会存在决定他们的意识。(《马克思选集》第一卷，第二六九页)

这就是说，要使在政治上不犯错误以及不陷于空洞的幻想者的地位,无产阶级的政党在它自己的活动中不应当从人类"理性"的抽象原则做出发,而应当从作为社会发展决定力量的社会物质生活具体条件做出发;不应当从"伟人"的善良愿望做出发,而应当从社会物质生活发展的现实要求做出发。

乌托邦主义者的没落——民粹派、无政府主义者、社会革命党人也在内——其中可以用这来解析,就是他们不承认社会发展中社会物质生活条件的首要作用,而陷入观念论;不在社会物质生活发展的需要性基础上来建立自己的实践活动,而不依存它们并且违反它们——在与社会现实生活脱离的"理想计划"和"包罗万有的方案"基础上来建立自己的实际生活。

马列主义的力量和活力在于它在自己实践的活动中就是倚靠社会物质生活发展的需要性,从来不与社会的现实生活相脱离。

但从马克思的言辞中不应当得出结论,说社会的思想、理论、政治观点、政治制度在社会生活中没有意义,说它们对社会存在、对社会生活物质条件的发展不会发生反响。我们在这里暂时只说到社会思想、理论、观点、政治制度的起源;说到它们的发生,说到社会的精神生活是社会的物质生活条件的反映。至于社会思想、理论、观点、政治制度的意义,说到它们在历史上的作用,那末历史唯物论不仅不否定,而且相反地,着重指出它们在社会生活中、在社会历史上的重大作用和意义。

社会的思想和理论是有各种各样的。有业已过时的并为正在衰亡的社会力量之利益服务的旧思想和理论。它们的意义在于阻碍社会的发展,阻碍社会的往前推进。也有为社会前进力量服务的、新的、前进的思想和理论。它们的意义在于使社会的发展、社会的向前推进更加容易,同时它们愈益精确地反映社会物质生活发展的需要性,则它们愈具有更大的意义。

新的社会思想和理论,只在社会物质生活的发展在社会的前面业已提出了新的任务之后,才会产生出来。但当这些新的思想和理论已经产生之后,它们就成为最严正的力量,使社会物质生活的发展所提出的新任务易于解决,使社会易于向前推进。新思想、新理论、新政治观点、新政治制度最伟大的组织的、动员的和改造的意义就在这里表现出来。新的社会思想和理论之产生本身就是因为它们为社会所需要；如果没有它们的组织的、动员的和改造的工作，则社会物质生活发展业已成熟的任务就不能解决。在社会物质生活的发展所提出的新任务之基础上所产生的新社会思想和理论为自己打开一条道路，成为人民大众能接收的，动员他们、组织他们反对正在衰亡下去的社会力量，并且这样使阻碍社会物质生活发展的、正在衰亡下去的社会力量之推翻更加容易。

在社会物质生活发展、社会生活发展业已成熟的任务之基础上所产生出的社会思想、理论、政治制度，自己以后就这样地影响到社会生活上去，影响到社会的物质上去，创立彻底解决社会物质生活业已成熟的任务所必须的条件，并使它成为进一步发展的可能。

因此，马克思说：

> 只当理论一抓住群众时，理论就成为物质的力量。（《马恩全集》第一卷，第四〇六页）

这就是说，为要有可能影响到社会物质生活的条件上去并加速它们的发展，加速它们的改善，无产阶级的政党应当倚靠这种社会思想和这种社会理论，它们正确地反映社会物质生活发展的需要性并因此能够把人民的广泛大众引入运动，能够动员他们，并由他们中组成为无产阶级政党的，准备粉碎反动力量并为社会的前进力量打通道路的伟大军队。

"经济主义者"和孟塞维克的没落，其中可以用这来解析，就是他们不承认前进理论、前进思想的动员、组织和改造的作用，坠入庸俗的唯物论中去，把他们的作用弄到几乎等于零——这样一来，使政党陷入消极、陷入无所作为。

马列主义的力量和活力就在于它倚靠正确地反映社会物质生活发展需要性的前进理论，把理论提高到应有的高度并认为自己的责任是彻底利用理论的动员、组织和改造的力量。

历史唯物论就这样解决了社会存在与社会意识间的关系问题、社会物质生活发展条件与社会精神生活发展间的关系问题。

还剩下一个问题须要剖明：从历史唯物论的观点看来，应当怎样了解归根结蒂决定社会的面貌、社会的思想、观点、政治制度等等的"社会物质生活的条件"。

实际上,这些"社会物质生活的条件"是什末东西?它们有什末特点?

无疑的,在"社会物质生活条件"的概念中首先是列入环绕社会的自然、地理环境,后者是社会物质生活必须和经常的条件之一,当然是影响到社会的发展。但地理的环境在社会的发展中究竟有什末样的作用?地理的环境是否是足以规定社会面貌,决定人们社会制度的性质,决定从一种社会制度向别种社会制度转变的那种主要力量呢?

历史唯物论否定地回答了这个问题。

无庸置辩,地理的环境是社会发展经常的、必需的条件之一,它当然影响到社会的发展——它加速或延缓社会发展的行程。但它的影响不是决定的影响,因为社会的变更和发展比地理环境的变更和发展进行得无比地快速。三千年内,欧洲已来得及更换了三种不同的社会制度:原始公社制度、奴隶主制度、封建制度,而在欧洲的东部、在苏联甚至于更换了四种社会制度。但在同一时期内,欧洲的地理条件或者完全没有变化,或者变化得甚至连地理学也不愿意提起的那样地小。这也是可以了解的。因为对地理环境稍微重大些的变化是需要几百万年,而对于人们社会制度最重大的变化,则甚至于只有几百年或者千把年就够了。

但从这里应当得到结论,说地理环境不能成为社会发展的主要原因、决定原因;因为在几万年之内依然差不多没有变化的东西,不能成为在几百年之内就经历着根本变化的发展之主要原因。

再,无疑的,人口的增长、人口的或种密度也列入"社会物质生活条件"的概念之中;因为人们构成社会物质生活条件必需的因素,没有现有的、某种最低限度的人,社会的任何物质生活都是不可能的。但人口的增长是否是足以决定人们社会制度性质的那种主要力量呢?

历史唯物论也否定地回答了这个问题。

当然,人口的增长对社会的发展是有影响,它促进或延缓社会的发展,但它不能成为社会发展的主要力量,而它对社会发展的影响也不能成为决定的影响；因为人口增长的本身没有提供解析的钥匙：为什末那一种社会制度恰恰为这一种新的制度所代替而不是为任何别的一种所代替，为什末原始公社制度恰恰为奴隶主制度所代替，奴隶主制度恰恰为封建制度所代替，封建制度恰恰为资本主义制度所代替，而不是为任何别种制度所代替。

如果人口的增长是社会发展的决定力量，那末较高的人口密度定将招引相当于它的社会制度的较高形式。但在实际上并没有见到这一回事。中国人口的密度比美国高过四倍，可是从社会发展的观点看来，美国高于中国，因为在中国还统治着半封建的制度，而在美国老早已经达到了资本主义发展的最高阶段。比利时的人口密度高过美国十九倍，高过苏联二十六倍，但从社会发展的观点看来，美国高于比利时，而比利时比苏联则落后整个的历史时代，因为在比利时统治着资本主义制度，而苏联则业已结束了资本主义制度并在自己国内已奠定了社会主义制度。

但从这里应当得到结论：人口的增长不是而且不能是决定社会制度性质、社会面貌的主要力量。

在这种场合下，社会物质生活条件体系中，决定社会面貌、社会制度性质、社会从一种制度向别种制度发展的主要力量究竟在什末地方呢？

历史唯物论认为此种力量是人们生存所必需的生活资料获得的方法、物质福利生产的方法——食品、衣服、鞋子、住宅、燃料、生产工具等等，这些是社会能够生活和发展下去所必需的。

为要生活，应当有食品、衣服、鞋子、住宅、燃料等等，为要有这些物质的福利，应当生产它们，而为要生产它们，应当有生产工具，在后者帮助之下，人们生产出食品、衣服、鞋子、住宅、燃料等等，应当会生产这些工具，应当会利用这些工具。

借以生产物质福利的生产工具，由于一定的生产经验和劳动习性而运用生产工具并实现物质福利生产的人们——一切这些因素合在一起构成社会的生产力。

但生产力只构成生产的一方面、生产方法的一方面，它表现着人们对自然的对象和力量的关系，这些对象和力量是被利用来生产物质的福利的。在生产过程中人们的相互关系、人们的生产关系构成生产的另一方面、生产方法的另一方面。人们与自然作斗争并利用自然以生产物质的福利时,不是互相孤立地、各不相干的单个人,而是共同地、集体地、社会地。因此,生产在一切条件下,永远是社会的生产。在实现物质福利生产时,人们在生产内部确立着自己之间的某种相互关系、某种生产关系。这些关系可能是解除剥削的人们之合作和相互帮助的关系;这些关系可能是统治与服从的关系;最后这些关系可能是从生产关系的一种形态向别种形态的过渡关系。但不论生产关系带着何种的性质,它们——永远并且在一切制度之下——也如社会的生产力一样,构成生产所必需的因素。

在生产中,马克思说,人们不仅影响自然,而且互相影响着。他们不能生产,如果他们不以某种的方式联合起来作共同的活动和相互交换自己的活动。为要生产,人们进入确定的联系和关系之中,而只有透过这些社会联系和关系的中介,才能实现他们对自然的关系,生产才有地位。(《马恩全集》第五卷,第四二九页)

由此可知生产、生产方法是包括社会的生产力和人们的生产关系,因此,在物质福利的生产过程中体现了它们的统一。

生产的特点之一,在于它在长久的时期中从来不停留在一点上而且永远地处于变化和发展的状态中,同时生产方法的变化不可免地要招引整个社会制度、社会思想、政治观点、政治制度的变化——招引整个社会的和政治的结构之改造。在发展的不同阶段上,人们利用生产的不同方法,或者粗野些说——过着不同式样的生活。在原始公社制度之下,存在着一种生产方法;在奴隶制度之下,存在着另一种生产方法;在封建制度之下,存在着第三种生产方法,诸如此类。与此相适应的,人们的社会制度、他们的精神生活、他们的观点、他们的政治制度也是各种各样的。

在社会方面有什么样的生产方法,则社会本身在基础上也是什么样,社会的思想和理论、政治观点和制度也是什么样。

或者粗野些说,人们的生活式样是什么样,则他们的思想式样也是什么样。

这表明着社会发展的历史，首先是生产发展的历史、几世纪中互相交替的生产方法发展的历史、生产力和人们的生产关系发展的历史。

这就是说，社会发展的历史，同时是物质福利生产者本身的历史，是作为生产过程以及实现社会生存所必需的物质福利生产之基本力量看待的劳动大众的历史。

这就是说，历史科学，如果它愿意成为真正的科学，不能再把社会发展的历史归结到帝王与将军的行动上去，归结到国家的"胜利者"与"征服者"的行动上去，而首先应当从事于物质福利的生产者的历史、从事劳动大众的历史、从事各民族的历史。

这就是说，应当在人们的头脑中，不要在社会的观点和思想中去找研究社会历史法则的锁钥，应当在每一历史时期中社会所实行的生产方法中去找，在社会经济中去找。

这就是说，历史科学的第一等任务是研究和发现生产的法则、生产力和生产关系发展的法则、社会经济发展的法则。

这就是说，无产阶级的政党，如果它愿意成为真正的政党，首先应当把握生产发展法则的智识、社会经济发展法则的智识。

这就是说，为要在政治中不犯错误，无产阶级的政党无论在它自己的纲领制定中或自己的实践行动中，首先应当从生产发展的法则、从社会经济发展的法则做出发点。

生产的第二个特点在于它的变化和发展，永远是从生产力的变化和发展开始，首先是从生产工具的变化和发展开始。因此，生产力是生产的最活动和最革命的因素。开始是社会的生产力发展着和变化着，而以后是依存这些变化和适应这些变化——变化了人们的生产关系、人们的经济关系。但这不是说，生产的关系不影响到生产力的发展以及后者不依存于前者。依存于生产力的发展而发展起来的生产关系，自己也影响到生产力的发展，加速或阻滞它。这里必须指出生产关系不能过于长久地落后于生产的增长和处于与生产力矛盾中，因为生产力充分的发展只在生产关系适应生产力的性质状态并提供生产力发展自由的场合下，才有可能。因此生产关系无论怎样地落后于生产力的发展，前者迟早应当去适应后者，而且真的走向适应了生产力发展的水准、生产力的性质。在相反的场合下，我们就将有生产体系中生产力和生产关系统一的根本破坏、整个生产的破裂、生产的恐慌、生产力的破坏。

生产关系不适应生产力性质的实例，它们之间冲突的实例就是资本主义诸国中的经济恐慌，那里生产手段的资本主义私有制与生产过程的社会性，与生产力的性质是处于非常不相适应的状态中。这种不适应的结果是归结到生产力破坏的经济恐慌，同时这种不适应的本身是社会革命的经济基础，它的使命是在于破坏现有的生产关系并创立新的、适应生产力性质的生产关系。

反之生产关系完全适应生产力性质的实例是苏联的社会主义国民经济，那里生产手段之公有制是处于与生产的社会过程完全适应的状态中，并且因此那里任何的经济恐慌或生产力的破坏都没有。

由此可知生产力不仅是生产的最活动和最革命的因素，它们同时是生产发展的决定因素。

什末样的生产力，就一定有什末样的生产关系。

如果生产力的状态所回答的问题是：人们用什末生产工具去生产他们所必需的物质福利；那末生产关系的状态已是回答了另一问题：生产手段（土地、森林、水利、地底蕴藏、原料、生产工具、生产房舍、交通手段等等）是处于谁的占有中，生产手段是处于谁的支配中，处于整个社会的支配中，或者处于利用这些生产手段以剥削别的人、别的集团、别的阶级的个别的人、个别的集团、个别的阶级支配中呢？

这里就是从古代到我们今天的生产力发展的图表：从粗石器到弓箭的转变，而与此相关联的就是从狩猎式生活向饲养动物及原始畜牧的转变；从石器工具向金属工具的转变（铁斧、铁口锄等等），而与此相适应的就是向种植植物及农业的转变；金属制造的金属工具之进一步的改善，向冶铁风箱的转变，向陶器生产的转变，而与此相适应的就是手工业的发展，手工业与农业之脱离，独立手工业的和手工场的生产之发展；从手工业的生产工具向机器的转变以及手工场生产之变成机器的工业；向机器制度的转变以及现代的机器化大工业之出现——这就是人类历史上社会生产力发展的一般的、远不完全的图景。在此种情形之下，显然的，生产工具的发展和改善，是由对生产有关的人们来实现的,而不是与人们无关的;因此,随着生产工具的改变和发展,人们也作为生产力最重要的因素而改变和发展了,他们的生产经验、他们的劳动习性、他们对使用生产工具的谙会也改变和发展了。

与历史上社会生产力的改变和发展相适应,就是人们的生产关系、他们的经济关系之改变和发展。

历史知道生产的五种基本方式:原始公社的、奴隶主的、封建的、资本主义的、社会主义的。

在原始公社制度之下,生产手段之公有制是生产关系的基础。这在根本上是适应这个时期的生产力之性质。石器和以后的弓箭之出现,排除了单独地与自然力量及野兽斗争的可能性。为要在森林中搜集果实,在水中捕捉鱼类,建筑某种住所,人们被迫共同地劳动着,如果他们不愿意成为饿死、野兽或邻居部落的牺牲品的话。公共的劳动归结到生产手段以及生产品的共有制。这里还没有生产手段私有财产制的概念,如果不把某些工具,同时也是防御野兽的工具之个人私有计算在内的话。这里没有剥削、没有阶级。

在奴隶主制度之下,生产手段以及生产的工作人员——奴隶的私有制是生产工具的基础。奴隶主可以把奴隶当做牲畜买卖、杀害。此种生产关系根本上是适应这个时期的生产力状态。代替石器,人们现时在自己的支配中已有了金属的工具;代替牧畜业、农业都不知道的原始狩猎经济出现了牧畜业、农业、手工业这些生产部门的分工;出现了个别的人们和社会间生产品交换的可能性;出现了财富积聚在少数人手里,生产手段真正地积聚在少数人手里的可能性;出现了大多数服从少数并把大多数变成奴隶的可能性。这里在生产过程中社会的一切成员已经没有共同的和自由的劳动——这里统治着被不劳动的奴隶主所剥削的奴隶的强制劳动。因此,这里没有生产手段的共有制,生产的成果也是一样,私有财产制度代替了它。奴隶主在这里成为第一个和基本的、不折不扣的私有者。

富者与贫者、剥削者与被剥削者、全权者与无权者,他们之间残酷的阶级斗争——奴隶主制度的图景就是如此。

在封建制度之下,封建主对生产手段之私有以及对生产工作人员——农奴之不完全的私有，是生产关系的基础。封建主已经不能杀害农奴，但他可以买卖农奴。与封建的私有制并存的是农民和手工业者对生产工具以及基于个人劳动的私人经济之个人私有制。此种生产关系根本上是适应这个时期的生产力状态的。铁的冶炼和制造之进一步的改善；铁犁和织机的传播——农业、园艺、酿酒、制油进一步的发展；与手工业并列地出现了手工厂的企业——这就是生产力状态的特点。

新的生产力要求工作者在生产中有多少的创造性、对劳动的爱好、对劳动的兴趣。因此，封建主抛了对劳动没有兴趣并且是完全没有创造性的工作者——奴隶，认为农奴优于奴隶，农奴有他自己的经济、自己的生产工具，并且对劳动有若干的兴趣，这是对耕种土地以及以他自己收成的自然物缴付地主所必需的。

私有财产制度在这里获得进一步的发展。剥削差不多也如在奴隶制度下一样的残酷——它不过只有些少的减轻。剥削者与被剥削者之间的阶级斗争构成封建制度的基本特点。

在资本主义制度之下，生产手段之资本主义的私有制是生产关系的基础，同时生产的工作者——雇佣劳动者是没有私产的，资本家不能杀死他们或者卖掉他们，因为他们人身是自由的，但他们生产工具是被剥夺的，他们为要不至饿死，被迫把自己的劳动力卖给资本家并把剥削的枷锁套在颈项上。与资本主义的生产手段私有制并存的还有从农奴制依存关系之下解放出来的农民和手工业者基于个人劳动的生产手段的私有财产制在初期有着广泛的流行。代替手工业作坊和手工场企业出现了以机器武装起来的巨大工厂和制造厂。代替用原始农民生产工具耕种的贵族采邑出现了基于农业技术并以农业机器配备着来经营的大资本主义经济。

新的生产力要求生产的工作者比受虐待的、黑暗的农奴较为文化些和明白事理些，要会了解机器并正确地使用它。因此，资本家们认为从农奴制压迫之下解放出来的雇佣劳动者是较优的事情，后者有足够的文化程度借以正确地使用机器。

但生产力的发展达到巨大的规模之后，资本主义陷于对它不能解决的矛盾中。商品的生产愈来愈多以及商品价格的减低，资本主义就尖锐化了竞争，破产了中、小私有者群众，把他们变为无产者且减低了他们的购买力；因此，生产品的销售成为不可能的了。当生产扩大以及把几百万工人集合在巨大的工厂和制造厂时，资本主义给予生产过程以社会的性质，这便破坏了它自己的基础；因为生产过程的社会性质要求生产手段的公共所有，同时生产手段之所有权依然是资本家私人的，这与生产过程的社会性质也是不相称的。

生产力性质与生产关系间的这些不可调和的矛盾使人明了生产过剩的定期恐慌，这个时候资本家们因自己把人民大众弄到破产，找不到有支付能力的需求，被迫焚烧生产品，消减已制成的商品，停止生产，破坏生产力，这个时候千百万人民被迫忍受失业和饥饿并不是因为商品的不够，而因为商品生产得太多。

这就是说，资本主义的生产关系已不能适应社会生产力的状态，并开始与后者处于不可调和的矛盾中。

这就是说，资本主义成熟着革命，其使命是以社会主义的所有制来代替现时的生产手段的资本主义私有制。

这就是说，剥削者与被剥削者间的最尖锐的阶级斗争构成资本主义制度的基本点。

暂时只在苏联已实现的社会主义制度之下，生产手段的公有是生产关系的基础。这里已经没有剥削者及被剥削者。生产品根据"不劳动者不得食"的原则，按照劳动来进行分配。这里，在生产过程中的相互关系是以解脱了剥削的工作者之同志合作和社会主义互助的关系为特征。这里的生产关系是与生产力的状态完全适合，因为生产过程的社会性由生产手段的公有制巩固起来了。

因此，在苏联的社会主义生产不知道生产过剩的定期恐慌以及与此相关的不合理。

因此，生产力在这里以极快的速度发展起来，因为与生产力相适应的生产关系提供前者此种发展的完全自由。

在人类历史上，人们的生产关系发展的图景就是如此。

这就是生产关系的发展对社会生产力，首先是对生产工具的发展之依存性；因此，此种依存性，生产力的变化和发展迟早要引起生产关系的相当变化和发展。

劳动手段①的使用和创造,马克思说,虽然其萌芽的形式为几种动物所固有,特殊地构成人类劳动过程的特征,因此佛兰克林把人当做制造工具的动物来规定。劳动手段的遗骸对研究业已消失的社会经济形态之重要性,也如骨骼遗骸的结构对研究业已消灭的动物种类之机构的重要性一样。经济时代的区分不在生产些什末,而在怎样生产……劳动手段不仅是人类劳动发展的尺度,而且是劳动在这里完成的那些社会关系之指标。(马克思:《资本论》第一卷,一九三五年版,第一二一页)

(A) 社会关系与生产力密切地联系着。获得新生产力时,人们改变了自己的生产方法,而随着生产方法保证自己生活方法——他们改变了自己的一切生产关系,手磨给你们以领主(即封建主。——编者)为首的社会,蒸汽机(磨)给你们以工业资本家为首的社会。(《马恩全集》第五卷,第三六四页)

(B) 生产力增长的运动、社会关系的破坏、思想的产生不断地完成着,而不动的只是运动的抽象。(同书,第三六四页)

在描写《共产党宣言》中所规定的历史唯物论之特征时,恩格斯说:

经济的生产以及由此必然地产生出的任何历史时代的社会结构组成这个时代的政治和智能历史的基础……与此相适应的是从原始公社的土地所有制瓦解的时候起,整个的历史是阶级斗争的历史,是社会发展不同阶段上被剥削阶级与剥削阶级、被统治阶级与统治阶级之间斗争的历史……现时此种斗争已达到这个阶段,在这个阶段上,被剥削与被压迫阶级(无产阶级)如果不同时把整个社会永远地从剥削、压迫及阶级斗争中解放出来,那末已经不能把自己从剥削及压迫他的阶级(资产阶级)之下解放出来……(《共产党宣言》德文版恩格斯《序言》)

生产的第三个特点在于新生产力以及与它相适应的生产关系之产生,不是与旧制度脱离地,不是在旧制度消灭之后来进行,而是在旧制

---

① 马克思在这里所说的劳动手段,主要是指生产工具而言。——编者注

度的怀抱中来进行；不是在人们预计的、自觉的活动结果上来进行，而是自发地、不自觉地离开人们的意志来进行。它自发地离开人们的意志来进行，是根据两种原因。

第一，因为人们在这种或那种的生产方法选择中是没有自由的，因为每一新的世代在入世时已遇到前一代工作结果的现成的生产力和生产关系；因此，在初期他应当接收生产领域内所遇到的现成形式的一切东西，而且要适应它们，以便获得生产物质福利的可能。

第二，因为当改善这种或那样生产工具时，当改善生产力的这种或那种因素时，人们不意识到、不了解到并且不思考到这些改善应当引起什末样的社会结果，而只想到自己日常的利益：减轻自己的劳动并得到某种对自己直接的、可感触到的好处。

当原始公社社会有些成员逐渐地和试探地从石器转到铁器时，他们当然不知道而且也没有考虑到这个新东西会引起怎样的社会结果；他们不了解，而且也没有意识到向金属工具的转移是表明着生产中的变革，这种变更归根结蒂会引到奴隶主制度——他们简单地希望减轻自己的劳动并求得最切近的、可感触到的好处——他们自觉的活动为个人日常利益的狭窄框子所限制了。

当在封建制度时期，欧洲年青的资产阶级与小的行会作坊并列地开始建设大手工场企业，他就这样把社会的生产力向前推进，他当然不知道也没有考虑到此种新的东西会引起什末样的社会结果，他没意识到并且也不了解这个"小小的"新东西会引起以革命为终局的那种社会力量之重新编配。资产阶级反对皇权，这种皇权的恩泽，他曾经加以极高的评价；资产阶级也反对贵族，他的优秀代表曾经常常幻想加入贵族的队伍；资产阶级简单地希望把商品弄得廉价些，把更多的商品投到亚洲以及刚发现的美洲市场上去，并获得更多的利润——他的自觉的活动为此种日常实践的狭窄框子所限制了。

当俄国的资本家们同外国的资本家们一起把现代的、机器化的大工业在俄国加紧地栽培起来的时候，沙皇制度依然未被触动并且把农民交给地主吞噬，他们当然不知道而且也没有考虑到这种生产力重大的增长会引起什么样的社会结果；他们没有意识到而且也不了解在社会生产力领域内此种重大的跳跃,会引起社会力量的重新编配,给无产阶级联合农民并完成胜利的社会主义革命的可能——他们简单地希望把工业生产扩充到极限,占有国内的巨大市场,成为独占者,并从国民经济中榨取更多的利润——他们的自觉活动没有走到他们日常狭窄的实践利益的前面去。

与此相关,马克思说道:

> 在自己生活的社会生产中(就是在对人们生活所必需的物质福利生产中。——编者),人们进入一定的、必需的、与他们意志无关的(密圈是编者加的)关系中——生产关系中,此种生产关系是适应他们的物质生产力发展的一定阶段的。(《马克思选集》第一卷,第二六九页)

但这不是说生产关系的变更以及从旧生产关系向新生产关系的转变是和谐地、没有冲突、没有震荡地进行着。相反地,此种转变平常是用革命推翻旧的生产关系并确立新的生产关系的方法来进行的。在一定时期之前,生产力的发展和生产关系领域内的变化是自发地、不依存人们的意志而发生的。但这只到一定的时机,当业已产生的和正在发展着的生产力还来得及应有地成熟的时机。当生产力业已成熟之后,现存的生产关系及其携带者——统治阶级变成"不能克服的"阻碍,这种阻碍只有用新阶级自觉活动的方法、这些阶级强制行动的方法、革命的方法才能加以扫荡。这里特别明显地显现出负着用强力来扫除旧生产关系使命的新社会思想、新政治制度、新政权的伟大作用。在新生产力与旧生产关系冲突的基础上、在社会的新经济需要的基础上产生出新的社会思想,而新的社会思想组织和动员群众,而群众团结为新的政治军队、创立新的革命政权并利用这种政权以强力扫荡生产关系领域内的旧秩序并确立新的秩序。发展的自发过程让位给人们自觉的活动,和平的发展让位给暴力的变革,进化让位给革命。

> 无产阶级,马克思说,在反对资产阶级的斗争中必然地结合为阶级……他用革命的方法把自己变为统治阶级,以统治阶级的资格用强力扫荡旧生产关系。(《共产党宣言》一九三八年版,第五二页)

再：

（A）无产阶级利用自己的政治统治权以便从资产阶级方面逐步地夺得整个的资本，把一切生产工具集中在国家手里，就是集中在作为统治阶级组织起来的无产阶级手里，并尽可能迅速地增加生产力的总量。（同书，第五〇页）

（B）暴力是任何旧社会怀孕新社会时的产婆。（马克思：《资本论》第一卷，一九三五年版，第六〇三页）

这里是马克思于一八五九年在其名著《政治经济学批判的历史》序言中所提供的历史唯物论本质之天才的定义：

在自己生活的社会生产中，人们进入一定的、必需的、与他们意志无关的关系——生产关系中；生产关系适应着他们的物质生产力发展的一定阶段。这些生产关系的总和构成社会的经济结构、真实基础；法律及政治的上层建筑就建立在这个基础之上，而社会意识的一定形态与这个上层建筑相适应。物质生活的生产方法一般地制约生活的社会、政治及精神过程。不是人们的意识决定他们的存在，而相反地，他们的社会存在决定他们的意识。在其发展的某一阶段上，社会物质生产力的发展就与现存的生产关系，或者与财产的关系——这只是生产关系的法律用语罢了——相矛盾，而在这之前，生产力是在这些关系中发展起来的。这些关系从生产力发展的形式变为它的桎梏。那个时候，社会革命的时代就来到了。随着经济基础的变化，整个巨大的上层建筑多少迅速地发生变革。在观察此种变更时，永远地需要以自然科学的精确性把生产的经济条件中所确认的变革与法律的、政治的、宗教的、艺术的哲学的形式，简言之与其意识形态分别开来；人们就在这种意识形态中意识到这种冲突并与之作斗争。例如判断一个人时，不能以他想什末作为根据，恰如判断类似的变革时代时，不能以它的意识作为根据一样。相反地，应当从物质生活的矛盾中、从社会生产力与生产关系的现存冲突中去解析这种意识。任一社会形态不能在一切生产力还没有冲破社会形态给它的充分领域之前而灭亡；新的、更高的生产关系从来没有在旧社会怀抱里对它生存的物质条件还未成熟之前而出现。因此，人类永远只能提出他们所能解决的任务，因为只要切近地加以考察，永远就可以发觉，只有解决任务的物质条件已经存在，或者至少是在成立的过程中时，任务本身才会产生。（《马克思选集》第一卷，第二六九—二七〇页）

如果把马克思主义的唯物论应用到社会生活上去、应用到社会历史上去，其情形就是如此。

这就是辩证唯物论与历史唯物论的基本要点。

从这里可以明白列宁为党保卫了如何丰富的理论宝库不受修正主义者及变节者的戕害，列宁的《唯物论与经验批判论》一书的出现对吾党的发展具有何等重大的意义。

（节选自吴清友译：《最新联共党史》，上海启明社1939年版）

关于辩证唯物主义和历史唯物主义

佚 名 译

辩证唯物主义是马克思主义—列宁主义党底世界观。这世界观所以叫作辩证唯物主义,是因为它对自然界现象的看法、它研究自然界现象的方法、它认识这些现象的方法是辩证的;而它对于自然界现象的解释、它对于自然界现象的了解、它的理论则是唯物主义的。

历史唯物主义就是把辩证唯物主义原理推广去研究社会生活,就是把辩证唯物主义原理应用于社会生活现象、应用于研究社会、应用于研究社会历史。

马克思与恩格斯在说明其辩证方法底特征时,通常都是援引黑格尔,作为是规定了辩证法底基本特征的哲学家。但这不是说,马克思与恩格斯底辩证法是和黑格尔底辩证法一样的。其实,马克思与恩格斯仅仅从黑格尔辩证法中采取其"合理的内核",而摒弃了黑格尔的唯心主义的外壳,并向前发展了辩证法,因而赋与了辩证法以现代的科学的形态。

马克思说:

> 我的辩证方法不仅是根本上与黑格尔的辩证方法不同,而且是与它正相反对的。在黑格尔看来,思维过程——他甚至于用观念这个名称把思维过程变成独立的主体——是现实界底创造主(demiurge),而现实界却不过是思维过程底外部表现。在我看来,却是恰巧相反,观念只不过是被移置于人类头脑中并在人类头脑中改造过的物质而已。(马克思:《资本论》第一卷,德文第二版《跋言》)

马克思与恩格斯在说明其唯物主义底特征时,通常都是援引费尔巴黑,作为是恢复了唯物主义应有权威的哲学家。但这不是说,马克思与恩格斯底唯物主义是和费尔巴黑底唯物主义一样的。其实,马克思与恩格斯是从费尔巴黑底唯物主义中采取其"基本的内核",把它向前发展为科学—哲学的唯物主义理论,而摒弃了它那唯心主义的和宗教—伦理的杂质。大家知道,费尔巴黑虽在基本上是唯物主义者,但他曾极力反对唯物主义这个名称。恩格斯曾多次声称,说费尔巴黑"虽有其唯物主义的基础,但还没有摆脱旧时的唯心主义的羁绊",说"我们只要一去考察他的伦理学和宗教哲学,就立刻看出费尔巴黑底实在的唯心主义"。(《马克思与恩格斯全集》第十四卷,第六五二至六五四页)

辩证法是导源于希腊文"dialego"一字,其含义就是进行谈话,进行论战。古代人所谓辩证法,就是以揭露对方议论中的矛盾并克服这些矛盾来求得真理的方术。古代有些哲学家认为,思维中的矛盾之揭露以及对立意见之冲突,是发现真理的最好方法。这个辩证的思维方式,后来推广到自然界现象中去,就变为认识自然界的辩证方法,这个方法把自然界现象看作永恒运动着和永恒变化着的现象,而把自然界底发展看作自然界中各种矛盾发展的结果、自然界中各对立势力互相影响的结果。

辩证法是根本上与形而上学正相反对的。

(一)马克思主义的辩证方法底基本特征如下

(1)辩证法与形而上学相反,它把自然界不是看作什么彼此隔离的、彼此孤立的、彼此不相依赖的各个对象或各个现象底偶然堆积,而是看作联系着的统一的整体,在这里,各个对象或各个现象是互相有机联系着、互相依赖着、互相制约着。

因此,辩证方法认为:自然界中任何一个现象,如果把它孤独拿来看,把它看作是与其周围现象没有联系的,那它就是不可了解的,因为自然界任何一部分中的任何一个现象,如果把它看作是与其周围条件没有联系的、是与它们隔离的,那它就会变成毫无意思的东西;反之,任何一个现象,如果把它看作是与其周围现象密切联系而不可分离的,把它看作是受其周围现象所制约的，那它就可了解、就可论证了。

（2）辩证法与形而上学相反，它不是把自然界看作静止的和不动的状态，停顿的和不变的状态，而是看作不断运动的和不断变化的状态，不断革新的和不断发展的状态，在这里，无论何时都总有某种东西在产生着和发展着，都总有某种东西在败坏着和衰颓着。

因此，辩证方法要求：在观察现象时，不仅要以各现象底相互联系和相互制约为观点，而且要以它们的运动、它们的变化、它们的发展为观点，要以它们的产生和衰亡为观点来加以观察。

在辩证方法看来，最重要的，不是那在现时似乎坚固但已经开始衰亡的东西，而是那正在产生着和正在发展着的东西，即令它在现时还似乎是不坚固的，因为在辩证方法看来，只有正在产生着和正在发展着的东西才是不可被战胜的。

恩格斯说：

> 整个自然界，由其最小单位到最大物体，由沙粒到太阳，由protist（原始的活细胞。——"编者"）到人，都是处在永恒的产生和消灭过程中，处在毫不间断的流动中，处在始终不倦的运动和变化中。（同上，第四八四页）

因此，恩格斯说辩证法"观察物象及其在头脑中的反映，主要是在它们的相互联系中、在它们的结合中、在它们的运动中、在它们的产生和消灭中来加以观察的"（《马克思与恩格斯全集》第十四卷，第二三页）。

（3）辩证法与形而上学相反，它不是把发展过程看作简单的增长过程，在这里，数变是不引起质变的；而是看作这样的发展，这个发展是由不大的和不显露的数变进到显露的变、根本的变、质变；在这里，质变不是逐渐地到来的，而是迅速地、突然地到来的，是表现于由一个状态跃进于另一个状态；质变不是偶然地到来的，而是按规律到来的，是由于许多不明显的、逐渐的数变积累起来的结果。

因此，辩证方法认为：发展过程不应当了解为循环式的运动，不应当了解为过去事物底简单重复，而应当了解为前进的运动、上升的运动，由旧的质态进到新的质态、由简单而发展到复杂、由低级而发展到高级。

恩格斯说：

> 自然界是检验辩证法的试金石，而现代的自然科学，既供给这个检验以非常丰富的、与日俱增的材料，于是就证明了：在自然界中，归根到底说来，一切都是按辩证律进行的，而不是按形而上学进行的；自然界不是在永远一样的经常辗转重复的循环周里运动着，而是经历着实在的历史。在这里，首先就应当指出达尔文，他给了形而上学的自然观以最有力的打击，因为他证明了：整个现代有机界，植物和动物，因而也包括人类在内，是那曾延长到几百万年的发展过程底产物。（同上，第二三页）

恩格斯在说明辩证发展过程是由数变进到质变的过程时说：

> 在物理学中……每一个变化都是数转变为质，即某个物体所固有的或某个物体所承受的某种运动底数量数变的结果。例如水底温度最初对于水底液体状态是没有丝毫意义的；可是，当液体水底温度不断增加或不断减少时，那就会有这样一个时机到来，那时这个结合状态就要变化，于是水就会变为蒸汽或冰块……例如必须具有一定最低限度的电力时，白金丝才开始发光；例如每种金属都有其一定的熔解热；例如每种液体都有其在相当气压下特有的一定的冰点和沸点——既然我们能用我们所有的工具求得相当的温度；最后，例如每种气体都有其一定的危机点，在这点上只要施以相当的气压和冷化，就可把它变成液体了……物理学中所谓 constants（即由某一种状态到另一种状态的转变点。——"编者"），大部分都不过是这样一些交错点底名称，在这些交错点上，运动底数的增减（数变）引起该物体状态底质变——因而在这些交错点上是数转变为质。（同上，第五二七至五二八页）

其次，恩格斯进而说到化学，他继续说：

> 化学可以称为研究物体质变的科学，这种质变是在数量成份变化底影响下发生的。黑格尔自己已经知道这一点……譬如拿氧气来说：如果结合在一个分子中的有三个原子，而不是如普通那

样只有两个原子,那我们就得到臭氧,即得到一种按其气味和作用是与普通氧气显然不同的物体。更不待说,如果把氧气与淡气或硫黄按各种比例结合起来,那末其中每一种结合都产生出一种以其质别于其他一切物体的物体哩!(同上,第五二八页)

最后,恩格斯在批评杜林时——而杜林曾大骂黑格尔,但同时却又暗中剽窃黑格尔底著名原理:由无感觉世界进到感觉世界的过渡,由无机物世界进到有机物世界的过渡,是进到新状态的跳跃;恩格斯在批评杜林时说:

> 这正是黑格尔的度量关系交错线,在这线上,纯粹数的增减,到一定交错点上就引起质的跳跃,例如水液被烧煮或冷化时,沸点或冰点就是这样的交错点,在这些交错点上——在通常的气压下——就发生由旧的物态进到新的物态的跳跃,因而在这里是数转变为质(同上,第四五至四六页)

(4) 辩证法与形而上学相反,它是从以下一点出发的:自然界的对象、自然界的现象具有内在的矛盾,因为所有这些对象、现象都有其反面和正面,都有其过去和将来,都有其衰颓着的东西和发展着的东西。这些对立方面底斗争、旧东西与新东西间的斗争、衰亡着的东西和产生着的东西间的斗争、衰颓着的东西和发展着的东西间的斗争,就构成发展过程底内在内容、由数变进到质变的过程底内在内容。

因此,辩证方法认为:由低级到高级的发展过程,不是经过各现象协和的开展,而是经过各对象、各现象所固有的矛盾底揭露,经过那在这些矛盾基础上动作的互相对立趋势底"斗争"。

列宁说:

> 辩证法按其本义说来就是研究对象自身本质内的矛盾。(列宁:《哲学笔记簿》,第二六三页)

其次:

> 发展就是各对立方面底"斗争"。(《列宁全集》第十三卷,第三○一页)

简略说来,马克思主义的辩证方法底基本特征就是如此。

不难了解:把辩证方法原理推广去研究社会生活、研究社会历史,是有如何巨大的意义;把这些原理应用到社会历史上去、应用到无产阶级党底实际活动上去,是有如何巨大的意义。

如果在世界上没有孤立的现象,如果所有一切现象都是彼此联系着并互相制约着,那末很明显的,在估计历史上每一个社会制度和每一个社会运动时,都不要以"永恒正义"或其他某种成见为观点,如历史家时常所作的那样,而是要以这个制度和这个社会运动所由产生并与其关连的那些条件为观点。

奴隶占有制度,就现代的条件看来,是荒谬的现象、反自然的蠢事。而奴隶占有制度在瓦解着的原始公社制度条件下,却是完全可以了解的并且合于规律的现象,因为它和原始公社制度比较起来是前进一步。

资产阶级民主共和国的要求,在沙皇制度存在和资产阶级社会存在的条件下,譬如说在一九〇五年的俄国,曾是完全可以了解的正确的革命的要求,因为资产阶级共和国在当时是前进一步。而资产阶级民主共和国的要求,就我们苏联现时的条件看来,却是荒谬的反革命的要求,因为资产阶级共和国与苏维埃共和国比较起来是后退一步。

一切都以条件、地方以及时间为转移。

显而易见的,如果没有这样的观察社会现象的历史看法,那末历史科学就没有可能存在和发展,因为只有这样的看法,才能使历史科学不致于变成种种偶然现象的糊涂账,不致于变成荒谬绝伦的错误堆。

其次,如果世界是处在不断运动和不断发展中,如果旧东西衰亡和新东西生长是发展底规律,那末很明显的,再也没有什么"永古不移的"社会秩序,没有什么私有制和剥削制的"永恒原则",没有什么农民服从地主、工人服从资本家的"永恒观念"了。

由此可见,资本主义制度是可以用社会主义制度来替代的,正好似资本主义制度在当时替代了封建制度一样。

由此可见,不是要指靠于社会里那些已经不再发展的阶层,即令这些阶层在现时还是占较大比重的力量,而是要指靠于社会里那些正在发展着的、具有远大前程的阶层,即令这些阶层在现时还不是占较大比重的力量。

在第十九世纪八十年代,在马克思主义者和民粹派斗争的时代,无产阶级在俄国与当时占居民绝大多数的个体农民比较起来,还占不大的少数。可是当时,无产阶级之为阶级是发展着,而农民之为阶级则日趋瓦解。而正是因为无产阶级之为阶级是发展着,所以马克思主义者就指靠于无产阶级。而且他们并没有弄错,因为大家知道,无产阶级后来已由一个不大的力量发展成为头等的、历史的和政治的力量。

由此可见,为着不致在政治上弄出错误,那就要向前看,而不是向后看。

其次,如果由迟慢的数变进到迅速的、突然的质变是发展底规律,那末很明显的,由被压迫阶级所实行的革命的变革就是完全自然的和必不可免的现象。

由此可见,由资本主义进到社会主义,工人阶级之摆脱资本主义压迫,决不能经过缓慢变化、决不能经过改良来实现,而只能经过资本主义制度底质变、经过革命来实现。

由此可见,为着不致在政治上弄出错误,那就要做革命家,而不要做改良主义者。

其次,如果发展过程是经过内在矛盾底揭露,是经过基于这些矛盾的彼此对立势力冲突来克服这些矛盾而进行,那末很明显的,无产阶级底阶级斗争就是完全自然的和必不可免的现象。

由此可见,不是要掩饰资本主义制度中的各种矛盾,而是要暴露和揭开它们;不是要熄灭阶级斗争,而是要把它进行到底。

由此可见,为着不致在政治上弄出错误,就要进行不调和的阶级的无产阶级的政策,而不要进行调协无产阶级与资产阶级利益的改良主义政策,而不要进行资本主义"长成"社会主义的妥协主义政策。

如果把马克思主义的辩证方法应用到社会生活上来、应用到社会历史上来,那末马克思主义的辩证方法,就是如此。

至于说到马克思主义的哲学唯物主义,那末它是根本上与哲学唯心主义正相反对的。

（二）马克思主义的哲学唯物主义底基本特征如下

（1）马克思底哲学唯物主义与唯心主义相反,唯心主义认为世界是"绝对观念""宇宙精神""意识"底体现,而马克思底哲学唯物主义底出发点则认为：世界按其本质说来是物质的；世界上形形色色的现象是运动着的物质底各种形态；各现象由辩证方法所判定的相互联系和相互制约是运动着的物质底发展规律；世界是按物质运动规律而发展着,它并不需要任何"宇宙精神"。

恩格斯说：

> 唯物主义的世界观,不过是对自然界本来面目的了解,而不需要任何外来的附加。(《马克思与恩格斯全集》第十四卷,第六五一页)

列宁谈到古代哲学家赫拉克利泰底唯物主义观点时,——而照这个观点看来,"世界是包括一切的整体,它不是由任何一个神所造成,也不是由任何一个人所造成,而曾经是、现在是、将来也还是按规律燃烧着的并按规律熄灭着的永恒活火",——列宁论到这个观点时说："这是辩证唯物主义基础底很好的说明。"(列宁：《哲学笔记簿》,第三一八页)

（2）马克思主义的哲学唯物主义与唯心主义相反,唯心主义硬说只有我们的意识才真实存在着,硬说物质世界、存在、自然界只在我们的意识中,只在我们的感觉、观念、概念中存在着。而马克思主义的哲学唯物主义底出发点则认为：物质、自然界、存在是在意识以外和不依赖于意识而存在着的客观现实；物质是第一性的现象,因为它是感觉、观念、意识底来源；而意识则是第二性的现象、从生的现象,因为它是物质底反映、存在底反映；思维是发展到完善高度的物质底产物,即人脑底产物,而人脑则是思维底器官；因此,如果不愿意大错特错,那就不可把思维和物质隔开。

恩格斯说：

> 整个哲学底最高问题,就是思维对存在,精神对自然界的关系

问题……哲学家们之分成两大营垒，就是按他们如何回答这个问题为标准的。凡断定说精神先于自然界而存在者……就组成唯心主义的营垒。而凡认为自然界是基本起源者，则属于唯物主义底各派。(《马克思选集》第一卷，第三二九页)

其次：

物质的可感觉得到的世界，即我们自己也属于它的世界，是唯一的真实的世界……我们的意识与思维，无论它如何仿佛像是超感觉的东西，总是物质的实体的器官底产物，即人脑底产物。物质不是精神底产物，而精神自己不过是物质底最高产物。(同上，第三三二页)

马克思谈到物质与思维问题时说道：

决不可把思维与思维着的物质隔开。物质是一切变化底主体。(同上，第三〇二页)

列宁在说明马克思主义的哲学唯物主义底特征时说道：

一般唯物主义就是承认客观现实的存在(物质)，这个存在是不依赖于意识的，是不依赖于感觉的，是不依赖于经验的……意识……只是存在底反映，至多也不过是存在底近乎正确的(等量的、理想地确切的)反映。(《列宁全集》第十三卷，第二六六至二六七页)

其次：

（a）物质就是射着我们的感觉器官而引起感觉的东西；物质是我们可以感觉得到的客观现实……物质、自然界、存在、物理现象是第一性的现象，而精神、意识、感觉、心理现象则是第二性的现象。(同上，第一一九至一二〇页)

（b）世界底情景就是物质如何运动着和"物质如何思维着"的情景。(同上，第二八八页)

（c）人脑是思想底器官。(同上，第一二五页)

(3) 马克思主义的哲学唯物主义与唯心主义相反，唯心主义否认有认识世界及其规律的可能性,不相信我们智识底确实性,不承认客观真理,并认为世界是充满着那些为科学所永远不能认识的"自在之物"的,而马克思主义的哲学唯物主义底出发点则认为:世界及其规律是完全可以认识的;我们关于自然界规律的智识既已由经验、实践所考验,就是具有客观真理意义的确实智识;世界上没有不可认识之物,而只有尚未认识之物,这些尚未认识之物是将被科学和实践力量所揭露和认识的。

恩格斯在批评康德及其他唯心主义者关于世界不可认识和"自在之物"不可认识的原理,而坚持关于我们智识底确实性的著名唯物主义原理时,写道:

> 而把这些以及其他一切哲学遁辞驳斥得最彻底的,就是实践,就正是实验和工业。既然我们能够以这样一种方法来证明我们对于自然界某一现象的了解正确,就是说,我们自己把它制造出来,依它的条件而把它产生出来,并且强迫它服务于我们的目的;既然如此,那么康德的不可捉摸的"自在之物"就要完结了。在动植物身体上所形成的种种化学原素,当有机化学还未开始把它们一一制造出来时,曾仍然是这类的"自在之物";而当有机化学已开始把它们一一制造出来时,"自在之物"就变成为我之物了。例如拿亚里查林,即茜素颜料来说,我们现在并不是从那生于田野的茜草根上取得它,而是更便宜得多地、更简单得多地从煤焦油中取得它。哥白尼底太阳系学说曾于三百年间被人视为假设,固然是很可信的假设,但终究是一种假设。可是,当列月尔略根据这太阳系学说底论据不仅已证明一定有一个前此所未知的行星存在,而且已用计算方法确定它在天空中所占的地位,而后来当加列果然已发现这个行星时,哥白尼底太阳系学说就被证明了。(《马克思选集》第一卷,第三三〇页)

列宁在责备波格丹诺夫、巴查罗夫、尤史克维奇以及其他马赫信徒为菲德主义者,而坚持唯物主义底著名原理,认为我们关于自然界规律的科学知识是确实的智识,认为科学底定律是客观真理时,说道:

现代的菲德主义并不否认科学：它只是否认科学底"过度奢望"，即科学想成为客观真理的奢望。既然有客观真理存在（如唯物主义者所想的那样），既然只有那反映外部世界于人类"经验"中的自然科学能给我们以客观真理，那么任何菲德主义就毫无条件地被推翻了。（《列宁全集》第十三卷，第一○二页）

简略说来，马克思主义的哲学唯物主义底显著特征就是如此。

容易懂得：把哲学唯物主义原理推广去研究社会生活、去研究社会历史，是有如何巨大的意义；把这些原理应用到社会历史上去、应用到无产阶级党底实际活动上去，是有如何巨大的意义。

既然自然界中各现象底相互联系和相互制约是自然界发展底规律，那么由此就得出结论：社会生活中各现象底相互联系和相互制约也同样不是偶然的事情，而是社会发展底规律。

由此可见，社会生活、社会历史就不复是"种种偶然现象"底堆积，因为社会历史已成为社会底规律性的发展，而社会历史底研究则已变为科学。

由此可见，无产阶级党底实际活动应当不是以"卓越人物"底善良愿望为基础，不是以"理性""普遍道德"等等底要求为基础，而是以社会发展底规律为基础，而是以这些规律底研究为基础。

其次，既然世界是可以认识的，既然我们关于自然界发展规律的知识是具有客观真理意义的确实知识，那么由此就得出结论：社会生活、社会发展也同样是可以认识的，而科学关于社会发展规律的材料就是具有客观真理意义的确实材料。

由此可见，社会历史科学，不管社会生活中的现象如何复杂，总都能够成为例如生物学一样的准确科学，它能够利用社会发展规律来供实际的应用。

由此可见，无产阶级党在其实际活动中应当不是以什么偶然的动机为准则，而是以社会发展规律，以及由这些规律中所得出的实际结论为准则。

由此可见，社会主义就由关于人类美满未来的空想变成为科学。

由此可见，科学和实际活动间的联系、理论和实践间的联系，它们的一致,就应当成为无产阶级党底指路明星。

其次,既然自然界、存在、物质世界是第一性的现象,而意识、思维则是第二性的现象、从生的现象;既然物质世界是不依赖于人们意识而存在的客观现实,而意识则是这客观现实底反映,那么由此就得出结论:社会底物质生活、社会存在也是第一性的现象,而社会底精神生活则是第二性的现象、从生的现象;社会底物质生活是不依赖于人们意志而存在的客观现实,而社会底精神生活则是这客观现实底反映、存在底反映。

由此可见,社会底精神生活借以形成的来源,社会观念、社会理论、政治观点、政治制度借以产生的来源,不是要到观念、理论、观点、政治制度本身中去寻找,而是要到社会底物质生活条件中、社会存在中去寻找,因为这些观念、理论、观点等等是这社会存在底反映。

由此可见,如果在社会历史各个不同的时期,我们可以看见各种不同的社会观念、理论、观点、政治制度,如果我们在奴隶占有制度下所遇见的,是一种社会观念、理论、观点、政治制度,在封建制度下却是另一种,而在资本主义制度下却是第三种,那么这就不是由于观念、理论、观点、政治制度本身底"天性"和"属性",而是由于在社会发展底各个不同的时期有各个不同的社会物质生活条件。

社会底存在怎样,社会底物质生活条件怎样,那么,社会底观念、理论、政治观点、政治制度也就是怎样。

马克思因此就说:

> 不是人们底意识决定人们底存在,而恰巧相反,正是人们底社会存在决定人们底意识。(《马克思选集》第一卷,第二六九页)

由此可见,为着不致在政治上弄出错误,为着不致陷入空洞臆想家的地位,那末无产阶级党在自己的活动中就应当不是从抽象的"人类理性原则"出发,而是从具体的社会物质生活条件,即社会发展底决定力量出发;不是从"伟大人物"底善良愿望出发,而是从社会物质生活发展底现实需要出发。

空想派——连民粹主义者、无政府主义者、"社会革命"党人也包括在内——所以陷于覆亡,就中也是因为他们不承认社会物质生活条件在社会发展过程中的首要作用,而且他们既然陷入唯心主义,于是就把自己的实际活动不是建筑在社会物质生活发展底需要上面,而是不依赖于这些需要并违反着这些需要,建筑在那些脱离社会现实生活的"理想计划"和"包罗万象的草案"上面。

马克思主义—列宁主义所以强有力和生气勃勃,就因为它在自己的实际活动中正是凭借于社会物质生活发展底需要,而无论何时也不脱离社会底现实生活。

可是,不应当从马克思这段话里面作出结论,说社会的观念、理论、政治观点、政治制度在社会生活中没有意义,说它们不反转来影响到社会存在,影响到社会物质生活条件底发展。我们在这里暂且只说到社会观念、理论、观点、政治制度底起源,只说到它们的产生,只说到社会精神生活是社会物质生活条件底反映。至于说到社会观念、理论、观点、政治制度底意义,至于说到它们在历史上的作用,那么历史唯物主义就不仅不否认,而且恰巧相反,正是着重指出它们在社会生活中、在社会历史上的严重作用和意义。

有各种各样的社会的观念和理论。有旧的观念和理论,这些观念和理论已经衰颓,并服务于社会里正在衰颓着的势力底利益。它们的意义就在于阻碍社会发展,阻碍社会前进。同时又有新的先进的观念和理论,这些观念和理论服务于社会里先进势力底利益。它们的意义就在于促进社会发展、促进社会前进,而且它们愈是确切反映着社会物质生活发展底需要,它们就获到愈加巨大的意义。

新的社会观念和理论,只有当社会物质生活发展已在社会面前提出新的任务以后,才产生出来。可是,当它们已经产生出来以后,它们就成为最严重的力量,能促进解决由社会物质生活发展过程所提出的新任务,能促进社会前进。正是在这里,就表现出新观念、新理论、新政治观点、新政治制度底最伟大的组织的、动员的、改造的意义。新的社会观念和理论所以产生出来,正是因为它们是为社会所必需,因为如果没有它们的组织的、动员的、改造的工作,就没有可能来解决社会物质生活发展过程中已经成熟的任务。新的社会观念和理论既然已在社会物质生活发展过程所提出的那些新任务基础上产生出来,它们就给自己打通道路,深入民众意识,动员民众、组织民众去反对社会里正在衰颓的势力,并因此而便利着推翻社会里正在衰颓的阻碍社会物质生活发展的势力。

于是,社会观念、理论、政治制度既然已在社会物质生活发展过程、社会存在发展过程中已经成熟的任务基础上产生出来,它们自己然后就影响到社会存在,影响到社会物质生活,并造成必要条件来彻底解决社会物质生活中已经成熟的任务,并使这社会物质生活向前发展成为可能。

马克思因此就说:

> 理论只要一掌握群众,就立刻成为物质的力量。(《马克思与恩格斯全集》第一卷,第四○六页)

由此可见,无产阶级党为要有可能去影响社会物质生活条件并加速其发展,加速其改善,它就应当凭借于这样一个社会理论,凭借于这样一个社会观念,这个理论和这个观念正确反映出社会物质生活发展底需要,并因此而能够发动广大民众,能够动员他们并把他们组织成无产阶级党底伟大军队,这个军队是决意打破社会里的反动势力并给社会里的先进势力打通道路的。

"经济主义者"和孟什维克所以陷于覆亡,就中也是因为他们不承认先进理论、先进观念底动员的、组织的、改造的作用,而他们既然落到庸俗唯物主义中去,于是就把先进理论、先进观念底作用看成几等于零——因而也就是力图使党陷于消极无为、陷于萎靡不振。

马克思主义—列宁主义所以强有力和生气勃勃,就是因为它凭借于正确反映出社会物质生活发展需要的先进理论,把这个理论提到它所应有的高度,并以彻底利用这个理论底动员的、组织的、改造的力量为己任。

历史唯物主义就是这样来解决社会存在和社会意识间的关系、社会物质生活发展条件和社会精神生活发展间的关系问题的。

现在还要说明一个问题:从历史唯物主义观点看来,究竟应把"社会物质生活条件"这些终归是决定着社会底面貌、社会底观念、观点、政治制度等等的条件了解为什么东西呢?

实在说来,这"社会物质生活条件"究竟是什么;它们的特征究竟是怎样呢?

毫无疑义的,"社会物质生活条件"这一个概念,首先就包含有环绕着社会的自然界、地理环境,这个环境是社会物质生活所必要的和经常的条件之一,而且当然是影响到社会发展的。地理环境在社会发展中的作用如何呢?地理环境不就是决定着社会面貌、人们社会制度性质,以及由一个制度过渡到另一个制度的主要力量么?

历史唯物主义对于这个问题的答复,是否定式的。

地理环境当然是社会发展底经常的必要的条件之一,而且它当然影响到社会发展——它是加速或延缓社会发展进程的。可是,它的影响不是决定的影响,因为社会底变更和发展,是比地理环境底变更和发展快得无比的。在三千年中间,在欧洲已更换三种不同的社会制度:原始公社制度、奴隶占有制度、封建制度;而在欧洲东部,即在苏联,甚至于已更换四种社会制度。可是,在这同一时期内,欧洲境内的地理条件或是完全没有变更,或是变更得如此小,甚至地理学都不肯提及。而这是不言而喻的。地理环境稍许严重的变更都需要几百万年,而人们社会制度甚至最严重的变更也只需要几百年或一两千年就够了。

而由此就得出结论:地理环境决不能成为社会发展底主要的原因、决定的原因,因为在数万年间几乎仍旧不变的现象,是不能成为那在几百年间就发生根本变更的现象发展底主要原因的。

其次,毫无疑义的,人口底增长、居民密度底高低也是包含于"社会物质生活条件"概念中的,因为人是社会物质生活条件底必要的要素,而如果没有一定的最低限度的人口,那么任何社会物质生活都是不可能的。人口底增长不就是决定着人们社会制度性质的主要力量么?

历史唯物主义对于这个问题的答复,也是否定式的。

人口底增长当然是影响到社会发展的,是促进或延缓社会发展的,可是它不能成为社会发展底主要力量,它对于社会发展的影响不能是决定的影响,因为人口增长的本身并不能给我们以关键来说明:为什么某个社会制度恰巧是要由一定的新制度来替代,而不是由其他某一个制度来替代;为什么原始公社制度恰巧是由奴隶占有制度所替代,奴隶占有制度恰巧是由封建制度所替代，封建制度恰巧是由资产阶级制度所替代，而不是由其他某一个制度所替代。

如果人口底增长是社会发展底决定的力量，那么较高的人口密度就一定应当产生出相当于它的较高形式的社会制度。可是，在事实上却没有这样的情形。中国人口密度是比美国高至四倍的，但美国按社会发展程度看来却高于中国，因为在中国仍然是以半封建制度占统治，而美国却早已达到资本主义发展底最高阶段了。比利时人口密度是比美国高至十九倍，是比苏联高至二十六倍的，但美国按社会发展程度看来却高于比利时，而苏联则较比利时高出一整个历史时代，因为在比利时还以资本主义制度占统治，而在苏联则已经消灭了资本主义并在本国奠定了社会主义制度。

而由此就得出结论：人口底增长不是而且不能是在社会发展过程中决定社会制度性质、决定社会面貌的主要力量。

既然如此，那么在社会物质生活条件系统中什么是决定社会面貌、决定社会制度性质、决定社会由这一制度发展为另一制度的主要力量呢？

这样的力量，据历史唯物主义看来，就是人们生存所必需的生活资料谋得方式，就是社会生活和发展所必需的食品、衣服、靴鞋、住房、燃料、生产工具等等物质资料生产方式。

为要生活，就要有食品、衣服、靴鞋、住房、燃料等等，为要有这些物质资料，就要生产它们，而为要生产它们，就要具有那些被人们利用来生产食品、衣服、靴鞋、住房、燃料等等的生产工具，就要善于生产这些工具，就要善于使用这些工具。

被利用来生产物质资料的生产工具，以及因有相当生产经验和劳动技能而发动着生产工具并实现着物质资料生产的人们——所有这些要素总合起来，就构成社会底生产力。

可是，生产力还只是生产底一方面、生产方式底一方面，这一方面是表明人们对于那被利用来生产物质资料的物件和自然界力量的关系的。生产底另一方面、生产方式底另一方面，则是人们彼此在生产过程中的关系，即人们底生产关系。人们和自然界斗争以及利用自然界来生产物质资料,并不是彼此孤立着、并不是以彼此隔绝的单身资格,而是以集团为单位、以社会为单位来共同进行的。因此,生产在任何时候和在任何条件下都是社会的生产。人们在实现物质资料生产时,就建立彼此间在生产内部的某种相互关系,即某种生产关系。这些关系可以是不受剥削的人们间的合作关系和互动关系;这些关系可以是统治和服从的关系,最后,这些关系也可以是由一个生产关系形式过渡到另一个生产关系形式的过渡关系。可是,不管生产关系带着怎样的性质,而它们总是构成——在任何时候和在任何制度下——生产底必要的要素,正好似社会底生产力一样。

马克思说:

> 在生产中,人们不仅是影响着自然界,而且还彼此互相影响着。他们如果不用相当形式结合起来共同活动和互相交换其活动,那他们就不能生产。为要生产,人们就彼此发生一定的联系和关系,而只是经过这些社会联系和社会关系,才有人们对于自然界的关系存在,才有生产。(《马克思与恩格斯全集》第五卷,第四二九页)

所以,生产、生产方式既包括着社会底生产力,又包括着人们底生产关系,因而就是它们两者在物质资料生产过程中统一底体现。

生产底特点之一就在于:它永远也不会长期停留在一个地点,而是时时处在变更和发展状态中,同时生产方式中的变更又必然引起整个社会制度、社会观念、政治观点、政治制度底变更,引起整个社会的和政治的结构底改造。在各个不同的发展阶段上,人们利用着各个不同的生产方式,或者粗浅一点说,人们遇着各种不同样式的生活。在原始公社下有一种生产方式,在奴隶制度下有另一种生产方式,在封建制度下有第三种生产方式,以及以此类推。而与此相适合的,就是人们底社会制度、他们的精神生活、他们的观点、他们的政治制度,也各不相同。

社会所有的生产方式怎样,那么,社会本身在基本上也就是怎样,社会底观念和理论、政治观点和政治制度也就是怎样。

或者粗浅一点说:人们底生活样式怎样,那么,人们底思想样式也就是怎样。

这就是说，社会发展史首先就是生产发展史，就是在数千百年中新陈代谢的生产方式发展史，就是生产力和人们生产关系发展史。

由此可见，社会发展史同时也就是物质资料生产者本身底历史，就是劳动群众——他们是生产过程底基本力量并实现着社会生存所必需物质资料底生产——底历史。

由此可见，历史科学如果变成为真正的科学，就不能再把社会发展史归结为帝王和将相底行动，归结为国家"侵略者"和"征服者"底行动，而应当首先就研究物质资料生产者底历史、劳动群众底历史、各国人民底历史。

由此可见，研究社会历史规律的关键，就不要在人们底头脑中，不要在社会底观点和观念中去寻找，而要在社会于每个一定历史时期内所采取的生产方式中——在社会底经济中去寻找。

由此可见，历史科学底最首要的任务，就是要研究和揭明生产底规律、生产力与生产关系发展底规律、社会经济发展底规律。

由此可见，无产阶级党如果想成为真正的党，首先就应当精通生产发展底规律、社会经济发展底规律。

由此可见，为着不致在政治上弄出错误，那么无产阶级党，无论是在制定自己的党纲时或在自己的实际活动中，首先就应当以生产发展底规律、以社会经济发展底规律为出发点。

生产底第二个特点就在于：生产底变更和发展，无论何时都是从生产力底变更和发展，首先就是从生产工具底变更和发展而开始的。所以，生产力是生产底最活动的最革命的要素。起初是社会底生产力变更和发展，而然后，依赖于这些变更并与此相适合的，就是人们底生产关系、人们底经济关系也发生变更。但这并不是说，生产关系不影响到生产力底发展，生产力不依赖于生产关系。生产关系虽然是依赖于生产力底发展而发展，但同时它们又反转来影响到生产力，或加速其发展，或延缓其发展。而且必须指出：生产关系不能太长期落后于生产力底增长并和这增长相矛盾，因为生产力只有当生产关系适合于生产力底性质及状况并给生产力以发展余地时，方能尽量发展起来。因此，无论生产关系怎样落后于生产力底发展，但它们迟早总应当而且一定会去适合于生产力发展底水平，适合于生产力底性质。如果不然，那我们就会看见生产力与生产关系在生产体系里统一底根本破坏、整个生产底破裂、生产危机、生产力底破坏。

生产关系和生产力性质不相适合的实例，它们两者间冲突的实例就是在资本主义国家的经济危机，在资本主义国家里，对于生产资料的私人资本主义所有制，是和生产过程底社会公共性质，是和生产力底性质，处在极不相适合的地位。而这种不相适合的结果，就是使生产力陷于破坏的经济危机，而同时这种不相适合情况本身就是社会革命底经济基础，而这个社会革命底使命就在于破坏现有的生产关系，并建立新的适合于生产力性质的生产关系。

反之，生产关系和生产力性质完全相适合的实例就是在苏联的社会主义国民经济，在苏联，对于生产资料的社会公共所有制是和生产过程底社会公共性质完全相适合的，因此在苏联既没有经济危机，也没有生产力底破坏。

所以，生产力不仅是生产底最活动的最革命的要素。生产力同时又是生产发展过程底决定的要素。

生产力是怎样，那么，生产关系也就应当是怎样。

如果生产力底状况所回答的问题，是人们用怎样的生产工具来生产他们所必需的物质资料，那么生产关系底状况所回答的，则是另一个问题，就是：生产资料（土地、森林、水利、矿源、原料、生产工具、生产建筑物、交通联络工具等等）是归谁所有，生产资料是由谁所支配——是由全社会所支配呢，抑或是由单个人们、集团、阶级所支配并利用去剥削其他人们、集团、阶级呢？

以下就是生产力由古代发展到现代的一般情景。由粗笨的石头工具过渡到弓箭，并因此而由狩猎生活过渡到驯养动物和原始畜牧；由石头工具过渡到金属工具（铁斧、铁嘴犁等等），并与此相适合而过渡到种植植物和从事农业；金属制物工具继续改良，过渡到打铁炉风箱，过渡到陶器生产，并与此相适合而有手工业底发展，有手工业离农业而分立，有独立手工业生产以及后来的工场手工业生产底发展；由手工业生产工具过渡到机器，手工业—工场手工业生产转变为机器工业；再进而过渡到机器制,以及现代巨大机器化工业底出现——这就是社会生产力在人类史上发展的一般的、远不完全的情景。同时,不言而喻的,生产工具底发展和改善是由那些和生产有关系的人们所实现的,而不是与人们无关的,所以,随着生产工具底变更和发展,人们即生产力最重要的要素也变更和发展了,他们的生产经验、他们的劳动技能、他们运用生产工具的本领也变更和发展了。

随着社会生产力在历史上的变更和发展,于是人们底生产关系、人们底经济关系也与此相适合而变更和发展了。

历史所知道的,有五个基本形式的生产关系:原始公社的、奴隶占有制度的、封建制度的、资本主义的、社会主义的。

在原始公社制度下,生产关系底基础就是对于生产资料的社会公有制。这在基本上是适合于生产力在这时期内的性质的。石头工具以及后来出现的弓箭,使人们绝对没有可能单身去和自然界势力及猛兽作斗争。人们当时为要在森林中采集果实,在水里捕获鱼类,建筑某种住所,就不得不共同工作,否则就会饿死;被猛兽所吞食或为邻近部落所牺牲。公共的劳动就引起对于生产资料以及对于生产品的公共所有制。在这里还不知道生产资料私有制为何物,而不过有些同时又是用来防御猛兽的生产工具为个人所有。在这里是没有剥削的,是没有阶级的。

在奴隶占有制度下,生产关系底基础就是奴隶主对于生产资料以及对于生产工作者的所有制,这生产工作者就是奴隶主所能当作牲畜一样来买卖屠杀的奴隶。这样的生产关系在基本上是适合于生产力在这时期内的状况的。此时,人们所拥有的已经不是石头工具,而是金属工具;此时,已经不是贫乏的、原始的,既不知畜牧业为何物,也不知农业为何物的狩猎经济,而是已经出现畜牧业、农业、手工业以及在这些生产部门间的分工;此时,已经有可能在各个人间以及在各个部落间交换生产品,已经有可能把财富积累于少数人手中,而且真正把生产资料积累于少数人手中,已经有可能迫令大多数人服从少数人并把这大多数人变为奴隶。在这里已经不是社会中一切组成员在生产过程中间共同地和自由地劳动了,在这里已经是由奴隶们底强迫劳动占统治地位,而这些奴隶是由那些不劳而获的奴隶主们所剥削的。因此也就没有对于生产资料以及对于生产品的公共所有制。它已被私人所有制所替代了。在这里，奴隶主是第一个和基本的十足的私有主。

富人和穷人、剥削者和被剥削者、享有完全权利者和毫无权利者，他们彼此间的残酷阶级斗争——这就是奴隶占有制度底情景。

在封建制度下，生产关系底基础就是封建主对于生产资料的所有制以及对于生产工作者的不完全的所有制，这生产工作者就是封建主已经不能屠杀但可以买卖的农奴。与封建所有制并存的，还有农民和手工业者以本身劳动为基础的对于生产工具以及对于自己私有经济的个人所有制。这样的生产关系在基本上是适合于生产力在这时期内的状况的。镕铁和制铁工作底继续改善；铁犁和织布车底散布；农业、园圃业、酿酒业、制油业底继续发展；与手工作坊并存的工场手工企业底出现——这就是当时生产力状况底显著特征。

新的生产力要求工作者具有某种在生产中的自动性、具有从事劳动的意向、具有从事劳动的兴趣。因此，封建主就把奴隶抛弃，因为奴隶是没有从事劳动的兴趣和完全没有自动性的工作者；而宁愿利用农奴，因为农奴有自己的经济、有自己的生产工具，并具有某些从事劳动的兴趣，因为一定要有这种兴趣，农奴才会耕种土地并能以自己收成所得的自然品付给封建主。

私有制在这里已经继续发展了。剥削几乎是和奴隶制下面的剥削一样残酷，而不过是稍许减轻一些罢了。剥削者和被剥削者间的阶级斗争就是封建制度底基本特征。

在资本主义制度下，生产关系底基础就是对于生产资料的资本主义所有制，同时在这里已经没有对于生产工作者的所有制，这生产工作者就是资本家既不能加以屠杀也不能出卖的雇佣工人，因为雇佣工人已免除人格上的依赖，可是他们没有生产资料，而为要不致饿死，他们就不得不出卖自己的劳动力给资本家，并担负剥削制的桎梏。与对于生产资料的资本主义所有制并存的，还存在有而且在第一个时期还广阔流行的，就是已摆脱农奴制依赖的农民和手工业者对于生产资料的私有制，这私有制是以本身劳动为基础的。起而代替手工作坊和工场手工企业的，是以机器装备的巨大工厂。起而代替那些用农民粗笨生产工具来耕作的贵族地产的，是根据农艺学来经营并具备有农业机器的巨大资本主义农场。

新的生产力要求生产工作者是比闭塞无知的农奴们文化程度高些的、伶俐些的、能够懂得机器并正确使用机器的人们。因此，资本家宁愿利用那些已摆脱农奴制羁绊的雇佣工人，这些雇佣工人是具有足够的文化程度来正确使用机器的。

可是，资本主义既把生产力发展到巨大的程度，于是它就陷入它自己所不能解决的矛盾中。资本主义既然生产着日益增多的商品并减低着商品价格，于是它就使竞争趋于尖锐化，使大批小私有主和中等私有主陷于破产，把他们变成无产者，减低他们的购买能力，因而就使生产出来的商品无法销售出去。资本主义既然扩大着生产并把千百万工人集合在巨大工厂以内，于是它就赋与生产过程以社会公共的性质，并因此而破坏自己本身的基础，因为生产过程底社会公共性质是要求有对于生产资料的社会公共所有制的，而同时对于生产资料的所有制却仍然还是私人资本主义的所有制，即与生产过程底社会公共性质势不两立的所有制。

生产力性质与生产关系间的这些不可调和的矛盾就在那周期的生产过剩危机当中明显暴露出来，此时，资本家既因自己已使大批居民遭受破产而找不到有支付能力的需求者，遂不得不烧毁生产品，消灭已制成的商品，停止生产，破坏生产力；此时，千百万居民不得不忍受失业和饥饿的痛苦，而这并不是因为商品不够，却是因为商品出产得太多。

这就是说，资本主义的生产关系已经不复适合于社会生产力底状况，而是已经和社会生产力发生不可调和的矛盾。

这就是说，资本主义怀妊着革命，这个革命底使命就是以对于生产资料的社会主义所有制来代替现存的对于生产资料的资本主义所有制。

这就是说，剥削者和被剥削者间的最尖锐的阶级斗争是资本主义制度底基本特征。

在社会主义制度下——这个制度此刻还只在苏联实现——对于生

产资料的社会公共所有制是生产关系底基础。在这里已经既没有剥削者，也没有被剥削者。生产出来的物品是根据"不劳动者不得食"的原则而按劳动分配的。在这里，人们在生产过程中的相互关系底特征就是已经摆脱剥削制的工作者们底同志合作和社会主义互助的关系。在这里，生产关系是完全适合于生产力底状况的，因为生产过程底社会公共性质是由那对于生产资料的社会公共所有制所巩固的。

因此，在苏联的社会主义的生产是根本就不知道什么是周期生产过剩危机以及与此危机相牵连的荒谬现象的。

因此，生产力在这里就以加快的速度发展着，因为适合于生产力的生产关系是给与生产力以这样发展的完全广阔可能的。

这就是人们生产关系在人类史上发展的情景。

这就是生产关系发展对于社会生产力发展，而首先是对于生产工具发展的依赖性，而因为有这种依赖性，所以生产力底变更和发展，就迟早要引起生产关系与此适合的变更和发展。

马克思说：

> 劳动资料[①]的使用和创造，虽其萌芽形式为某几种动物所固有，是人类劳动过程所独具的显著特征，所以佛兰克林断定人类是制造工具的动物。劳动资料遗骸对于研究已经消亡的诸社会经济形态，也正如动物骨骼底遗骸结构对于研究已消亡的诸种动物底身体组织一样，有同样重要的意义。使各经济时代彼此区别的，不是生产什么，而是怎样生产……劳动资料不仅是人类劳动力发展底尺度，而且是劳动在其中实现的社会关系底指标。（马克思：《资本论》第一卷，一九三五年版，第一二一页）

其次：

(a) 社会关系是和生产力密切联系着的。人们既获得新的生产力，就改变自己的生产方式，而随着生产方式底改变，即本身生活保证方式底改变，他们就改变自己所有一切社会关系。手力的磨坊就产生以绪则连（即封建主。——"编者注"）为首的社会；蒸

[①] 马克思所说的"劳动资料"主要是指生产工具而言。——"编者注"

汽力的磨坊就产生以工业资本家为首的社会。(《马克思与恩格斯全集》第五卷,第三六四页)

（b）生产力增长底运动、社会关系底破坏、观念底产生——凡此都是毫不间断地发生着；而不动的只是运动底抽象。(同上,第三六四页)

恩格斯在说明《共产党宣言》内规定的历史唯物主义特征时说：

经济生产以及必然由它而生的每一历史时代底社会结构,就构成这时代底政治史和思想史底基础……与此相适应的,就是自原始公社土地占有制瓦解时起,全部历史都是阶级斗争的历史,即社会发展各阶段上的被剥削阶级与剥削阶级、被征服阶级与统治阶级间斗争的历史……现在,这个斗争已达到这样的阶段,在这个阶段上,被剥削的和被压迫的阶级(无产阶级)已经是除非同时使整个社会永远摆脱剥削、压迫以及阶级斗争,就不能摆脱那剥削它和压迫它的阶级(资产阶级)了……(恩格斯给《宣言》德文版所作《序言》)

生产底第三个特点就在于：新的生产力以及与其相适合的生产关系底产生,不是离开旧制度而单独发生的,不是在旧制度消灭以后发生的,而是在旧制度内部发生的；不是由于人们有意的自觉的活动底结果,而是自发地、不自觉地、不依赖于人们意志而发生的。其所以是自发而不依赖于人们意志而发生的,是因为有以下两个原因。

第一,就是因为人们不能自由选定这种或那种生产方式,这是因为当每一新辈人开始生活时,他们是遇着已经现成的生产力和生产关系,即前辈人所工作的结果,因此,这新辈人在最初一个时候应当接受他们在生产方面所遇到的一切现成东西,并应当迁就于这些东西,以便取得生产物质资料的可能。

第二,就是因为人们在改变这种或那种生产工具、这种或那种生产力要素时,他们并不觉悟到、不了解到,也不想到这些改变将会引起怎样的社会的结果,而只想到自己的日常利益,只想要减轻自己的劳动和为自己谋得某种直接的感触得到的益处。

当原始公社社会中某些社员们渐渐地和摸索式地由石头工具过渡到铁制工具时，他们当然没有知道和没有想到这种革新办法会引起怎样的社会的结果；他们没有了解和没有意识到：由石头工具过渡到金属工具，就是生产中的变革；这个过渡终究会引导到奴隶占有制度；他们当时只想要减轻自己的劳动和谋得眼前的感觉得到的益处，他们当时的自觉活动只限于这种日常个人益处的狭隘范围。

当欧洲年轻资产阶级在封建制度时期开始建造巨大工场手工企业以与细小行业作坊并列，并因此而推进社会生产力时，它当然没有知道和没有想到它这种革新办法会引起怎样的社会的结果；它没有意识到和没有了解到：这种"细微的"革新办法会引起这样一种社会力量的重新配合，这种重新配合将以革命来终结，而这个革命既要反对它当时所十分推崇其恩德的王室政权，又要反对那为它的优秀代表们所往往梦想侧身其间的贵族；它当时只想要减低商品生产成本费，更多拿些商品到亚洲市场以及刚才发现的美洲市场上去销售，并借以取得更多的利润，它当时的自觉活动只限于这种日常实践的狭隘范围。

当俄国资本家们协同外国资本家们来加紧在俄国培植现代巨大机器化工业，而又丝毫不触动沙皇制度，同时却听凭地主们随便鱼肉农民时，他们当然没有知道和没有想到生产力这种严重的增长会引起怎样的社会的结果；他们没有意识到和没有了解到：这个在社会生产力方面发生的严重跳跃会引起这样一种社会力量的重新配合，这种重新配合会给无产阶级以可能把农民和自己结合起来并实现胜利的社会主义的革命，他们当时只是想要极端扩大工业生产，掌握巨大的国内市场，变成垄断家并从国民经济中吸取更多的利润，他们当时的自觉活动未曾超过他们的日常的狭隘实践的利益。

马克思因此就说：

> 人们在自己生活底社会生产中（就是说，在生产为人们生活所必需的物质资料中。——"编者"），彼此发生一定的、必然的、不依①他们本身意志为转移的关系，即生产关系，这些生产关系是适

---

① 着重点是本书编者所加。

合于他们的物质生产力底一定发展阶段的。(《马克思选集》第一卷,第二六九页)

但这并不是说,生产关系底变更以及由旧生产关系到新生产关系的过渡是一帆风顺地进行,而不经过冲突、不经过震动。恰巧相反,这样的过渡通常都是经过用革命手段来推翻旧生产关系而奠定新生产关系的。到一定时期为止,生产力的发展以及生产关系方面变更,是自发地、不依人们意志为转移而进行的。但这只是到一定时候为止,只是到那已经产生和正在发展的生产力尚未及充分成熟的时候为止。而当新生产力已经成熟后,现存的生产关系及其体现者——统治阶级——就变为这样一个"不可克服的"障碍,这个障碍是只有经过新阶级底自觉活动、经过新阶级底强力行动、经过革命才可扫除的。在这里,新社会观念、新政治制度、新政权底伟大作用就特别明显地表现出来,其使命就是要用强力来废除旧生产关系。在新生产力与旧生产关系互相冲突的基础上,在社会底新经济需要的基础上,就产生出新社会观念,这些新观念就组织着和动员着群众,而群众就团结为新政治大军,建立新革命政权并运用着这个政权,以便用强力来废除生产关系方面的旧秩序而奠定新秩序。于是,发展底自发过程就让位于人们底自觉活动,和平发展就让位于强力变革,进化就让位于革命。

马克思说:

无产阶级在反对资产阶级的斗争中一定团结成为阶级……它以实现革命而把自己变为统治阶级,并以统治阶级资格来用强力废除旧生产关系。(《共产党宣言》一九三八年版,第五二页)

其次:

(a) 无产阶级利用自己的政治统治,来一步一步夺取资产阶级所有的全部资本,来把一切生产工具集中于国家之手,即集中于已组织成为统治阶级的无产阶级之手,并尽可能更加迅速地增加全部生产力。(同上,第五〇页)

(b) 强力是任何一个旧社会在怀妊着新社会时的产婆。(马克思:《资本论》第一卷,一九三五年版,第六〇三页)

马克思于一八五九年给他自己那本名著《政治经济学批评》所作的有历史意义的《序言》中曾英明地把历史唯物主义底实质归纳如下：

> 人们在自己生活底社会生产中，彼此发生一定的、必然的、不依他们本身意志为转移的关系，即生产关系，这些生产关系是适合于他们的物质生产力底一定发展阶段的。这些生产关系底总和就组成社会底经济结构，即现实的基础，而法律的和政治的上层建筑物就是在这个基础上树立起来的；同时，一定的社会意识形式是和这个基础相适合的。物质生活底生产方式决定着一般社会生活的、政治生活的、精神生活的过程。不是人们底意识决定人们底存在，而恰巧相反，正是人们底社会存在决定人们底意识。社会底物质生产力发展到一定阶段时，就和现存生产关系或所有权关系——所有权关系不过是现存生产关系在法律上的称谓而已——发生矛盾，而生产力在此以前是在这些关系内部发展了的。于是这些关系就由生产力底发展形式变成生产力底枷锁。那时社会革命时代就到来了。随着经济基础底变更，在整个庞大的上层建筑物中也就或多或少迅速地发生变革。在考察这些变革时，必须时刻把在经济生产条件方面发生的可以用自然科学精确眼光指明出来的物质变革，去与法律的、政治的、宗教的、美术的或哲学的形式——简而言之就是去与观念形式分别清楚，而人们就是在这些观念形式中意识着这个冲突并力求克服这个冲突的。正如我们不可根据一个人自己对于自己的揣度来判断这个人一般，同样也不可根据这样的变革时代底意识来判断这样的变革时代。恰巧相反，这个意识正须从物质生活底矛盾中，从社会生产力和生产关系间现存的冲突中来解释。无论那一个社会形态，当它还给一切生产力以充分发展余地而这一切生产力尚未展开以前，是决不会灭亡的；而新的更高的生产关系，当它借以存在的物质条件尚未在旧社会本身胎包里成熟以前，是决不会出现的。所以，人类无论何时都只给自己提出自己所能够解决的任务，因为只要仔细一看，那就总可看出：任务本身，只有当它能借以得到解决的物质条件已经存在着或至少已在形成过程中的时候，才会产生出来。（《马克思

选集》第一卷,第二六九至二七〇页)

马克思主义的唯物主义,就其应用于社会生活、应用于社会历史说来就是如此。

辩证唯物主义和历史唯物主义底基本特征就是如此。

由此可见,列宁是为党保持住怎样的理论财富以打退修正派和变节者谋害这财富的企图;而列宁所著《唯物主义与经验批评主义》一书之出现,对于我们党底发展,是有怎样重要的意义。

(节选自《苏联共产党(波尔什维克)历史》,真理社1945年版)

辩证唯物主义与历史唯物主义

任弼时 译

辩证唯物主义是马列主义党底世界观。其所以叫作辩证唯物主义，是因为它对自然界现象的看法、它研究自然界现象的方法、它认识这些现象的方法是辩证的，而它对自然界现象的解释、它对自然界现象的了解、它的理论是唯物主义的。

历史唯物主义就是把辩证唯物主义原理推广去研究社会生活，把辩证唯物主义原理应用于社会生活现象、应用于研究社会、应用于研究社会历史。

马克思与恩格斯在说明他们的辩证法时，通常都援引黑格尔，认为他是表述了辩证法基本特征的哲学家。但这并不是说，马克思与恩格斯底辩证法和黑格尔底辩证法是一个东西。其实，马克思与恩格斯仅仅从黑格尔辩证法中采取了它的"合理的内核"，而摒弃了黑格尔唯心主义的外壳，并向前发展了辩证法，因而赋与了辩证法一个现代的科学的形态。

马克思说：

> 我的辩证法不仅根本上与黑格尔的辩证法不同，而且与它绝对相反。在黑格尔看来，思维过程即他所称为观念而甚至将其变成独立主体的思维过程，是现实界底创造主，而现实界不过是思维过程底外部表现。在我看来，恰巧相反，观念现象不过是被移置于人类头脑中并在人类头脑中改造过的物质现象而已。（马克思：《资本论》第一卷，德文第二版《跋言》）

马克思与恩格斯在说明他们的唯物主义时，通常都援引费尔巴黑，认为他是恢复了唯物主义应有权威的哲学家。但这并不是说,马克思与恩格斯底唯物主义和费尔巴黑底唯物主义是一个东西。其实,马克思与恩格斯是从费尔巴黑唯物主义中采取了它的"基本的内核",把它向前发展成了科学的哲学唯物主义理论,而摒弃了它那唯心主义的和宗教的伦理杂质。大家知道,费尔巴黑虽在基本上是个唯物主义者,但他极力反对唯物主义这个名称。恩格斯屡次说过:费尔巴黑"虽有其唯物主义的基础,但还没有摆脱旧时的唯心主义羁绊","我们考察费尔巴黑底伦理学和宗教哲学时,便可立刻看出他实在有一种唯心主义思想"。(《马恩全集》第十四卷,第六五二至六五四页)

辩证法是导源于希腊文"dialego"一字,其含义就是进行谈话、进行论战。古代人所谓辩证法,就是以揭露对方议论中的矛盾并克服这些矛盾来求得真理的方术。古代有些哲学家认为思维矛盾的揭露以及对立意见的冲突,是发现真理的最好方法。这个辩证的思维方式后来推广到自然界现象中去,就变成了认识自然界的辩证方法,这个方法把自然界现象看作永恒运动着、永恒变化着的现象,而把自然界底发展看作是自然界中各种矛盾发展的结果、自然界中对立势力互相影响的结果。

辩证法是与形而上学根本相反的。

(一) 马克思主义辩证法底基本特征是

(1) 与形而上学相反,辩证法不是把自然界看作什么彼此隔离、彼此孤立、彼此不相依赖的各个对象或各个现象底偶然堆积,而是把它看作有内在联系的统一整体,其中各个对象或各个现象是互相密切联系着、互相依赖着、互相制约着的。

因此,辩证法认为自然界中任何一种现象,如果把它孤独拿来看,把它看作是与其周围现象没有联系的现象,那它就会是不可了解的东西,因为自然界任何部分中任何一种现象,如果把它看作是与周围条件没有联系的现象,看作是与它们隔离的现象,那它就会是毫无意思的东西;反之,任何一种现象,如果把它看作是与周围现象密切联系而不可分离的现象，把它看作是受周围现象所制约的现象，那它就是可以了解、可以论证的东西了。

（2）与形而上学相反，辩证法不是把自然界看作静止不动的状态、停顿不变的状态，而是看作不断运动、不断变化的状态，不断革新、不断发展的状态，其中始终都有某种东西在产生着和发展着，始终都有某种东西在败坏着和衰颓着。

因此，辩证法要求我们观察现象时不仅要从各个现象底相互联系和相互制约方面去观察，而且要从它们的运动、它们的变化、它们的发展、它们的产生和衰亡方面去观察。

在辩证法看来，最重要的不是现时似乎坚固但已经开始衰亡的东西，而是正在产生、正在发展的东西，那怕它现时似乎还不坚固，因为在辩证法看来，只有正在产生、正在发展的东西才是不可战胜的。

恩格斯说：

> 整个自然界，由其最小单位到最大物体，由沙粒到太阳，由protist（原始的活细胞。——编者注）到人，都是处在永恒的产生和消灭过程中、处在毫不间断的流动中、处在始终不停的运动和变化中。（《马恩全集》第十四卷，第四八四页）

因此，恩格斯说辩证法"观察物象及其在头脑中的反映时，主要是从它们的相互联系、它们的结合、它们的运动、它们的产生和消灭方面去观察"（同上，第二三页）。

（3）与形而上学相反，辩证法不是把发展过程看作什么简单增长的过程，看作数变不会引起质变的过程，而是看作由不显露的细小数变进到显露的变、进到根本的变、进到质变的发展过程，在这个过程中质变不是逐渐地发生，而是迅速和突然地发生，即表现于由一种状态突变为另一种状态，并不是偶然发生，而是规律式地发生，即是由许多不明显的逐渐的数变积累而引起的结果。

因此，辩证法认为不应把发展过程了解为循环式的运动，不应把它了解为过去事物底简单重复，而应把它了解为前进的运动、上升的运动，由旧质态进到新质态、由简单发展到复杂、由低级发展到高级的过程。

恩格斯说：

> 自然界是检验辩证法的试金石,现代的自然科学既提供了进行这种检验的非常丰富而与日俱增的材料,于是就证明出,自然界中一切现象归根到底是辩证式地发生,而不是形而上学式地发生;自然界不是在永远一样的经常重复的循环周里运动着,而是经历着实在的历史。这里首先就应当指出达尔文,他给了形而上学的自然观一个极有力的打击,因为他证明整个现代有机界,植物和动物,因而也包括人类在内,都是延长到数百万年的发展过程底产物。(同上,第二三页)

恩格斯说明辩证发展过程是由数变进到质变的过程时写道:

> 在物理学中……每一种变化都是数转变为质,即某个物体所固有或某个物体所承受的某种运动数量成份改变的结果。例如,水底温度最初对于水底液体状态是不发生丝毫作用的,但当液体水底温度不断增加或不断减少到一定的程度时,这一结合状态就会发生变化,水就会变为蒸汽或冰块……例如必须具有一定最低限度的电力时,白金丝才会开始发光;例如每种金属都有其一定的熔解热度;例如每种液体都有其在相当气压下特有的一定的冰点和沸点——只要我们能用我们所有的工具造成相当的温度;最后,例如每种气体都有其一定的危机点,我们在这点上施以相当的气压和冷化,就可把它变成为液体……物理学中所谓 constants(即由某一种状态到另一种状态的转变点。——编者注),大部分都不过是这样一些交错点底名称,在这些交错点上,运动底数量增减(数变)引起该种物态底质变,亦即数转变为质。(同上,第五二七至五二八页)

其次,恩格斯进而讲到化学时说道:

> 化学可以称为研究种种物体因数量成份改变而发生质变的科学。黑格尔自己已知道这点……譬如拿氧气来说:如果结合在一个分子中的有三个原子,而不是如普通那样只有两个原子,那我们就会得到臭氧,即得到一种按其气味和作用是与普通氧气显然不同的物体。更不待说,如果把氧气与淡气或硫黄按各种比例结合

起来,那末其中每一种结合都产生出一种在质的方面与其他一切物体不同的物体哩!(《马恩全集》第十四卷,第五二八页)

最后,恩格斯批评着杜林,批评着那大骂黑格尔而暗中又剽窃黑格尔所说无感觉世界转变为感觉世界、无机物世界转变为有机物世界,是转变为新状态的突变这一著名原理的杜林时说道:

> 这正是黑格尔的度量关系交错线,在这交错线上,纯粹数的增减到一定交错点上就会引起质的突变,例如水液被烧熟或冷化时,沸点或冰点便是这样的交错点,在这些交错点上——在通常的气压下——就发生由旧的物态转变为新的物态的突变,亦即数转变为质。(同上,第四五至四六页)

(4)与形而上学相反,辩证法所持的出发点是:自然界的对象或自然界的现象含有内在的矛盾,因为所有这些对象或现象都有其反面和正面、都有其过去和将来、都有其衰颓着的东西和发展着的东西,而这种对立面底斗争、旧东西与新东西间的斗争、衰亡着的东西和产生着的东西间的斗争、衰颓着的东西和发展着的东西间的斗争,便是发展过程底实在内容、由数变进到质变的这一过程底内容。

因此,辩证法认为低级发展到高级的过程不是表现于各现象协和的开展,而是表现于各对象或各现象本身固有矛盾底揭露,表现于在这些矛盾基础上动作的互相对立趋势的"斗争"。

列宁说:

> 辩证法本来就是研究对象本身内部矛盾的。(列宁:《哲学笔记簿》,第二六三页)

其次:

> 发展就是对立面的"斗争"。(《列宁全集》第十三卷,第三〇一页)

简略说来,马克思主义的辩证法底基本特征就是如此。

显而易见,把辩证法原理推广去研究社会生活和社会历史,该有如何巨大的意义;把这些原理应用到社会历史上去、应用到无产阶级党底实际活动上去,该有如何巨大的意义。

既然世界上没有孤立的现象,既然所有一切现象都是彼此关联、互相制约,那末在估计历史上每一个社会制度和每一个社会运动时,当然也就不可如历史家常作的那样从"永恒正义"或其他某种成见出发,而是要从这个制度和这个社会运动所由产生并与其相联结的那些条件出发。

奴隶制度,就现代的条件来看是很荒谬的现象、反常的荒诞事情。而奴隶制度在瓦解着的原始公社制度条件下,却是完全可以了解并且合于规律的现象,因为它和原始公社制度相比是前进一步。

资产阶级民主共和国的要求,在沙皇制度和资产阶级社会存在的条件下,譬如说在一九〇五年的俄国,是完全可以了解的一种正确的和革命的要求,因为资产阶级共和国在当时是前进一步。而资产阶级民主共和国的要求,就我们苏联现时的条件来看,却是一种荒谬的和反革命的要求,因为资产阶级共和国与苏维埃共和国相比是后退一步。

一切都依条件、地方和时间为转移。

显然,没有这种观察社会现象的历史观点,那历史科学就会无法存在和发展,因为只有这样的观点才能使历史科学不致变成一笔偶然现象的糊涂账,不致变成一堆荒谬绝伦的错误。

其次,既然世界是处在不断运动和不断发展中,既然旧东西衰亡和新东西生长是发展底规律,那末当然也就没有什么"永世不移的"社会秩序,什么私有制和剥削制的"永恒原则",什么农民服从地主、工人服从资本家的"永恒观念"。

由此可见,资本主义制度可以用社会主义制度来替代,正如资本主义制度在当时替代了封建制度一样。

由此可见,不是要指靠社会里已经不再发展的阶层,那怕这些阶层在现时还是占优势的力量,而是要指靠社会里正在发展、具有远大前途的阶层,那怕这些阶层在现时还不是占优势的力量。

在第十九世纪八十年代,当马克思主义者和民粹派斗争的时候,俄国无产阶级与当时占居民绝大多数的个体农民比较起来,还是占很小的少数。但当时无产阶级是个发展着的阶级,而农民却是个日趋瓦解的阶级。正因为无产阶级是个发展着的阶级,所以马克思主义者也就指靠着无产阶级。而且他们并没有弄错，因为大家知道，无产阶级后来已由一个不大的力量发展成了历史上和政治上的头等力量。

由此可见，为了在政治上不犯错误，便要向前看，而不要向后看。

其次，既然由缓慢的数变进到迅速的突然的质变是发展底规律，那末由被压迫阶级所实行的革命的变革，当然也就是完全自然而必不可免的现象。

由此可见，由资本主义进到社会主义，工人阶级摆脱资本主义压迫，决不能经过缓慢变化、经过改良来实现，而只能经过资本主义制度底质变、经过革命来实现。

由此可见，为了在政治上不犯错误，便要做革命家，而不要做改良主义者。

其次，既然发展过程是经过内在矛盾底揭露，是经过基于这些矛盾的彼此对立势力冲突来克服这些矛盾而进行的，那末无产阶级底阶级斗争，当然也就是完全自然而必不可免的现象。

由此可见，不是要掩饰资本主义制度中的各种矛盾，而是要暴露和揭开这些矛盾，不是要熄灭阶级斗争，而是要把阶级斗争进行到底。

由此可见，为了在政治上不犯错误，便要执行不调和的无产阶级的阶级政策，而不要执行调协无产阶级与资产阶级利益的改良主义政策，不要执行使资本主义"长入"社会主义的妥协主义政策。

以上便是应用马克思主义辩证法去观察社会生活、去观察社会历史的情形。

至于马克思主义的哲学唯物主义，那它是与哲学唯心主义根本相反的。

（二）马克思主义哲学唯物主义底基本特征是

（1）唯心主义认为世界是"绝对观念""宇宙精神""意识"底体现，而马克思底哲学唯物主义却与此相反，认为：世界按其本质说来是物质的；世界上形形色色的现象是运动着的物质底各种形态；各现象由辩证法所判明的相互联系和相互制约是运动着的物质底发展规律；世界是按物质运动规律发展着,而并不需要什么"宇宙精神"。

恩格斯说:

> 唯物主义的世界观不过是对自然界本来面目的了解,而并不附加以任何外来的成份。(《马恩全集》第十四卷,第六五一页)

古代哲学家赫拉克利泰持着唯物主义的观点,认为"世界是包括一切的整体,它并不是由任何神或任何人所造成的,它过去、现在和将来都是按规律燃烧着、按规律熄灭着的永恒活火"。列宁论到这个唯物主义观点时说:"这是对于辩证唯物主义基础的一种很好的说明。"(列宁:《哲学笔记簿》,第三一八页)

(2) 唯心主义硬说,只有我们的意识才是真实存在着的,物质世界、存在或自然界只是在我们的意识中,只是在我们的感觉、观念或概念中存在着,而马克思主义的哲学唯物主义却与此相反,认为:物质、自然界或存在是在意识以外,不依赖于意识而存在着的客观现实;物质是第一性的现象,因为它是感觉、观念或意识底来源;而意识是第二性的现象、从生的现象,因为它是物质底反映、存在底反映;思维是发展到高度完善的物质底产物,即人脑底产物,而人脑是思维底器官;因此,如果不愿意大错特错,便不可把思维和物质隔开。

恩格斯说:

> 全部哲学底最高问题,都是思维对存在、精神对自然界的关系问题;哲学家就是依其如何回答这个问题而分成两大营垒的。凡断定说精神先于自然界存在的,便组成唯心主义的营垒。凡认为自然界是基本起源的,则属于唯物主义底各派。(《马克思选集》第一卷,第三二九页)

其次:

> 可以感觉得到的物质的世界,即我们自己所属的世界,是唯一的真实世界;我们的意识与思维,不管它怎样好像是超感觉的东西,总是物质实体器官底产物,即人脑底产物。物质不是精神底产物,而精神本身倒只是物质底最高产物。(同上,第三三二页)

马克思谈到物质与思维问题时说道:

决不可把思维与思维着的物质隔开。物质是一切变化底主体。(同上,第三〇二页)

列宁说明马克思主义的哲学唯物主义时写道:

唯物主义一般就认为客观现实的存在(物质)是不依赖于人类意识、感觉和经验等等的……意识……仅仅是存在底反映,至多也不过是存在底近乎正确的(相等的、尽量确切的)反映。(《列宁全集》第十三卷,第二六六至二六七页)

其次:

物质就是作用于我们感官而引起感觉的东西;物质是我们可以感觉得到的客观现实……物质、自然界、存在和物理现象是第一性的现象,而精神、意识、感觉和心理现象是第二性的现象。(同上,第一一九至一二〇页)

世界底情景就是物质怎样运动着和"物质怎样思维着"的情景。(同上,第二八八页)

人脑是思想底器官。(《列宁全集》第十三卷,第一二五页)

(3) 唯心主义否认世界及其规律底可知性,不相信我们智识底确实性,不承认客观真理,并认为世界上充满着科学永远不能认识的"自在之物",而马克思主义的哲学唯物主义却与此相反,认为:世界及其规律完全可能认识,我们对于自然界规律的那些已由经验和实践考验过的知识是具有客观真理意义的确实知识,世界上没有不可认识之物,而只有现在尚未认识,但将来却会由科学和实践力量揭示和认识之物。

恩格斯批评康德及其他唯心主义者所谓世界不可认识和"自在之物"不可认识的意见,而坚持唯物主义认为我们的知识是确实知识的这一著名原理时写道:

把这些以及其他一切哲学遁辞驳斥得最彻底的就是实践,即实验和工业。既然我们能以亲自制造出自然界某一现象,依它的条件把它产生出来,并使它服务于我们目的的事实来证明我们对于这一现象认识的正确,那末康德的那个不可捉摸的"自在之物"就要完结了。在动植物躯体上所形成的种种化学原素,当有机化学还没有开始把它们一一制造出来时,便始终是这类的"自在之物";而当有机化学已开始把它们一一制造出来时,"自在之物"就变成了为我之物了;例如拿亚里查林,即茜素颜料来说,我们现在并不是从那生长于田野的茜草根上取得它,而是用更便宜得多、更简单得多的方法从煤焦油中取得它。哥白尼底太阳系学说在三百年间被人视为假设,固然是种很可信的假设,但终究是一种假设。可是,当列月尔略根据这太阳系学说底论据,不仅证明一定有一个前此所未知的行星存在,而且已用计算方法确定它在天体中的位置,后来加列果然已发现这个行星时,哥白尼底太阳系学说就被证明了。(《马克思选集》第一卷,第三三〇页)

列宁责备波格丹诺夫、巴查罗夫、尤史克维奇及其他马赫信徒为菲德主义者①,而坚持唯物主义认为我们关于自然界规律的科学知识是确实知识,认为科学定律是客观真理的这一著名原理时说道:

> 现代的菲德主义并不否认科学;它只是否认科学底"过度奢望",即科学想成为客观真理的奢望。既然有客观真理存在(如唯物主义者所想的那样),既然只有那在人类"经验"上反映外部世界的自然科学能提供我们以客观真理,那末任何菲德主义就毫无条件地被推翻了。(《列宁全集》第十三卷,第一〇二页)

简略说来,马克思主义的哲学唯物主义底特征就是如此。

不言而喻,把哲学唯物主义原理推广去研究社会生活和社会历史,该有如何巨大的意义;把这些原理应用到社会历史上去、应用到无产阶级党底实际活动上去,该有如何巨大的意义。

既然自然界中各现象底相互联系和相互制约是自然界发展底规律,那末由此就应得出结论:社会生活中各现象底相互联系和相互制约也同样不是偶然的事情,而是社会发展底规律。

由此可见,社会生活、社会历史已不复是一堆"偶然现象",因为社会历史已成为社会底规律性的发展,而社会历史底研究已成为一种科学。

---

① 菲德主义亦译信仰主义,是排斥科学而崇尚信仰的一种反动理论。

由此可见,无产阶级党底实际活动决不应以"卓越人物"底善良愿望为基础,决不应以"理性""普遍道德"等等底要求为基础,而应以社会发展底规律为基础,应以研究这些规律为基础。

其次,既然世界可能认识,既然我们关于自然界发展规律的知识是具有客观真理意义的确实知识,那末由此就应得出结论:社会生活、社会发展也同样可能认识,科学方面关于社会发展规律的材料是具有客观真理意义的确实材料。

由此可见,社会历史科学不管社会生活中的现象怎样复杂,都能成为例如生物学一样的准确科学,能利用社会发展规律来供实际的应用。

由此可见,无产阶级党在它的实际活动中,决不应以什么偶然动机为准则,而应以社会发展规律以及由这些规律中所得出的实际结论为准则。

由此可见,社会主义已由关于人类美满未来的空想变成了科学。

由此可见,科学和实际活动间的联系、理论和实践间的联系,它们的一致应当成为无产阶级党底指南针。

其次,既然自然界、存在、物质世界是第一性的现象,而意识、思维是第二性的现象、从生的现象;既然物质世界是不依赖于人们意识而存在的客观现实,而意识是这客观现实底反映,那末由此就应得出结论:社会底物质生活、社会的存在也是第一性的现象,而社会底精神生活是第二性的现象、从生的现象;社会底物质生活是不依赖于人们意志而存在的客观现实,而社会底精神生活是这客观现实底反映、存在底反映。

由此可见,社会底精神生活所由形成的来源,社会思想、社会理论、政治观点和政治制度所由产生的来源,并不是要到思想、理论、观点和政治制度本身中去探求,而是要到社会底物质生活条件中、要到社会存在中去探求,因为这些思想、理论和观点等等是这社会存在底反映。

由此可见,如果我们在社会历史各个不同的时期可以看见各种不同的社会思想、理论、观点和政治制度,如果我们在奴隶制度下所遇见的是一种社会思想、理论、观点和政治制度,在封建制度下所遇见的是另一种,在资本主义制度下所遇见的又是一种,那就不是由于什么思想、理论、观点和政治制度本身底"天性"和"属性",而是因为在各个不同的社会发展时期有各个不同的社会物质生活条件。

社会存在怎样,社会物质生活条件怎样,社会思想、理论、政治观点和政治制度也就会怎样。

因此马克思说:

> 不是人们底意识决定人们底存在,恰巧相反,正是人们底社会存在决定人们底意识。(《马克思选集》第一卷,第二六九页)

由此可见,为了在政治上不犯错误,为了不致陷入空洞臆想家的地位,那末无产阶级党在自己的活动中,就不应从抽象的"人类理性原则"出发,而应从具体的社会物质生活条件,即从社会发展底决定力量出发;不应从"伟大人物"底善良愿望出发,而应从社会物质生活发展底现实需要出发。

空想派——包括民粹主义者、无政府主义者、社会革命党人在内——陷于覆亡的原因之一,就是他们不承认社会物质生活条件在社会发展过程中的首要作用,而陷入了唯心主义,不把自己的实际活动建筑在社会物质生活发展底需要上,却不顾这种需要并违反着这种需要而把它建筑在脱离社会现实生活的"理想计划"和"包罗万象的方案"上。

马列主义之所以强而有力和生气勃勃,也就是因为它在自己的实际活动中正是凭借于社会物质生活发展底需要,无论何时也不脱离社会底现实生活。

可是,决不应当从马克思底话中作出结论,说社会思想、理论、政治观点和政治制度在社会生活中没有作用,说它们不反转来影响到社会存在、影响到社会生活物质条件底发展。我们在这里暂且只是说到社会思想、理论、观点和政治制度底起源,只是说到它们的产生,只是说到社会精神生活是社会物质生活条件底反映。至于社会思想、理论、观点和政治制度底意义,至于它们在历史上的作用,那末历史唯物主义不仅不否认,恰巧相反,正是着重指出它们在社会生活和社会历史上的严重作用和意义。

有各种各样的社会思想和理论。有旧的思想和理论,它们是已经衰颓并为社会上那些衰颓着的势力底利益服务的东西。它们的作用就是阻碍社会发展、阻碍社会前进。同时又有新的先进的思想和理论，它们是为社会上的先进势力利益服务的东西。它们的作用就是促进社会发展、促进社会前进，而且它们愈是确切反映着社会物质生活发展底需要，便能获得愈加巨大的意义。

新的社会思想和理论，只有当社会物质生活发展已在社会面前提出新的任务时，才会产生出来。可是，它们既已产生出来，便会成为最严重的力量，能促进解决社会物质生活发展过程所提出的新任务，能促进社会前进。在这里也就表现出新的思想、新的理论、新的政治观点和新的政治制度所具有的那种伟大的组织的、动员的和改造的意义。新的社会思想和理论所以产生出来，正是因为它们为社会所必需，因为若没有它们那种组织的、动员的和改造的工作，便无法解决社会物质生活发展过程中已经成熟的任务。新的社会思想和理论既已在社会物质生活发展过程所提出的那些新任务基础上产生出来，便能扫除障碍，深入民众意识，动员民众，组织民众去反对社会上衰颓着的势力，因而便利着推翻社会上正在衰颓而阻碍社会物质生活发展的势力。

于是，社会思想、理论和政治制度既已在社会物质生活发展过程、社会存在发展过程中业经成熟的那些任务基础上产生出来，便能反转来影响到社会存在、影响到社会物质生活，造成必要条件来彻底解决社会物质生活中业经成熟的任务，并使这社会物质生活可能向前发展。因此马克思说：

> 理论一掌握了群众，便立刻成为物质的力量。（《马恩全集》第一卷，第四〇六页）

由此可见，无产阶级党为要有可能去影响社会物质生活条件并加速其发展、加速其改善，便应凭借于这样一种社会理论和社会思想，这种理论和思想能正确反映社会物质生活发展底需要，因而能发动广大民众，能动员他们，把他们组织成一支决意打破社会反动势力并为社会先进势力开辟道路的无产阶级党的伟大军队。

"经济主义者"和孟什维克陷于覆亡的原因之一，就是他们不承认先进理论和先进思想有动员的、组织的和改造的作用，而陷入了庸俗唯物主义，竟把先进理论和先进思想底作用看成几等于零，因而使党陷于消极无为、陷于萎靡不振的地步。

马列主义之所以强而有力和生气勃勃,就是因为它凭借于正确反映着社会物质生活发展需要的先进理论,把这个理论提到它所应有的高度,并努力来彻底利用这个理论所有的动员的、组织的和改造的力量。

历史唯物主义就是这样来解决社会存在和社会意识间、社会物质生活发展条件和社会精神生活发展间相互关系问题的。

(三)历史唯物主义

现在还要说明一个问题:从历史唯物主义观点看来,究应把归根到底决定社会面貌、社会思想、观点和政治制度等等的"社会物质生活条件",了解为什么东西呢?

这"社会物质生活条件"究竟是什么;它们的特征究竟怎样呢?

首先,"社会物质生活条件"这一概念,当然是把环绕着社会的自然界,即地理环境包含在内,因为这个环境是社会物质生活所必要的和经常的条件之一,而且无疑是影响到社会底发展。地理环境在社会发展中的作用怎样呢?地理环境是不是决定社会面貌、人们社会制度性质,以及由一个制度过渡到另一个制度的主要力量呢?

历史唯物主义对于这个问题的答复是否定的。

地理环境当然是社会发展底经常必要的条件之一,而且它无疑是能影响到社会底发展,加速或延缓社会发展进程。但它的影响并不是决定的影响,因为社会底变更和发展要比地理环境底变更和发展快得不可计量。欧洲在三千年内已更换过三种不同的社会制度:原始公社制度、奴隶制度、封建制度;而在欧洲东部,即在苏联,甚至更换了四种社会制度。可是,在这同一时期内,欧洲境内的地理条件不是完全没有变更,便是变更得很少很少,甚至地理学也不肯提到它。而这是不言而喻的。地理环境方面一种稍许严重的变更都需要几百万年,而人们社会制度中甚至最严重的变更,也只需要几百年或一两千年就够了。

由此就应得出结论:地理环境决不能成为社会发展底主要原因、

决定原因,因为在数万年间几乎仍旧不变的现象,决不能成为那在几百年间就发生根本变更的现象发展的主要原因。

其次,人口底增长、居民密度底高低,当然也包含在"社会物质生活条件"这一概念中,因为人是社会物质生活条件中的必要成分,没有一定的最低限度的人口,便不能有任何社会物质生活。人口底增长是不是决定人们社会制度性质的主要力量呢?

历史唯物主义对于这个问题的答复也是否定的。

人口底增长当然能影响到社会底发展,促进或延缓社会底发展,但它不能成为社会发展中的主要力量,它对于社会发展的影响不能是决定的影响,因为人口底增长并不能给我们说明为什么某个社会制度恰巧要由一定的新制度来替代,而不是由其他某一个制度来替代;为什么原始公社制度恰巧是由奴隶制度所替代,奴隶制度恰巧是由封建制度所替代,封建制度恰巧是由资产阶级制度所替代,而不是由其他某一制度所替代。

如果人口底增长是社会发展中的决定力量,那末较高的人口密度就必定会产生出相当于它的较高形式的社会制度。可是,事实上却没有这样的情形。中国人口密度比美国高至四倍,但美国在社会发展程度上高于中国,因为中国仍然是半封建制度占统治,而美国却早已达到资本主义发展底最高阶段。比利时人口密度比美国高至十九倍,比苏联高至二十六倍,但美国在社会发展程度上高于比利时,而苏联比之北利时更是高出一整个历史时代,因为比利时还是资本主义制度占统治,而苏联却已消灭了资本主义并确立了社会主义制度。

由此就应得出结论:人口底增长不是而且不能是在社会发展过程中决定社会制度性质、决定社会面貌的主要力量。

(甲)既然如此,那末在社会物质生活条件体系中,究竟什么是决定社会面貌、决定社会制度性质、决定社会由这一制度发展为另一制度的主要力量呢?

这样的力量,据历史唯物主义看来,便是人们生存所必需的生活资料谋得方式,便是社会生活和发展所必需的食品、衣服、靴鞋、住房、燃料和生产工具等等物质资料生产方式。

为要生活,就需要有食品、衣服、靴鞋、住房和燃料等等,为要有这些物质资料,就必须生产它们,而为要生产它们,就需要有人们所利用来生产食品、衣服、靴鞋、住房和燃料等等的种种生产工具,就需要善于生产这些工具,就需要善于使用这些工具。

生产物质资料时所使用的生产工具,以及因有相当生产经验和劳动技能而发动着生产工具并实现着物质资料生产的人——这些要素总合起来,便构成为社会底生产力。

但生产力还只是生产底一方面、生产方式底一方面,其所表示的是人们对于他们所利用来生产物质资料的物件和自然界力量间的关系。生产底另一方面、生产方式底另一方面,便是人们彼此在生产过程中发生的关系,即人们底生产关系。人们和自然界斗争以及利用自然界来生产物质资料,并不是彼此孤立、彼此隔绝、各人单独进行,而是以团体为单位、以社会为单位来共同进行的。因此,生产在任何时候和任何条件下都是社会的生产。人们在实现物质资料生产时,也就建立彼此间在生产内部的某种相互关系,即某种生产关系。这些关系可能是不受剥削的人们彼此间的合作和互助关系,可能是统治和服从的关系,最后,也可能是由一种生产关系形式过渡到另一种生产关系形式的过渡关系。可是,不管生产关系带着怎样的性质,而它们在任何时候和在任何制度下,都如社会底生产力一样是生产底必要原素。

马克思说:

> 人们在生产中不仅影响着自然界,而且彼此互相影响着。他们如果不用相当方式结合起来共同活动和互相交换其活动,便不能生产。为了实现生产,人们便发生一定的联系和关系,只有经过这些社会联系和社会关系,才会有人们对于自然界的关系存在,才会有生产。(《马恩全集》第五卷,第四二九页)

所以,生产、生产方式是把社会底生产力和人们底生产关系两者都包含在内,而体现着两者在物质资料生产过程中的统一。

(乙)生产底第一个特点就是它永远也不会长久停留在一点上,而是始终处在变更和发展状态中,同时生产方式中的变更又必然引起全部社会制度、社会思想、政治观点和政治制度底变更,即引起全部社会的和政治的结构底改造。人们在各个不同的发展阶段上有着各个不同的生产方式,或者粗浅一点说,过着各种不同样式的生活。在原始公社制度下有一种生产方式,在奴隶制度下有另一种生产方式,在封建制度下有第三种生产方式,余此类推。同时,人们底社会制度、他们的精神生活、他们的观点、他们的政治制度,也与此适应而各不相同。

社会底生产方式怎样,社会本身在基本上也就会怎样,社会底思想和理论、政治观点和政治制度也就会怎样。

或者粗浅一点说:人们底生活样式怎样,人们底思想样式也就会怎样。

这就是说,社会发展史首先便是生产发展史、数千百年来新陈代谢的生产方式发展史、生产力和人们生产关系发展史。

由此可见,社会发展史同时也就是物质资料生产者本身底历史,即身为生产过程中基本力量并实现着社会生存所必需物质资料生产的那些劳动群众底历史。

由此可见,历史科学要想成为真正的科学,便不能再把社会发展史归结为帝王将相底行动,归结为国家"侵略者"和"征服者"底行动,而是首先应当研究物质资料生产者底历史、劳动群众底历史、各国人民底历史。

由此可见,研究社会历史规律的关键,并不是要到人们底头脑中、到社会底观点和思想中去探求,而是要到社会在每个一定历史时期所采取的生产方式中,即要到社会底经济中去探求。

由此可见,历史科学底首要任务是要研究和揭示生产底规律、生产力与生产关系发展底规律、社会经济发展底规律。

由此可见,无产阶级党要想成为真正的党,首先就应精通生产发展底规律、社会经济发展底规律。

由此可见,为了在政治上不犯错误,无产阶级党在制定自己的党纲以及进行实际活动时,首先应以生产发展底规律、应以社会经济发展底规律为出发点。

(丙)生产底第二个特点就在生产底变更和发展始终是从生产力底变更和发展上,首先是从生产工具底变更和发展上开始。所以生产力是生产中最活动最革命的要素。起初是社会底生产力发生变更和发展起来,然后,人们底生产关系、人们底经济关系也依赖于这些变更并与这些变更相适应而发生变更。但这并不是说,生产关系不影响到生产力底发展,生产力不依赖于生产关系。生产关系虽然是依赖于生产力底发展而发展,但同时它们又反转来影响到生产力,加速或延缓其发展。而且必须指出:生产关系不能过分长久落后于生产力底增长并和这一增长相矛盾,因为只有当生产关系适合于生产力底性质及状况,并使生产力有发展余地时,生产力才能尽量发展起来。因此,无论生产关系怎样落后于生产力底发展,但它们迟早总应而且一定会去适合于生产力底发展水准,适合于生产力底性质。不然,便会有生产体系中生产力与生产关系统一底根本破坏、全部生产破裂、生产危机以及生产力破坏的情形。

生产关系和生产力性质不适合的实例,它们两者间冲突的实例,便是资本主义国家中所发生的经济危机,那里生产资料的资本主义私有制是和生产过程底公共性质,是和生产力底性质极不适合的。这种不适合的结果,便是使生产力陷于破坏的经济危机,而这种不适合的情况就是那负有使命破坏现存生产关系,并建立起适合于生产力性质的新生产关系的社会革命底经济基础。

反之,生产关系和生产力性质完全适合的实例,便是苏联的社会主义国民经济,这里的生产资料的公有制和生产过程底公共性质是完全适合的,因此在苏联没有经济危机,也没有生产力破坏的情形。

所以,生产力不仅是生产中最活动最革命的要素,而且是生产发展过程中决定的要素。

生产力怎样,生产关系也就应怎样。

生产力底状况所回答的是人们用怎样的生产工具来生产他们所必需的物质资料的问题,而生产关系底状况所回答的则是生产资料(土地、森林、水流、矿源、原料、生产工具、生产建筑物、交通联络工具等等)归谁所有,生产资料由谁支配——是由全社会支配,还是由单个的人、集团和阶级支配并利用去剥削其他的人、集团和阶级的问题。

以下便是从古代到今日的生产力发展的一般情景。由粗笨的石器过渡到弓箭,并与此相适应而由狩猎生活过渡到驯养动物和原始畜牧;

由石器过渡到金属工具（铁斧、铁口锄等等），并与此相适应而过渡到种植植物，过渡到农业；金属的制造工具继续改良，过渡到冶铁风箱，过渡到陶器生产，并与此相适应而有手工业的发展，手工业脱离农业的分立，独立手工业生产以及后来手工业工场生产的发展；由手工业生产工具过渡到机器，手工业工场生产转变为机器工业；再进而过渡到机器制，以及现代机器化工业的出现——这就是人类史上社会生产力发展的一个大致而远不完备的情景。同时，生产工具底发展和改善当然是由参加生产的人们所实现，而不是与人们无关，所以，由于生产工具底变更和发展，人们即生产力中最重要的原素，也随着变更和发展起来，他们的生产经验、劳动技能以及运用生产工具的本领，也随着变更和发展起来。

随着社会生产力在历史上变更和发展，于是人们底生产关系、人们底经济关系也与此适应而变更和发展。

历史上有五种基本生产关系：原始公社制的、奴隶制的、封建制的、资本主义的、社会主义的。

在原始公社制度下，生产关系底基础是生产资料的公有制。这在基本上是与当时的生产力性质相合的。石器以及后来出现的弓箭，使人绝对不能单身去和自然界势力及猛兽作斗争。人们当时为要在森林中采集果实，在水里捕获鱼类，建筑某种住所，便不得不共同工作，否则便会饿死，便会成为猛兽或邻近部落底牺牲品。公共的劳动也就引起了生产资料和生产品的公有制。这里还不知道什么是生产资料私有制，不过有些同时用以防御猛兽的生产工具是归个人所有。这里并没有什么剥削，也没有什么阶级。

在奴隶制度下，生产关系底基础是奴隶主占有生产资料和占有生产工作者，这生产工作者便是奴隶主所能当作牲畜来买卖屠杀的奴隶。这样的生产关系在基本上是与当时的生产力状况相合的。此时人们所拥有的已经不是石器，而是金属工具；此时所有的已不是那种不知畜牧业为何物，也不知农业为何物的贫乏原始的狩猎经济，而是已经出现了的畜牧业、农业、手工业以及这些生产部门彼此间的分工；此时已有可能在各个人间和各部落间变换生产品，已有可能把财富积累在少数人手中，而且真正把生产资料积累于少数人手中，已有可能迫使大多数人服从少数人并把这大多数人变为奴隶。这里已不是社会中一切成员在生产过程中共同地和自由地劳动，而是由那些被不劳而获的奴隶主所剥削的奴隶们底强迫劳动占主要地位。因此也就没有了生产资料和生产品的公有制。它已被私有制所替代了。这里，奴隶主是第一个和基本的十足的私有主。

富人和穷人、剥削者和被剥削者、享有完全权利的人和毫无权利的人，他们彼此间的残酷阶级斗争——这就是奴隶制度底情景。

在封建制度下，生产关系底基础是封建主占有生产资料和不完全占有生产工作者，这生产工作者便是封建主虽已不能屠杀，但仍可以买卖的农奴。当时除封建所有制外，还存在有农民和手工业者以本身劳动为基础占有生产工具和自己私有经济的个人所有制。这样的生产关系在基本上是与当时的生产力状况相合的。镕铁和制铁工作更进一步的改善；铁犁和织布车的散布；农业、园圃业、酿酒业和制油业的继续发展；与手工业作坊并存的手工业工场企业的出现——这就是当时生产力状况底特征。

新的生产力所需要的是在生产中能表现某种自动性、愿意劳动、对劳动感兴趣的生产者。因此，封建主就把奴隶抛弃，因为奴隶是对劳动不感兴趣和完全没有自动性的工作者；而宁愿利用农奴，因为农奴有自己的经济，有自己的生产工具，具有为耕种土地并从自己收成中拿出一部分实物缴给封建主所必需的某种劳动兴趣。

私有制在这里已经继续发展了。剥削几乎仍如奴隶制度下的剥削一样残酷，不过是稍许减轻一些罢了。剥削者和被剥削者间的阶级斗争，便是封建制度底基本特征。

在资本主义制度下，生产关系底基础是生产资料的资本主义所有制。同时这里已经没有了私自占有生产工作者的情形，这时的生产工作者，即雇佣工人，是资本家既不能屠杀，也不能出卖的。因为雇佣工人已免除了人格上的依赖，但他们却没有生产资料，所以他们为要不致饿死，便不得不出卖自己的劳动力给资本家，并忍受繁重的剥削。除资本主义的生产资料所有制外，还存在有免除了农奴制依赖的农民和手工业者以本身劳动为基础占有生产资料的私有制，而且这种私有制在第一个时期是很流行的。手工作坊和手工工场企业已由机器化的大工厂所代替了。用农民粗笨生产工具耕作的贵族地产，已由根据农艺学经营和使用农业机器的资本主义大农场所代替了。

新的生产力所需要的是比闭塞无知的农奴们文化些、伶俐些、能够懂得机器并正确使用机器的生产工作者。因此，资本家宁愿利用免除了农奴制羁绊而有相当文化程度来正确使用机器的雇佣工人。

可是，资本主义把生产力发展到巨大规模的时候，便陷入它自己所不能解决的矛盾中。资本主义生产出日益增多的商品并减低着商品价格，便使竞争尖锐化，使大批小私有主和中等私有主陷于破产，把他们变成无产者，减低他们的购买力，因而就使生产出来的商品无法销售出去。资本主义扩大生产并把千百万工人集合在大工厂内，便使生产过程具有了公共的性质，因而破坏了自己本身的基础，因为生产过程底公共性质要求有生产资料的公有制，而生产资料的所有制却仍然是资本主义私人性的，即与生产过程底公共性质势不两立的所有制。

生产力性质与生产关系间这种不可调和的矛盾，是暴露于周期的生产过剩危机中，此时资本家因他本身使广大民众遭受破产而找不到有支付能力的需求者，便不得不烧毁生产品，消灭已制成的商品，停止生产，破坏生产力；此时千百万民众被迫失业挨饿，而这并不是由于商品不够，却是因为商品出产太多。

这就是说，资本主义的生产关系已不复与社会生产力状况相适合，而是已与社会生产力处于不可调和的矛盾地位。

这就是说，在资本主义制度里成熟着革命，其使命就是要用社会主义的生产资料所有制来代替现存的资本主义的生产资料所有制。

这就是说，剥削者和被剥削者间最尖锐的阶级斗争，乃是资本主义制度底基本特征。

在社会主义制度下，在此刻还只实现于苏联的这个制度下，生产资料的公有制是生产关系底基础。这里已没有什么剥削者，也没有什么被剥削者。生产出来的物品是根据"不劳动者不得食"的原则来按劳动分配的。这里生产过程中人们相互关系底特征，乃是不受剥削的工作者们间同志的合作和社会主义的互助。这里生产关系与生产力状况完全相合,因为生产过程底公共性质是由生产资料的公有制所巩固的。

因此,苏联的社会主义生产也就根本不知道什么是周期的生产过剩危机,以及与此危机相联结的荒谬现象。

因此,生产力在这里是加速发展着,因为适合于生产力的生产关系使生产力有这样发展的充分广阔的余地。

这就是人类史上人们生产关系发展的情景。

这就是生产关系发展对于社会生产力发展,首先是对于生产工具发展的依赖性,而因为有这种依赖性,所以生产力底变更和发展迟早要引起生产关系与此相适应的变更和发展。

马克思说:

> 劳动资料①的使用和创造,虽其萌芽形式已为某几种动物所固有,毕竟是人类劳动过程所独具的特征,所以佛兰格林说人类是制造工具的动物。劳动资料底遗骸对于研究已经消亡的诸社会经济形态,也如动物骨骼底遗骸结构对于研究已消亡的诸种动物底躯体组织一样,有极重要的意义。各个经济时代所由以区别的不是生产什么,而是怎样生产……劳动资料不仅是人类劳动力发展底尺度,并且是劳动在其中实现的社会关系底指标。(马克思:《资本论》第一卷,一九三五年版,第一二一页)

其次:

> 社会关系是和生产力密切联结的。人们既获得了新的生产力,便会改变自己的生产方式,而随着生产方式底改变,即本身生活保证方式底改变,人们也就会改变自己所有一切社会关系。手力的磨坊产生了以绪471连(即封建主。——编者注)为首的社会;蒸汽力的磨坊产生了以工业资本家为首的社会。(《马恩全集》第五卷,第三六四页)

> 生产力增长底运动,社会关系底破坏以及思想底产生都是毫不间断地发生着,不动的只是运动底抽象。(同上,第三六四页)

---

① 马克思所说的"劳动资料"主要是指生产工具而言。——编者注

恩格斯在解释《共产党宣言》内所表述的历史唯物主义时说道：

> 每一历史时代底经济生产以及必然从它发生的社会结构，便是这时代的政治和思想历史底基础……与此相适应的，是自从原始公社的土地占有制瓦解时起全部历史都是阶级斗争的历史，即社会发展各阶段上被剥削阶级与剥削阶级、被支配阶级与统治阶级间斗争的历史……在这个斗争现今所达到了的阶段上，被剥削、被压迫的阶级（无产阶级）为要摆脱掉剥削它、压迫它的那个阶级（资产阶级），已非同时使整个社会永远摆脱剥削、压迫以及阶级斗争不可了……（恩格斯为《宣言》德文版所作的《序言》）

（丁）生产底第三个特点就在新的生产力以及与其相适合的生产关系产生的过程，并不是离开旧制度而单独发生，不是在旧制度消灭以后发生，而是在旧制度内部发生；不是由于人们有意自觉活动底结果，而是自发地、不自觉地、不依人们意志为转移地发生的。其所以是自发地和不依人们意志为转移地发生，是由于以下两个原因。

第一个原因，就是人们不能自由选定这种或那种生产方式，因为每一新辈人开始生活时，他们已遇到现成的生产力和生产关系，即前辈人所工作的结果，因此这新辈人在最初一个时候，应当接受他们在生产方面所遇到的一切现成东西，应当去适应这些东西，以便有可能生产物质资料。

第二个原因，就是人们在改善这种或那种生产工具、这种或那种生产力要素时，不会觉悟到、不会了解到，也不会想到这些改善将会引起怎样一种社会结果，而只是想到自己的日常利益，只是想要减轻自己的劳动，谋得某种直接的、可以感触到的益处。

当原始公社社会中某些社员逐渐地摸索式地由石器过渡到铁制工具时，他们当然不知道，当然没有想到这种革新会引起怎样一种社会结果；他们并没有了解到、没有意识到，由石器过渡到金属工具是意味着生产中的变革，结果一定会引起奴隶制度——当时他们只是想要减轻自己的劳动和谋得眼前的感觉得到的益处——他们当时的自觉活动只局限于这种日常个人利益的狭隘范围。

当欧洲年轻资产阶级在封建制度时期开始建造巨大手工工场企业，以与细小行业作坊并列，因而推进社会生产力时，它当然不知道，当然没有想到它这种革新办法会引起怎样一种社会结果；它并没有意识到、没有了解到，这种"细微的"革新办法会引起社会力量的重新配合，结果会发生一个要把它当时所十分感戴的王室政权以及它的优秀代表所往往梦想侧身其间的贵族都一概推翻的革命——当时它只是想要减低商品生产成本费，更多拿些商品到亚洲市场以及刚才发现的美洲市场去销售，借以获得更多的利润——它当时的自觉活动只局限于这种日常实践的狭隘范围。

当俄国资本家和外国资本家一起加紧在俄国培植现代机器化大工业，丝毫也不触动沙皇制度，而听凭地主们宰制农民时，他们当然不知道、当然没有想到生产力这种严重的增长会引起怎样一种社会结果；他们并没有意识到、没有了解到，这个在社会生产力方面发生的严重跃进会引起社会力量的重新配合，结果会使无产阶级能和农民联合起来实现胜利的社会主义革命——当时他们只是想要极端扩大工业生产，掌握巨大的国内市场，变成垄断家并从国民经济中吸取更多的利润——他们当时的自觉活动并没有超出他们日常的狭隘实践的利益。

因此马克思说：

> 人们在自己生活底社会生产中（即是在生产为人们生活所必需的物质资料中。——编者注）彼此间发生一定的、必然的、不依①他们本身意志为转移的关系，即与他们当时的物质生产力发展程度相适合的生产关系。（《马克思选集》第一卷，第二六九页）

但这并不是说，生产关系底变更以及由旧生产关系到新生产关系的过渡是一帆风顺地进行，而不经过什么冲突、不经过什么震动。恰巧相反，这样的过渡通常是表现于用革命手段来推翻旧生产关系而奠定新生产关系。到一定时期为止，生产力的发展以及生产关系方面的变更，是不依人们意志为转移而自发进行的。但这只是到一定时候为止，只是到已经产生和正在发展的生产力还没有充分成熟的时候为止。而当新生产力已经成熟时，现存的生产关系及其体现者的统治阶级就变成了"不可克服的"，只有经过新阶级自觉活动、只有经过新阶级强力行

---

① 着重点是编者加的。

动、只有经过革命才可扫除的障碍。这里特别明显地表现出应该用强力把旧生产关系消灭掉的那些新社会思想、新政治制度和新政权底伟大作用。在新生产力与旧生产关系互相冲突的基础上,在社会底新经济需要的基础上产生出新的社会思想;新的思想组织和动员群众;群众团结成为新的政治军队,建立起新的革命政权,并运用这个政权去用强力消灭生产关系方面的旧秩序而奠定新秩序。于是,自发的发展过程就让位于人们自觉的活动,和平的发展就让位于强力的变革,进化就让位于革命。

马克思说:

> 无产阶级在反对资产阶级的斗争中一定团结成为阶级……它借实现革命而把自己变为统治阶级,并以统治阶级资格去用强力消灭旧的生产关系。(《共产党宣言》一九三八年版,第五二页)

其次:

> 无产阶级运用自己的政治统治,一步一步夺取资产阶级所有的全部资本,把一切生产工具集中于国家手里,集中于已组织成为统治阶级的无产阶级手里,并尽量迅速地增加全部生产力。(同上,第五〇页)

> 强力是每一个旧社会在怀孕着新社会时的产婆。(马克思:《资本论》第一卷,一九三五年版,第六〇三页)

以上便是马克思在一八五九年为他那部名著《政治经济学批评》所写的有历史意义的《序言》中,对历史唯物主义底实质所作的一个天才的表述:

> 人们在自己生活底社会生产中彼此间发生一定的、必然的、不依他们本身意志为转移的关系,即与他们当时的物质生产力发展程度相适合的生产关系。这些生产关系底总和就组成为社会底经济结构,即法律的和政治的上层建筑物所借以树立起来,而有一定的社会意识形式与其相适应的那个现实基础。物质生活底生产方式决定着社会生活、政治生活以及一般精神生活的过程。并不是人们底意识决定人们底存在,恰巧相反,正是人们底社会存在决定

人们底意识。社会底物质生产力发展到一定程度时,便和它们向来在其中发展的那些现存生产关系,或不过是现存生产关系在法律上的表现的财产关系发生矛盾。于是这些关系便由生产力发展的形式变成了束缚生产力的桎梏。那时社会革命时代就到来了。随着经济基础的变更,于是全部庞大的上层建筑物中也就会或迟或速地发生变革。在考察这些变革时,必须时刻把经济生产条件方面所发生的那些可用自然科学精确眼光指明出来的物质变革,去与人们所借以意识到这个冲突并力求把它克服的那些法律的、政治的、宗教的、美术的或哲学的形式——简言之思想形式——分别清楚。正如我们评判一个人时不能以他对于自己的揣度为根据一样,我们评判这样一个变革时代时也不能以它的意识为根据。恰巧相反,这个意识正须从物质生活底矛盾中,从社会生产力和生产关系间现存的冲突中求得解释,无论哪一个社会形态,当它所给以充分发展余地的那一切生产力还没有展开以前,是决不会灭亡的;而新的更高的生产关系,当它所借以存在的那些物质条件还没有在旧社会胞胎里成熟以前,是决不会出现的。所以人类始终只会抱定自己所能够解决的任务,因为我们仔细去看时总可看出,任务本身,只有当它所能借以得到解决的那些物质条件已经存在或至少是已在形成过程中的时候,才会发生的。(《马克思选集》第一卷,第二六九至二七〇页)

这就是把马克思主义的唯物主义应用于社会生活和社会历史的情形。

这就是辩证唯物主义和历史唯物主义底基本特征。

由此就可看出,列宁打退修正派和变节者谋害的企图时该是为党保持了怎样巨大的理论财富,列宁所著《唯物主义与经验批判主义》一书的出现该是在我党发展史中有怎样重要的意义。

(节选自《联共(布)党史简明教程》,莫斯科外国文图书出版局1949年版)

辩证唯物主义与历史唯物主义

胡　敏　译

一、辩证唯物主义是马列主义党底世界观

辩证唯物主义是马列主义党底世界观。这个世界观之所以叫作辩证唯物主义，是因为它对自然界现象的看法、它研究自然界现象的方法、它认识这些现象的方法是辩证的，而它对于自然界现象的解释、它对于自然界现象的了解、它的理论是唯物主义的。

历史唯物主义就是把辩证唯物主义原理推广去研究社会生活，把辩证唯物主义原理应用于社会生活现象、应用于研究社会、应用于研究社会历史。

马克思与恩格斯在说明他们的辩证法时，通常都是援引黑格尔，作为是表述了辩证法基本特征的哲学家。但这并不是说，马克思与恩格斯底辩证法和黑格尔底辩证法是一样的。其实，马克思与恩格斯仅仅从黑格尔辩证法中采取了它的"合理的内核"，摒弃了黑格尔唯心主义的外壳，并且向前发展了辩证法，而赋与了辩证法一个现代的科学的形态。

马克思说：

> 我的辩证法不仅是根本上与黑格尔的辩证法不同，而且是与它绝对相反的。在黑格尔看来，思维过程（即他所称为观念而且甚至将其变成独立主体的思维过程）是现实界底创造主，而现实界则不过是思维过程底外部表现。在我看来，恰巧相反，观念现象不过是被移置于人类头脑中并在人类头脑中改造过的物质现象而已。

(马克思:《资本论》第一卷,德文第二版《跋言》)

马克思与恩格斯在说明他们的唯物主义时,通常都是援引费尔巴黑,作为是恢复了唯物主义应有权威的哲学家。但这并不是说,马克思与恩格斯底唯物主义和费尔巴黑底唯物主义是一样的。其实,马克思与恩格斯是从费尔巴黑唯物主义中采取了它的"基本的内核",把它向前发展为科学的哲学唯物主义理论,并且摒弃了它那唯心主义的和宗教的伦理杂质。大家知道,费尔巴黑虽在基本上是个唯物主义者,但它极力反对唯物主义这个名称。恩格斯屡次说过:费尔巴黑"虽有其唯物主义的基础,但还没有摆脱旧时的唯心主义羁绊","我们考察费尔巴黑底伦理学和宗教哲学时,便可立刻看出他实在有一种唯心主义思想"。(《马恩全集》第十四卷,第六五二至六五四页)

辩证法是导源于希腊文"dialego"一字,其含义就是进行谈话、进行论战。古代人所谓辩证法,就是以揭露对方议论中的矛盾并克服这些矛盾来求得真理的方术。古代有些哲学家认为,思维矛盾的揭露以及对立意见的冲突是发现真理的最好方法。这个辩证的思维方式,后来推广到自然界现象中去,就变为认识自然界的辩证方法,这个方法把自然界现象看作永恒运动着、永恒变化着的现象,而把自然界底发展看作自然界中各种矛盾发展的结果、自然界中各对立势力互相影响的结果。

二、辩证法与形而上学根本相反

甲、把自然界看作有内在联系的统一整体

辩证法不是把自然界看作什么彼此隔离、彼此孤立、彼此不相依赖的各个对象或各个现象底偶然堆积,而是把它看作有内在联系的统一整体,其中各个对象或各个现象是互相密切联系着、互相依赖着、互相约制着的。

因此,辩证法认为,自然界中任何一个现象,如果把它孤独拿来看,把它看作是与其周围现象没有联系的,那它就是不可了解的。因为自然界任何部分中的任何一个现象,如果把它看作是与周围条件

没有联系的，是与它们隔离的，那它就会是毫无意思的东西；反之，任何一个现象，如果把它看作是与周围现象密切联系而不可分离的，把它看作是受周围现象所约制的，那它就是可以了解、可以论证的了。

乙、都是处在始终不停的运动和变化中

辩证法不是把自然界看作静止不动的状态、停顿不变的状态，而是看作不断运动、不断变化的状态，不断革新、不断发展的状态，其中始终都有某种东西在产生着和发展着，始终都有某种东西在败坏着和衰颓着。

因此，辩证法要求我们观察现象时，不仅要从各个现象底相互联系和相互制约方面去观察，而且要从它们的运动、它们的变化、它们的发展、它们的产生和衰亡方面去观察。

在辩证法看来，最重要的并不是现时似乎坚固但已经开始衰亡的东西，而是那些正在产生、正在发展的东西，哪怕它现时还似乎是不坚固的东西，因为在辩证法看来，只有正在产生、正在发展的东西才是不可战胜的。

恩格斯说：

> 整个自然界，由其最小单位到最大物体，由沙粒到太阳，由protist（原始的活细胞。——斯大林注）到人，都是处在永恒的产生和消灭过程中，处在毫不间断的流动中，处在始终不停的运动和变化中。（同上，第四八四页）

因此，恩格斯说辩证法"观察物象及其在头脑中的反映时，主要是从它们的相互联系、它们的结合、它们的运动、它们的产生和消灭方面去观察的"（《马恩全集》第十四卷，第二三页）。

丙、由不显露的细小数变进到显露的质变

辩证法不是把发展过程看作什么简单增长的过程，看作数变不会引起质变的过程，而是看作由不显露的细小数变进到显露的变、进到根本的变、进到质变的发展过程。但在这个过程中，质变并不是逐渐发

生,而是迅速和突然发生,即表现于由一个状态突变为另一个状态;并不是偶然发生,而是规律式地发生的,即是由许多不明显的逐渐的数变积累而引起的结果。

因此,辩证法认为,不应当把发展过程了解为循环式的运动,不应当把它了解为过去事物底简单重复,而应当把它了解为前进的运动、上升的运动,由旧质态进到新质态、由简单发展到复杂、由低级发展到高级的过程。

恩格斯说:

> 自然界是检验辩证法的试金石,现代的自然科学所提供了进行这个检验的非常丰富的、与日俱增的材料,已经证明了,在自然界中,归根到底,一切都是按辩证律进行,而不是按形而上学进行的;自然界不是在永远一样的经常重复的循环周里运动着,而是经历着实在的历史。这里首先就应当指出达尔文,他给了形而上学的自然观一个最有力的打击,因为他证明了,整个现代有机界,植物和动物,因而包括人类在内,都是延长到了数百万年的那个发展过程底产物。(同上,第二三页)

恩格斯说明辩证发展过程是由数变进到质变的过程时写道:

> 在物理学中……每一个变化都是数转变为质,即某个物体所固有或某个物体所承受的某种运动数量成份改变的结果。例如,水底温度最初对于水的液体状态是不发生丝毫作用的;可是,当液体水底温度不断增加或不断减少到一定的程度时,这一结合状态就会发生变化,水就会变为蒸汽或冰块了……例如必须具有一定最低限度的电力时,白金丝才开始发光;例如每种金属都有其一定的熔解热度;例如每种液体都有其在相当气压下特有的一定的冰点和沸点——只要我们能用我们所有的工具造成相当的温度;最后,例如每种气体都有其一定的危机点,在这点上只要施以相当的气压和冷化,就可把它变成液体了……物理学中所谓 constants (即由某一种状态到另一种状态的转变点。——斯大林注)大部分都不过是这样一些交错点底名称,在这些交错点上运动底数量增

减(数变)引起该种物态底变质,因而也就是说,数转变为质。(同上,第五二七至五二八页)

其次,恩格斯进而讲到化学时说道:

> 化学可以称为研究种种物体因数量成份改变而发生质变的科学。黑格尔自己已经知道了这点……譬如拿氧气来说:如果结合在一个分子中的有三个原子,而不是如普通那样只有两个原子,那我们就会得到臭氧,即得到一种按其气味和作用是与普通氧气显然不同的物体。更不待说,如果把氧气与淡气或硫黄按各种比例结合起来,那末其中每一种结合都产生出一种在质的方面与其他一切物体不同的物体哩!(同上,第五二八页)

最后,恩格斯批评杜林时,批评那位大骂黑格尔,而暗中又剽窃黑格尔所说无感觉世界转变为感觉世界,无机物世界转变为有机物世界,是转变为新状态的突变这一著名原理的杜林时说道:

> 这正是黑格尔的度量关系交错线,在这交错线上,纯粹数的增减,到一定交错点上就会引起质的突变,例如水液被烧熟或化冷时,沸点或冰点便是这样的交错点,在这些交错点上——在通常的气压下——就发生由旧的物态转变为新的物态的突变,因而也就是说,数转变为质。(同上,第四五至四六页)

丁、新旧对立斗争便是由数变进到质变过程底内容

辩证法所持的出发点是:自然界的对象或自然界的现象,是含有内在矛盾的,因为所有这些对象或现象,都有其反面和正面,都有其过去和将来,都有其衰颓着的东西和发展着的东西,而这些对立方面底斗争、旧东西与新东西间的斗争、衰亡着的东西和产生着的东西间的斗争、衰颓着的东西和发展着的东西间的斗争,便是发展过程底实在内容、由数变进到质变的这一过程底内容。

因此,辩证法认为,低级发展到高级的过程并不是经过各现象协和的开展,而是经过各对象或各现象所固有矛盾底揭露,经过在这些矛盾基础上动作的互相对立趋势的"斗争"。

列宁说：

　　辩证法按其本义来说,便是研究对象自身内部矛盾的。(列宁:《哲学笔记簿》,第二六三页)

其次：

　　发展就是互相对立方面的"斗争"。(《列宁全集》第十三卷,第三〇一页)

简略说来,马克思主义的辩证法底基本特征就是如此。

三、把辩证法原理应用到社会生活和社会历史上去

　　显而易见,把辩证法原理推广去研究社会生活和社会历史,是有非常巨大的意义;把这些原理应用到社会历史上去、应用到无产阶级党底实际活动上去,是有非常巨大意义。

　　既然世界上没有孤立的现象,既然所有一切现象都是彼此联系着、互相约制着,那末在估计历史上每一个社会制度和每一个社会运动时,当然也就不可如历史家时常所作的那样从"永恒正义"或其他某种成见方面出发,而是要从这个制度和这个社会运动所由产生并与其相联结的那些条件方面出发。

　　奴隶制度,就现代的条件看来,是很荒谬的现象、反乎自然的蠢事情。而奴隶制度在瓦解着的原始公社制度条件下,却是完全可以了解并且合于规律的现象,因为它和原始公社制度比较起来是一个进步。

　　资产阶级民主共和国的要求,在沙皇制度和资产阶级社会存在的条件下(譬如说在一九〇五年的俄国)是完全可以了解的一个正确的和革命的要求,因为资产阶级共和国在当时是一个进步。再把资产阶级民主共和国的要求,就我们苏联现时的条件看来,却是一个荒谬的和反革命的要求,因为资产阶级共和国与苏维埃共和国比较起来是后退一步。

　　一切都是依条件、地方和时间为转移的。

　　如果没有这种观察社会现象的历史观点,那么历史科学当然也就

没有可能存在和发展，因为只有这样的观点，才使历史科学不致变成一笔偶然现象的糊涂账，不致变成一堆荒谬绝伦的错误。

其次，既然世界是处在不断运动和不断发展中，既然旧东西衰亡和新东西生长是发展底规律，那末当然也就没有什么"永世不移的"社会秩序，什么私有制和剥削制的"永恒原则"，什么农民服从地主、工人服从资本家的"永恒观念"了。

由此可见，资本主义制度是可以用社会主义制度来替代的，正好似资本主义制度在当时替代了封建制度一样。

由此可见，不是要指靠社会里那些已经不再发展的阶层，哪怕这些阶层在现时还是占优势的力量，而是要指靠社会里那些正在发展且有远大前途的阶层，哪怕这些阶层在现时还不是占优势的力量。

在第十九世纪八十年代，当马克思主义者和民粹派斗争的时候，俄国无产阶级与当时占人民绝大多数的个体农民比较起来还是占很小的少数。可是当时，无产阶级这个阶级正在发展着，而农民这个阶级则是日趋瓦解的。正因为无产阶级这个阶级是正在发展的阶级，所以马克思主义者也就指靠于无产阶级。而且他们并没有弄错，因为大家知道，无产阶级后来已由一个不大的力量发展成为历史上和政治上的头等力量了。

由此可见，为了在政治上不犯错误，便要向前看，而不可向后看。

其次，既然由缓慢的数变进到迅速的突然的质变是发展底规律，那末由被压迫阶级所实行的革命的变革，当然也就是完全自然而必不可免的现象了。

由此可见，由资本主义进到社会主义，工人阶级摆脱资本主义压迫，决不能是经过缓慢变化、经过改良来实现，而只能是经过资本主义制度底质变、经过革命来实现的。

由此可见，为了在政治上不犯错误，便要做革命家，而不可做改良主义者。

其次，既然发展过程是经过内在矛盾底揭露，是经过基于这些矛盾的彼此对立势力冲突来克服这些矛盾而进行的，那末无产阶级底阶级斗争，当然也就是完全自然而必不可免的现象了。

由此可见,不是要掩饰资本主义制度中的各种矛盾,而是要暴露和揭开这些矛盾,不是要熄灭阶级斗争,而是要把阶级斗争进行到底。

由此可见,为了在政治上不犯错误,便要进行不调和的无产阶级的阶级政策,而不可进行调协无产阶级与资产阶级利益的改良主义政策,不可进行使资本主义"长入"社会主义的妥协主义政策。

以上便是应用马克思主义辩证法去观察社会生活、去观察社会历史的情形。

四、唯物主义与唯心主义根本相反

甲、世界按其本质来说是物质的

唯心主义认为世界是"绝对观念""宇宙精神""意识"体现,而马克思底哲学唯物主义却与此相反,认为:世界按其本质说来是物质的;世界上形形色色的现象是运动着的物质底各种形态;各现象由辩证法所判明的相互联系、相互约制,是运动着的物质底发展规律;世界是按物质运动规律发展着,而并不需要什么"宇宙精神"。

恩格斯说:

> 唯物主义的世界观,不过是对自然界本来面目的了解,而并不附加以任何外来的成份。(《马恩全集》第十四卷,第六五一页)

古代哲学家赫拉克利泰持着唯物主义的观点,认为"世界是包括一切的整体,它并不是由任何神或任何人所造成的,它过去、现在和将来都是按规律燃烧着,按规律熄灭着的永恒活火"。列宁论到这个唯物主义观点时说:"这是对于辩证唯物主义基础的一种很好的说明。"(列宁:《哲学笔记簿》,第三一八页)

乙、物质是第一性的现象,意识是第二性的现象

唯心主义硬说,只有我们的意识才是真实存在着的,物质世界、存在或自然界只是在我们的意识中,只是在我们的感觉、观念或概念中存在着,而马克思主义的哲学唯物主义却与此相反,认为:物质、自然界或存在,是在意识以外,不依赖于意识而存在着的客观现实;物质是第

一性的现象,因为它是感觉、观念或意识底来源;而意识是第二性的现象、从生的现象,因为它是物质底反映、存在底反映;思维是发展到高度完善的物质底产物,即人脑底产物,而人脑是思维底器官;因此,你如果不愿意大错特错,便不可把思维和物质隔开。

恩格斯说:

> 整个哲学底最高问题,就是思维对存在、精神对自然界的关系问题……哲学家们之分成两大营垒,就是按他们如何回答这个问题为标准的。凡是断定说精神先于自然界存在的……便组成唯心主义的营垒。而凡是认为自然界是基本起源的,则属于唯物主义底各派。(《马克思选集》第一卷,第三二九页)

其次:

> 可以感觉得到的物质的世界,即我们自己所属的世界,是唯一的真实世界……我们的意识与思维,不管它怎样好像是超感觉的东西,总是物质的实体的器官底产物,即人脑底产物。物质不是精神底产物,而精神本身倒只是物质底最高产物。(同上,第三三二页)

马克思谈到物质与思维问题时说道:

> 决不可把思维与思维着的物质隔开。物质是一切变化底主体。(同上,第三〇二页)

列宁说明马克思主义的哲学唯物主义时写道:

> 唯物主义一般就认为客观现实的存在(物质)是不依赖于人类底意识、感觉和经验等等的……意识……仅仅是存在底反映,至多也不过是存在底近乎正确的(相等的、尽量确切的)反映。(《列宁全集》第十三卷,第二六六至二六七页)

其次:

> 物质就是作用于我们感官而引起感觉的东西;物质是我们可以感觉得到的客观现实……物质、自然界、存在和物理现象是第一性的现象,而精神、意识、感觉和心理现象是第二性的现象。(同上,第一一九至一二〇页)

世界底情景就是物质怎样运动着和"物质怎样思维着"的情景。(同上,第二八八页)

人脑是思想底器官。(同上,第一二五页)

丙、世界及其规律是完全可以认识的

唯心主义否认有认识世界及其规律的可能性,不相信我们知识底确实性,不承认客观真理,并认为世界上充满着那些为科学所永远不能认识的"自在之物",而马克思主义的哲学唯物主义却与此相反,认为:世界及其规律是完全可以认识的;我们对于自然界规律的那些已由经验和实践所考验过了的知识,是具有客观真理意义的确实知识;世界上没有不可认识之物,而只有尚未认识之物,这些尚未认识之物是会由科学和实践力量所揭露和认识的。

恩格斯批评康德及其他唯心主义者所谓世界不可认识和"自在之物"不可认识的意见,而坚持唯物主义认为我们的知识是确实知识的这一著名原理时写道:

> 把这些以及其他一切哲学遁辞驳斥得最彻底的就是实践,即实验和工业。既然我们能够用亲自制造出自然界某一现象,依它的条件把它产生出来,并且使它服务于我们目的的事实来证明我们对于这一现象的认识的正确,那末康德的那个不可捉摸的"自在之物"就要完结了。在动植物身体上所形成的种种化学原素,当有机化学还没有开始把它们一一制造出来时,便始终是这类的"自在之物";而当有机化学已开始把它们一一制造出来时,"自在之物"就变成了为我之物了;例如拿亚里查林,即茜素颜料来说,我们现在并不是从那生长于田野的茜草根上取得它,而是用更便宜得多、更简单得多的方法从煤焦油中取得它。哥白尼底太阳系学说在三百年间被人视为假设,固然是个很可信的假设,但终究是一个假设。可是,当列月尔略根据这太阳系学说底论据,不仅已证明一定有一个前此所未知的行星存在,而且已用计算方法确定它在天空中所占的地位,后来加列然已发现这个行星时,哥白尼底太阳系学说就被证明了。(《马克思选集》第一卷,第三三〇页)

列宁责备波格丹诺夫、巴查罗夫、尤史克维奇及其他马赫信徒为菲德主义者（菲德主义是排斥科学、崇尚信仰的反动理论），而坚持唯物主义认为我们关于自然界规律的科学知识是确实知识，认为科学定律是客观真理的这一著名原理时说道：

> 现代的菲德主义并不否认科学；它只是否认科学底"过度奢望"，即科学想成为客观真理的奢望。既然有客观真理存在（如唯物主义者所想的那样），既然只有那在人类"经验"上反映外部世界的自然科学能提供我们以客观真理，那末任何菲德主义就毫无条件地被推翻了。（《列宁全集》第十三卷，第一〇二页）

简略说来，马克思主义的哲学唯物主义底特征就是如此。

五、把哲学唯物主义原理应用到社会生活和社会历史上去

不言而喻，把哲学唯物主义原理推广去研究社会生活和社会历史，是有非常巨大意义的；把这些原理应用到社会历史上去、应用到无产阶级党底实际活动上去，是有非常巨大意义的。

既然自然界中各现象底相互联系和相互约制是自然界发展底规律，那末由此就应得出结论：社会生活中各现象底相互联系和相互约制也同样不是偶然的事情，而是社会发展底规律。

由此可见，社会生活、社会历史已不复是一堆"偶然现象"，因为社会历史已成为社会底规律性的发展，而社会历史底研究已成为科学了。

由此可见，无产阶级党底实际活动不应当是以"卓越人物"底善良愿望为基础，不应当是以"理性""普遍道德"等等底要求为基础，而是应当以社会发展底规律为基础，以研究这些规律为基础。

其次，既然世界是可以认识的，既然我们关于自然界发展规律的知识是具有客观真理意义的确实知识，那末由此就应得出结论：社会生活、社会发展也同样是可以认识的，而科学关于社会发展规律的材料，便是具有客观真理意义的确实材料。

由此可见，社会历史科学不管社会生活中的现象怎样复杂，都能够

成为例如生物学一样的准确科学,能够利用社会发展规律来供实际的应用。

由此可见,无产阶级党在它的实际活动中,不应当是以什么偶然的动机为准则,而应当是以社会发展规律,以及由这些规律中所得出的实际结论为准则。

由此可见,社会主义已由关于人类美满未来的空想变成为科学了。

由此可见,科学和实际活动间的联系、理论和实践间的联系,它们的一致,就应当成为无产阶级党底指南针。

其次,既然自然界、存在、物质世界是第一性的现象,而意识、思维是第二性的现象、从生的现象;既然物质世界是不依赖于人们意识而存在的客观现实,而意识是这客观现实底反映,那末由此就应得出结论:社会底物质生活、社会的存在也是第一性的现象,而社会底精神生活是第二性的现象、从生的现象;社会底物质生活是不依赖于人们意志而存在的客观现实,而社会底精神生活是这客观现实底反映、存在底反映。

由此可见,社会底精神生活所由形成的来源,社会思想、社会理论、政治观点和政治制度所由产生的来源,并不是要到思想、理论、观点和政治制度本身中去探求,而是要到社会底物质生活条件中、社会存在中去探求,因为这些思想、理论和观点等等是这社会存在底反映。

由此可见,如果在社会历史各个不同的时期,我们可以看见各种不同的社会思想、理论、观点和政治制度,如果我们在奴隶制度下所遇见的是一种社会思想、理论、观点和政治制度,在封建制度下所遇见的是另一种,在资本主义制度下所遇见的是第三种,那末这就不是因为思想、理论、观点和政治制度本身底"天性"和"属性",而是因为在各个不同的社会发展时期有各个不同的社会物质生活条件。

社会存在怎样,社会物质生活条件怎样,那末社会思想、理论、政治观点和政治制度也就是怎样。

因此马克思说:

> 不是人们底意识决定人们底存在,恰巧相反,正是人们底社会存在决定人们底意识。(《马克思选集》第一卷,第二六九页)

由此可见，为了在政治上不犯错误，为了不致陷入空洞臆想家的地位，那末无产阶级党在自己的活动中，就不应该从抽象的"人类理性原则"出发，而应当从具体的社会物质生活条件，即社会发展底决定力量出发；不应当从"伟大人物"底善良愿望出发，而应当从社会物质生活发展底现实需要出发。

空想派——包括民粹主义者、无政府主义者、社会革命党人在内——陷于覆亡的原因之一，就是他们不承认社会物质生活条件在社会发展过程中的首要作用，而陷入了唯心主义，不把自己的实际活动建筑在社会物质生活发展底需要上面，却不管这些需要并违反着这些需要而把它建筑在那些脱离社会现实生活的"理想计划"和"包罗万象的方案"上面。

马列主义之所以强而有力和生气勃勃，也就因为它在自己的实际活动中，正是凭借于社会物质生活发展底需要，无论何时也不脱离社会底现实生活。

可是，决不应当从马克思底话中作出结论，说社会思想、理论、政治观点和政治制度在社会生活中没有意义，说它们不反转来影响到社会存在、影响到社会生活物质条件底发展。我们在这里暂且只是说到社会思想、理论、观点和政治制度底起源，只是说到它们的产生，只有说到社会精神生活是社会物质生活条件底反映。至于社会思想、理论、观点和政治制度底意义，至于它们在历史上的作用，那么历史唯物主义不仅不否认，恰巧相反，正是着重指出它们在社会生活和社会历史上的严重作用和意义。

有各种各样的社会思想和理论。有旧的思想和理论，它们是已经衰颓并为社会上那些衰颓着的势力底利益服务的。它们的作用就是阻碍社会发展、阻碍社会前进。同时又有新的先进的思想和理论，它们是为社会上的先进势力利益服务的。它们的作用就是促进社会发展、促进社会前进，而且它们愈是确切反映着社会物质生活发展底需要，便能获到愈加巨大的意义。

新的社会思想和理论，只有当社会物质生活发展已在社会面前提出了新的任务的时候才会产生出来。可是，当它们已经产生出来的时候，便会成为最严重的力量，能促进解决由社会物质生活发展过程所提出的新任务，能促进社会前进。在这里也就表现出新的思想、新的理论、新的政治观点和新的政治制度所具有的那种组织的、动员的和改造的伟大意义。新的社会思想和理论所以产生出来，正因为它们是社会所必需的，因为若没有它们那种组织的、动员的和改造的工作，便无法解决社会物质生活发展过程中已经成熟了的任务。新的社会思想和理论既然在社会物质生活发展过程所提出的那些新任务基础上产生出来了，便能扫除障碍，深入民众意识，动员民众、组织民众去反对社会上那些衰颓着的势力，因而便利着推翻社会上那些正在衰颓而阻碍社会物质生活发展的势力。

于是，社会思想、理论和政治制度既然在社会物质生活发展过程、社会存在发展过程中成熟了的那些任务基础上产生出来了，便能反转来影响到社会存在、影响到社会物质生活，造成必要条件来彻底解决社会物质生活中那些成熟了的任务，并使这社会物质生活向前发展成为可能。

因此马克思说：

   理论一掌握了群众，便立刻成为物质的力量。（《马恩全集》第一卷，第四〇六页）

由此可见，无产阶级党，为要有可能去影响社会物质生活条件并加速其发展、加速其改善，便应当凭借于这样一种社会理论和社会思想。这种理论和思想能够正确反映社会物质生活发展底需要，因为能够发动广大民众，能够动员他们，把他们组织成一支决意打破社会上的反动势力并为社会上先进势力开辟道路阶级党的伟大军队。

"经济主义者"和孟什维克陷于覆亡的原因之一，就是他们不承认先进理论和先进思想具有动员的、组织的和改造的作用，而陷入了庸俗唯物主义，把先进理论和先进思想底作用看成几等于零，因而使党陷于消极无为、陷于萎靡不振的地步。

马列主义之所以强而有力和生气勃勃，就是因为它凭借于正确反映出社会物质生活发展需要的先进理论，把这个理论提到它所应有的高度，并努力来彻底利用这个理论所有的动员的、组织的和改造的力量。

历史唯物主义就是这样来解决社会存在和社会意识间、社会物质生活发展条件和社会精神生活发展间相互关系问题的。

六、历史唯物主义

甲、地理环境不能成为社会发展底主要原因

现在还要说明一个问题：从历史唯物主义观点看来，究竟应当怎样去了解这"决定着社会面貌、社会思想、观点和政治制度等等"的"社会物质生活条件"呢？

这"社会物质生活条件"究竟是什么？它们的特征究竟是怎样呢？

首先，"社会物质生活条件"这一概念，当然是把环绕着社会的自然界，即地理环境包含在内，因为这个环境是社会物质生活所必要的和经常的条件之一，而且无疑是影响到社会发展的。地理环境在社会发展中的作用如何呢？地理环境是不是决定着社会面貌、人们社会制度性质，以及由一个制度过渡到另一个制度的主要力量呢？

历史唯物主义对于这个问题的答复是否定的。

地理环境当然是社会发展底经常必要的条件之一，而且它无疑是影响到社会发展，加速或延缓社会发展进程的。但它的影响并不是决定的影响，因为社会底变更和发展是比地理环境底变更和发展快得不可计量的。在三千年中间，在欧洲已更换了三种不同的社会制度：原始公社制度、奴隶制度、封建制度；而在欧洲东部，即在苏联，甚至更换了四种社会制度。可是，在这同一时期内，欧洲境内的地理条件不是完全没有变更，便是变更得很少很少，甚至地理学也不肯提到它。这是不言而喻的。地理环境方面的一种稍许严重的变更都需要几百万年，而人们社会制度中的甚至最严重的变更，也只需要几百年或一两千年就够了。

由此就可得出结论：地理环境决不能成为社会发展底主要原因、决定原因，因为在数万年间几乎仍旧不变的现象，决不能成为那几百年间就发生根本变更的现象发展的主要原因。

乙、人口增长不是社会发展底主要力量

其次,人口底增长、居民密度底高低当然也是包含于"社会物质生活条件"这一概念中,因为人是社会物质生活条件中的必要成分,没有一定的最低限度的人口,便不能有任何的社会物质生活。人口底增长是不是决定着人们社会制度性质的主要力量呢?

历史唯物主义对于这个问题的答复也是否定的。

人口底增长当然是影响到社会发展,是促进或延缓社会发展的,但它不能成为社会发展中的主要力量,它对于社会发展的影响不能是决定的影响。因为人口底增长并不能给我们说明:为什么某个社会制度恰巧是要由一定的新制度来替代,而不是由其他某一个制度来替代;为什么原始公社制度恰巧是由奴隶制度所替代,奴隶制度恰巧是由封建制度所替代,封建制度恰巧是由于资产阶级制度所替代,而不是由其他某一制度所替代。

如果人口底增长是能决定社会发展的力量,那末较高的人口密度就一定会产生出相当于它的较高形式的社会制度了。可是,在事实上却没有这样的情形。中国人口密度比美国高至四倍,但美国在社会发展程度上高于中国,因为中国仍然是半封建制度占统治,而美国却早已达到资本主义发展底最高阶段了。比利时人口密度比美国高至十九倍,比苏联高至二十六倍,但美国在社会发展程度上高于比利时,而苏联比之比利时,更是高出一整个历史时代,因为比利时还是资本主义制度占统治,而苏联却已经消灭了资本主义并确立了社会主义制度。

由此就应得出结论:人口底增长并不是而且不能是在社会发展过程中决定社会制度性质、决定社会面貌的主要力量。

丙、什么是决定社会制度性质底主要力量

既然如此,那末在社会物质生活条件体系中,究竟什么是决定社会面貌、决定社会制度性质、决定社会由这一制度发展为另一制度的主要力量呢?

这样的力量,据历史唯物主义看来,便是人们生存所必需的生活资料谋得方式,便是社会生活和发展必需的食品、衣服、靴鞋、住房、燃料和生产工具等等物质资料生产方式。

为要生活,就要有食品、衣服、靴鞋、住房和燃料等等,为要有这些物质资料,就要生产它们,而为要生产它们,就要有人们利用其来生产食品、衣服、靴鞋、住房和燃料等等的种种生产工具,就要善于生产这些工具,就要善于使用这些工具。

生产物质资料时所使用的生产工具,以及因有相当生产经验和劳动技能而发动着生产工具并实现着物质资料生产的人——这些要素总合起来,便构成为社会底生产力。

但生产力还只是生产底一方面、生产方式底一方面,其所表示的,是人们对于他们所利用来生产物质资料的物件和自然界力量间的关系。生产底另一方面、生产方式底另一方面,便是人们彼此在生产过程中发生的关系,即人们底生产关系。人们和自然界斗争以及利用自然界来生产物质资料,并不是彼此孤立、彼此隔绝、各人单独进行的,而是以团体为单位、以社会为单位来共同进行的。因此,生产在任何时候和任何条件下都是社会的生产。人们在实现物质资料生产时,也就建立彼此间在生产内部的某种相互关系,即某种生产关系。这些关系可能是不受剥削的人们彼此间的合作和互助关系,可能是统治和服从的关系,最后,也可能是由一个生产关系形式过渡到另一个生产关系形式的过渡关系。可是,不管生产关系带着怎样的性质,而它们在任何时候和任何制度下,都如社会底生产力一样是生产底必要原素。

马克思说:

> 人们在生产中,不仅影响着自然界,而且互相影响着。他们如果不用相当方式结合起来共同活动和互相交换其活动,便不能生产。为了实现生产,人们便发生一定的联系和关系,只有经过这些社会联系和社会关系,才会有人们对于自然界的关系存在,才会有生产。(《马恩全集》第五卷,第四二九页)

所以,生产、生产方式是把社会底生产力和人们底生产关系两者都包含在内,而体现着两者在物质资料生产过程中的统一。

丁、研究生产力与生产关系发展底规律是历史科学底主要任务

生产底第一个特点就是它永远也不会长久停留在一点上,而是始终处在变更和发展状态中,同时生产方式中的变更又必然引起全部社会制度、社会思想、政治观点和政治制度底变更,即引起全部社会的和政治的结构底改造。在各个不同的发展阶段上,人们有各个不同的生产方式,或者粗浅一点说,人们过着各种不同样式的生活。在原始公社制度下有一种生产方式,在奴隶制度下有另一种生产方式,在封建制度下有第三种生产方式,余此类推。同时,人们底社会制度、他们的精神生活、他们的观点、他们的政治制度,也与此适应而各不相同。

社会底生产方式怎样,那末社会本身在基本上也就是怎样,社会底思想和理论、政治观点和政治制度也就是怎样。

或者粗浅一点说:人们底生活样式怎样,那末人们底思想样式也就是怎样。

这就是说,社会发展史首先便是生产发展史、数千百年来新陈代谢的生产方式发展史、生产力和人们生产关系发展史。

由此可见,社会发展史同时也就是物质资料生产者本身底历史,即身为生产过程中基本力量并实现着社会生存所必需物质资料生产的那些劳动群众底历史。

由此可见,历史科学要想成为真正的科学,便不能再把社会发展史归结为帝王将相底行动,归结为国家"侵略者"和"征服者"底行动,而是首先应当研究物质资料生产者底历史、劳动群众底历史、各国人民底历史。

由此可见,研究社会历史规律的关键,并不是要到人们底头脑中、到社会底观点和思想中去探求,而是要到社会在每个一定历史时期所采取的生产方式中,即是到社会底经济中去探求。

由是可见,历史科学底首要任务,便是要研究和揭示生产底规律、生产力与生产关系发展底规律、社会经济发展底规律。

由此可见,无产阶级党要想成为真正的党,首先就应当精通生产发展底规律、社会经济发展底规律。

由此可见,为了在政治上不犯错误,无产阶级党在制定自己的党纲

以及进行实际活动时，都应当首先以生产发展规律、社会经济发展底规律为出发点。

戊、生产力是生产发展过程中的决定的要素

生产底第二个特点就在生产底变更和发展始终都是从生产力底变更和发展上，首先是从生产工具底变更和发展上开始的。所以，生产力是生产中最活动、最革命的要素。起初是社会底生产力发生变更和发展起来，然后，人们底生产关系、人们底经济关系也依赖于这些变更并与这些变更相适应而发生变更。但这并不是说，生产关系不影响到生产力底发展，生产力不依赖于生产关系。生产关系虽然是依赖于生产力底发展而发展，但同时它们又反转来影响到生产力，加速或延缓其发展。而且必须指出：生产关系是不能过分长久落后于生产力底增长并和这增长相矛盾的，因为只有当生产关系适合于生产力底性质及状况，并使生产力有发展余地时，生产力才能尽量发展起来。因此，无论生产关系怎样落后于生产力底发展，但它们迟早总应当而且一定会去适合于生产力底发展水准，适合于生产力底性质。不然，便会有生产体系中生产力与生产关系统一底根本破坏、全部生产破裂、生产危机以及生产力破坏的情形。

生产关系和生产力性质不适合的实例、它们两者间冲突的实例，便是资本主义国家中所发生的经济危机，那里的生产资料的资本主义私有制是和生产过程底公共性质，是和生产力底性质极不适合的。这种不适合的结果，便是使生产力陷于破坏的经济危机，同时这种不适合的情况，便是负有使命破坏现有生产关系，并建立起适合于生产力性质的新生产关系的那个社会革命底经济基础。

反之，生产关系和生产力性质完全适合的实例，便是苏联的社会主义国民经济，这里的生产资料的公有制和生产过程底公共性质是完全适合的，因此在苏联便没有经济危机，也没有生产力破坏的情形。

所以，生产力不仅是生产中最活动、最革命的要素，而且是生产发展过程中的决定的要素。

生产力是怎样，那么生产关系也就应当是怎样。

生产力底状况所回答的问题,是人们用怎样的生产工具来生产他们所必需的物质资料,而生产关系底状况所回答的问题,则是生产资料(土地、森林、水利、矿源、原料、生产工具、生产建筑物、交通联络工具等等)归谁所有,生产资料由谁支配——是由全社会支配,还是由单个人的、集团和阶级支配并利用去剥削其他的人、集团和阶级。

以下便是从古代到今日的生产力发展的一般情景。由粗笨的石器过渡到弓箭,并与此相适应而由狩猎生活过渡到驯养动物和原始畜牧;由石器过渡到金属工具(铁斧、铁口锄等等),并与此相适应而过渡到种植植物,过渡到农业;金属的制造工具继续改良,过渡到冶铁风箱,过渡到陶器生产,并与此相适应而有手工业的发展,手工业脱离农业的分立,独立手工业生产以及后来手工业工场生产的发展;由手工业生产工具过渡到机器,手工业工场生产转变为机器工业;再进而过渡到机器制,以及现代机器化工业的出现——这就是人类史上社会生产力发展的一个大致而远不完备的情景。同时,生产工具底发展和改善当然是由参加生产的人们所实现,而不是与人们无关的,所以,由于生产工具底变更和发展,人们即生产力中最重要的原素,也随着变更和发展了,他们的生产经验、劳动技能以及运用生产工具的本领,也随着变更和发展了。

随着社会生产力在历史上的变更和发展,于是人们底生产关系、人们底经济关系,也与此适应而变更和发展了。

己、五种基本生产关系

历史上有五种基本生产关系:原始公社制的、奴隶制的、封建制的、资本主义的、社会主义的。

在原始公社制度下,生产关系底基础是生产资料的公有制。这在基本上是与当时的生产力性质相合的。石器以及后来出现的弓箭,使人绝对不能单身去和自然界势力及猛兽作斗争。人们当时为要在森林中采集果实,在水里捕获鱼类,建筑某种住所,便不得不共同工作,否则便会饿死,便会成为猛兽或邻近部落底牺牲品。公共的劳动也就引起了生产资料和生产品的公有制。这里还不知道什么是生产资料私有制，不过有些同时用以防御猛兽的生产工具是归个人所有。这里并没有什么剥削，也没有什么阶级。

在奴隶制度下，生产关系底基础是奴隶主占有生产资料和占有生产工作者，这生产工作者便是奴隶主所能当作牲畜来买卖屠杀的奴隶。这样的生产关系在基本上是与当时的生产力状况相合的。此时人们所拥有的已经不是石器，而是金属工具；此时所有的已经不是那种不知畜牧业为何物，也不知农业为何物的贫乏原始的狩猎经济，而是已经出现了的畜牧业、农业、手工业以及这些生产部门彼此间的分工；此时已有可能在各个人间以及在各个部落间交换生产品，已有可能把财富积累在少数人手中，而且真正把生产资料积累于少数人手中，已有可能迫使大多数人服从少数人并把这大多数人变为奴隶了。这里已经不是社会中一切组成员在生产过程中间共同地和自由地劳动了，而是由那些被不劳而获的奴隶主所剥削的奴隶们底强迫劳动占主要地位。因此也就没有了生产资料和生产品的公有制。它已被私有制所替代了。这里，奴隶主是第一个和基本的十足的私有主。

富人和穷人、剥削者和被剥削者、享有完全权利的人和毫无权利的人，他们彼此间的残酷阶级斗争——这就是奴隶制度底情景。

在封建制度下，生产关系底基础是封建主占有生产资料和不完全占有生产工作者，这生产工作者便是封建主虽已不能屠杀，但仍是可以买卖的农奴，当时除封建的所有制而外，还存在有农民和手工业者以本身劳动为基础占有生产工具和自己私有经济的个人所有制。这样的生产关系在基本上是与当时的生产力状况相合的。镕铁和制铁工作更进一步的改善；铁犁和织布车的散布；农业、园圃业、酿酒业和制油业的继续发展，与手工业作坊并存的手工业工场企业的出现——这就是当时生产力状况底特征。

新的生产力所需要的，是在生产中能表现某种自动性、愿意劳动、对劳动感觉兴趣的生产者。因此，封建主就把奴隶抛弃，因为奴隶是对劳动不感兴趣和完全没有自动性的工作者；而宁愿利用农奴，因为农奴有自己的经济、有自己的生产工具，具有为耕种土地并从自己收成中拿出一部分自然品缴付给封建主所必要的某种劳动兴趣。

私有制在这里已经继续发展了。剥削几乎是和奴隶制度下面的剥削一样残酷,不过是稍许减轻一些罢了。剥削者和被剥削者间的阶级斗争,便是封建制度底基本特征。

在资本主义制度下,生产关系底基础是生产资料的资本主义所有制,同时在这里已经没有了私自占有生产工作者的情形,这时的生产工作者,即雇佣工人,是资本家既不能屠杀,也不能出卖的,因为雇佣工人已免除了人格上的依赖,但他们是被剥夺了生产资料的,所以他们为要不致饿死,便不得不出卖自己的劳动力给资本家,并担受繁重的剥削。除资本主义的生产资料所有制而外,还存在有免除了农奴制依赖的那些农民和手工业者以本身劳动为基础占有生产资料的私有制,而且这种私有制在第一个时期是很流行的。手工作坊和手工工场企业已由机器化的大工厂所代替了。用农民粗笨生产工具耕作的贵族地产,已由根据农艺学经营和使用农业机器的资本主义大农场所代替了。

新的生产力所需要的,是比闭塞无知的农奴们文化些、伶俐些、能够懂得机器并正确使用机器的生产工作者。因此,资本家宁愿利用免除了农奴制羁绊而有足够文化程度来正确使用机器的雇佣工人。

可是,资本主义把生产力发展到巨大规模的时候,使陷入它自己所不能解决的矛盾中。资本主义生产出日益增多的商品并减低着商品价格,便使竞争尖锐化,使大批小私有主和中等私有主于破产,把他们变成无产者,减低他们的购买能力,因而就使生产出来的商品无法销售出去。资本主义扩大生产并把千百万工人集合在巨大工厂以内,便使生产过程具有了公共的性质,因而破坏了自己本身的基础,因为生产过程底公共性质是要求有生产资料的公有制,而生产资料的所有制却仍然是资本主义私人性的,即与生产过程底公共性质势不两立的所有制。

生产力性质与生产关系间的这些不可调和的矛盾,是暴露于周期的生产过剩危机中,此时资本家因他本身使广大民众遭受破产而找不到有支付能力的需求者,便不得不烧毁生产品,消灭已制成的商品,停止生产,破坏生产力;此时千百万民众被迫失业挨饿,这并不是因为商品不够,而是因为商品出产太多。

这就是说,资本主义的生产关系已经不复与社会生产力状况相适合,而是与社会生产力发生不可调和的矛盾了。

这就是说,在资本主义制度里成熟着革命,其使命就是要用社会主义的生产资料所有制来代替现存的资本主义的生产资料所有制。

这就是说,剥削者和被剥削者间的最尖锐的阶级斗争,便是资本主义制度底基本特征。

在社会主义制度下,在此刻还只在苏联实现的这个制度下,生产资料的公有制是生产关系底基础。这里已经没有什么剥削者,也没有什么被剥削者。生产出来的物品是根据"不劳动者不得食"的原则来按劳动分配的。这里生产过程中的人们相互关系底特征,乃是不受剥削的工作者们间的同志的合作和社会主义的互助。这里生产关系是与生产力状况完全相合的,因为生产过程底公共性质是由生产资料的公有制所巩固的。

因此,苏联的社会主义生产也就根本不知道什么是周期的生产过剩危机,以及与此危机相联结的荒谬现象。

因此,生产力在这里是加速发展着,因为适合于生产力的生产关系使生产力有这样发展的充分广阔的余地。

这就是人类史上人们生产关系发展的情景。

这就是生产关系发展对于社会生产力发展,首先是对于生产工具发展的依赖性,而因为有这种依赖性,所以生产力底变更和发展迟早要引起生产关系与此相适应的变更和发展。

马克思说:

> 劳动资料的使用和创造,虽其萌芽形式已为某几种动物所固有,毕竟是人类劳动过程所独具的特征,所以佛兰格林说人类是制造工具的动物。劳动资料底遗骸对于研究已经消亡的诸社会经济形态,也正如动物骨骼底遗骸结构对于研究已消亡的诸种动物底躯体组织一样,有同等重要的意义。各个经济时代所由以区别的,并不是生产什么,而是怎样生产……劳动资料不仅是人类劳动力发展底尺度,而且是劳动在其中实现的社会关系底指标。(马克思:《资本论》第一卷,一九三五年版,第一二一页)(马克思所说的"劳动资料",主要是指生产工具而言。——斯大林注)

其次：

> 社会关系是和生产力密切联结的。人们既获得了新的生产力，便会改变自己的生产方式，而随着生产方式底改变，即本身生活保证方式底改变，人们也就会改变自己所有一切社会关系。手力的磨坊产生了以绪则连（即封建主。——斯大林注）为首的社会；蒸汽力的磨坊产生了以工业资本家为首的社会。（《马恩全集》第五卷，第三六四页）

> 生产力增长底运动、社会关系底破坏、思想底生产，都是毫不间断地发生着的；不动的只是运动底抽象。（同上，第三六四页）

恩格思在解释《共产党宣言》内所表述的历史唯物主义时说道：

> 每一历史时代底经济生产以及必然从它发生的社会结构，便是这时代的政治和思想历史底基础……与此相适应的，是自从原始公社的土地占有制瓦解时起，全部历史都是阶级斗争的历史，即社会发展各阶段上被剥削阶级与剥削阶级、被支配阶级与统治阶级间斗争的历史……在这个斗争现今所达到了的阶段上，被剥削、被压迫的阶级（无产阶级）为要摆脱掉剥削它、压迫它的那个阶级（资产阶级），已非同时使整个社会永远摆脱剥削、压迫以及阶级斗争不可了……（恩格斯为《宣言》德文版所作的《序言》）

庚、新的生产力与生产关系是在旧制度内部发生的

生产底第三个特点就在新的生产力以及与其相适合的生产关系产生的过程，并不是离开旧制度而单独发生的，不是在旧制度消灭以后发生的，而是在旧制度内部发生的；不是由于人们有意自觉活动底结果，而是自发地、不自觉地、不依人们意志为转移地发生的。其所以是自发地和不依人们意志为转移地发生的，是由于以下两个原因。

第一个原因，就是人们不能自由选定这种或那种生产方式，因为每一新辈人开始生活时，他们便遇到现成的生产力和生产关系，即前辈人所工作的结果，因此这新辈人在最初一个时候，应当接受他们在生产方面所遇到的一切现成东西，应当适应于这些东西，以便能生产物质

资料。

第二个原因，就是人们在改善这种或那种生产工具、这种或那种生产力要素时，不会觉悟到、不会了解到，也不会想到这些改善将会引起怎样的社会结果，而只是想到自己的日常利益，只是想要减轻自己的劳动，谋得某种直接的可以感触到的益处。

当原始公社社会中某些社员逐渐地摸索式地由石器过渡到铁制工具时，他们当然不知道、当然没有想到这种革新会引起怎样的社会结果：他们并没有了解到、没有意识到，由石器过渡到金属工具就是生产中的变革，结果是终究会引起奴隶制度的；而只是想要减轻自己的劳动和谋得眼前的感觉得到的益处——他们当时的自觉活动只局限于这种日常个人益处的狭隘范围。

当欧洲年轻资产阶级在封建制度时期开始建造巨大手工工场企业以与细小行业作坊并列，因而推进社会生产力时，它当然不知道、当然没有想到它这种革新办法会引起怎样的社会结果，它并没有意识到、没有了解到，这种"细微的"革新办法会引起一种社会力量的重新配合，结果会发生一个要把它当时所十分感戴的王室政权以及它的优秀代表所往往梦想侧身其间的贵族都一概推翻的革命；而只是想要减低商品生产成本费，更多拿些商品到亚洲市场以及刚才发现的美洲市场上去销售，借以获得更多的利润——它当时的自觉活动只局限于这种日常实践的狭隘范围。

当俄国资本家和外国资本家一起加紧在俄国培植现代机器化大工业，丝毫也不触动沙皇制度。和听凭地主们宰制农民时，他们当然不知道、当然没有想到生产力这种严重的增长会引起怎样的社会结果，他们并没有意识到、没有了解到，这个在社会生产力方面发生的严重跃进会引起一种社会力量的重新配合，结果会使无产阶级能和农民联合起来实现胜利的社会主义革命；而只是想要极端扩大工业生产，掌握巨大的国内市场，变成垄断家并从国民经济中吸取更多的利润——他们当时的自觉活动并没有超出他们的日常的狭隘实践的利益。

因此马克思说：

> 人们在自己生活底社会生产中（即是在生产为人们生活所必

需的物质资料中。——斯大林注），彼此间发生一定的、必然的、不依他们本身意志为转移的关系，即与他们当时的物质生产力发展程度相适合的生产关系。（《马克思选集》第一卷，第二六九页）（着重点是我加的。——斯大林注）

但这并不是说，生产关系底变更以及由旧生产关系到新生产关系的过渡是一帆风顺地进行，而不经过什么冲突、不经过什么震动。恰巧相反，这样的过渡通常是经过用革命手段来推翻旧生产关系而奠定新生产关系的。到一定时期为止，生产力的发展以及生产关系方面的变更，是不依人们意志为转移而自发进行的。但这只是到一定时候为止，只是到那已经生产和正在发展的生产力还没有充分成熟的时候为止。而当新生产力已经成熟了的时候，现存的生产关系及其体现者的统治阶级就变成了"不可克服的"，只有经过新阶级底自觉活动、经过新阶级底强力行动、经过革命才可扫除的障碍。这里特别明显地表现出其使命是用强力来把旧生产关系消灭掉的那些新社会思想、新政治制度和新政权底伟大作用。在新生产力与旧生产关系互相冲突的基础上，在社会底新经济需要的基础上产生出新的社会思想；新的思想组织和动员群众；群众团结成为新的政治军队，建立起新的革命政权，并运用这个政权去用强力消灭生产关系方面的旧秩序而奠定新秩序。于是，自发的发展过程让位于人们自觉的活动，和平的发展让位于强力的变革，进化让位于革命。

马克思说：

> 无产阶级在反对资产阶级的斗争中一定团结成为阶级……它借实现革命而把自己变为统治阶级，并以统治阶级资格去用强力消灭旧的生产关系。（《共产党宣言》一九三八年版，第五二页）

其次：

> 无产阶级利用自己的政治统治，一步一步夺取资产阶级所有的全部资本，把一切生产工具集中于国家手里，即集中于已组织成为统治阶级的无产阶级手里，并尽量迅速地增加全部生产力。（同上，第五〇页）

强力是每一个旧社会在怀孕着新社会时的接生婆。（马克思：《资本论》第一卷，一九三五年版，第六〇三页）

以下便是马克思在一八五九年为他那部名著《政治经济学批评》所写的有历史意义的《序言》中，对历史唯物主义底实质所作的一个天才的表述：

人们在自己生活底社会生产中，彼此间发生一定的、必然的、不依他们本身意志为转移的关系，即与他们当时的物质生产力发展程度相适合的生产关系。这些生产关系底总和就组成为社会底经济结构，即法律的和政治的上层建筑物所借以树立起来，而有一定的社会意识形式与其相适应的那个现实基础。物质生活底生产方式决定着社会生活、政治生活以及一般精神生活的过程。并不是人们底意识决定人们底存在，恰巧相反，此是人们底社会存在决定人们底意识。社会底物质生产力发展到一定程度时，便和它们向来在其中发展的那些现存生产关系，或不过是现存生产关系在法律上的表现的财产关系发生矛盾。于是这些关系便由生产力发展的形式变成了束缚生产力的桎梏。那时社会革命时代就到来了。随着经济基础的变更，于是在全部庞大的上层建筑物中也就或迟或速在发生变革。在考察这些变革时，必须时刻把经济生产条件方面所发生的那些可用自然科学精确眼光指明出来的物质变革，去与人们所借以意识到这个冲突并力求把它克服的那些法律的、政治的、宗教的、美术的或哲学的形式——简言之思想形式——分别清楚。正如我们评判一个人时，不能以他对于自己的态度为根据一样；我们评判这样一个变革时代时，也不能以它的意识为根据。恰巧相反，这个意识正须从物质生活底矛盾中，从社会生产力和生产关系间现存的冲突中求得解释。无论哪一个社会形态，当它所给以充分发展余地的那一切生产力还没有展开以前，是决不会灭亡的；而新的更高的生产关系，当它所借以存在的那些物质条件还没有在旧社会胎胞里成熟以前，是决不会出现的。所以人类始终只是抱定自己所能够解决的任务，因为我们仔细去看时，总可看出，任务本身，只有当它所能借以得到解决的那些物质条件

已经存在或至少是已有形成过程中的时候,才会发生的。(《马克思选集》第一卷,第二六九至二七〇页)

这就是把马克思主义的唯物主义应用于社会生活和社会历史的情形。

这就是辩证唯物主义和历史唯物主义底基本特征。

(两广书店 1949 年版)

辩证唯物主义与历史唯物主义

蓝　火　编译

第一章　绪　论

辩证唯物主义是马列主义党底世界观。其所以叫作辩证唯物主义，是因为它对自然界现象的看法，和它研究并认识自然界现象的方法是辩证的；而它对自然界现象的解释和了解，和它的理论是唯物主义的。

历史唯物主义就是把辩证唯物主义的原理，推广去研究社会生活。把辩证唯物主义原理应用于社会生活现象，应用于研究社会、研究社会历史上去。

马克思与恩格斯在说明他们的辩证法时，通常都援引黑格尔，认为他是表述了辩证法基本特征的哲学家。但这并不是说，马克思与恩格斯底辩证法和黑格尔底辩证法是一个东西。其实，马克思与恩格斯仅仅从黑格尔辩证法中采取了它的"合理的内核"，而摒弃了黑格尔唯心主义的外壳，并向前发展了辩证法，因而赋与了辩证法一个现代的科学的形态。

马克思说：

> 我的辩证法不仅根本上与黑格尔的辩证法不同，而且与它绝对相反。在黑格尔看来，思维过程，即他所称为观念而甚至将其变成独立主体的思维过程，是现实界底创造主，而现实界不过思维过程底外部表现。在我看来，恰巧相反，观念现象不过是被移置于人类头脑中并在人类头脑中改造过的物质现象而已。（马克思：《资

本论》第一卷）

马克思与恩格斯在说明他们的唯物主义时，通常都援引费尔巴黑，认为他是恢复了唯物主义的权威哲学家。但这并不是说，马克思与恩格斯底唯物主义和费尔巴黑底唯物主义是一个东西。其实，马克思与恩格斯是从费尔巴黑唯物主义中采取了它的"基本的内核"，把它向前发展成了科学的哲学唯物主义理论，而摒弃了它那唯心主义的和宗教的伦理杂质。大家知道，费尔巴黑虽在基本上是个唯物主义者，但他极力反对唯物主义这个名称。恩格斯屡次说过：费尔巴黑"虽有其唯物主义的基础，但还没有摆脱旧时的唯心主义羁绊"，"我们考察费尔巴黑底伦理学和宗教哲学时，便可立刻看出他实在有一种唯心主义思想"。（《马恩全集》第十四卷）

辩证法是导源于希腊文"dialego"一字，其含义就是进行谈话、进行论战。古代人所谓辩证法，就是以揭露对方议论中的矛盾并克服这些矛盾来求得真理的方术。古代有些哲学家认为思维矛盾的揭露以及对立意见的冲突，是发现真理的最好方法。这个辩证的思维方式后来推广到自然界现象中去，就变成了认识自然界的辩证方法，这个方法把自然界现象看作永恒运动着、永恒变化着的现象，而把自然界底发展看作自然界中各种矛盾发展的结果、自然界中对立势力互相影响的结果。

辩证法是与形而上学根本相反的。

第二章　马克思主义辩证法底几个基本特征

一、客观现象是互相有机地联系着、互相依赖和制约着的

与形而上学相反，辩证法不是把自然界看作什么彼此隔离、彼此孤立、彼此不相依赖的各个对象或各个现象底偶然堆积，而是把它看作有内在联系的统一整体，其中各个对象或各个现象是互相密切联系着、互相依赖着、互相制约着的。

因此，辩证法认为自然界中任何一种现象，如果把它孤独拿来看，把它看作是与其周围现象没有联系的现象，那它就会是不可了解的东西，因为自然界任何部分中任何一种现象，如果把它看作是与周围条件

没有联系的现象,看作是与它们隔离的现象,那它就是毫无意思的东西;反之,任何一种现象,如果把它看作是与周围现象密切联系而不可分离的现象,把它看作是受周围现象所制约的现象,那它就是可以了解、可以论证的东西了。

二、客观现象是处在不断运动、发展、灭亡和新生的过程里

与形而上学相反,辩证法不是把自然界看作静止不动的状态、停顿不变的状态,而是看作不断运动、不断变化的状态,不断革新、不断发展的状态,其中始终都有某种东西在产生着和发展着,始终都有某种东西在败坏着和衰颓着。

因此,辩证法要求我们观察现象时不仅要从各个现象底相互联系和相互制约方面去观察,而且要从它们的运动、它们的变化、它们的发展、它们的产生和衰亡方面去观察。

在辩证法看来,最重要的不是现时似乎坚固,但已经开始衰亡的东西,而是正在产生、正在发展的东西哪怕它现时似乎还不坚固,因为在辩证法看来,只有正在产生、正在发展的东西才是不可战胜的。

恩格斯说:

> 整个自然界,由其最小单位到最大物体,由沙粒到太阳,由 protist(原始的活细胞。——斯太林注)到人,都是处在永恒的产生和消灭过程中、处在毫不间断的流动中、处在始终不停的运动和变化中。(《马恩全集》第十四卷)

因此,恩格斯说,辩证法观察物象及其在头脑中的反映时,主要是从它们的相互联系、它们的结合、它们的运动、它们的产生和消灭方面去观察。(同上,第二三页)

三、所谓运动,不是事物的简单重复,而是由量的渐变进到质的突变、由旧质态进到新质态的过程

与形而上学相反,辩证法不是把发展过程看作什么简单增长的过程,看作量变不会引起质变的过程,而是看作由不显露的细小的量变进到显露的、根本的、质变的过程,在这个过程中质变不是逐渐地发生,而

是迅速和突然地发生，即表现于由一种状态突变为另一种状态，并不是偶然发生，而是规律式地发生，即是由许多不明显的逐渐的量变积累而引起的结果。

因此，辩证法认为不应把发展过程了解为循环式的运动，不应把它了解为过去事物底简单重复，而应把它了解为前进的运动、上升的运动，由旧质态进到新质态、由简单发展到复杂、由低级发展到高级的过程。

恩格斯说：

> 自然界是检验辩证法的试金石，现代的自然科学既提供了进行这种检验的非常丰富而与日俱增的材料，于是就证明出，自然界中一切现象归根到底是辩证式地发生，而不是形而上学式地发生；自然界不是在永远一样的经常重复的循环周里运转着，而是经历着实在的历史。这里首先就应当指出达尔文，他给了形而上学的自然观一个极有力的打击，因为他证明整个现代有机界，植物和动物，因而也包括人类在内，都是延长到数百万年的发展过程底产物。（同上）

恩格斯说明辩证发展过程是由数变进到质变的过程时写道：

> 在物理学中……每一种变化都是数转变为质，即某个物体所固有或某个物所承受的某种运动数量成份改变的结果。例如，水底温度最初对于水底液体状态是不发生丝毫作用的，但当液体水底温度不断增加或不断减少到一定的程度时，这一结合状态就会发生变化，水就会变为蒸汽或冰块……例如必须具有一定最低限度的电力时，白金丝才会开始发光；例如每种金属都有其一定的熔解热度；例如每种液体都有其在相当气压下特有的一定的冰点和沸点——只要我们能用我们所有的工具造成相当的温度；最后，例如每种气体都有其一定的危机点，我们在这点上施以相当的气压和冷化，就可把它变成为液体……物理学中所谓 constants（即由某一种状态到另一种状态的转变点。——斯太林注），大部分都不过是这样一些交错点底名称，在这些交错点上，运动底数量增减

(数变)引起该种物态底质变,亦即数转变为质。(同上)

其次,恩格斯进而讲到化学时说道:

化学可以称为研究种种物体因数量成份改变而发生质变的科学。黑格尔自己已知道这点……譬如拿氧气来说:如果结合在一个分子中的有三个原子,而不是如普通那样只有两个原子,那我们就会得到臭氧,即得到一种按其气味和作用是与普通氧气显然不同的物体。更不待说,如果把氧气与淡气或硫黄按各种比例结合起来,那末其中每一种结合都产生出一种在质的方面与其他一切物体不同的物体哩!(《马恩全集》第十四卷)

最后,恩格斯批评着杜林,批评着那大骂黑格尔而暗中又剽窃黑格尔所说无感觉世界转变为感觉世界、无机物世界转变为有机物世界是转变为新状态的突变这一著名原理的杜林时说道:

这正是黑格尔的度量关系交错线,在这交错线上,纯粹数的增减到一定交错点上就会引起质的突变,例如水液被烧热或冷化时,沸点或冰点便是这样的交错点,在这些交错点上——在通常的气压下——就发生由旧的物态转变为新的物态的突变,亦即数转变为质。(同上)

四、所谓"发展过程"是表现于各现象本身固有矛盾底互相对立趋势的斗争和克服上

与形而上学相反,辩证法所持的出发点是:自然界的对象或自然界的现象含有内在的矛盾,因为所有这些对象或现象都有其反面和正面,都有其过去和将来,都有其衰颓着的东西和发展着的东西,而这种对立面底斗争、旧东西与新东西间的斗争、衰亡着的东西和产生着的东西间的斗争、衰颓着的东西和发展着的东西间的斗争,便是发展过程底实在内容、由量变进到质变的这一过程底内容。

因此,辩证法认为低级发展到高级的过程不是表现于各现象协和的开展,而是表现于各对象或各现象本身固有矛盾底揭露,表现于在这些矛盾基础上动作的互相对立趋势的"斗争"。

列宁说：

　　辩证法本来就是研究对象本身内部矛盾的。（列宁：《哲学笔记簿》）

其次：

　　发展就是对立面的"斗争"。（《列宁全集》）

简略说来，马克思主义的辩证法底基本特征就是如此。

五、辩证法应用到无产阶级党底实际活动上的意义

显而易见，把辩证法原理推广去研究社会生活和社会历史，该有如何巨大的意义；把这些原理应用到社会历史上去、应用到无产阶级党底实际活动上去，该有如何巨大的意义。

其一，既然世界上没有孤立的现象，所有一切现象都是彼此关联、互相制约，那末在估计历史上每一个社会制度和每一个运动时，当然也就不可如历史家常作的那样从"永恒正义"或其他某种成见出发，而是要从这个制度和这个社会运动所由产生并与其相联结的那些条件出发。

奴隶制度，就现代的条件来看，是很荒谬的现象、反常的荒诞事情。而奴隶制度在瓦解着的原始公社制度条件下，却是完全可以了解并且合于规律的现象，因为它和原始公社制度相比是前进一步。

资产阶级民主共和国的要求，在沙皇制度和资产阶级社会存在的条件下，譬如说在一九〇五年的俄国，是完全可以了解的一种正确的和革命的要求，因为资产阶级共和国在当时是前进一步。而资产阶级民主共和国的要求，就我们苏联现时的条件来看，是一种荒谬的和反革命的要求，因为资产阶级共和国与苏维埃共和国相比是后退一步。

一切都依条件、地方和时间为转移。

显然，没有这种观察社会现象的历史观点，那历史科学就会无法存在和发展，因为只有这样的观点才能使历史科学不致变成一笔偶然现象的糊涂账，不致变成一堆荒谬绝伦的错误。

其二，既然世界是处在不断运动和不断发展中，旧东西衰亡和新东

西生长是发展底规律,那末当然也就没有什么"永世不移的"社会秩序,什么私有制和剥削制的"永恒原则",什么农民服从地主、工人服从资本家的"永恒观念"。

由此可见,资本主义制度可以用社会主义制度来替代,正如资本主义制度在当时代替了封建制度一样。

由此可见,不是要指靠社会里已经不再发展的阶层,那怕这些阶层在现时还是占优势的力量,而是要指靠社会里正在发展、具有远大前途的阶层,那怕这些阶层在现时还不是占优势的力量。

在第十九世纪八十年代,当马克思主义者和民粹派斗争的时候,俄国无产阶级与当时占居民绝大多数的个体农民比较起来,还是占很小的少数。但当时无产阶级是个发展着的阶级,而农民却是个日趋瓦解的阶级。正因为无产阶级是个发展着的阶级,所以马克思主义者也就指靠着无产阶级。而且他们并没有弄错,因为大家知道,无产阶级后来已由一个不大的力量发展成了历史上和政治上的头等力量。

由此可见,为了在政治上不犯错误,便要向前看,而不要向后看。

其三,既然由缓慢的量变进到迅速的突然的质变是发展底规律,那末由被压迫阶级所实行的革命的变革,当然也就是完全自然而必不可免的现象。

由此可见,由资本主义进到社会主义,工人阶级摆脱资本主义压迫,决不能经过缓慢变化、经过改良来实现,而只能经过资本主义制度底质变、经过革命来实现。

由此可见,为了在政治上不犯错误,便要做革命家,而不要做改良主义者。

其四,既然发展过程是经过内在矛盾底揭露,是经过基于这些矛盾的彼此对立势力冲突来克服这些矛盾而进行的,那末无产阶级底阶级斗争,当然也就是完全自然而必不可免的现象。

由此可见,不是要掩饰资本主义制度中的各种矛盾,而是要暴露和揭开这些矛盾,不是要熄灭阶级斗争,而是要把阶级斗争进行到底。

由此可见,为了在政治上不犯错误,便要执行不调和的无产阶级的阶级政策,而不要执行调协无产阶级与资产阶级利益的改良主义政策,不要执行使资本主义"长入"社会主义的妥协主义政策。

以上便是应用马克思主义辩证法去观察社会生活、去观察社会历史的情形。

至于马克思主义的哲学唯物主义,它是与哲学唯心主义根本相反的。

第三章 马克思主义哲学唯物主义的基本特征

一、世界现象是按它互相联系和制约的运动规律发展着的

唯心主义认为世界是"绝对观念""宇宙精神""意识"底体现,而马克思底哲学唯物主义却与此相反,认为:世界按其本质说来是物质的,世界上形形色色的现象是运动着的物质底各种形态;各现象由辩证法所判明的相互联系和相互制约是运动着的物质底发展规律;世界是按物质运动规律发展着,而并不需要什么"宇宙精神"。

恩格斯说:

> 唯物主义的世界观不过是对自然界本来面目的了解,而并不附加以任何外来的成份。(《马恩全集》第十四卷)

古代哲学家赫拉克利泰持着唯物主义的观点,认为"世界是包括一切的整体,它并不是由任何神或任何人所造成的,它过去、现在和将来都是按规律燃烧着,按规律熄灭着的永恒活火"。列宁论到这个唯物主义观点时说:"这是对于辩证唯物主义基础的一种很好的说明。"(列宁:《哲学笔记簿》)

二、世界上没有不可认识之物,而只有现在尚未认识,但将来却会由科学和实践力量揭示和认识之物

唯心主义否认世界及其规律底可知性,不相信我们知识底确实性,不承认客观真理,并认为世界上充满着科学永远不能认识的"自在之物",而马克思主义的哲学唯物主义却与此相反,认为:世界及其规律完全可能认识,我们对于自然界规律的那些已由经验和实践考验过的

知识是具有客观真理意义的确实知识,世界上没有不可认识之物,而只有现在尚未认识,但将来却会由科学和实践力量揭示和认识之物。

恩格斯批评康德及其他唯心主义者所谓世界不可认识和"自在之物"不可认识的意见,而坚持唯物主义认为我们的知识是确实知识的这一著名原理时写道:

> 把这些以及其他一切哲学遁辞驳斥得最彻底的就是实践,即实验和工业。既然我们能以亲自制造出自然界某一现象,依它的条件把它产生出来,并使它服务于我们目的的事实来证明我们对于这一现象认识的正确,那末康德的那个不可捉摸的"自在之物"就要完结了。在动植物躯体上所形成的种种化学原素,当有机化学还没有开始把它们一一制造出来时,便始终是这类的"自在之物";而当有机化学已开始把它们一一制造出来时,"自在之物"就变成了为我之物了;例如拿亚里查林,即茜素颜料来说,我们现在并不是从那生长于田野的茜草根上取得它,而是用更便宜得多、更简单得多的方法从煤焦油中取得它。哥白尼底太阳系学说在三百年间被人视为假设。固然是种很可信的假设,但终究是一种假设,可是,当列月尔约根据这太阳系学说底论据,不仅证明一定有一个前此所未知的行星存在,而且已用计算方法确定它在天体中的位置,后来加列果然已发现这个行星时,哥白尼底太阳系学说就被证明了。(《马克思选集》第一卷)

列宁责备波格丹诺夫、巴查罗夫、尤史克维奇及其他马赫信徒为菲德主义者(菲德主义是排斥科学、崇尚信仰的反动理论),而坚持唯物主义认为我们关于自然界规律的科学知识是确实知识,认为科学定律是客观真理的这一著名原理时说道:

> 现代的菲德主义并不否认科学;它只是否认科学底"过度奢望",即科学想成为客观真理的奢望。既然有客观真理存在(如唯物主义者所想的那样),既然只有那在人类"经验"上反映外部世界的自然科学能提供我们以客观真理,那末任何菲德主义就毫无条件地被推翻了。(《列宁全集》第十三卷)

三、物质是在意识以外存在着的，客观现实社会的物质生活是第一性现象，社会的精神生活是第二性现象，是从生的现象

唯心主义硬说，只有我们的意识才是真实存在着的，物质世界、存在或自然界只是在我们的意识中，只是在我们的感觉、观念或概念中存在着，而马克思主义的哲学唯物主义却与此相反，认为：物质、自然界或存在，是在意识以外，不依赖于意识而存在着的客观现实；物质是第一性的现象，因为它是感觉、观念或意识底来源；而意识是第二性的现象、从生的现象，因为它是物质底反映、存在底反映；思维是发展到高度完善的物质底产物，即人脑底产物，而人脑是思维底器官；因此，如果不愿意大错特错，便不可把思维和物质隔开。

恩格斯说：

> 全部哲学底最高问题，都是思维对存在、精神对自然界的关系问题……哲学家就是依其如何回答这个问题而分成两大营垒的。凡断定说精神先于自然界存在的……便组成唯心主义的营垒。凡认为自然界是基本起源的，则属于唯物主义底各派。(《马克思选集》第一卷)

恩格斯又说：

> 可以感觉到的物质的世界，即我们自己所属的世界，是唯一的真实世界……我们的意识与思维，不管它怎样好像是超感觉的东西，总是物质实体器官底产物，即人脑底产物。物质不是精神底产物，而精神本身倒只是物质底最高产物。(同上)

马克思谈到物质与思维问题时说道：

> 决不可把思维与思维着的物质隔开。物质是一切变化底主体。(同上)

列宁在说明马克思主义的哲学唯物主义时写道：

> 唯物主义一般就认为客观现实的存在(物质)是不依赖于人类意识、感觉和经验等等的……意识……仅仅是存在底反映，至多也

不过是存在底近乎正确的(相等的、尽量确切的)反映。(《列宁全集》第十三卷)

接着他又说道：

> 物质就是作用于我们感官而引起感觉的东西；物质是我们可以感觉得到的客观现实……物质、自然界、存在和物理现象是第一性的现象，而精神、意识、感觉和心理现象是第二性的现象。(同上)
> 世界底情景就是物质怎样运动着和物质怎样思维着的情景。(同上)
> 简略说来，马克思主义的哲学唯物主义底特征就是如此。
> 人脑是思想底器官。(《列宁全集》第十三卷)

四、唯物主义的原理应用于研究社会生活和社会历史的意义

不言而喻，把哲学唯物主义原理推广去研究社会生活和社会历史，该有如何巨大的意义；把这些原理应用到社会历史上去、应用到无产阶级党底实际活动上去，该有如何巨大的意义。

其一，既然自然界中各现象底相互联系和相互制约是自然界发展底规律，那末由此就应得出结论：社会生活中各现象底相互联系和相互制约也同样不是偶然的事情，而是社会发展底规律。

由此可见，社会生活、社会历史已不复是一堆"偶然现象"，因为社会历史已成为社会底规律性的发展，而社会历史底研究已成为一种科学。

由此可见，无产阶级党底实际活动决不应以"卓越人物"底善良愿望为基础，决不应以"理性""普遍道德"等等底要求为基础，而应以社会发展底规律为基础，应以研究这些规律为基础。

其二，既然世界可能认识，既然我们关于自然界发展规律的知识是具有客观真理意义的确实知识，那末由此就应得出结论：社会生活、社会发展也同样可能认识，科学关于社会发展规律的材料是具有客观真理意义的确实材料。

由此可见，社会历史科学不管社会生活中的现象怎样复杂，都能成

为例如生物学一样的准确科学,能利用社会发展规律来供实际的应用。

由此可见,无产阶级党在它的实际活动中,决不应以什么偶然动机为准则,而应以社会发展规律,以及由这些规律中所得出的实际结论为准则。

由此可见,社会主义已由人类的美丽理想变成了科学。

由此可见,科学和实际活动间的联系、理论和实践间的联系,它们的一致,应当成为无产阶级党底南针。

其三,既然自然界、存在、物质世界是第一性的现象,而意识、思维是第二性的现象、从生的现象;既然物质世界是不依赖于人们意识而存在的客观现实,而意识是这客观现实底反映,那末由此就应得出结论:社会底物质生活、社会的存在也是第一性的现象,而社会底精神生活是第二性的现象、从生的现象;社会底物质生活是不依赖于人们意志而存在的客观现实,而社会底精神生活是客观现实底反映、存在底反映。

由此可见,社会底精神生活所由形成的来源,社会思想、社会理论、政治观点和政治制度所由产生的来源,并不是要到思想、理论、观点和政治制度本身中去探求,而是要到社会底物质生活条件中、要到社会存在中去探求,因为这些思想、理论和观点等等是这社会存在底反映。

由此可见,如果我们在社会历史各个不同的时期可以看见各种不同的社会思想、理论、观点和政治制度,如果我们在奴隶制度下所遇见的是一种社会思想、理论、观点和政治制度,在封建制度下所遇见的是另一种,在资本主义制度下所遇见的又是一种,那就不是由于什么思想、理论、观点和政治制度本身底"天性"和"属性",而是因为在各个不同的社会发展时期有各个不同的社会物质生活条件。

社会存在怎样,社会物质生活条件怎样,社会思想、理论、政治观点和政治制度也就会怎样。

因此马克思说:

> 不是人们底意识决定人们底存在,恰巧相反,正是人们底社会存在决定人们底意识。(《马克思选集》第一卷)

由此可见,为了在政治上不犯错误,为了不致陷入空洞臆想家的地位,那末无产阶级党在自己的活动中,就不应从抽象的"人类理性原则"

出发,而应从具体的社会物质生活条件,即从社会发展底决定力量出发;不应从"伟大人物"底善良愿望出发,而应从社会物质生活发展底现实需要出发。

空想派——包括民粹主义者、无政府主义者、社会革命党人在内——陷于覆亡的原因之一,就是他们不承认社会物质生活条件在社会发展过程中的首要作用,而陷入了唯心主义,不把自己的实际活动建筑在社会物质生活发展底需要上,却不顾这种需要并违反着这种需要而把它建筑在脱离社会现实生活的"理想计划"和"包罗万象的方案"上。

马列主义之所以强而有力和生气勃勃,也就是因为它在自己的实际活动中正是凭借于社会物质生活发展底需要,无论何时也不脱离社会底现实生活。

可是,决不应当从马克思底话中作出结论,说社会思想、理论、政治观点和政治制度在社会生活中没有作用,说它们不反转来影响到社会存在,影响到社会生活物质条件底发展。我们在这里暂且只是说到社会思想、理论、观点和政治制度底起源,只是说到它们的产生,只是说到社会精神生活是社会物质生活条件底反映。至于社会思想、理论、观点和政治制度底意义,至于它们在历史上的作用,那末历史唯物主义不仅不否认,恰巧相反,正是着重指出它们在社会生活和社会历史上的严重作用和意义。

有各种各样的社会思想和理论。有旧的思想和理论,它们是已经衰颓,并为社会上那些衰颓着的势力底利益服务的东西。它们的作用就是阻碍社会发展、阻碍社会前进。同时又有新的先进的思想和理论,它们是为社会上的先进势力利益服务的东西。它们的作用就是促进社会发展、促进社会前进,而且它们愈是确切反映着社会物质生活发展底需要,便能获到愈加巨大的意义。

新的社会思想和理论,只有当社会物质生活发展已在社会面前提出新的任务时才会产生出来。可是,它们既已产生出来,便会成为最严重的力量,能促进解决社会物质生活发展过程所提出的新任务,能促进社会前进。在这里也就表现出新的思想、新的理论、新的政治观点和新的政治制度所有的那种伟大的组织、动员和改造的意义。新的社会思想和理论所以产生出来,正是因为它们为社会所必需,因为若没有它们那种组织的、动员的和改造的工作,便无法解决社会物质生活发展过程中已经成熟的任务。新的社会思想和理论既已在社会物质生活发展过程所提出的那些新任务基础上产生出来,便能扫除障碍,深入民众意识,动员民众、组织民众去反对社会上衰颓着的势力,因而便利着推翻社会上正在衰颓而阻碍社会物质生活发展的势力。

于是,社会思想、理论和政治制度既已在社会物质生活发展过程、社会存在发展过程中业经成熟的那些任务基础上产生出来,便能反转来影响到社会存在,影响到社会物质生活,造成必要条件来彻底解决社会物质生活中条经成熟的任务,并使这社会物质生活可能向前发展。

因此马克思说:

> 理论一掌握了群众,便立刻成为物质的力量。(《马恩全集》第一卷)

由此可见,无产阶级党为要有可能去影响社会物质生活条件并加速其发展、加速其改善,便应凭借于这样一种社会理论和社会思想,这种理论和思想能正确反映社会物质生活发展底需要,因而能发动广大民众,能动员他们,把他们组织成一支决意打破社会反动势力并为社会先进势力开辟道路的无产阶级党的伟大军队。

"经济主义者"和孟什维克陷于覆亡的原因之一,就是他们不承认先进理论和先进思想有动员的、组织的和改造的作用,而陷入了庸俗唯物主义,竟把先进理论和先进思想底作用看成几等于零,因而使党陷于消极无为、陷于萎靡不振的地步。

马列主义之所以强而有力和生气勃勃,就是因为它凭借于正确反映着社会物质生活发展需要的先进理论,把这个理论提到它所应有的高度,并努力来彻底利用这个理论所有的动员的、组织的和单造的力量。

历史唯物主义就是这样来解决社会存在和社会意识间、社会物质生活发展条件和社会精神生活发展间相互关系问题的。

第四章　历史唯物主义

一、地理环境的变化和人口的增长都决不能成为社会发展的主要的、决定性的原因

现在还要说明一个问题：从历史唯物主义观点看来，究应把归根到底决定社会面貌、社会思想、观点和政治制度等等的"社会物质生活条件"了解为什么东西呢？

这"社会物质生活条件"究竟是什么，它们的特征究竟怎样呢？

首先，"社会物质生活条件"这一概念，当然是把环绕着社会的自然界，即地理环境包含在内，因为这个环境是社会物质生活所必要的和经常的条件之一，而且无疑是影响到社会底发展。地理环境在社会发展中的作用怎样呢？地理环境是不是决定社会面貌、人们社会制度性质，以及由一个制度过渡到另一个制度的主要力量呢？

历史唯物主义对于这个问题的答复是否定的。

地理环境当然是社会发展底经常必要的条件之一，而且它无疑是能影响到社会底发展，加速或延缓社会发展进程。但它的影响并不是决定的影响，因为社会底变更和发展要比地理环境底变更和发展快得不可计量。欧洲在三千年内已更换过三种不同的社会制度：原始公社制度、奴隶制度、封建制度；而在欧洲东部，即在苏联，甚至更换了四种社会制度。可是，在这同一时期内，欧洲境内的地理条件不是完全没有变更，便是变更得很少很少，甚至地理学也不肯提到它。而这是不言而喻的。地理环境方面一种稍许严重的变更都需要几百万年，而人们社会制度中甚至最严重的变更，也只需要几百年或一两千年就够了。

由此就应得出结论：地理环境决不能成为社会发展底主要原因、决定原因，因为在数万年间几乎仍旧不变的现象，决不能成为那在几百年间就发生根本变更的现象发展的主要原因。

其次，人口底增长、居民密度底高低当然也包含在"社会物质生活条件"这一概念中，因为人是社会物质生活条件中的必要成分，没有一定的最低限度的人口，便不能有任何社会物质生活。人口增长是不是决定人们社会制度性质的主要力量呢？

历史唯物主义对于这个问题的答复也是否定的。

人口底增长当然能影响到社会底发展,促进或延缓社会底发展,但它不能成为社会发展中的主要力量,它对于社会发展的影响不能是决定的影响,因为人口底增长并不能给我们说明为什么某个社会制度恰巧要由一定的新制度来替代,而不是由其他某一个制度来替代；为什么原始公社制度恰巧是由奴隶制度所替代,奴隶制度恰巧是由封建制度所替代,封建制度恰巧是由资产阶级制度所替代,而不是由其他某一制度所替代。

如果人口底增长是社会发展中的决定力量,那末较高的人口密度就必定会产生出相当于它的较高形式的社会制度。可是,事实上却没有这样的情形。中国人口密度比美国高至四倍,但美国在社会发展程度上高于中国,因为中国仍然是半封建制度占统治,而美国却早已达到资本主义发展底最高阶段。比利时人口密度比美国高至十九倍,比苏联高至二十六倍,但美国在社会发展程度上高于比利时,而苏联比较比利时更是高出一整个历史时代,因为比利时还是资本主义制度占统治,而苏联却已消灭了资本主义并确立了社会主义制度。

由此就应得出结论：人口底增长不是而且不能是在社会发展过程中决定社会制度性质、决定社会面貌的主要力量。

二、生产力和生产关系

既然如此,那末在社会物质生活条件体系中,究竟什么是决定社会面貌、决定社会制度性质、决定社会由这一制度发展为另一制度的主要力量呢？

这样的力量,据历史唯物主义看来,便是人们生存所必需的生活资料谋得方式,便是社会生活和发展所必需的食品、衣服、靴鞋、住房、燃料和生产工具等等物质资料生产方式。

为要生活,就需要有食品、衣服、靴鞋、住房和燃料等等,为要有这些物质资料,就必须生产它们,而为要生产它们,就需要有人们所利用来生产食品、衣服、靴鞋、住房和燃料等等的种种生产工具,就需要善于生产这些工具,就需要善于使用这些工具。

生产物质资料时所使用的生产工具,以及因有相当生产经验和劳动技能而发动着生产工具并实现着物质资料生产的人——这些要素总合起来便构成为社会底生产力。

但生产力还只是生产底一方面,且说它是生产方式底第一方面,其所表示的是人们对于他们所利用来生产物质资料的物件和自然界力量间的关系。生产底另一方面,且说它是生产方式底第二方面,便是人们彼此在生产过程中发生的关系,即人们底生产关系。人们和自然界斗争以及利用自然界来生产物质资料,并不是彼此孤立、彼此隔绝、各人单独进行,而是以团体为单位、以社会为单位来共同进行的。因此,生产在任何时候和任何条件下都是社会的生产。人们在实现物质资料生产时,也就建立彼此间在生产内部的某种相互关系,即某种生产关系。这些关系可能是不受剥削的人们彼此间的合作和互助关系,可能是统治和服从的关系,最后,也可能是由一个生产关系形式过渡到另一个生产关系形式的过渡关系。可是,不管生产关系带着怎样的性质,而它们在任何时候和在任何制度下,都如社会底生产力一样是生产底必要原素。

马克思说:

> 人们在生产中不仅影响着自然界,而且互相影响着。他们如果不用相当方式结合起来共同活动和互相交换其活动,便不能生产。为了实现生产,人们便发生一定的联系和关系,只有经过这些社会联系和社会关系,才会有人对于自然界的关系存在,才会有生产。(《马恩全集》第五卷)

所以,生产、生产方式是把社会底生产力和人们底生产关系两者都包含在内,而体现着两者在物质资料生产过程中的统一。

三、生产的第一个特性是:始终处在变更和发展的状态中,它的变更必然地引起社会制度的全部变更

生产底第一个特性就是它永远也不会长久停留在一点上,而是始终处在变更和发展状态中,同时生产方式中的变更又必然引起全部社会制度、社会思想、政治观点和政治制度底变更,即引起全部社会的和政治的结构底改造。人们在各个不同的发展阶段上有着各个不同的生产方式,或者粗浅一点说,过着各种不同样式的生活。在原始公社制度下有一种生产方式,在奴隶制度下有另一种生产方式,在封建制度下有第三种生产方式,余此类推。同时,人们底社会制度、他们的精神生活、他们的观点、他们的政治制度也与此适应而各不相同。

社会底生产方式怎样,社会本身在基本上也就会怎样,社会底思想和理论、政治观点和政治制度也就会怎样。

或者粗浅一点说:人们底生活样式怎样,人们底思想样式也就会怎样。

这就是说,社会发展史首先便是生产发展史、数千百年来新陈代谢的生产方式发展史、生产力和人们生产关系发展史。

由此可见,社会发展史同时也就是物质资料生产者本身底历史,即身为生产过程中基本力量并实现着社会生存所必需物质资料生产的那些劳动群众底历史。

由此可见,历史科学要想成为真正的科学,便不能再把社会发展史归结为帝王将相底行动,归结为国家"侵略者"和"征服者"底行动,而是首先应当研究物质资料生产者底历史、劳动群众底历史、各国人民底历史。

由此可见,研究社会历史规律的关键,并不是要到人们底头脑中、到社会底观点和思想中去探求,而是要到社会在每个一定历史时期所采取的生产方式中,即要到社会底经济中去探求。

由此可见,历史科学底首要任务是要研究和揭示生产底规律、生产力与生产关系发展底规律、社会经济发展底规律。

由此可见,无产阶级党要想成为真正的党,首先就应精通生产发展底规律、社会经济发展底规律。

由此可见,为了在政治上不犯错误,无产阶级党在制定自己的党纲以及进行实际活动时,首先应以生产发展底规律、应以社会经济发展底规律为出发点。

四、生产的第二个特性是: 生产的变更始终基于生产力的变更上

生产底第二个特性就在生产底变更和发展始终是从生产力底变更

和发展上,首先是从生产工具底变更和发展上开始。所以生产力是生产中最活动、最革命的要素。起初是社会底生产力发生变更和发展起来,然后,人们底生产关系、人们底经济关系也依赖于这些变更并与这些变更相适应而发生变更。但这并不是说,生产关系不影响到生产力底发展,生产力不依赖于生产关系。生产关系虽然是依赖于生产力底发展而发展,但同时它们又反转来影响到生产力,加速或延缓其发展。而且必须指出:生产关系不能过分长久落后于生产力底增长并和这一增长相矛盾,因为只有当生产关系适合于生产力底性质及状况,并使生产力有发展余地时,生产力才能尽量发展起来。因此,无论生产关系怎样落后于生产力底发展,但它们迟早总应而且一定会去适合于生产力底发展水准,适合于生产力底性质。不然,便会有生产体系中生产力与生产关系统一底根本破坏、全部生产破裂、生产危机以及生产力破坏的情形。

生产关系和生产力性质不适合的实例、它们两者间冲突的实例,便是资本主义国家中所发生的经济危机,那里的对生产资料的资本主义私有制是和生产过程底公共性质,是和生产力底性质极不适合的。这种不适合的结果,便是使生产陷于破坏的经济危机,而这种不适合的情况就是那负有使破坏现存生产关系,并建立起适合于生产力性质的新生产关系的社会革命底经济基础。

反之,生产关系和生产力性质完全适合的实例,便是苏联的社会主义国民经济,这里的生产资料的公有制和生产过程底公共性质是完全适合的,因此在苏联便没有经济危机,也没有生产力破坏的情形。

所以,生产力不仅是生产中最活动、最革命的要素,而且是生产发展过程中决定的要素。

生产力怎样,生产关系也就应怎样。

生产力底状况所回答的是人们用怎样的生产工具来生产他们所必需的物质资料的问题,而生产关系底状况所回答的则是生产资料(土地、森林、水流、矿源、原料、生产工具、生产建筑物、交通联络工具等等)归谁所有,生产资料由谁支配——是由全社会支配,还是由单个的人、集团和阶级支配并利用去剥削其他的人、集团和阶级的问题。

五、生产力引导生产关系发展的一般情景：1. 原始公社制度，2. 奴隶制度， 3. 封建制度， 4. 资本主义制度， 5. 社会主义制度

以下便是从古代到今日的生产力发展的一般情景。由粗笨的石器过渡到弓箭，并与此相适应而由狩猎生活过渡到驯养动物和原始畜牧；由石器过渡到金属工具（铁斧、铁口锄等等），并与此相适应而过渡到种植植物，过渡到农业；金属的制造工具继续改良，过渡到冶铁风箱，过渡到陶器生产，并与此相适应而有手工业的发展，手工业脱离农业的分立，独立手工业生产以及后来手工业工场生产的发展；由手工业生产工具过渡到机器，手工业工场生产转变为机器工业；再进而过渡到机器制，以及现代机器化工业的出现——这就是人类史上社会生产力发展的一个大致而远不完备的情景。同时，生产工具底发展和改善当然是由参加生产的人们所实现，而不是与人们无关，所以，由于生产工具底变更和发展，人们即生产力中最重要的原素也随着变更和发展起来，他们的生产经验、劳动技能以及运用生产工具的本领也随着变更和发展起来。

随着社会生产力在历史上变更和发展，于是人们底生产关系、人们底经济关系也与此适应而变更和发展。

历史上有五种基本生产关系：原始公社制的、奴隶制的、封建制的、资本主义制的、社会主义制的。

1. 在原始公社制度下，生产关系底基础是生产资料的公有制。这在基本上是与当时的生产力性质相合的。石器以及后来出现的弓箭，使人绝对不能单身去和自然界势力及猛兽作斗争。人们当时为要在森林中采集果实，在水里捕获鱼类，建筑某种住所，便不得不共同工作，否则便会饿死，便会成为猛兽或邻近部落底牺牲品。公共的劳动也就引起了生产资料和生产品的公有制。这里还不知道什么是生产资料私有制，不过有些同时用以防御猛兽的生产工具是归个人所有。这里并没有什么剥削，也没有什么阶级。

2. 在奴隶制度下，生产关系底基础是奴隶主占有生产资料和占有生产工作者，这生产工作者便是奴隶主所能当作牲畜来买卖屠杀的奴隶。这样的生产关系在基本上是与当时的生产力状况相合的。此时人们所拥有的已经不是石器，而是金属工具；此时所有的已不是那种不知畜牧类为何物，也不知农业为何物的贫乏原始的狩猎经济，而是已经出现了的畜牧业、农业、手工业以及这些生产部门彼此间的分工；此时已有可能在各个人间和各部落间交换生产品，已有可能把财富积累在少数人手中，而且真正把生产资料积累于少数人手中，已有可能迫使大多数人服从少数人并把这大多数人变为奴隶。这里已不是社会中一切成员在生产过程中共同地和自由地劳动，而是由那些被不劳而获的奴隶主所剥削的奴隶们底强迫劳动占主要地位。因此也就没有了生产资料和生产品的公有制。它已被私有制所替代了。这里，奴隶主是第一个和基本的十足的私有主。

富人和穷人、剥削者和被剥削者、享有完全权利的人和毫无权利的人，他们彼此间的残酷阶级斗争——这就是奴隶制度底情景。

3. 在封建制度下，生产关系底基础是封建主占有生产资料和不完全占有生产工作者，这生产工作者便是封建主虽已不能屠杀，但仍可以买卖的农奴。当时除封建所有制外，还存在有农民和手工业者以本身劳动为基础占有生产工具和自己私有经济的个人所有制。这样的生产关系在基本上是与当时的生产力状况相合的。镕铁和制铁工作更进一步的改善；铁犁和织布车的散布；农业、园圃业、酿酒业和制油业的继续发展；与手工业作坊并存的手工业工场企业的出现——这就是当时生产力状况底特征。

新的生产力所需要的是在生产中能表现某种自动性、愿意劳动、对劳动感觉兴趣的生产者。因此，封建主就把奴隶抛弃，因为奴隶是对劳动不感觉兴趣和完全没有自动性的工作者；而宁愿利用农奴，因为农奴有自己的经济、有自己的生产工具，具有为耕种土地并从自己收成中拿出一部分实物缴给封建主所必需的某种劳动兴趣。

私有制在这里已经继续发展了。剥削几乎仍如奴隶制度下的剥削一样残酷，不过是稍许减轻一些罢了。剥削者和被剥削者间的阶级斗争，便是封建制度底基本特征。

4. 在资本主义制度下，生产关系底基础是生产资料的资本主义所有制，同时这里已经没有了私自占有生产工作者的情形，这时的生产工作者，即雇佣工作，是资本家既不能屠杀，也不能出卖的，因为雇佣工作已免除了人格上的依赖，但他们却没有生产资料，所以他们为要不致饿死，便不得不出卖自己的劳动力给资本家，并忍受繁重的剥削。除资本主义的生产资料所有制外，还存在没有免除了农奴制依赖的农民和手工业者以本身劳动为基础占有生产资料的私有制，而且这种私有制在第一个时期是很流行的。手工作坊和手工工场企业已由机器化的大工厂所代替了。用农民粗笨生产工具耕作的贵族地产，已由根据农艺学经营和使用农业机器的资本主义大农场所代替了。

新的生产力所需要的是比较闭塞无知的农奴们文化些、伶俐些、能够懂得机器并正确使用机器的生产工作者。因此，资本家宁愿利用免除了农奴制羁绊而有相当文化程度来正确使用机器的雇佣工人。

可是，资本主义把生产力发展到巨大规模的时候，便陷入它自己所不能解决的矛盾中。资本主义生产出日益增多的商品并减低着商品价格，便使竞争尖锐化，使大批小私有主和中等私有主陷于破产，把他们变成无产者，减低他们的购买力，因而就使生产出来的商品无法销售出去。资本主义扩大生产并把千百万工人集合在大工厂内，便使生产过程具有了公共的性质，因而破坏了自己本身的基础，因为生产过程底公共性质要求有生产资料的公有制，而生产资料的所有制却仍然是资本主义私人性的，即与生产过程底公共性质势不两立的所有制。

生产力性质与生产关系间这种不可调和的矛盾，是暴露于周期的生产过剩危机中，此时资本家因他本身使广大民众遭受破产而找不到有支付能力的需求者，便不得不烧毁生产品、消灭已制成的商品、停止生产、破坏生产力；此时千百万民众被迫失业挨饿，而这并不是由于商品不够，却是因为商品出产太多。

这就是说，资本主义的生产关系已不复与社会生产力状况相适合，而是已与社会生产力处于不可调和的矛盾地位。

这就是说，在资本主义制度里成熟着革命，其使命就是要用社会主义的生产资料所有制来代替现存的资本主义的生产资料所有制。

这就是说，剥削者和被剥削者间最尖锐的阶级斗争，乃是资本主义制度底基本特征。

5. 在社会主义制度下,在此刻还只实现于苏联的这个制度下,生产资料的公有制是生产关系底基础。这里已没有什么剥削者,也没有什么被剥削者。生产出来的物品是根据"不劳动者不得食"的原则来按劳动分配的。这里生产过程中人们相互关系底特征,乃是不受剥削的工作者们间同志的合作和社会主义的互助。这里生产关系与生产力状况完全相合,因为生产过程底公共性质是由生产资料的公有制所巩固的。

因此,苏联的社会主义生产也就根本不知道什么是周期的生产过剩危机,以及与此危机相联结的荒谬现象。

因此,生产力在这里是加速发展着,因为适合于生产力的生产关系使生产力有这样发展的充分广阔的余地。

这就是人类史上人们生产关系发展的情景。

这就是生产关系发展对于社会生产力发展,首先是对于生产工具发展的依赖性,而因为有这种依赖性,所以生产力底变更和发展迟早要引起生产关系与此相适应的变更和发展。

马克思说:

> 劳动资料①的使用和创造,虽其萌芽形式已为某几种动物所固有,毕竟是人类劳动过程所独具的特征,所以佛兰格林说人类是制造工具的动物。劳动资料底遗骸对于研究已经消亡的诸社会经济形态,也如动物骨骼底遗骸结构对于研究已消亡的诸种动物底躯体组织一样,有极重要的意义。各个经济时代所由以区别的不是生产什么,而是怎样生产……劳动资料不仅是人类劳动力发展底尺度,并且是劳动在其中实现的社会关系底指标。(马克思:《资本论》第一卷)

其次:

> 社会关系是和生产力密切联结的。人们既获得了新的生产力,便会改变自己的生产方式,而随着生产方式底改变,即本身生

---

① "劳动资料"是指生产工具而言。

活保证方式底改变，人们也就会改变自己所有一切社会关系。手力的磨坊产生了以绪则连（即封建主）为首的社会；蒸汽力的磨坊产生了以工业资本家为首的社会。(《马恩全集》第五卷)

生产力增长底运动、社会关系底破坏以及思想底产生都是毫不间断地发生着，不动的只是运动底抽象。(同上，第三六四页)

恩格斯在解释《共产党宣言》内所表述的历史唯物主义时说道：

每一历史时代底经济生产以及必然从它发生的社会结构，便是这时代的政治和思想历史底基础……与此相适应的，是自从原始公社的土地占有制瓦解时起，全部历史都是阶级斗争的历史，即社会发展各阶段上被剥削阶级与剥削阶级、被支配阶级与统治阶级间斗争的历史……在这个斗争现今所达到了的阶段上，被剥削、被压迫的阶级（无产阶级）为要摆脱掉剥削它、压迫它的那个阶级（资产阶级），已非同时使整个社会永远摆脱剥削、压迫以及阶级斗争不可了……（恩格斯为《宣言》德文版所作的《序言》）

六、生产底第三个特性是：新的生产力和新的生产关系的发生，不是离开旧制度，而是从旧制度内部发生的

生产底第三个特点就在新的生产力以及与其相适合的生产关系产生的过程，并不是离开旧制度而单独发生，不是在旧制度消灭以后发生，而是在旧制度内部发生；不是由于人们有意自觉活动底结果，而是自发地、不自觉地、不依人们意志为转移地发生的。其所以是自发地和不依人们意志为转移地发生，是由于以下两个原因。

第一个原因，就是人们不能自由选定这种或那种生产方式，因为每一新辈人开始生活时，他们已遇到现成的生产力和生产关系，即前辈人所工作的结果，因此这新辈人在最初一个时候，应当接受他们在生产方面所遇到的一切现成东西，应当去适应这些东西，以便有可能生产物质资料。

第二个原因,就是人们在改善这种或那种生产工具,这种或那种生产力要素时,不会觉悟到、不会了解到,也不会想到这些改善将会引起怎样一种社会结果,而只是想到自己的日常利益,只是想要减轻自己的劳动,谋得某种直接的、可以感触到的益处。

当原始公社社会中某些社员逐渐地摸索式地由石器过渡到铁制工具时,他们当然不知道、当然没有想到这种革新会引起怎样一种社会结果;他们并没有了解到、没有意识到,由石器过渡到金属工具是意味着生产中的变革,结果一定会引起奴隶制度——当时他们只是想要减轻自己的劳动和谋得眼前的感觉得到的益处——他们当时的自觉活动只局限于这种日常个人利益的狭隘范围。

当欧洲年轻资产阶级在封建制度时期开始建造巨大手工工场企业,以与细小行业作坊并列,因而推进社会生产力时,它当然不知道、当然没有想到,它这种革新办法会引起怎样一种社会结果,它并没有意识到、没有了解到,这种"细微的"革新办法会引起社会力量的重新配合,结果会发生一个要把它当时所十分感戴的王室政权以及它的优秀代表所往往梦想侧身其间的贵族都一概推翻的革命——当时它只是想要减低商品生产成本费,更多拿些商品到亚洲市场以及刚才发现的美洲市场去销售,借以获得更多的利润——它当时的自觉活动只局限于这种日常实践的狭隘范围。

当俄国资本家和外国资本家一起加紧在俄国培植现代机器化大工业,丝毫也不触动沙皇制度,而听凭地主们宰制农民时,他们当然不知道、当然没有想到生产力这种严重的增长会引起怎样一种社会结果;他们并没有意识到、没有了解到,这个在社会生产力方面发生的严重跃进会引起社会力量的重新配合,结果会使无产阶级能和农民联合起来实现胜利的社会主义革命——当时他们只是想要极端扩大工业生产,掌握巨大的国内市场,变成垄断家并从国民经济中吸取更多的利润——他们当时的自觉活动并没有超出他们日常的狭隘实践的利益。

因此马克思说:

> 人们在自己生活底社会生产中(即是在生产为人们生活所必需的物质资料中。——斯太林注)彼此间发生一定的、必然的、不

依他们本身意志为转移的关系,即与他们当时的物质生产力发展程度相适合的生产关系。(《马克思选集》第一卷)

但这并不是说,生产关系底变更以及由旧生产关系到新生产关系的过渡是一帆风顺地进行,而不经过什么冲突、不经过什么震动。恰巧相反,这样的过渡通常是表现于用革命手段来推翻旧生产关系而奠定新生产关系。到一定时期为止,生产力的发展以及生产关系方面的变更是不依人们意志为转移而自发进行的。但这只是到一定时候为止,只是到已经产生和正在发展的生产力还没有充分成熟的时候为止。而当新生产力已经成熟时,现存的生产关系及其体现者的统治阶级就变成了"不可克服的",只有经过新阶级自觉活动、只有经过新阶级强力行动、只有经过革命才可扫除的障碍。这里特别明显地表现出应该用强力把旧生产关系消灭掉的那些新社会思想、新政治制度和新政权底伟大作用。在新生产力与旧生产关系互相冲突的基础上,在社会底新经济需要的基础上产生出新的社会思想;新的思想组织和动员群众;群众团结成为新的政治军队,建立起新的革命政权,并运用这个政权去用强力消灭生产关系方面的旧秩序而奠定新秩序。于是,自发的发展过程就让位于人们自觉的活动,和平的发展就让位于强力的变革,进化就让位于革命。

马克思说:

无产阶级在反对资产阶级的斗争中一定团结成为阶级……它借实现革命而把自己变为统治阶级,并以统治阶级资格去用强力消灭旧的生产关系。(《共产党宣言》一九三八年版)

又说:

无产阶级运用自己的政治统治,一步一步夺取资产阶级所有的全部资本,把一切生产工具集中于国家手里,集中于已组织成为统治阶级的无产阶级手里,并尽量迅速地增加全部生产力。(同上)

强力是每一个旧社会在怀孕着新社会时的产婆。(马克思:《资本论》第一卷)

以下便是马克思在一八五九年为他那部名著《政治经济学批评》所写的有历史意义的《序言》中,对历史唯物主义底实质所作的一个天才的表述:

> 人们在自己生活底社会生产中彼此间发生一定的、必然的、不依他们本身意志为转移的关系,即与他们当时的物质生产力发展程度相适合的生产关系。这些生产关系底总和就组成为社会底经济结构,即法律的和政治的上层筑物所借以树立起来,而有一定的社会意识形式与其相适应的那个现实基础。物质生活底生产方式决定着社会生活、政治生活以及一般精神生活的过程。并不是人们底意识决定人们底存在,恰巧相反,正是人们底社会存在决定人们底意识。社会底物质生产力发展到一定程度时,便和它们向来在其中发展的那些现存生产关系,或不过是现存生产关系在法律上的表现的财产关系发生矛盾。于是在这些关系便由生产力发展的形式变成了束缚生产力的桎梏。那时社会革命时代就到来了。随着经济基础的变更,于是全部庞大的上层建筑物中也就会或迟或速地发生变革。在考察这些变革时,必须时刻把经济生产条件方面所发生的那些可用自然科学精确眼光指明出来的物质变革,去与人们所借以意识到这个冲突并力求把它克服的那些法律的、政治的、宗教的、美术的或哲学的形式——简言之思想形式——分别清楚。正如我们评判一个人时不能以他对于自己的揣度为根据一样,我们评判这样一个变革时代也不能以它的意识为根据。恰巧相反,这个意识正须从物质生活底矛盾中,从社会生产力和生产关系间现存的冲突中求得解释。无论哪一个社会形态,当它所给以充分发展余地的那一切生产力还没有展开以前,是决不会灭亡的;而新的更高的生产关系,当它所借以存在的那些物质条件还没有在旧社会胞胎里成熟以前,是决不会出现的。所以人类始终只会抱定自己所能够解决的任务,因为我们仔细去看时总可看出,任务本身,只有当它所能借以得到解决的那些物质条件已经存在或至少是已在形成过程中的时候才会发生的。(《马克思选集》第一卷)

这就是把马克思主义的唯物主义应用于社会生活和社会历史的情形。

这就是辩证唯物主义和历史唯物主义底基本特征。

（上海世界文化出版社 1949 年版）

接　受

研究中国历史的锁钥

华　岗

"我们(中国)这个大民族数千年的历史,有它的发展法则,有它的民族特点,有它的许多珍贵品。对于这个,我们还是小学生。今天的中国是历史的中国之新发展,我们是马克思主义的历史主义者,我们不应割断历史。从孔夫子到孙中山,我们应该给以总结,我们要承继这一份珍贵的遗产。承继遗产,转过来就变为方法,对于指导当前的伟大运动是有着重要的帮助。"(《论新阶段》)如此,最近在抗战的烈火中,许多青年朋友大大提高了他们研究中国历史的兴趣,可以说是很好的现象。但是,一谈到研究中国历史,许多人就不免要皱起眉头,因为一般历史书,固然都是一些大民贼、小民贼的家谱或相砍书,科学的中国社会史还在未发掘的古墓里,还在未读破的古籍中;而中国新史学则还是一门很年青的学问,虽然最近十余年来,对于中国社会史已经有过不少论争,但是它们给于我们的,也还仅仅是一个粗大的轮廓,甚至可说只是一个暗示。中国历史发展上许多重大的问题,如中华民族的来源及其特质、中国古代社会的构成、各个构成的递禅、封建经济停滞的真因等等,可以说都还是急待解决的问题。自然,我决没有那样狂妄,想在一篇短文里就把这些重大问题都一气提出讨论,更谈不上马上就来解决这些问题,这没有集体和较充分的研究讨论,是不能一下子得到解决的。我写这篇短文的意思,只是因为《读书月报》编者先生的再三督促,为许多有兴趣于研究中国历史的青年朋友,提供一把启门入户的基本锁钥而已。

许多中国历史书所以不能成为真正的科学的东西,最主要的原因就是由于那些所谓史家根本没有找到一把真正研究社会历史规律的锁钥。那些专门替大民贼、小民贼做家谱或起居注的奴才，固然不必说他了。就是那些号称所谓史家者，也都不能致力于历史发展的社会动力的研究，它们首先的着眼点不是社会生产者的历史、劳动者的历史、民众的历史，而往往把社会发展的历史归结于少数特出人物的行动，归结于少数英雄的一时"胜利者"与"征服者"的活动，结果在他们所写的历史书里只能看到许多兴亡治乱的事迹与少数英雄的"伟业"，而且就是产生这些兴亡治乱与少数英雄活动的历史条件与原因，他们也不能给我们以清楚的解释，更不用说社会生产发展的历史了。

他们为什么会有这样的错误呢？从根本上说起来，当然是由于他们的社会地位限制他们不敢面向真理，有时甚至不得不点缀历史和伪造历史。同时，他们狭隘的宇宙观又规定他们无力去解决社会存在与社会意识的关系问题、社会物质生活条件与社会精神生活发展的关系问题。他们不了解物质世界即社会物质生活是离开人们意志而存在的客观现实，而社会的精神生活、意识乃是这个客观现实的反映，即存在的反映。自然，这并不是说，社会思想理论、政治观点、政治制度到社会生活没有意义，说它们不给社会存在、社会物质生活的发展以反影响。要知道：新的社会思想与理论只有在社会生活的发展已经提出了新任务之后才会产生；但是，当它们产生之后，它们也就成了重大的力量，能够帮助解决社会物质生活发展所提出的新任务，能够帮助社会的前进。个人如果能够确切反映这种社会物质生活的发展，把握到这种新的思想和理论，帮助社会的发展，帮助它的前进，那末他们在历史上的作用和地位也就是很伟大的。例如，我们现在的抗日战争，这是中华民族生存与解放的唯一出路，凡是能够把握到这一伟大的历史动向，努力推动抗战前进并领导抗战得到胜利的个人与集团，便都是伟大人物和力量，将来在历史上也就有很光荣的地位。反之，如果有某人或某一集团要阻碍以至破坏这一抗战的前进，便不可免的要被历史所否定，而且像汪逆精卫之流，则简直已被历史所否定、所鄙弃，因为他们是中国民族的没落力量，是抗战大潮的逆流。但是，凡领导抗战的人们与集团，真正为国家尽大忠，为民族尽大孝，就必然地是确切把握坚持抗战争取最后胜利的根本气节,坚决改革政治,使自己与广大民众发展血肉联系,动员与组织民众,把最伟大的民族潜力发挥出来,开辟真正胜利的道路。因为,如果口喊抗争,而又畏惧民众,甚至压制民众,那结果是必然因为脱离民众而一无所成的。旧的历史学家因为看不到民众在创造历史中的伟大作用,只看到少数个人的活动;或者只以成败论人,所谓"成则为王,败则为寇",因此他们所写下的历史书也就不会有科学的价值。

由此可知,研究社会历史规律的锁钥,不应该从少数特出人物身上,不应该从人们的头脑中、从社会的观点与思想中去找;而应该从每个一定的历史时期中的社会所实行的生产方法中去找,从社会经济中去找。因为历史科学的第一等任务就是研究与发现生产的规律、生产力与生产关系发展的规律、社会经济发展的规律。同时,应该从广大民众尤其是劳动者的奋斗中去找,因为社会发展的历史根本就是物质财富的生产者的本身的历史,即劳动者与民众的历史;因为广大民众尤其是劳动者是生产过程的及实现生产社会存在所必需的物质财富的主要力量。但是,这还只是一种原则的提示。要使这把锁钥能够正确运用到中国历史的研究上去,就不能不加以相当的解释。

首先,就是生产方法的问题,这是在社会物质生活的体系内决定社会面貌、社会制度性质、社会从一种到另一种制度发展的主要力量,也是中国过去社会史论争中的主要焦点。在苏联,从布哈林到鲁宾;在中国,从严灵峰到王宜昌、张志澄,都不但混同着生产诸力与技术,而且把技术作为生产关系或生产方法的决定要素来看待,这固然表现他们对于新史学知识的无知,或者是别有用心。就是《中国古代社会研究》著者郭沫若先生,认为中国社会未至资本主义阶段的原因是缺乏蒸气机之论断,亦是纯粹的机械的理论。这正如侯外庐先生所说:"我们对于郭氏由中国古代劳动手段而分析中国社会的阶段之功绩是极力赞佩,而因劳动手段的重视,忘却社会构成之特征的生产方法,委实是不能原谅的错误。"马克思很早就指出过:"劳动手段的使用与创造,虽在其他某一些动物间已见萌芽,但更为人类劳动过程的特征。研究古动物体组织,必须研究遗骨的构造;同样,研究古社会经济组织,不能不研究劳动手段的遗物。划分经济时期的事情,不是制造什么东西,而是用什么劳动手段并且如何制造。劳动手段不仅是人类劳动力发展程度的测量器,而且是劳动进行所在的社会关系的指标。"(《资本论》第一卷第五章)更明白的还有为我们的史家最喜引用的文句:"手磨石臼给我们以拥戴领主的社会,蒸气磨粉机给我们以产业资本家的社会。"列宁也说过:"苏维埃加上电气化等于社会主义。"可见他们并没有丝毫过小估计技术的意义。但是他们虽然很正确的估计了技术的价值,同时也并没有把技术当作生产力的同义语,只是说每个社会都有那社会的技术手准,同时技术的作用显然是有一定的限度。所以马克思在同一个地方又说:"不参加劳动过程的机械是无用的。不仅如此,它还会在自然物质代谢的破坏力下解体:铁会生锈,木会腐朽;不织也不编的纱会成为废棉。它必须被活的劳动捉住,并从死梦中唤醒,才能从可能的使用价值变为现实的能动的使用价值。"这里已经说得很清楚,如果没有人类、没有劳动力,技术只是死东西,是无用的东西,对于生产关系不会发生实际的效果,必须在劳动过程中,技术的可能性才能变为现实性。马克思又曾说过工人阶级是最大的生产力,这是不难明白的大道理。

总之,劳动手段可以认为社会诸关系的指标,然而不是决一作用的规定者。只有生产方法当做物质的前提条件,决定着时代发展的社会经济构成的诸阶段,决定着社会的、政治的、法律的、精神的生活诸过程一般,它"把旧社会的机能破坏,同时复建立起新的社会的机能"。同时,"生产、生产方法又是包含着社会生产力及人们的生产关系这两方面的,而在物质生产的过程中体现了他们的统一"。所以有人(例如何干之)把生产方法视为生产诸力的总和,也是极其错误的。他们不了解"生产方法使生产力发展,复创造束缚自己的生产诸关系来,与生产诸力对立着,具备着社会革命的物质条件,换言之,生产方法发展出否定自己的条件"。"劳动过程之一定的历史形态,渐渐发展出这过程的物质的诸基础与社会的诸形态,当达到一定的成熟阶段时,一定的历史的形态便被剥脱而让位于更高级的一形态。"由此可知,社会性质及其历史的发展不是由技术与生产诸力决定的,而是由生产方法决定的。

另外有些人因为对于生产方法的不了解,以商业资本或剥削关系来决定社会历史的发展,前者如拉迭克、陶希圣,后者如李立三,因此对于中国历史的研究也都发生了许多严重的错误。拉迭克以为商业资本在中国已有久远的历史,蚕食了封建势力,所以中国革命已没有反封建的任务,他的错误"就是没有了解这种特殊的形式,没有了解中国乡村中商业资本与封建残余统治间的这种结合,同时保留中世纪封建式的剥削农民的方法和历迫农民的方法"(《论反对派》)。陶希圣则更拿商业资本当魔术来玩弄,当作研究中国历史的唯一指标,自然一无当处。结果他把自己也和汪逆精卫一起当作商品卖给日寇,公开充当汉奸。此外如任曙、严灵峰之流也都以为商品经济就是资本主义经济,中国既有商品经济的存在,因此中国社会也就是资本主义社会。其目的无非是替封建势力服役,使中国革命的刀口不要向它们。殊不知道商业资本并不能区别社会性质,它本身并没有独特的生产力,只有当资本把握住生产并赋与它以完全变化的特殊形态。商业资本始在"特殊"的一机能呈现为一种资本。虽然他们的荒谬理论早已被历史所否定,但是青年朋友入手研究中国历史的时候,对于这种历史错误仍不能不有所警戒。至于拿剥削关系来决定社会性质,显然亦是一种错误。因为剥削关系一方面是一种阶级关系,一方面不过是分配关系;这不过是照应于一定的生产诸关系之一种"社会的经济关系或经济的形态"罢了。如果拿剩余生产的分配形态当做社会的决定条件规定着,显明地是一种因果倒置论。上述各种错误,在历史研究范围内都是由于没有把握到社会历代规律的锁钥,所以了解生产方法的意义实在是研究社会历史的第一义。

其次,生产方法既然是在社会物质生活的体系内决定社会面貌、社会制度性质、社会从一种到另一种制度发展的主要力量。则很明显的,一切所谓地理决定论与人口决定论,就都没有存在的价值。不能否认的,地理环境是社会发展的经常的必需的条件之一,当然它影响着社会的发展,但是地理环境对于社会发展不能起决定的作用,因为社会的变化和发展较之地理环境的变化和发展要快得多。地理环境之多少重大的变化需要几百万年,而人们的社会制度的极重大变化有几百年或千余年已经足够了。同样,人口的增加影响社会的发展,帮助或阻滞社会的发展,但是它也不能成为社会发展的主要力量,它对社会发展的影响不能成为决定的影响。显明的事实是：中国的人口密度四倍于美国，但是从社会发展的观点来看，美国却高于中国，因为中国现在还统治着半封建势力，而美国已经达到了资本主义发展的最高阶段。这两种错误观点在中国现在史学界的影响虽然已经不大，但也还没有彻底被清算。尤其是前者，中国有些所谓史家曾受过蒲列汉诺夫地理唯物论的影响，以为中国的地理环境与西方社会不同，所以中国社会是循着另一个方向发展，中国社会是另有一规律性，于是他们就借着亚细亚生产方法等种种名词，或者躺在这些名词的背后，企图以地理唯物论来代替高级的历史观，殊不知道虽然各国社会都有各自的特殊性，例如中国社会，农村公社长期被保留，封建制度是中央集权，而且长期停滞着。但是特殊的社会现象总离不开历史的普遍法则，这也可见上述生产方法研究乃是解决许多中国历史争论问题的基本锁钥。

再次，上述基本锁钥又可以帮助我们去克服对中国历史中其他许多形式逻辑与机械论的缺陷和错误，例如形式逻辑排斥事物自身中的矛盾性，而历史上的一切事实正是基于矛盾的不断发展和解决的。因为历史的事象都固有着内部矛盾，都有自己的正反两方面、自己的过去与将来、自己的衰亡与发展；而这些对立的斗争、新与旧之间的斗争、衰亡与生长之间的斗争、消减与发展之间的斗争，就组成了历史发展过程底内容。外的条件的作用要通过已知事物的内部构造，并且从这里受到曲折。只有了解了客观实在性的内的发动力以后，才能理解历史发展的真正本质，例如中国民族资本主义的产生和发展，并非像外铄论者所想那样，是完全由外国资本主义所移植，而是中国社会内部已有这一要求，自然外国资本主义的侵入发生了刺激的作用，然而它不是决定的力量；最后更因帝国主义与本国封建势力的束缚和压迫，阻碍了它的发展。同时，社会历史是社会的规律性的发现，决不是偶然性的堆积。例如当我们研究近百年来国内的农民暴动与农民战争时，我们应该从潜伏在社会内部的阶级对立中去找寻它们的原因，每一次农民暴动都不是偶然地爆发的，而是当旧的社会生产关系阻碍生产力的发展、农民大众不堪残酷的封建剥削的时候，反对剥削阶级的斗争。农民暴动多次的失败并未曾绝灭农民斗争的基础；相反的，失败的流血随着帝国主义、封建势力对于农民剥削的加紧,就与日后的革命血浪汇流起来,当工人阶级的领导力量渐次形成而加强的时候,农民的革命就发展而到更高的综合,成为解放中国的民族革命战争。又如形式逻辑把全部的历史看做彼此孤立的事象,而实际上历史上的一切事象正是彼此相联系、相影响的,世界上并没有彼此孤立的事象。因此对于历史每个社会制度和每个社会运动,决不应该从"永恒的正义"或者任何其他预定观念的观点上去判断它(如不少历史家之所为),而应该从产生这个社会制度与社会运动及与他们相联结的各种条件去判断它。当我们研究帝国主义列强对中国的侵略政策之转变与其冲突或联合时,我们须将此等情况与国际帝国主义之对立矛盾联系起来观察。同时当我们研究国内阶级结合关系之变化时,亦须将此等情况与民族地位之变动及国际形势联系来观察。因为只有这样才能理解某种政策与口号的历史意义。又如形式逻辑与机械论者都忽视了量与质的区别及其关联,因此他们只能看到历史的外壳,而不能捉住历史的内心。过去任曙、严灵峰之流,看见商品流通的增加与轮船、银行的兴起,即断定中国已经是资本主义国家,极其可笑的中外资本一视同仁论便是这种谬误观点之典型的例子。而其实,历史一切事变都是由量发展到质的变动,更由质的变动引起量的变化的过程。变动的开头也许是为人所不易觉察到的,可是后来它们就成了重大的历史变动,或因此引起其他的变革。从"九一八"到"七七"芦沟桥事变,各种零星的救亡运动终于汇合而成抗日民族统一战线,实现民族解放战争,此时已由量的发展进到质的变动。抗战发动以后,民族统一战线也就更由质的变动引起国内外形势的新变化,使中国民族解放运动向着一个簇新的阶段发展。

上述基本锁钥对于研究中国历史的运用和意义,本来还有许多重要之点需要阐明,但限于篇幅,今天只好暂止于此了。

(《读书月报》1939年第1卷第10期)

关于上古历史阶段的商榷

范文澜

人类历史的发展,绝无例外的要经过原始公社、奴隶占有制度、封建制度、资本主义制度,而后达到社会主义的社会。

因为人是制造工具的动物,而新工具之制造又必须依靠前一辈人所已有的成就逐渐改善才有可能。旧石器工具只能进步到新石器。新石器工具只能进步到粗笨的、简单的、效用不大的金属工具。金属工具——主要的是铁器——继续改善,才有蒸汽机的出现。蒸汽机进步到电气机,人类文明因而走上更高的阶段。

随着生产工具之变更和发展,人们的生产经验、劳动技术也变更和发展了。一定的工具和一定的劳动者结合起来,成为一定的社会生产力。

与一定的社会生产力相适合的是人们的生产关系。所以,生产力是怎样,生产关系也就应当是怎样。

中国上古历史,因为文献的难征和发掘工作的幼稚,许多问题无法予以正确的说明。尤其是奴隶制度在什么时候成立,封建制度在什么时候开始。聚讼纷纭,莫衷一是。大体说来,约有:

(一)殷代是氏族社会,西周是奴隶社会——这是郭沫若氏《中国古代社会研究》的主张。按郭氏《中国古代社会研究》一书是一九二九年出版的,后四年即一九三三年郭氏所著《卜辞通纂考释》,似乎并未重提殷代为氏族社会之说,而于书中《征伐》《食货》各篇,考证殷代的奴隶服兵役及从事牧畜、农艺等生产事项颇详。是则郭氏于殷代社会已有新的发见和新的认识了。郭氏是世界著名的考证家和历史学家,他用唯物史观的方法来研究中国古代历史,其功甚伟,其影响亦甚大。现在我们提出一些材料,希望商榷的结果能得到更接近真理的见解。

(二)殷代是奴隶社会,西周是封建社会——这是我党历史学者吴玉章同志的主张。

那一说接触了真理呢?让我们来考察一下:

奴隶制度时代已用铁作农具,这是对的,但不能说殷墟还没有发见铁,所以殷代决不会是奴隶社会。郭沫若氏取《公刘篇》"取厉取锻"和《考工记》仅存标题的"段氏",用《说文注》"椎物也"作桥梁,推论出西周已有铁器,因而西周是奴隶社会。按《公刘篇》虽是周初人作,说的却是公刘时候的事。据《史记·周本纪》,公刘世系不明,大抵在夏、殷之际。如果我们相信《公刘篇》所说可靠,那末,夏、殷之际已经有铁,殷何以一定不是奴隶社会呢?且"锻厉"也不能作为铁器的积极证明。《周书·费誓》"锻乃戈矛,砺乃锋刃",西周兵器均是用铜,是铜器亦称锻厉也。《荀子·强国篇》说当时制剑的技术:"刑范正,金锡美,工冶巧,火齐得,剖刑而莫邪已。然而不剥脱,不砥厉,则不可以断绳。"可见兵器犀利主要是靠砥厉,这与《左传》昭公十二年楚子革说"磨厉以须,王出,吾刃将斩矣"的意义相合。锻只是把戈矛不直的击之使直——因为刑范有不正的——并没有制铁器的时候那样的重要性,所以用"锻"字来推测铁之用否,是不甚有力量的。

我们知道中国留传下来的古文献,是高高在上的统治阶级谈论他们那一套如何榨取人民、压迫人民的大道理,本来不是为后人考察经济发展而说而写的。而且遗失的又太多了,如《多士篇》说"惟尔知惟殷先人,有册有典",可是现在只保存了几篇。至于地下发掘更只是开始工作。譬如《孟子》说"周公驱虎豹犀象而远之"。《吕氏春秋》说商人服象为虐于东夷,周公遂以师逐之,至于江南。象是南方的特产,谁也不相信三千年前河南地方会生象,可是地下发掘却给证明了。殷代的铁器,我们现在断其必无,未免早些吧。

所以,铁制农具何时开始,是一个无法讨论的问题(因为材料不够)。幸而《联共(布)党史简明教程》给予我们以明确的指示,依据这个指示,我们可以在生产关系方面找出实际证明,因而生产力也就不会平空臆测了。

试看《联共(布)党史简明教程》怎样写着？

(一) 奴隶占有制度

　　1. 生产关系的基础——奴隶主对于生产资料以及对于生产工作者的所有制。这些生产工作者就是奴隶主所能当作牲畜一样来买卖屠杀的奴隶。

《尚书·梓材篇》："皇天既付中国民，越厥疆土。"《召诰篇》："皇天上帝，改厥元子，兹大国殷之命，惟王受命。"这就是说殷王是皇天的大儿子，他代天有土地和人民。现在周王做了大儿子，所以土地、人民都归周王所有。这是周初人说的话，足见生产资料和生产工作者在殷代是属于王的。

在"卜辞"及发掘里，证明殷代（盘庚以前无可考）大批杀戮奴隶，祭祀用奴隶作牺牲，《盘庚中篇》称民为"畜民"。《周易·旅卦·六二爻辞》："旅即次，怀其资，得童仆贞。"皆买卖屠杀之证。

　　2. 生产工具——人们所拥有的，已经不是石头工具，而是金属工具。

石头工具已被金属工具所代替，但并不是完全消灭。恩格斯在《家庭私有财产及国家之起源》里说："铁产生了大规模的耕作……这些都是逐渐形成的。最初的铁常比青铜还要柔软，所以石头很慢很慢才消灭的。"奴隶社会一般说来，畜牧业还占主要地位，金属农具还没有广泛的应用。等到广泛散布的时候，也就是封建制度的开端了。

　　3. 生产部门——此时，已经出现畜牧业、农业、手工业，以及在这些生产部门间的分工。

说"已经出现"而不说已经发达，这个指示是应该注意的。许多人把历史发展的阶段弄糊涂了，就是没有注意"已经出现"四个字的缘故。

这里畜牧业居第一位，据郭沫若氏考证，殷代是牧畜最蕃盛的时期，我还可以提出一个补充证据。《洪范》篇"八庶征：雨、旸、燠、寒、风，五者来备，各以其叙，庶草蕃庑"。这正是畜牧时代人说的话。农业居第二位。《洪范》在"庶征"以后，接着说"岁、月、日时无易，百谷用成"。百谷说在庶草之后,证明殷代是首畜牧而次农业,手工业居第三位。当时的手工业,主要的是供给统治阶级的使用,所以殷墟发掘,工业场所都在王宫附近。

何以知道奴隶参加这些部门呢？奴隶是畜牧的工具,卜辞虽少记载,但这正说明奴隶从事畜牧,事属平常,不疑何卜。叀何以卜,叀待天时,不可必其蕃庑也。《左传》昭公七年"马有圉,牛有牧"。圉、牧在仆台之下,其贱可知。《庄子》说臧获牧羊,臧获是奴隶的通称。《晋书·陶侃传》还有牧猪奴的称呼(西汉公孙宏牧猪海上,后作宰相,卜式牧羊,亦非奴隶)。这些都是古代(殷、周)留传下来的习惯语。"卜辞"中有耤臣,是农业奴隶的管理者。手工业的首领叫做百工,也叫做工师,他们家传技术,实际劳动却是奴隶,周代还保存这个习惯。

说到生产工具和分工,农业用具尚少实证,手工业据发掘所知有陶工、石工、骨工、铜工、玉工。玉的硬度是很大的,可是玉工已能雕刻精细的花纹,证明雕玉工具是最好的金属,依此推想,工业既能刻玉,在黄土上刺几寸深的农具,也可能有的吧。

4. 此时,已经有可能在各个人之间以及在各个团体之间交换生产品。

《尚书·酒诰》:"妹土嗣尔股肱纯,其艺黍稷,奔走事厥考厥长。肇牵车牛远服贾,用孝养厥父母。"据此,是殷人先已有交换生产品之事。殷墟发现大量的贝,贝产于海滨;又青铜所含之锡,亦非黄河流域所产,足见团体间也有交换。

5. 此时,已经有可能把财富积累于少数人手中,而且真正把生产资料积累于少数人手中。

据殷墟发掘所见,贫富的分割非常明显。《史记·殷本纪》:"武王命南宫括散鹿台之财,发钜桥之粟,以振贫弱萌隶。"萌就是氓,隶即奴隶,被统治阶级所剥削者。

6. 此时,已经有可能迫令大多数人服从少数人,并把这大多数人变为奴隶。

殷代最重刑罚,《礼记·表记》所谓"商人先罚而后赏"。《荀子》说

"刑名从商"。《韩非子》也说商人有弃灰之刑。"卜辞"及地下遗骨,想见殷代杀戮的凶残。"卜辞"囚字,作人在井中之形。刑罚是统治阶级压服人民的工具,目的就在迫令大多数人服从少数人。

7. 在这里,已经是由奴隶们底强迫劳动占统治地位。

三个生产部门居首位的畜牧业是用奴隶的。农业是部分的用奴隶,工业也用奴隶,是强迫劳动占统治地位了。阶级划分的结果,旧氏族社会中一切组成员共同劳动、自由劳动的现象破坏了,也就破坏了对于生产资料以及对于生产品的公共所有制。土地归最大奴隶主——王——私人所有,贵族从王分得土地是可能的,如箕子封于箕、微子分于微之类。周初大封建,在殷代已经发生了萌芽。

8. 阶级斗争。富人和穷人、剥削者和被剥削者、享有完全权利者和毫无权利者,他们之间的残酷阶级斗争。

这里指出奴隶社会里有三个阶级。第一是贫人阶级。贫人不是奴隶,而是旧氏族社会残留下来的大批"破落户"。《高宗肜日》篇:"王司敬民,罔非天胤,典祀无丰于昵。"所谓"罔非天胤"的民,就是指同一氏族的那些"破落户"。《洪范·五福》其二曰富;六极,其四曰贫。《洪范》说富贫而不说贵贱。奴隶社会财富以奴隶多少为标准。如果奴隶大批逃走或死亡,富人即变成穷人,而贵人也就变成贱人,所以在那时候的统治阶级,觉得贫富比贵贱更有重大的意义。"卜辞"里殷代征伐之事极多,但也不见他们扩大了多少土地,原因就在掠夺奴隶,增长自己的财富。《礼记·表记》说殷人之敝,"荡而不静,胜而无耻"。这就是奴隶主强盗行为的写照。第二是被剥削阶级。这些人或由别的地方逃避更残酷的剥削而逃来附归,或由俘虏的一部分被束缚于土地而缴纳贡赋。这些人经营小农业,地位在奴隶和农奴的中间。第三是奴隶阶级。他们同牛马一样,什么权利都没有,至于统治阶级只是一个,富人就是剥削者,也就是享有完全权利者。

《联共(布)党史简明教程》指出奴隶社会基本的条件,考之殷代盘庚以后无不备具,因此我们可以判定殷代(指盘庚以后,前此如何,因无实证,不能率断)是奴隶社会。

(二) 封建制度

1. 生产关系的基础——封建主对于生产资料的所有制,以及对于生产工作者的不完全所有制。这生产工作者就是封建主已经不能屠杀,但是可以买卖的农奴。

周是旧邦,见于"卜辞"。周人世世重农,不仅后稷公刘的传说可资佐证,就在技术上,又确比夏殷二代为进步。古史所传三世(即夏建寅、殷建丑、周建子。春秋时代宋尚建丑,晋仍建寅)被阴阳五行家附会成神秘的东西。其实这只说明三代历法发展的步骤。夏人看到自然界从冬寒以后有新的现象发生,就定这个月为一岁之首(寅月,即正月)。殷人知道实际岁首(冬至点)还在其前,以为冬至点在前一个月(丑月,即十二月)。周人推步术更有进展,发现冬至点更在前一月(子月,即十一月)。这只发现冬至在子月的原则,实际应用在春秋前半期仍多错误,文公以后才大体正确。历法是为农业而研究的,历法进步证明农业的进步。

周氏什么时候解体,奴隶制度什么时候成立,现在无法考证,因为材料太缺乏了。如果《大雅·公刘篇》所说的是事实,照第四章看来,公刘迁豳的时候,似乎是在氏族解体过程中。到古公亶父迁居岐下,疆理田亩,建筑宫室宗庙,有司空、司徒等官属,还有军队和邻国作战。这也许已经组成奴隶制度的国家了吧?郭沫若氏把古公描写成一个穴居野处的野蛮人,骑着马(东周人还不知道骑马啊)走到岐山之下,嫁给姜女酋长作丈夫。这未免近于文学而疏于考证。古公只是避薰育戎狄的攻击,率领本部人马逃到岐山来。如果他是嫁给姜女酋长的,他如何夺取酋长的权力,那些司空、司徒从哪里来,宗庙里祭祀谁的祖宗,姜氏族愿意么?在文化上,他突然暴发到摆皋门、应门那种大架子,古公亶父真是太飞跃了。《豳风·七月篇》,据《小序》是周公叙述后稷先公风化之所由,先公也许包括古公在内。这首诗很像写奴隶劳动的情况。如"七月流火,九月授衣",如"采荼薪樗,食我农夫"。衣食都是公家给的,而工作之忙,几乎同王褒对杨家奴子便了开玩笑的《僮约》差不多,所以我推想古公时候可能组成奴隶国家。

文王是开创西周王业的"圣王"。他立场簞商,针对着殷纣规定政策。如殷人酗酒,他严厉禁酒;殷人好畋猎,他不敢盘于游田(《无逸》);殷纣残民,他"乃裕民"(《康诰》);殷纣招揽奴隶,他反对奴隶逃亡。《左传》昭公九年,楚申无宇说"周文王之法曰,有亡荒阅,所以得天下也"。当时的邦国都是些奴隶国家,殷纣恃强做逋逃薮,破坏了较小奴隶主的所有权,周文王定这条法令得到"诸侯"们的拥护。后来武王宣布纣的罪状、伯禽征伐徐夷的誓命,都指出奴隶所有权之必须保障。足见当时奴隶占何等重要的地位。虽然这些奴隶大体是指供奔走使令的臣仆而言,但按马克思所指示"奴隶制的经济,要经过好些阶段,从主要地以满足自己消费为目的的族长制起,到为世界市场而劳作的种植制为止",文、武、伯禽都是采取巩固奴隶占有制的政策的。

在西周从事农业的是奴隶还是农奴呢?照现有材料看来,奴隶也有,农奴也有,而主要的却是农奴。《召诰》篇说:"夫(即奴隶社会的贫人阶级、被剥削阶级)知保抱携持厥妇子,以哀吁天,徂厥亡出执。"文王是反对奴隶逃亡的,如果这些"夫"(周人称农民为夫)是奴隶,纣拘执他们,不算大罪恶,足见"夫"不是奴隶。何以知道西周"夫"最多呢?因为看到有"夫"身份的人多,奴隶身份的人少,如《豳风·东山篇》描写战士回家的情况"鹳鸣于垤,妇叹于室"。这是一幅孤村冷落的图画,要防止奴隶逃亡,应该有比较集中的居处,这样散居荒野正是农奴留恋在小土地上的情景。《召南·行露篇》是说男人聘礼不足,女子不肯嫁他而兴狱讼。这是穷苦农民想讨便宜老婆。如果是奴隶,根本不要什么聘礼,由主人择配罢了,何致兴讼而且传为美谈。《大雅·灵台篇》:"经始勿亟,庶民子来。"这是诗人夸张文王行仁政得民心,庶人像儿子那样来替父亲出力。如果是奴隶,呼之即来,"子来"有什么希罕。周公称颂文王"不敢侮鳏寡",如果是奴隶,鳏寡由于主人不给他匹配,有什么可称颂?依这些材料看,西周文王时代,农奴已是主要的生产者。

何以见得这类经营小农业有室家妇子之私的农奴在社会占主要地位呢?"卜辞"不见民字,殷周之际作的"周易"卦爻辞也不见民字。"卜辞"所反映的意识是迷信享乐(畋猎),卦爻辞也是满篇鬼怪狩猎的话头,在殷人心目中,剥削主要靠奴隶,民是无关重要的。周人却大不然,《诗》《书》二经几乎每篇要说到民事,把民看得非常重要,这正可见剥削对象是民（因为农业已占第一位），所以民的地位被注意了。

农民有某种限度的自由权，而隶属关系却很严格，所以《小雅·北山篇》说："溥天之下，莫非王土，率土之滨，莫非王臣。"这正适合于封建制度生产关系的基础。

《联共（布）党史简明教程》指出："新的生产力，要求工作者具有某种在生产中的自动性，要求他具有从事劳动的嗜好，要求他具有愿意从事于劳动的兴趣。因此，封建主就把奴隶抛弃而宁愿利用农奴。"古史相传文王发政施仁，大概文王就是首先抛弃奴隶而利用农奴的封建主，在封建社会看来，他确是值得"仪式形文王之典"了。

周是西方小国，竟能翦灭大邦商，这正证明一种新制度必然要战胜旧制度。

2. 与封建所有制并存的，还有农民和手工业者对于生产工具以及对于自己以本身劳动为基础的私有经济的个人所有制。

《周颂·清庙篇》"庤乃钱镈，奄观铚艾"。钱、镈、铚都是金属农具。庤是储藏，奄观是大检查。也许这些生产工具是封建主发给耕种公田的农奴，教他们保存使用，用后缴还主人。《小雅·大田篇》"雨我公田，遂及我私"。这是私有经济的个人所有制，生产工具也应该是自己的。吕刑作于穆王时代，他规定五刑之罚三千条，最重要的罚锾多到铜六千两。（依郑玄说）穆王距周初不过百年，农奴已可大量榨取，足见私有经济在周初已经开始发展。

《尚书·康诰》以不孝不友为元恶大憝。这固然为在殷民中间建立起封建秩序（即下文所谓"民彝大泯乱"）。然不给殷民以私有财产，孝友从何讲起。《酒诰篇》允许殷民牵车牛远服贾，证明人民得经营私有经济。《逸周书·作雒解》："凡所征熊盈族十有七国，俘维九邑。俘殷献民迁于九里。"九邑被俘，其余仍保旧状，是未贬为奴隶也。九里当在成周。《多士篇》："今尔惟时宅而邑，继而居，尔厥有干有年于兹洛。"《多方篇》："今尔尚宅尔宅，畋尔田。"是被俘之殷献民即顽民，也还承认他们的私有权。《左传》定公四年说分鲁公以殷民六族，分康叔以殷民七族。《左传》明明说教这些族长"帅其宗氏，辑其分族，将其类丑（族中所有的奴隶），以法则周公，是使之职事于鲁（卫）"。他们仍依然有官职,何尝是奴隶。此处更有注意点,即"皆启以商政,疆以周索"两句。鲁、卫二国,政治方面保留殷代习惯法,土地却改用周法。周的土地法只有传说而无确证(如一夫授田百亩,耕者九一,耕者助而不税,什一而税之类),但据《诗》《书》所示,周的农民是私有经济的个人所有制,那末,殷代的奴隶从事农业者被新主人抛弃而成农奴了。

郭沫若氏举周金十二器以证周是奴隶社会(《中国古代社会研究》,第二九六—二九七页),我看却不必然,臣仆称家,庶人称夫。臣仆全家都是奴隶,庶人难道都是鳏夫么?〔《盂鼎》人鬲(即殷士大夫之被俘者,见《尚书》及《逸周书》,与庶人同类)千又五十夫〕,这正说明庶人是农奴,他个人对封建主负徭役贡赋的义务,家室却是私有的(所以仲山甫谏止宣王料民)。《克鼎》"锡汝刑长、绢人籍",这与《左传》定公四年封卫康叔时"聃季授土,陶叔授民"同例。给受封者以人民名册,不一定是奴隶。

周初是否班爵禄?《左传》"隐十年滕侯、薛侯来朝,争长。薛侯曰,我先封,滕侯曰,我周之卜正也,薛庶姓也,我不可以后之。隐公使羽父请于薛侯曰,周之宗盟,异姓为后"。桓公二年"今晋甸侯也"。又十年"鲁以周班后郑"。僖公四年齐桓公责楚"尔贡包茅不入"。昭王南征不返,王室威信坠地,足见茅包之贡尚在其前,非成王周公所班定而何。又五年晋灭虞,"归其职贡于王"。昭十三年"子产曰,昔天子班贡,轻重以列,列尊贡重,周之制也。卑而贡重者,甸服也。郑伯,男也,而使从公侯之贡,惧弗给也"。又二十三年"列国之卿,当小国之君,固周制也"。哀七年,吴来征百牢,鲁子服景伯对曰:"……周之王也,制礼上物,不过十二。"这些例证如果不是全出伪造,那就不能否认周初封建爵禄贡赋是有定制的。又哀公十一年"鲁季孙欲以田赋,使冉有访诸仲尼。仲尼不对。而私于冉有曰,君子之行也,度于礼,施取其厚,事举其中,敛从其薄。季孙若欲行而法,则周公之典在"。如果仲尼曾说过这些话,而"周公之典"也不是假造的,是分封诸侯时已规定封建制度的剥削方式。至于王公侯伯子等名称参差,并不足怪,一种制度开始施行,当然不能严密划一。春秋时候大夫有称公的(《左传》襄公三十年),欧阳修在北宋还自称其父为"皇考",难道北宋不是封建时代么!

3. 熔铁和制铁工作之继续改善，铁犁和织布车之散布。

关于西周铁的记载很少，《逸周书·世俘解》武王用玄钺斩纣二嬖妾头。《史记·周本纪集解》引宋均说"玄钺用铁不磨砺"。《秦风》有驷铁，驷是黑马。这些证据都欠有力，所以不能知道铁犁是否散布。据《豳风·七月篇》，织布机是广泛推广了。

4. 农业、园圃业、酿酒业、制油业之继续发展。

周重农业，不须再证，殷人祭祀用牲偶有多至三百的，而《召诰》"社于新邑，牛一、羊一、豕一"。《洛诰》"王在新邑，烝祭岁，文王骍牛一，武王骍牛一"，用牲极少。可知畜牧业已衰退。圃字已见于"卜辞"，酿酒亦盛于殷代。惟制油业在中国文献中罕见。

5. 与手工业作坊并存的工场手工企业之出现。

这是比较后起的，周初不会有。

6. 阶级斗争——剥削者和被剥削者之间的阶级斗争。

古史称颂文武，好像那时候阶级斗争比较和缓，其实依然情势严重，《左传》僖公十九年"宁庄子曰，昔周饥，克殷而年丰"。不进行掠夺，国内就有叛乱的危险，所谓标准的仁政也止如此而已。

依据上面的论证——如果这些证据可靠的话——西周已开始封建社会。当然，氏族社会、奴隶社会的残余保留还是很多，但这些残余之能保留下来，只是由于传统及惰性力，不能再有所发展了。我们不应该误认残余为这个社会的本质，而忽视新因素的向前发展。因为新制度是发展着，而旧制度则日趋瓦解，即便在开始时，旧的还占较大比重的力量，而必然要被新制度所代替，是无可置疑的。所以文王国土虽小终能灭商，恰好证实了这个历史的定义。

(《中国文化》1940年第1卷第3期)

辩证法唯物论怎样应用于社会历史的研究

艾思奇

社会历史的科学研究，是因马克思的历史唯物论的发见才开始建立起来的。恩格斯在《马克思墓前演说》中曾经指出历史唯物论是马克思的伟大发见之一，并且把这发见在社会科学研究上的价值比之于达尔文的生存竞争学说在生物学上的价值。在历史唯物论发见的以前和以后，社会历史的研究领域上表现着完全相反的情况："在此时期以前，关于历史和政治方面完全被浑混和光怪陆离的观点所统治着，从此方能用完整和谨严的科学理论以代之。"（列宁：《马克思主义的三个来源和三个组成部份》）

马克思之所以能发见历史的唯物论，是因为把辩证法唯物论的原理扩展于社会历史的领域。"历史唯物论就是把辩证唯物论原理推广去研究社会生活，就是把辩证唯物论原理应用于社会生活现象、应用于研究社会、应用于研究社会历史。"（《联共（布）党史简明教程》）辩证法唯物论是最彻底的唯物论的世界观，它与一切旧的形而上学唯物论不同，旧唯物论的主要缺陷之一，就在唯物论观点（当然是不彻底的）一般还只能够应用于自然的研究上，而不能推广到社会历史的研究上。一切旧的唯物论一碰到社会历史的领域上就成为唯心论，就只能用精神的原因来解释社会历史的发展，只有辩证法唯物论能把唯物论的观点彻底推广起来，能正确把握社会历史发展的客观的规律，能把社会历史严格地当作科学对象来研究，能使我们在社会历史领域上掌握到精密的科学理论，以便于指导我们的革命的实践。

哲学的任务是不仅在于解释世界，而更在于改造世界，辩证法唯物论的特点就在于能够密切地与这任务相结合,就在于能成为历史唯物论的基础,成为我们改变历史的指南。

不必奇怪,为什么一切修正主义者,在他们曲解马克思的理论的时候,少不了总要对于辩证法唯物论也加以"修正"。修正主义者伯恩斯坦曾想用新康德主义代替辩证法唯物论,俄国一九〇五年革命失败后曾有一批经验批判论者想用马赫主义作为"马克思主义"的哲学基础。帝国主义走卒布哈林,曾想从机械力学的公式上建立"历史唯物论"。这些动摇者、变节者、内奸等等,都曾经想从马克思主义的历史的、政治的理论中,抽去了辩证法唯物论的哲学基础,这就是因为马克思主义的历史的、政治的理论(历史唯物论以及全部无产阶级革命学说)乃是辩证法唯物论在社会历史领域上的推广应用,撤去辩证法唯物论的基础,就足以使马克思主义失去革命世界观的缘故。

因此,辩证法唯物论怎样推广应用于社会历史的研究的问题,是每一个马克思主义者或有志研究社会科学的人所必须认真了解的。所谓辩证法唯物论在社会历史方面的推广应用,可以从两个方面来看(这两个方面是分不开的):

一、用唯物论的观点(同时,反对用唯心论的观点)来理解社会历史现象。

二、用辩证法的方法(同时,反对用形而上学的方法)来研究社会历史发展的规律。

怎样用唯物论的观点来理解社会历史现象呢?

唯物论的观点首先认为世界(它是一切事物与现象的总体)在本质上是物质的。把这观点用来理解社会历史现象时,也就必须要承认一切社会历史现象都是物质运动的各种表现。在社会历史发展中间我们固然可以看见不单只有物质的现象,如经济现象之类,同时也可以看见种种意识的精神的现象,如道德科学艺术之类,然而我们仍然要承认,就是意识的精神的现象,也仍是社会历史的物质运动的一定的表现形式。

为什么能说社会历史的一切现象都是物质运动的各种表现呢?

因为所谓物质,就是在人的意识之外独立存在着的事物,就是有着他们的一定的运动规律、一定的相互联系和相互作用的事物。而社会历史现象从本质上说来都表现着这样的特征。

不论社会的物质现象或精神现象,都是在人的意识之外客观存在的东西。人不能随便选择自己所处的社会物质生活环境是怎样的环境,人就只能怎样地生活。个人也不能随便选择自己所处的精神、思想的环境。因为一定的时代在一定的物质生活基础之上有一定的精神生活,一定的风俗、习惯、道德、法律、艺术、科学,人也只能在这样的思想环境里生活。人的意识在表面上似乎是"自由"的,而在实际上仍是为一定的历史时代所限制的。在封建时代不会产生科学的社会主义的思想,在奴隶制度时代不会有资本主义的道德和法律,正如在社会主义时代不会再残留效忠于君主个人的封建道德一样。

不论社会的物质现象或精神现象,都有他们自己的一定的相互关联或必然的运动规律。社会一定经济制度的发生发展和没落固然不是偶然的,就是社会的意识、风俗、习惯、道德、法律、艺术、科学之类,也有着它们的一定的发展规律,社会的意识现象与社会的现象中间固然有着一定的必然的相互关系,就是各种社会意识以及新旧的社会意识之间,也各自有着一定的必然的相互关系,任何社会现象的出现都不是偶然的、毫无来由的事件。

既然一切社会现象都是物质运动的表现都是客观存在的,有着一定的相互关系或必然的运动规律的东西,因此,我们在研究社会历史的时候,就必须更着重于去发现这些客观的必然的相互关联或运动规律,因此,社会历史的领域就成为科学研究的对象。

这样的理解自然是与唯心论完全相反的。唯心论不承认社会历史现象是在人的意识之外客观存在的事物,而认为社会历史的发展是依赖于人的"自由意志"的活动,特别是依赖于英雄伟人的伟大的愿望。唯心论不承认社会历史的发展有着一定的必然的规律,而认为一切社会历史现象都是人们的自由意志和偶然的愿望的表现。因此,社会历史中没有任何规律可以发现,也就是不能作为科学研究的对象。这种思想在中国也曾有一部份人提出过,例如十七八年前,曾经有过一次

"科学和玄学"的论战,站在"玄学"一方面的人(以张君劢为代表)就是站在这一种立场上反对把科学的研究应用到社会历史领域上来的。

然而唯心论的理解是错误的,自从马克思建立了历史唯物论的科学理论以后,这错误就很明白了。

> 由此可见,社会生活、社会历史就不复是"种种偶然现象"之凑合,因为社会历史已成为社会之规律性的发展,而社会历史之研究则已变为科学。

> 由此可见,无产阶级底实际活动应当不是以"卓越人物"底善良愿望为基础,不是以"理性""普遍道德"等等底要求为基础,而是以社会发展底规律为基础,而是以这些规律的研究为基础。(《联共(布)党史简明教程》)

承认一切社会现象都是社会物质运动的一定的表现形式,这就是用唯物论的观点来理解历史的第一个基本点。

然而这并不是说,社会历史的物质现象和它的精神、意识现象简单地就只是一个东西,简单地就都是物质现象,而一点区别也没有。如果这样来理解,那也是不正确的。

社会在本质上是物质的。但同时,社会的各种现象又是社会历史中间所表现的不同的现象,又是社会历史的物质运动的不同的形式。因此,各种社会现象中间仍是有区别的。

物质与精神的区别就在于,物质现象是第一性的现象,而精神、意识则是第二性的、从生的现象;"物质世界是不依赖于人们意识而存在的客观现实,而意识则是这客观现实之反映"(同前)。这是唯物论的一般的观点,把这样的观点推广应用来理解社会历史现象时,就必须要承认:"社会底物质生活、社会底存在也是第一性的现象,而社会底精神生活则是第二性的现象、从生的现象,社会的物质生活乃是不依赖人们意识而存在的客观现实,而社会底精神生活则是这客观现实之反映。"(同前)

这就是说,社会的物质生活是决定一切社会现象的基础,也是一切社会的精神生活产生的基础。"不是人们的意识决定人们的存在,恰巧相反,而是人们底社会存在决定人们的意识。"(马克思)因此,要研究社会发展的规律,首先得从社会的物质生活条件研究起;要研究社会的精神生活所以形成和发展的原因,也得在社会的物质生活中去找基础。这样的理解自然又和唯心论是完全相反的。

唯心论不承认世界上有物质的存在,认为一切物质现象都是精神的表现。这样的观点用来理解社会,就认为社会的精神生活是第一性的东西,而一切社会的物质现象都是为自由意志、伟人的愿望、社会的意识、思想等等所决定,都是从生的现象。因此唯心论者不从社会的物质生活条件中去找社会历史发展的基础,却要从社会的精神生活中,从伟大人物的愿望、思想中去找这基础。

唯心论的理解是错误的,社会历史的发展和马克思的历史唯物论都证明了这错误,证明社会的物质生活条件是决定社会的精神生活的基础,证明在什么样的社会物质生活条件之下,就有什么样的社会意识、社会的精神生活,证明要研究社会历史现象,正确的道路就是要从物质生活的研究开始。

这并不是说,社会的精神生活是完全消极地为社会的物质生活所决定,它本身对于社会的物质就没有任何的反作用。物质和精神的关联和作用是相互的,说物质是第一性的,只是因为它是精神意识产生的根源、基础。一旦精神作为物质的反映而产生出来,它对于物质的发展就起着很大的作用。

辩证法唯物论和形而上学的旧唯物论不同,旧唯物论只能理解到物质决定精神的片面的作用,而辩证法唯物论则不但要理解到物质的第一性、根源性、基础性,而且更要理解到物质和精神的相互关系。

所谓"经济史观"或"经济决定论",就是形而上学的唯物论对于社会历史领域上的曲解。历史的唯物论和经济决定论不同,就在于经济决定论认为社会的物质生活条件足以决定一切,而历史的唯物论则认为社会的物质生活条件只是最后起决定作用的东西,只是社会发展的物质基础,而在社会发展的运动中,精神生活对于物质生活也起着很大的反作用和有着很大的意义。

社会的意识、社会的精神生活之所以有重大的意义,是因为人的社会生活有一个重要的特点。这就是:人的生活是有目的有意识的生活，社会历史的一切活动都是在一定物质基础上千千万万人的有目的的行动的综合，社会历史的发展是通过群众的意识的努力而向前推进的。社会历史发展的最后基础固然是在于社会的物质生活条件，社会历史发展的根本原因固然是社会的物质生活发展的要求，然而要使这种要求表现为伟大的推动力量，要使这种要求形成为一种社会的运动，首先要让这种要求反映于人的意识之中，首先要依据这种要求形成一种社会的观念、理论，并且还要使这种观念、理论为广大群众所接受，成为掌握群众的观念或理论，这样就能够动员群众、组织群众，经过有意识的自觉的群众的努力，而推动社会的发展。这样，就可以知道，社会的精神生活、社会意识在社会历史的发展上是有很严重的作用和意义的。

作为最后基础的东西和有着重要意义的东西是可以区别的。马克思主义的历史唯物论把社会的物质生活条件作为历史发展的最后基础，然而对于社会的意识、社会的精神生活，却不但不忽视，而且特别要强调进步的社会意识在社会生活中、社会历史中的严重意义和作用。

理论只要一掌握群众就立刻成为物质的力量。（马克思）
没有革命的理论就没有革命的运动。（列宁）

然而这并不是说，一切的社会精神生活对于社会历史的发展都有这样意义和作用。在这里要加一个条件：社会的意识要能够反映社会的物质生活发展的要求，才能够对于社会历史的发展发生伟大的推动力量。

有不能反映社会的物质发展要求或甚至妨碍这种要求的观念和理论，这就是陈腐的或空想的观念和理论，陈腐的旧观念是过了时代的社会物质生活条件的反映，它不适合于新的物质生活发展的要求，因此它只适合于社会上已经腐朽了的势力的利益，它只适合于社会上的反动的、保守的势力的利益，因此它对于社会历史不但不起推动作用，相反地还起着严重的阻碍作用。

历史唯物论在研究社会意识现象的时候，必须分别什么是每一社会的新的社会意识和旧的社会意识，什么是能反映该社会物质发展要求和不能反映这种要求的意识。必须研究新的意识怎样掌握群众、动员群众,发挥它的改造社会的伟大力量。

> 马克思主义—列宁主义之所以强有力和生气勃勃,就是因为它是凭借于正确反映出社会底物质生活发展之需要的先进理论,把这理论提到它所应有的高度,并以彻底利用这理论的动员的、组织的、改造的力量为己任。(《联共(布)党史简明教程》)

承认社会物质生活是第一性的现象,同时着重指出社会精神生活对于物质基础的反作用,指出它对于社会历史发展过程中的意义,这样正确地来了解社会的物质生活和精神生活的相互关系,就是用唯物论的观点来理解社会的第二个基本要点。

还有第三个基本要点:唯物论不但认为世界一切现象都是客观存在的,有着他们自己必然规律的物质运动所表现的现象,而且要承认这些现象和它的规律是可以为我们所认识的。这样的观点应用到社会历史领域上来,那就要承认,社会历史的各种现象的相互关系及其发展规律也都是完全可以认识的。

没有这第三个观点,那么唯物论就不能彻底站住,就不能打破唯心论的错误观点。因为即使你承认世界是客观的有规律的物质世界,而同时却不承认这客观世界及其规律是可以认识的时候,那么,唯心论者就会来这样一个质问:"既然客观世界及规律不是你所能认识到的,因此你也就没有理由断定它是一定实际存在的。因此你的唯物论的观点就是不能成立的了。"

唯心论者也曾在这一个观点上来向历史唯物论进攻。他们说,说自然界的规律可以认识还不是没有理由,因为自然现象还可以被科学家拿到实验室里来实验,因此还可以对它进行精密的科学研究。社会现象就不是这样,我们既然不能把社会历史中的许多人物和事件拿到实验室里来试验,因此也就不能对它作精密的科学研究,因此我们也就不可能认识社会历史的发展规律,因此我们也就没有权利断定社会历史现象,是在人的意识之外而客观地存在的、有规律的物质运动所表现的现象。

对于唯心论的这种不可知论的观点,要给与反驳是并不困难的:不错,社会现象不能拿到实验室里来实验,然而研究社会科学的人却可以有另外一种实验,那就是对于社会历史的运动,亲身去参加实践。人们可以在社会斗争的实践中去研究社会发展规律,去考验我们对于这些规律的认识是否正确,"我们关于自然界规律的知识,既然已为经验实践所考验,就是具有客观真理意义的确实知识"(同前)。同样,为社会斗争的实践经验所考验的关于社会规律的知识,也是具有客观真理意义的知识。

历史唯物论的理论以及马克思主义的全部革命的学说、全部社会和革命发展的规律知识,就是曾经经过无产阶级革命实践经验的考验,并且以后还要不断的经过这样的考验,以证明它是有客观意义的确实的知识。

这就是说,科学的研究是有阶级性、党性的。"辩证唯物论乃是马克思主义—列宁主义政党的世界观。"(《联共(布)党史简明教程》)

辩证法唯物论在社会历史领域的推广应用,历史的唯物论乃是马克思主义—列宁主义政党的社会科学。历史唯物论的科学的正确性和它的革命的阶级性是分不开的。我们能坚决打破唯心论的不可知论的观点,就是因为我们的历史唯物论的关于社会发展和革命发展规律的知识,是经过无产阶级的革命斗争的无数次的实践经验考证过的确实的知识。

这就是说,把唯物论的观点应用来理解社会历史时,就需要理论和实践的一致。理论、思想是在实践中反映社会发展规律,是能够反过来推动实践、推动社会的发展,而同时它本身又必须不断受实践的考验。

> 科学和实际行动间的联系、理论和实践间的联系,它们的一致就应当成为无产阶级党底指路明星。(《联共(布)党史简明教程》)

社会历史发展的规律是可以认识的,在无产阶级的革命实践的考验之下,我们就可以获得并证实社会的科学的知识,这就是用唯物论的观点来理解社会历史的第三个基本要点。

怎样用辩证法的方法来研究社会历史发展的规律呢?

辩证法的第一个基本特征,就是把一切事物现象看作互相联系的东西。事物现象是在相互依赖和相互制约中存在着。任何事物现象的出现都不是偶然的出现，而是为一定的联系条件所决定的。这样的观点应用到社会历史上，那末，社会历史的现象也是在一定联系之下的现象，也是为一定的历史条件所决定的现象。

> 一切决定于条件、地点与时间。（同前）

因此，应用辩证法来研究社会历史的发展规律，首先就是要找出决定社会历史发展的条件。并且，根据前面所说的唯物论的理解，决定社会发展的基础是社会的物质生活条件，而不是精神生活条件；因此，辩证法首先要求我们找出决定社会历史发展的一定的物质条件，研究这一定的物质条件为什么会产生一定的社会制度和社会现象，为什么会表现为一定的社会发展的必然规律？

形而上学不能从一定的物质条件上来研究社会发展的规律，它不研究一定的社会现象和社会制度为什么在一定条件之下必然会产生，却只是用一些空洞的永久的道德标准、"永恒的正义"、高尚的理想来评判社会现象。这种观点不用说是非科学的。因为如果没有一定的物质基础，任何高尚的理想都不可能实现。空想社会主义的失败就是一个明证。

因此，要能够正确地认识社会历史发展规律，就不能用形而上学的方法来研究问题，而必须用辩证法的方法研究决定社会发展的物质条件。

研究社会发展的物质条件时必须要注意到：各种社会或社会发展的各个阶段中间有他们的一般的条件，这就使我们在他们中间可以找出一般的规律来；但同时，他们又各自有其特殊的条件，这就使他们的一般的规律，必然是在各种具体的特殊形式之下表现出来，也就是表现为特殊的规律。研究社会历史发展的规律时必须要注意到这规律的一般性和特殊性的统一，或者更正确的说，重要的事是在于要注意到一般规律在特殊条件之下的特殊的表现。

一切社会的发展都是以它的物质条件为基础，这是一般的规律，然而对于历史唯物论，重要的不在于多次复写这一般的规律，而要研究不同的历史时代、不同的历史条件下的不同的规律。

现在的中国革命和一七八九年的法国大革命，一般都是资产阶级性的，然而在马克思主义者看来，在历史唯物论的立场上看来，更重要的还是在于找出中国的历史条件与法国革命不同的特点，根据这特殊的条件来认识中国资产阶级性民主革命的特殊规律，认识中国革命的新民主主义的特质。

这就是"历史的观点"。

辩证法的第二个基本特征，是把世界一切事物现象看作永久运动变化的东西，看作不断革新、不断包含着新生的和没落的事物的过程。把这样的观点应用到社会历史的研究上，那就是说，社会历史现象也是不断发展变化的东西，没有永久不变的社会秩序。例如说："资本主义制度是可以用社会主义制度代替的，正好似资本主义制度在当时替代了封建制度一样。"（《联共（布）党史简明教程》）

因此，用辩证法来研究社会发展规律，就是要研究社会怎样变化和革新，研究什么是一定社会历史中的新生的东西、什么是其中的没落的东西。从指导革命的实践立场来说，就是要能够认识出什么是我们所要指靠的推动社会发展前进的势力、什么是我们所要反对和推翻的没落的势力。

社会历史的发展是决定于社会的物质生活条件，因此，所谓推动社会历史发展的新生的、前进的势力，就是在社会物质生活条件中有着必然的发展基础的进步势力，社会历史中的没落的、朽腐的势力，就是在物质生活条件上已无向前发展基础的势力。

因此，历史唯物论首先要研究在每一个社会发展中那些是有向前发展的可能性的物质条件，那些势力是与这种条件结合的势力。这些势力的物质生活条件既使它有着远大发展的前途，因此它在社会历史发展上就有强大的推动作用，就成为我们的革命实践行动所指靠的基本的势力。

马克思主义者在实践行动中所指靠的势力首先就是无产阶级，马克思主义者的立场就是无产阶级的立场，因为无产阶级所处的物质生活条件，它是在财产方面一无所有，是与大工业相结合，这样的条件决定着它成为最革命的同时也是最有远大发展前途的阶级。

这也并不是说,一切社会发展的推动力简单的只限于某一种势力,只限于与某种前进的物质条件相结合的势力,而其他的任何势力对于社会的前进发展就丝毫没有作用,或竟至于完全是阻碍的力量,这样来了解问题也是错误的。一切事物都是在各种各样的相互关系中向前发展,社会现象、社会的一切势力也都是在各种复杂的相互关系中存在着,任何一种社会势力都不能够独立地、与其他一切势力无关地向前发展。社会的最前进的势力只在与其他各种势力密切联系中才能发挥推动社会发展的作用。它一方面要向社会上最反动的某些势力对敌,要推翻这些势力,然而同时,为了取得与主要敌对的势力进行战斗的胜利,便要经常地、尽可能广泛地获得战斗中的同盟的势力。

马克思主义者认为革命实践的领导力量是无产阶级,然而并不因此就得到结论,说革命的事业就只是无产阶级单独进行的事,相反地,马克思主义者还要着重指出,无产阶级的事业是一时也不能离开与农民的联盟,没有这样的联盟,无产阶级斗争是不可能的。在中国的具体条件下,无产阶级在革命中与其他社会力量的联系还更广泛,不但要与农民联盟,而且要与一切不愿做亡国奴的阶层政党建立爱国民主统一战线,这样才能领导建立新民主主义国家的事业。

"为着不致在政治上弄出错误,那就要向前看,而不是向后看。"(同前)首先要看出什么是社会历史发展中最前进的势力,最有推动作用的领导的势力,同时要注意到这势力与其他的势力的相互关系,它要打倒的是什么势力,所要孤立的是什么势力,所要联合的是什么势力——这就是应用辩证法来研究社会发展规律时的第二个基本要点。

辩证法的第三个基本特点,是把事物的发展看作"由迟慢的量变进到迅速的突然的质变"(同前)的过程。形而上学不承认事物的发展变化,不承认事物中间有不断地新生的东西和不断地腐朽的东西,因此也就不承认由旧到新的事物的转变,不承认事物可以由量的增减达到质的转变。在形而上学看来,事物永远只是旧有的一些东西,所以即使有变化,也只是原有事物的简单的数量上的增减和反复出现,而不是任何事物的质的转变,这样的看法和辩证法是完全相反的,它是错误的,是与客观事实不符合的。

既然事物时时刻刻有新生的和腐朽的、前进的和没落的，因此发展中的新旧的交替，就不是现有事物的反复出现，而是新生的东西发展到一定的程度就起突变，推倒了旧的，并且根本代替了旧的位置，这就是由渐进的不显著的变化，终于达到了根本的显著的变化，就是由量的变化达到质的变化，社会现象也是一样的，在旧社会里有新社会的因素在不断地增长着，这些因素的增长起初只是采取渐进的量变的形式，然而这样的变化到一定程度，就要采取突然的质变的形式，根本将旧社会推翻，而建立起全新的社会来。这种突然的质变是必然不可免的，因为如果没有这突变、没有根本的改变，旧社会是不会自愿死亡下去的。

这就是说，由旧社会到新社会是必须要经过革命，才能够完成它的转变过程。单凭渐进的改良是不能达到目的的。为创造新的世界而斗争的马克思主义者就是要采取革命家的立场，而不是改良主义者的立场。

用辩证法来研究社会历史发展的规律，就得要研究社会历史发展中的新生的因素怎样经过渐变的发展，到一定的时候就根本推翻了旧的社会秩序而建立起完全新的社会秩序。同时，因为社会的发展是决定于社会的物质生活条件，因此，首先就要研究什么是社会的物质生活条件中新生的最革命的因素，这些因素在什么样的情形之下采取渐变发展的过程，而在什么样的发展情形下又发生突变，根本推翻旧的社会物质生活条件，形成或发展新的物质生活条件。并在这样的基础上建立起整个新的社会秩序。

由量到质的转变，不仅仅是由旧到新的变化，而且是由简单到复杂、由低级到高级的上升的运动。因此，历史唯物论就不仅仅要研究旧的社会怎样转变为新的社会，而且要研究新的社会怎样是比旧社会更进步更高级的社会，在那些条件上，它比旧社会是有着更高的物质基础？只有这样，才可以使我们明白，为什么我们必须要站在革命的立场上为建立新社会而斗争，为什么革命对于我们是绝对必要的。才可以使我们明白，为革命而斗争是在于要使社会历史向前进步，是在于使人类能够得到更高的、更完美的生活条件。

辩证法的第四个基本特点，是认为事物都有着自己内部的矛盾，都包含着正面和反面、现在的和将来的因素、腐朽的和新生的因素,这些矛盾的因素表现为事物的内部的对立的斗争,而这种斗争就是事物由量变到质变、由低级到高级的运动发展的内在内容。

根据这样的观点,可以知道,社会的内部也是有它自己的矛盾的。社会内部的新生的、将来的、革命的因素,并不是在现存的旧社会以外独自发展起来的东西,这只是形而上学的了解。现存旧社会中的将来的、新生的因素,在辩证法上看来就是在旧社会本身内部生长起来,就是旧社会自己的对立方面,由旧社会到新社会的发展就是旧社会内部自己矛盾发展的结果,就是在这种矛盾的基础上作用着的对立势力的斗争的结果。把辩证法的方法应用于社会历史的研究上,就必须要研究社会历史发展中新的因素怎样从一种旧社会的本身内部发生和发展起来。首先要研究这种因素怎样在旧的物质生活条件中发生和发展起来,怎样形成一种社会的势力,形成一种对旧社会本身相反对的势力而同原有的旧社会秩序斗争,怎样经过这斗争而达到建立新社会的结果。

把辩证法的方法应用于社会历史的研究上来,就是要我们知道,由旧社会到新社会的转变,改变旧社会到和建立新社会的过程,是必须要经过斗争才能达到目的,因此无产阶级的革命家在进行革命工作的时候是不能掩饰社会的矛盾,避免对旧势力的斗争,而要相反地,揭露社会的矛盾,把新旧的斗争进行到底。在革命运动中,问题是在于怎样去正确地进行有效果的斗争。历史唯物论的任务之一,就在于要引导我们去研究,在什么样的条件之下要进行什么样的斗争,要怎样去进行斗争。

把辩证法的方法应用于社会历史的研究上,必须要注意到社会历史斗争的特点:社会的斗争是必须通过意识的自觉的斗争,必须使社会的新兴势力、革命的群众在思想上觉悟到斗争的需要。必须有这样的意识的努力,才能够形成一种强有力的行动,才能够推翻旧的社会势力,摧毁旧的社会秩序。这就是说,历史唯物论不单只要在社会的物质生活条件方面来研究新社会的因素、研究新旧势力的斗争,而且要研究社会的精神生活、社会的思想意识中间的新旧斗争,研究什么是社会历史发展中代表新兴的革命势力的前进思想,研究这种思想怎样与旧的反动思想斗争，怎样影响了群众，为革命的群众所接受，怎样掌握了群众，把群众动员起来、组织起来形成一种强有力的革命行动，而完成变革社会的任务。

马克思—列宁主义的理论就是无产阶级的最前进的革命的思想。就是一面与一切反动的思想进行着毫不妥协的斗争，一面对于无产阶级及其所领导的革命同盟军之革命行动能够起着伟大的动员和组织作用的思想。掌握马克思—列宁主义的理论，应用这理论去唤起广大群众的自觉，是为要保证革命运动能够成功，在现在我们中国，就是要保证能够领导今天中华民族的解放斗争、建立新民主主义新中国所必不可少的一环。

以上就是把辩证法唯物论应用于社会历史研究的几个要点。

(《解放》1941年第126期)

中国历史研究法(选)

吴　泽

第三章　中国历史研究法的基本原理及具体方法

第一节　中国历史研究法的基本原理

我们认为,只有用新的科学历史观的方法来研究中国历史才是唯一正确的方法。

辩证法这字是从希腊字"辩论"而来的。古代对辩证法之了解是指发现对手的谈论中的矛盾及克服这些矛盾的方法来获得真理的艺术。

辩证法是根本上和形而上学直接相反的。

1. 世界上没有孤立的现象。假如一切现象都互相联结着、互相依存着,那么,很明显的,对于历史上每个社会制度和每个社会运动就不应该从"永恒的正义",或者任何其他预定观念的观点上去判断他(如不少历史家之所为),而应该从产生这个社会制度与社会运动及与它们相联结的各种条件上去判断他。

因此,孟子所谓"五百年必有王者兴"的天命论、"天下之生久矣,一治一乱"的历史循环论,以及所谓"正统偏安""大义名分"等等永远不变的善恶的概念,绝对的无条件的伦常观念的"永恒正义"的学说都不合乎科学。

奴隶制度在现代条件下是糊涂、是反自然的蠢事。奴隶制度在原始公社制度瓦解的条件下是完全可以了解与合规律性的现象,因为它较之原始公社制度是前进一步。

在半封建半殖民地条件下的中国,独立、自由、幸福的(三民主义)民主共和国的要求,是完全可以了解的,是正确的与革命的要求,因为现在在欧洲虽然资产阶级民主共和国已经不能算是前进的,而在中国则是前进的。

一切决于条件、地点与时间。

断然地,如果没有这种对社会现象底历史的态度,那么历史科学的存在与发展是不可能的,因为只有这种的态度才能使历史的科学不致成为偶然性混乱与盲目的、错误的堆积。

2. 世界是在不断的运动与发展中。假如旧的死亡和新的生长是发展的规律,那么,很明白地,没有什么"不可动摇"的社会制度,没有什么私有财产和剥削的"永恒原则",没有什么农民必须服从地主、工人必须服从资本家的"永久的原则"。

这就是说:资本主义制度是可以用社会主义制度来代替的,恰似资本主义制度在当时曾经代替了封建制度一样。

这就是说:不应该依据不再向前发展的(虽然现在还是占优势的)社会阶层,而应该依据正在发展着的有其将来的社会阶层,尽管这阶层在目前尚不是占优势的力量。

3. 缓慢的量底变化转变为迅速的、突然的质底变化是发展的规律。那么,很明白地:被压迫阶级和民族所完成的革命的变革乃是完全自然的与不可避免的现象。

这就是说,从封建或半封建社会到更进步的社会的转变和被压迫民族从帝国主义压迫下的解放,也同从资本主义到社会主义的转变和工人阶级从资本主义压迫下的解放一样,不能经过缓慢的变化、经过改良的道路来完成的,只能经过封建或资本主义制度之质的变化、经过革命的道路来完成。

4. 发展是产生于内部矛盾的发现上,是产生于根据这些矛盾而来的对立力量之冲突以克服这些矛盾。

在中国近四十年来革命的成功与失败底教训中,也证明了这个真理。当一千九百年时代,革命派与康梁的保皇立宪的妥协派斗争,自一九〇五年孙中山先生所领导的革命同盟会成立,革命的三民主义的理论确立了，革命斗争的方法更加坚决了，因而获得了一九一一年辛亥革命的推倒满清、建立民主共和国底初步胜利。但因为不祥的汪精卫妥协派等主张与北洋军阀袁世凯辈妥协，以致革命遭到失败，革命的任务未能解决，而把它交与革命的第二阶段。一九一九年"五四"运动时代，革命派与政学系的妥协派奋斗，自一九二四年孙中山先生改组国民党，与共产党合作，结成革命的统一战线，实行联俄、容共、扶助农工三大政策，实行贯彻革命到底的斗争。因此就得到了一九二五到一九二七年大革命的胜利即北伐的胜利。但可惜又遇到汪精卫的叛变，实行国共分裂，向旧势力妥协投降，使革命又遭到失败，革命的任务未能完成而又把这任务交与革命的第三阶段。一九三一年"九一八"，日本帝国主义制造事变，占领中国东北四省以来，抗战派与不抵抗主义者奋斗，自一九三五年内忧外患更加紧迫，全国停止内战，一致对外，各党各派精诚团结、共赴国难的呼声响彻国内外，幸各党各派卒而各弃成见，携手合作，尤其是国民党与共产党合作成为团结全国的核心，结成巩固的抗日民族统一战线，因而一九三七年"七七"时日寇的新进攻就受到了中国全民的反抗，现在中国抗战已经四年零几个月了，中国则愈战愈强，日寇则愈战愈弱，全国抗战到底的坚决心与最后胜利必属于我的自信心日愈强盛；虽有汉奸汪精卫的投降卖国、甘心投奔日寇胯下，而已遭到全国一致的致命打击。只要我国民坚守彻底执行神圣的民主革命战争的任务，真正实行国民党的抗战建国纲领，而坚决反对投降妥协的分子，中国革命一定能够完成。

这就是应用新世界观辩证法到社会生活上、到社会历史上去的情形。

至于新哲学，那它根本地和哲学的唯心论是直接相反的。

不难了解，将新哲学的论点扩展于社会生活的研究上、社会历史的研究上，有怎样重大的意义，将这些论点应用于社会历史上、应用于革命政党的实际行动上，有怎样重大的意义。

1. 自然现象的联结及其互相依存性是自然发展的规律，那么，社会生活现象的联结及其互相依存同样亦不是偶然的事，而是社会发展的规律。

这就是说：社会生活、社会历史再不是"偶然性"的堆积了，因为社会历史是社会的规律性的发展，而社会历史的研究便变成了科学。

这就是说：革命政党的实际行动不应该根据于"杰出人物"之良好的希望之上，如所谓"好人政府"，不应该根据于"理性""全部的道德"等等要求之上，而应该根据于社会发展的规律上，根据这些规律的研究上。

中国有些历史家认为历史是英雄创造的，所谓"英雄造时势"。抱这样一类观点的人，往往把人民当作奴隶去看待，因而他们不能不走向轻视人民的力量，侮辱人民，说人民是一般无知的群氓，要等待英雄去把他们变为人民。如《尚书》说："黎明于变时雍。"《孟子》说："民可使由之，不可使知之。"又有些历史家以唯心论的观点说，心理可以创造一切，英雄可以创造时势。如梁启超说："史界因果之劈头一大问题，则英雄造时势耶？时势造英雄耶？换言之，则所谓'历史为少数伟大人物之产儿''英雄传即历史'者，其说然耶否耶？罗素曾言：'一部世界史，试将其中十余人抽出，恐局面或将全变。'此论吾侪不能不认为颇含一部分真理。……吾以为历史之一大秘密，乃在一个人之个性，何以能扩充为一时代、一集团之共性？与夫一时代、一集团之共性，何以能寄现于一个人之个性？申言之：则有所谓民族心理或社会心理者，其物实为个人心理之扩大化合品，而复借个人之行动以为之表现……由人类心理之本身，有突变的可能性。心理之发动，极自由不可方物。无论若何固定之社会，殊不能预料或限制其中之任何时、任何人忽然起一奇异之感想，此感想一度爆发，视其人心力之强度如何，可以蔓延及于全社会。"（梁启超：《中国历史研究法》，第一七〇——七四页）卡尔主义者则认为："不是英雄创造历史，而是历史创造英雄，因此，不是英雄创造人民，而是人民创造英雄并推动历史前进。英雄、杰出人物如果要在社会生活上能够起重大作用，只有他们能够了解社会发展的条件，了解如何改进这些条件。英雄、杰出人物能够堕入可笑的状态或为谁也不需要的败将，如果他们不能够正确地了解社会发展的条件，企图违反社会的历史需要，而自称历史的'创造者'。"

2. 世界是可以认识的，我们关于自然发展规律的智识是可靠的智识,有客观真理的意义。那么,社会生活、社会发展同样是可以认识的。而关于社会发展规律的智识乃是可靠的智识,有客观真理的意义的。

这就是说:关于社会历史的科学,不论社会生活现象的如何复杂,可以成为确实的科学如生物学一样,可以把社会发展的规律来实际应用的。

这就是说:革命政党的实际行动不应该由任何偶然的理由来领导,而应该以社会发展的规律,以这些规律之实际结论来领导。

这就是说:社会主义从对人类良好的将来的理想变成了科学。

这就是说:科学与实际行动的联结、理论与实践的联结,它们之间的一致应该成为革命政党的南针。

中国历史家认为:宇宙是不可测度的,一切归之于天命人心,所谓"天视自我民视,天听自我民听"。圣人奉天承运,代天立极而为天子。天下治乱系于执政者之一心,所谓"正心以正朝廷,正朝以正百官,正百官以正万民",以及所谓"执中"的《心传》、《中庸》的大道等等唯心论的观点都应该根本肃清,才能以科学的方法来研究社会历史。不然,则自己虽号称为以科学的方法来研究历史,而终不能了解社会发展的规律。如梁启超说:"历史为人类心力所造成,而人类心力之动,乃极自由而不可方物,心力既非物理的或数理的因果律所能完全支配,则其所产生之历史,自亦与之同一性质。今必强悬此律以驭历史,其道将有时而穷,故曰不可能。不可能而强应用之,将反失历史之真相,故曰有害也。"(《中国历史研究法》,第一六七页)虽然他也注重物质环境,而始终不能脱离观念论的观点,故他不能说明真正的历史。

3. 自然、存在、物质世界是最初的,而意识、思维是第二次的、派生的。假如物质世界是离开人们的意识而存在的客观现实,而意识乃是这个客观现实的反映,那么,社会的物质生活,它的存在同样亦是最初的,而它的精神生活是第二次的、派生的,社会物质生活是离开人们意志而存在的客观现实,而社会的精神生活是这个客观现实的反映、存在的反映。

这就是说:社会精神生活形成的来源,社会思想、社会理论、政治观点、政治制度的发生的来源,不应该从思想、理论、观点、政治制度的本身中去找寻,而应该从社会物质生活的条件、社会的存在中去找寻。思想、理论、观点等等乃是它的反映。

这就是说:假如在社会历史的各个不同的时期中看到各种不同的社会思想、理论、观点、政治制度,假如在奴隶制度下碰到一种社会思想、理论、观点、政治制度,而在封建制度之下另一种,在资本主义之下第三种,那么,这不应该以思想、理论、观点、政治制度的本身的"特质"与"固有性"去说明,而应该以社会发展的不同时期的不同的社会物质生活的条件去解释。

某种的社会存在、某种的社会物质生活的条件,就有某种的它的思想、理论、政治观点、政治制度。

关于这方面有人说:

> 不是人民的意识决定他的存在,而相反地他们的社会存在决定他们的意识。

这就是说:要在政治上不犯错误,不陷于空洞的梦想家的情况中,革命政党的自己的行动不应该从抽象的"人类理性的原则"出发,而应该从社会物质生活的具体条件出发,因为这是社会发展的决定的力量;不应该从"伟人"的善良的希望出发,而应该从社会物质生活发展的现实的要求出发。

乌托邦主义者底没落,其原因之一就是他们不承认社会物质生活条件在社会发展中的首要的作用,而陷入于唯心论,把自己的实际活动不建筑在社会物质生活条件的要求的基础上,而离开它们、违反它们,将实际活动建筑在脱离社会实际生活的"理想计划"和"包罗万象的方案"的基础上。

中国历史上歌颂的所谓"唐虞盛世""大同世界",以孝和仁义为"包罗万象的方案",同乌托邦主义者一样都是一种空想。

革命主义的生命力与力量就在他把自己的实际活动,是依据在社会物质生活条件之要求上,永远不脱离社会的现实生活。

但是不应该从这些话中得出结论说,社会思想、理论和政治观点、政治制度对社会生活没有意义,说它们不给社会存在、社会物质生活条件的发展以反影响。新历史观不仅不否认它们的反影响,而且着重指明它们在社会生活中、在社会历史中的重大的作用与意义。

有各种不同的社会思想和理论。有老的、过时了的、替衰亡下去的社会力量服务的思想和理论。它们的意义就在阻碍社会的发展、阻碍它的前进。有新的、先进的、适合社会先进力量利益的思想和理论，它们的意义就在帮助社会的发展、帮助它的前进，而且如果它愈确切地反映社会物质生活的发展，那么它的意义来得愈加重大。

中国有些历史家认为：

> 中国的文字、文学是建设了"人的文化"，同化了许多蛮族，平定了许多外患，同化了非人的文化……中国比欧洲人失败的原因只是少了一个大的和附带一个小的：大的是科学，小的是工业……我们明白了这个教训，比欧洲所缺乏的是什么，我们的努力就有目标。（一九三三年十二月《盛京时报》载胡适作《中国历史的一个看法》）

胡适这种说法和张之洞一流崇古尊孔的人所谓"中学为主，西学为辅"的"理论"，都是替衰亡下去的社会力量服务的思想和理论。

新的社会思想与理论，只有在社会物质生活的发展已经提出了新任务之后才会产生。但是，在它们产生之后，它们便成了极重大的力量，能帮助社会的前进。新的思想、新的理论、新的政治观点、新的政治制度的最伟大的组织的、动员的、改造的意义就在这里。新的社会思想与理论的产生，本身就因为社会必需它们，因为没有它们的组织、动员、改造的工作就不能解决社会物质生活发展成熟起来的任务。产生于社会物质生活条件发展所提出的新任务之基础上的新的社会思想与理论，开辟自己的道路，深入民众，组织他们起来反对社会中的没落力量，这样便帮助了推翻阻碍社会物质生活发展的没落的社会力量。

如果社会物质生活的发展还没有达到能够提出新任务的物质条件，而仍然提出新的政治制度，则不但不能实现新制度，而且也不能解决最迫切的问题。例如王莽改土地为公田（想施行井田制），禁止买卖土地，终不免于农民的暴动；太平天国废土地私有制而采取土地国有制，分配土地于农民而给与使用，想实行一种军事共产制度，终究不能实行。这不是农民不需要土地，而是私有制度还是在向上发展的阶段，还没有到资本主义发展到最后阶段的时候,把生产力发展到巨大范围之后,生产发展了,少数私有者垄断了生产,集结了几百万工人,给了生产过程以社会的性质,发生了生产过剩的经济危机,而要求生产手段的社会主义的公共所有。因为农民有两重性,是醉心于私有者的劳动群众,如果没有进步的无产阶级善于领导他们向更有利益的道路前进,他们是不会抛弃私有欲望的。"只有解决任务的物质条件已经存在或者至少在成立的过程中底时候,任务本身才会发生。"

因此,王莽与太平天国解决土地问题的办法是脱离了物质条件的空想,这是一方面。还有一方面,就是社会物质生活的发展已经提出了新任务之后,它就会产生新的社会思想与理论。这个新的社会思想与理论便成了极大的力量,而能帮助解决新的任务并使社会前进。这个力量的伟大是任何暴力所不能征服的,如中国现在进行的抗日的民族革命战争是中国社会物质生活发展的新任务。这个新任务有在内、在外的两方面,在内的任务是彻底肃清封建残余,完成资产者民主革命,不打倒封建残余、肃清贪污腐化,则内不能图政治底清明,外不能免强寇底侵略。在外的任务是推翻帝国主义的压迫,特别是打败日本帝国主义法西斯军阀的暴力侵略,这就负担了推翻陷于总危机中的世界资本主义的新任务。因为中国是半封建半殖民地的国家,他同帝国主义是直接的主要的矛盾,不打倒帝国主义则不能解脱半殖民地的束缚。打倒帝国主义尤其主要的是打倒日本帝国主义法西斯军阀,则它就完成了世界革命中他所应负的新任务。

这样,产生于由社会物质生活的发展、社会存在的发展所成熟起来的任务之基础上的新社会思想和理论,以后自己反影响于社会存在、社会物质生活,创造了彻底解决由社会物质生活成熟了的任务并使其继续发展成为可能。"理论如果为群众所掌握时,就成了物质力量。"

这就是说:如果要有可能去影响社会物质生活的条件,加速它们的发展、加速它们的改善,那么革命政党应该依靠在这种社会思想、社会理论之上。这种社会思想与社会理论正确地反映社会物质生活的发展,并由此而能将广大的民众卷入运动,从民众间组成革命政党的伟大的军队,准备着去粉碎反动力量及替社会先进力量开辟道路。

机会主义者的没落原因之一,就在他们不承认先进理论、先进思想之动员、组织、改造的作用,而陷入于庸俗的唯物论,把它们的作用看做等于零。这样使政党陷于消极、陷于无所作为。

革命主义的生命力与力量就在它依靠在正确反映社会物质生活发展的先进理论之上,把理论提高到应有的高度,而且认为必须彻底使用它的动员、组织与改造的力量。

新历史观就这样地解决了社会存在与社会意识的关系的问题、社会物质生活条件与社会精神生活发展的关系的问题。

还有一个问题需要加以说明,就是从新哲学的观点上看来,应该如何去了解那最后地决定着社会的面貌、它的思想观点、政治制度等等的"社会物质生活条件"。

实际上,什么是"社会物质生活条件"?它们的特点是什么?

无疑地,在"社会物质生活条件"的概念中,包含着包围社会的自然、地理环境在内,这是社会物质生活的必需的经常的条件之一。它影响着社会的发展,但是地理环境不是决定社会面貌、决定人们社会制度的性质及社会制度的转变的主要力量。

其次,无疑地,人口之增加、人口密度之大小亦包含在"社会物质生活条件"这一概念中的,因为人是社会物质生活条件的必要因素,而没有一定最低限度的人,任何社会物质生活都不可能的。但是,人口的增加也不是决定人们社会制度的性质的主要力量。

假如人口之增加是社会发展之决定力量,那么,人口密度更大,就应该引起相当于它的更高形式的社会制度。可是事实上不是这样。中国的人口密度四倍于美国,但是从社会发展观点来看,美国高于中国,因为中国现在还统治着半封建制度,而美国已经达到了资本主义发展的最高阶段。比利时的人口密度十九倍于美国、二十六倍于苏联,但是从社会发展的观点上看,美国高于比利时,而比利时较之苏联却落后了整个时代,因为比利时还统治着资本主义制度,而苏联已经推翻了资本主义建立了社会主义制度。

所以,人口之增加不是亦不能是社会发展和决定社会制度的性质、社会的面貌的主要力量。

那么，在社会物质生活的体系内，什么是决定社会面貌、社会制度性质、社会从一种制度到另一种制度发展的主要力量呢？

科学历史观认为：这种力量是人们生活所必需的生活资料的获得的方法，物质财富（食品、衣服、鞋子、房屋、燃料、生产工具等等，即社会生存及发展所必要的东西）的生产的方法。

为了要生活，就必须有食品、衣服、鞋子、房屋、燃料等等，为了要有这些物质财富，就必须生产它们，为了要生产它们，就必须要有生产工具（人们能借生产工具之助来生产食品、衣服、鞋子、房屋、燃料等等），就必须能生产这些工具，就必须能使用这些工具。

借以生产物质财富的生产工具以及由于一定的生产经验和劳动习性而使生产工具运动与实现物质财富生产的人们——所有这些因素组成社会的生产力。

但是生产力只是生产的一方面、生产方法的一方面，它表现着人们对于使用来生产物质财富的自然对象与自然力的关系。生产的另一方面、生产方法的另一方面乃是人与人在生产过程中的互相关系——人们的生产关系。人们与自然斗争并使用自然来生产物质财富时，不是互相孤立地，不是各不相关的单个人，而是共同的、集团的、社会的，因此生产在一切条件下永远是社会的生产。在实现物质财富的生产时，人们在生产中确立了自己之间的某种关系、某种生产关系。这种关系可以是没有剥削的合作与互相帮助的关系，它亦可以是统治与服从的关系，最后它可以是从一种生产关系的形式到另一种形式的过渡的关系。但是不论生产关系有何性质，他在一切条件下永远地是和社会生产力一样地组成生产的必要因素。

> 在生产中人们不仅影响自然，而且相互影响着。他们是不能生产的，如果不以一定的方法联合起来共同活动与互相交换自己的活动。为着要生产，人们进入一定的联系和关系，只有经过这种社会的联系和关系，他们对自然界的关系才能实现，生产才有地位。

因之，生产、生产方法是包涵着社会生产力及人们的生产关系这两方面的，而在物质财富生产的过程中总现了它们的统一。

生产的特点之一就在它永远不长期停留在一点上,而永远地处在变化与发展状态中,而生产方法的变化必然地唤起整个社会制度、社会思想、政治观点、政治制度的变化——唤起整个社会政治结构的改进。在发展的不同阶段上,人们运用不同的生产方法,或者粗浅些说:过不同样式的生活。在原始公社时有一种生产方法,在奴隶制度下——另一种生产方法,在封建制度——第三种生产方法,诸如此类。与此相适应的,人们的社会制度、他们的精神生活、他们的观点、他们的政治制度亦是不同。

社会的生产方法是什么样,那么社会本身在根本上亦就是什么样,他们的思想与理论、政治观点与制度就是什么样。

或者,粗浅些说:人们过什么样的生活,那么他们的思想亦就是什么样。

这就是说:社会发展的历史首先是生产发展的历史、几世纪中互相交替的生产方法的历史、生产与人们生产关系发展的历史。

这就是说:社会发展的历史同时就是物质财富的生产者的本身的历史、劳动者的历史。劳动者是生产过程的及实现生产社会存在所必需的物质财富的主要力量。

这就是说:历史科学假如想成为真正的科学的话,那就不能再把社会发展的历史归结于帝王与将相的行动,归结于国家的"胜利者"与"征服者"的活动,而应该首先致力于物质财富生产者的历史、劳动者的历史、民众的历史。

这就是说:研究社会历史规律的锁钥不应该从人们的头脑中、从社会的观点与思想中去找,而应该从每个一定的历史时期中的社会所实行的生产方法中去找,从社会经济结构中去找。

这就是说:历史科学的第一等的任务乃是研究与发现生产的规律、生产力与生产关系发展的规律、社会经济发展的规律。

中国旧历史材料虽然很丰富,但大都是记载帝王与将相的行动、记载朝代兴亡的活动,而很少记载社会经济的事实,这是研究中国历史的一个大缺陷。

中国有些历史家把自然界与人类社会对立起来,以为人类社会的历史只限于记载精神活动的结果。如梁启超说：

> 人类为生存而活动，亦为活动而生存。活动休止，则人道或几乎息矣。凡活动，以能活动者为体，以所活动者为相。史也者，综合彼参与活动之种种体，与其活动所表现之种种相，而成一有结构的叙述者也。是故非活动的事项——例如天象、地形等，属于自然界现象者，皆非史的范围；反之，凡活动的事——人类情感、理智、意志所产生者，皆活动之相，即皆史的范围也。（梁启超：《中国历史研究法》，第一页）

把人类社会历史不在致力于物质财富生产者——劳动的民众中去找寻，而在人类情感、理智、意志——人类头脑所产生的思想动作中去找寻。这种唯心论的观点根本就不能了解人类社会真正的历史。

生产的第二个特点就在它的变化与发展永远是开始于生产力的变化与发展，首先是工具的变化与发展。这样，生产力是生产中最革命的因素。开始，社会生产力变化了、发展了，以后，依赖于这些变化及适合于这些变化，人们的生产关系、人们的经济关系亦变化了。但是这不是说：生产关系不影响生产力的发展，后者不依存于前者。依赖于生产力的发展而发展起来的生产关系，自己亦影响着生产力的发展，加速或阻滞它。这里必须指出：生产关系不能过久地落后于生产力的生长和处在与生产力矛盾之中的，因为生产力要能充分地发展，只有生产关系能适应生产力的性质与状态并给生产力以发展的领域。因为不论生产关系如何落后于生产力的发展，它早晚必须走向（而且真正地走到了）生产力发展的水准，与生产力的性质相符合。不然，我们就会有在生产体系中生产力与生产关系的统一的完全破裂、整个生产的破裂、生产的危机、生产力的破坏。

生产关系不适合于生产力的例子、他们之间冲突的例子、就是资本主义国家的经济危机。那里生产手段的资本主义的私有与生产过程的社会性质、生产力的性质是触目地不适合。这种不适合的结果就是经济危机，引导到生产力的破坏，而且这种不适合就是社会革命的经济基础。社会革命的使命就在破坏现有的生产关系而创造新的适合于生产力性质的生产关系。

相反地，生产关系完全适合于生产力性质的例子，就是苏联的社会主义国民经济。这里生产手段之公有和生产过程的社会性质是完全相适合的，因之，这里既没有经济危机，亦没有生产力的破坏。

所以，生产力不仅是生产的最活动和最革命的因素，而且它还是生产发展的决定的因素。

什么样的生产力就应该有什么样的生产关系。

假如生产力的状态所回答的问题是人们用什么样的工具生产他们所需的物质财富，那么生产关系状态所回答的是另一个问题，就是生产手段（土地、森林、水道、矿藏、原料、生产工具、生产的房舍、交通手段等）在什么人手中，生产手段在什么人支配下。在整个社会支配下呢？还是在个别的人、集团、阶级支配下用以剥削别的人、别的集团、别的阶级呢？

下面就是从古代到今日生产力发展的图表：从粗石器转变到弓箭，与这相关联的就是从狩猎生活转变为饲育动物及原始畜牧；从石器工具到金属工具（铁斧、铁口锄等等），而与此相适合的就是转变到种植植物，转变到农业；金属工具制造材料的继续改进，转变到冶铁风箱，转变到陶器生产，而与此相适合的就是手工业的发展，手工业与农业的脱离，独立手工业生产以及手工工场生产的发展；从手工业生产工具转变到机器与从手工业工场生产变成机器工业，转变到机器制及现代机器化大工业的出现——这是人类历史上社会生产力发展之一般的（绝非完全的）图画。这里很明白地，生产工具的发展与改进是由与生产有关的人来实现的，而不能离开人的，所以伴着生产工具的变化与发展，人——生产力的最重要的因素——亦变化与发展了，他们的生产经验、他们对劳动的习惯、他们使用生产工具之技能亦变化与发展了。

中国有些历史家不了解人的变化与发展，是伴着生产工具的变化与发展而来，科学与技能的发展伴着生产经验的发展而发展，反而以天命论、唯心论的观点说："天亶聪明""作之君，作之师"。把社会进化的动力归之于少数圣贤。并且孟子所谓："劳心者治人，劳力者治于人。治于人者食人，治人者食于人，天下之通义也。"更使剥削制度合理化，而离社会进化的真理更远了。

适合于历史上的社会生产力的变化与发展,人们的生产关系、他们的经济关系亦变化与发展了。

历史上有五种生产关系的基本形式:原始公社制、奴隶制、封建制、资本主义制、社会主义制。

在原始公社制度下,生产关系的基础是生产手段之公有。这里还没有生产工具私有的概念(如果把某些同时是防御野兽的工具,同时是生产的工具之个人私有不计在内)。这里没有剥削、没有阶级。

在奴隶制度下,生产关系的基础是奴隶主私有生产工具及生产工作者——奴隶,奴隶主可以把奴隶买进、卖出,杀死如同牲畜。这里,生产过程中一切社会成员公共的自由的劳动没有了——这里统治着被不劳动的奴隶主所剥削的奴隶们的强迫劳动。因之生产手段以及生产品之公共所有亦没有了,私有财产代替了它。这里奴隶主是第一个与根本的贵重的私有者。

富者与贫者、剥削者与被剥削者、全权者与无权者,他们之间形成集团对立,进行残酷的被压迫者与压迫者底斗争——这就是奴隶制度的画图。

在封建制度下,生产关系的基础是封建主对于生产工作者的不完全的私有——农奴制,封建主已不能杀死农奴,但是仍可以买进卖出。

新的生产力要求工作者在生产中有多少创造性,对劳动的好感,对劳动感觉兴味,因此,封建主抛弃了奴隶,因为他是对劳动无兴趣、完全没有创造性的工作者,而愿意有农奴。农奴有自己的经济、自己的生产工具,对劳动有多少的兴味,这是耕种土地及以收获的现品交付与地主所必要的。

私有财产在这里得到进一步的发展。剥削和在奴隶制下差不多同样的残酷——不过多少减轻了一些。剥削者和被剥削者的斗争组成了封建的基本点。

在资本主义制度下,生产关系的基础是对于生产工具的私有,而对于生产工作者(雇佣工人)没有私有。雇佣工人,资本家既不能杀死又不能出卖他们,因为他们人身是自由的。不过他们被剥夺了生产工具,为了不致饿死,被迫地要出卖劳动力于资本家与忍受剥削的重担。

新的生产力要求生产工作者要比被压迫的黑暗的农奴来得更文化些、更聪明些,以便能懂得机器及正确地使用它。因此资本家愿意有从农奴制压迫下解放出来的雇佣工人,有足够的文化程度以便正确地使用机器。

但是到生产力发展到巨大范围之后,资本主义陷入于它自己不能解决的矛盾中。产生愈来愈多的商品,减低商品的价格,资本主义就锐化了竞争,使中小私有者群破产,把他们抛入无产阶级,压低了他们的购买力,因此生产出来的商品就没有了销路。发展了生产,集结了几百万工人在大工厂中,资本主义给了生产过程以社会的性质,这便摇撼了它自己的基础。因为生产过程的社会性质要求生产手段的公共所有,然而生产手段的所有权仍然是资本家私有的,与生产过程之社会性质不相符合的。

生产力性质与生产关系之间的不可调和的矛盾暴露于周期的生产过剩的危机中。这时候资本家由于他自己造成的人民的破产,被迫地焚毁生产品、消灭已经制成的商品、停止生产、破坏生产力。这时候,百万人民被迫地忍受失业和饥饿,不是因为商品不足,而是因为商品生产过多。

这就是说:资本主义的生产关系已经不适合于社会生产力的状态,而陷于和社会生产力不调和的矛盾中了。

这就是说:资本主义成就着革命,革命的使命就在以生产手段的社会主义的公有来代替资本主义的私有。

这就是说:剥削者与被剥削者之间的最尖锐的斗争乃是资本主义制度的基本点。

在社会主义制度之下(这制度现在还只有在苏联实现了),生产关系的基础是生产手段的社会所有。生产品依"工作者得食"的原则按照劳动来分配。这里,生产过程中人的关系的特点是不受剥削的工作者之同志的合作与社会主义的互助。这里,生产关系是完全符合于生产力的状态的,因为生产过程的社会性质为生产手段的社会公有所支持。

因此,苏联的社会主义生产不知道周期的生产过剩的危机及与其相联结的一切蠢事。

因此，在这里，生产力以加速的速度发展着，因为适合它的生产关系给了它以这种发展的完满的广大领域。

这就是人类历史上人们生产关系的发展底图画。

这就是生产关系的发展对于社会生产力发展，首先是生产工具发展的依存性，由于这种依存性，所以生产力的变化和发展早晚要引起生产关系的相当的变化与发展。

> 劳动工具（注）的使用和创造（虽然其萌芽的形式是为某几种动物所固有）是人类劳动过程的特殊的特点，因此富兰克林说：人是制造工具的动物。劳动工具的遗骸对于研究消失了的社会经济形态之重要，等于骨骼的遗骸对于研究消失了的动物一样。经济时代之区分不在生产些什么，而在怎样生产……劳动工具不仅是人类劳动力发展的镜子，而且是劳动在其中实现的社会关系的指标。

其次：

> 甲、社会关系与生产力密切地联结着。获得了新的生产力，人们改变了自己的生产方法，而随着生产方法、保证自己生活的方式的变更——他们改变了自己一切的社会关系。手磨给你们以封建主为首的社会，蒸汽机——工业资本家为首的社会。

> 乙、生产力生长的运动、社会关系的破坏、新思想的产生不断地完成着。不动的只有运动的抽象。

> 每一个历史时代的经济的生产及必然从它发生的社会的结构，组成这时代的政治和思想的历史基础……与此相适应的，从原始的公社公有土地瓦解以来，整个历史是被压迫者与压迫者斗争底历史，这些斗争是在社会发展的不同阶级上被剥削者与剥削者、被统治者与统治者之间的斗争。……现在这种斗争已经达到了一个阶段，在这阶段上，被剥削与被压迫者，如果不同时把整个社会永远从剥削、压迫及被压迫者与压迫者斗争中解放出来，那么，已经不能够把自己在剥削他、压迫他的集团下解放出来。

生产的第三个特点就在新的生产力以及适应它的生产关系的产生不是脱离旧制度的,不是在旧制度消灭之后,而是在旧制度的胸怀内;不是人们预计的自觉的活动的结果,而是自发的、不自觉的、离开人们意志的。它的所以自发地、离开人们意志地产生是有两个原因的:

第一,因为人们不能自由地选择这种或那种生产方法,因为每一代新的后代,在入世时就遇到了前一代工作结果的现成的生产力,因之开始时他应该接受在生产部门中所遇到的一切现成形式的东西,适应他们,以便能生产物质财富。

第二,因为当改善这种或那种生产工具时,当改善生产力的这种或那种因素时,人们并不意识到、了解到与思考到这种改善应该引起什么样的社会结果,而仅仅想到自己的日常的利益就是减轻自己的劳动,求得某种对于自己直接的、可感觉的利益。

当原始公社某些成员逐渐地试探地从石器工具转用金属工具时,当然,他们不知道亦没有考虑到这新东西会引起什么社会结果,他没有了解和没有意识到:转变到金属工具就是生产的变革,最后引导到奴隶制度;他们简单地要想减轻自己的劳动,求得当前的可感觉的利益,他们的自觉的活动仅限于这日常的个人的利益的狭小范围内。

当在封建制度下,欧洲的年青的资产者在小的行会作坊之旁建设大的制造工场而将社会生产力推行时,当然,他不知道和没有考虑到这新东西会引起什么社会结果,他没有意识和没有了解到,这"小小的"新东西会引导到以革命为结束的社会力量之重新结合,而革命既反对皇帝的政权(皇帝政权的恩惠是他感激不尽的),又反对贵族(他的较好的代表常常梦想加入贵族的队伍的)——他简单地只想把商品生产弄廉价些,在亚洲及刚发现的美洲多抛售些商品与获得更大的利润,他们的自觉的活动只限于这个每天的实践的狭小范围内。

当俄国资本家与外国资本家一起加紧地在俄国设立现代的大机器工业,而同时不去触动沙皇制度并把农民让地主吞食时,当然,他们没有知道和没有想到这个生产力的重大的生长会引起什么社会结果,他们没有意识和没有了解到在社会生产力部门中这个重大的跳跃会引导到这样的社会力量的重新结合,这种重新结合给了无产阶级以可能去和农民联合起来并完成胜利的社会主义革命。他们简单地想极度的扩大工业生产,攫取巨大的国内市场,变为垄断者,并从国民经济中榨取更大的利润。他们的自觉的活动没有走出他们日常的狭隘的实际利益的范围之外。

当国际帝国主义加强剥削中国的时候,不得不在中国建筑铁路、开辟矿山、建立现代的机器工厂,以及建立工业和商业的中心,而同时他们要维持满清封建专制制度以便榨取中国农民的血汗。当然,在起初的时候,帝国主义的资本家没有知道和没有想到这个生产力的重大的生长会引起什么社会结果,他们没有意识到:在社会生产力部门中这个重大的跳跃会引导中国革命势力的长成、民族觉悟的勃兴、解放运动的加紧等等的社会力量的重新结合。帝国主义的资本家们简单地想极度的榨取额外利润,扩大贱价劳动的机器生产,攫取巨大的中国市场。他们的自觉的活动没有走出他们日常的狭隘的实际利益的范围之外。

与这个相适应的:

> 在自己生活的社会生产中(即在人们所必需的物质财富的生产中),人们加入一定的、必须的、不依赖他们意志的关系——生产关系。生产关系适合着他们的物质生产力发展的一定阶段的。

但是,这不是说:生产关系的变化,从旧的生产关系到新的生产关系的转变是顺利的、没有冲突的、没有震动的。相反地,这种转变普遍地是经过革命的推翻旧的生产关系与建立新的。到一定的时期内,生产力的发展、生产关系部门的变化是自发地、脱离人们的意志地发生的。但是这只是到一定的时机,这就是新生的与发展着的生产力能够获得应有的成熟的时机。以后,当新的生产力成熟了,现存的生产关系及其担负者——统治者会变成"不可克服的"阻碍,这种阻碍只有以新的阶级的自觉的活动,以这些阶级的暴力的行动,以革命才能够扫除掉它。这里特别明显地暴露出担负清除旧生产关系的力量的新的社会思想、新的政治、新的政权的伟大作用。根据新旧生产关系之间的冲突,根据社会的新的经济要求而产生了新的社会思想、新的思想组织与动员群众,群众团结为新的政治军队,建立起新的革命政权,并运用它以清除生产关系中的旧秩序的力量和创立新秩序。发展的自发过程让位于人们的自觉活动,和平发展—暴力革命、进化—革命。

下面便是名著《政治经济批评》一书的有历史意义的《序言》中所下的新历史观的本质的天才定义:

> 在自己生活底社会生产中,人们加入一定的、必需的、与他们意志无关的关系——生产关系,生产关系适合着他们社会生产力发展的一定阶段。这些生产关系的总和组成社会的经济结构,有法律的及政治的上层建筑在上的真实基础,而社会意识的一定形式就适合于这上层建筑。物质生活的生产方法一般地规定着社会的、政治的、精神的过程。不是人们的意识决定他们的存在,而相反,是他们的社会存在决定他们的意识。在自己发展的某一阶段上,社会的物质生产力就与现存的生产关系或者财产关系(这不过是他的法律的称谓)发生矛盾,而在这以前他是在这种关系内发展起来的。这种关系从生产力发展的形式变成为他的障碍,这时候社会革命的时代到来了。随着经济基础的变化或迟或速地发生着整个巨大的上层建筑的变革。在观察这些变革时,必须以自然科学的确切性把在生产经济条件中的物质的变革和法律的、政治的、宗教的(或简单地说思想的)形式分别开来:人们正是在这些思想形式中意识到这个冲突并和它斗争。正像在判断个别的人的时候,不能以他自己怎样思想作为根据一样,在判断这类变革时代时,亦不能以其意识为根据。相反地,这种意识应该从物质生活的矛盾中、从社会生产力与生产关系的冲突中去解释。在全部生产中还没有突破它所容许的充分的发展领域前,任何社会形式是不会死亡的;在旧社会胸怀内是没有形成他的存在底物质条件前,新的更高的生产关系是永远不会出现的。因此,人类永远只提出那些他们所能够解决的任务,因为当最亲近地去考察时,永远可以看到:只有解决任务的物质条件已经存在或者至少在成立过程中底时候,任务本身才会发生。

这就是新史观。这就是新史观给我们研究历史的方法。

第四章 中国历史史料运用方法的基本原理及具体方法

第一节 中国历史史料运用法的基本原理

一、科学历史观的史料运用法的基本原理

第一,从何处着手开始史料的考察:认识社会、认识社会历史是历史科学的基本命题。如何将新哲学论点具体应用于社会历史研究的史料运用法则上,即科学历史的史料运用的基本原理如何?下文顺次列论之。首先,我们检讨"从何处着手开始史料的考察"问题。

我们知道,"从来的历史记述",差不多"几乎不知道物质生产的,即不知道一切社会生活的基础,因而不知道一切现实的历史的基础"。虽然亦有□所谓□□历史的研究廿五史,几千年来的文明记载,纷然杂陈,满眼翰墨,"历史的规律"将从何寻找?开始史料的考察,从何处着手?这,科学历史指示:"某种的社会存在、某种的社会物质生活的条件,反映出某种的他的思想、理论、政治观点和政治制度。""社会的物质生活,它的存在是最初的,而它的精神生活是第二次的、派生的。""社会物质生活是离开人们意志而存在的客观现实,而社会的精神生活是这个客观现实的反映、存在的反映。"所以,各个不同的社会物质生活的样式中,即社会历史的各个不同时期中,各有一种不同的社会思想、理论观点和政治制度。如在原始公社制度下是一种,奴隶制度下是另一种,封建制度下是第三种。因此,一切现实社会的基础、一切社会历史的基础是社会物质生活,而不是精神生活——思想、理论、观点、政治制度。因此,历史规律主要是从社会物质生活条件中去找寻。然而"在社会物质生活的体系内,什么是决定社会面貌、社会制度性质、社会从一种制度到另一种制度发展的主要力量呢"?"是人们生活所必需的生活资料的获得的方法,物质财富(食品、衣服、鞋子、房屋、生产工具等等,即社会生存及发展所必要的东西)的生产的方法。"所以说:"社会发展的历史首先是生产发展的历史,几世纪中互相交替的生产方法的历史。"所以,研究历史,着手考察史料,原则上应以生产、生产方法的史料为基本决定点。

第二,怎样考察生产、生产方法的历史史料:首先我们要问,生产、生产方法的具体构成如何呢?生产、生产方法是包涵着社会生产力及人们的生产关系这两个方面。生产力的一面表现着人们对于使用来生产物质财富的自然对象与自然力的关系;生产关系的一面表现为人与人在生产过程中的相互关系、人们的生产关系。这二者在物质财富的生产过程中体现了他们的统一。所以说:社会发展的历史又是生产力与人们生产关系发展的历史。可是我们必需指出的,生产力是生产中最活动与最革命的因素,社会生产力变化了、发展了,人们的生产关系、人们的经济关系就随之而变化发展,生产方法自然也随之变化与发展。因此,从史料上考察生产、生产方法的历史时,必须进一步具体的考察生产力与生产关系及二者在生产过程中的统一关系的历史。

又得问,生产力与生产关系的具体状态又如何呢?科学历史观指示:生产力的状态是"人们用什么样的工具生产他们所必需的物质财富";生产关系状态是"生产手段(土地森林、矿藏、原料、生产工具、生产的房舍、交通手段等)在什么人手中,在整个社会支配下呢?还是在个别的人、集团、阶级支配下,用以剥削别人、别的集团、别的阶级呢"?由此可知,生产力的变化发展首先是生产工具的变化发展,我们从史料上考察生产力的历史时,就是考察生产力的发展状态,即考察生产工具变化与发展状态,同时,我们从史料上考察生产关系的历史时,就是考察生产关系的发展状态,即考察生产手段的所有性的变化与发展状态。

什么样的生产力决定出什么样的生产关系,二者是统一的,把二者作统一的考察。二者间有其对立性,但生产力是决定因素,生产关系是隶属于生产力的主导的。人们的生产关系的变化、人们的经济关系的变化是依赖和适合于生产力的变化而变化的,是受动的;但生产关系也能影响生产力的发展,加速或阻滞它。如果生产体系中,生产力发展,生产关系落后,不能适应生产力的性质与状态,二者便趋于破裂,即生产、生产方法的危机和破裂。生产力是最革命的因素,终于毁灭了旧的生产关系,创造了新的生产关系,这一新的生产力与生产关系的统一而为新的生产方法。因此,我们从史料上考察生产力与生产关系的对立统一后,进一步要考察生产力与生产关系的统一、分裂及对立物的转变过程。这样，便完成了生产、生产方法的历史的史料运用的全过程，完成了历史科学的基本任务。"历史科学的第一等的任务乃是研究与发现生产的规律、生产力与生产关系发展的规律、社会经济发展的规律。"

第三，运用生产、生产方法历史史料的步骤与方法：历史的史料纵然无头无绪、纷然离陈，但如用剥笋式的一层一层的解说，终于会得着如次的一个运用史料的具体方法：第一，从所有史料中抽选出一切人类社会物质生活的历史记载；第二，然后对这个历史记载的全面加以考察，探究出从古代到今日生产工具的变化与发展，即生产关系的发展状态；第三，然后再研究生产关系的统一生产过程和统一分裂到对立转变，由一种生产方法到另一种生产方法的变化与发展。这样，生产、生产力与生产关系，以及社会经济发展的规律，便不难正确的探究出来。

中国历史是世界历史的全体部分，中国历史的规律与世界历史的规律是统一的，历史是一元的，不是多元的。今日新历史观对于人类历史的一般发展法则已发展到最高的阶段，科学历史观的天才伟绩已指示出从古代到今日正确的生产力与生产关系的发展过程。研究中国历史时，对于史料的考察，可以从这伟大的成果上出发的。生产力发展过程是如次的：

> 从粗石器转变到弓箭，与这相关联的就是从狩猎生活转变为饲育动物及原始畜牧；从石器到金属工具（铁斧、铁口锄等等），而与此相适合的就是转变到种植植物转变到农业；金属工具的制造材料的继续改进，转变到冶铁风箱，转变到陶器生产，而与此相适合的就是手工业的发展，手工业与农业的脱离，独立手工业生产以及手工工场生产的发展；从手工业的生产工具转变到机器与从手工业工场生产变成机器工业，转变到机器制及现代机器化大工业的出现——这是人类历史上社会生产力发展之一般的（绝非完全的）图画。

适合于这时候的"石器工具及以后出现的弓箭没有可能孤单地和自然力量及野兽斗争"的生产力状态的生产关系状态，是以"生产手段之公有"为基础的原始公社制；适合于代替石器工具而有了金属工具，出现了畜牧农业、手工业、商业、剩余劳动、私有财产阶级的生产力状态与生产关系状态,是"奴隶主私有生产工具及生产工作者——奴隶,奴隶主可以把奴隶买进卖出,杀死如同牲畜"的奴隶制;适合于"铁的冶炼的改进,铁犁和织机的传布,农业、园艺、酿酒、乳造的向前发展,手工业者之外手工业工场的出现"的生产力状态的生产关系状态,是"封建主对于生产手段的私有及对于生产工作者的不完全的私有——农奴制,封建主已不能杀死农奴,但是仍可以买进卖出",这样基础上的封建制;适应于"代替手工业工场上的出现了以机器武装着的大工厂,代替以农民原始工具耕作的贵族采邑出现了以农业技术为基础的使用农业机器的资本主义经济"的生产力状态的生产关系状态,是"对于生产工具的私有,而对生产工作者(雇佣工人)没有私有,雇佣工人,资本家既不能杀死又不能出卖他们",但是,工资劳动者因"被剥夺了生产手段",被迫出卖劳动力于资本家与忍受剥削,这样基础上的资本主义制;最后发展为以"生产手段的社会所有"为基础的社会主义制。

第四,运用政治制度和意识形态历史史料的步骤与方法:名《宣言》序文中说:"每一个历史时代的经济的生产及必然是从它所发生的组成社会结构的政治思想与历史底基础。"《政治经济学批判》也下着如次的天才定义:"生产关系适合着他们社会生产力发展的一定阶段。这些生产关系的总和组成社会的经济结构,构成法律的及政治的上层建筑在上的真实基础,而社会意识一定的形式就适合于这上层建筑。"所以说:"物质生活底生产方法一般地规定着社会的、政治的、精神的过程。"那末,研究社会思想、社会理论、政治观点、政治制度的历史规律和发生的来源,就不应该从思想、理论、观点、政治制度本身中去找寻,而应该从社会物质生活底生产方法的条件中去找寻;同样,研究思想、理论、观点、政治制度的变化与发展,不应脱离生产的变化与发展作孤立的、独自的从本身中去找寻;根本上,思想、理论、观点、政治制度本身就是社会物质生活的反映。政治制度建筑在经济构造上,意识形态又建筑在政治构造上。

因此,研究政治制度和意识形态第一步是从所有史料中抽选政治制度的史料,再抽选出思想、理论、观点等意识形态的史料;第二,然后把这些史料作一初步的考察,再紧合着经济构造的生产诸关系,作有机的联系研究。研究政治制度是如此,研究意识形态更需把史料紧合着政治制度作有机的联系考察,当然不能漠视经济构造;第三,最后把经济的、政治的意识形态历史全过程作一整体的、全貌的联系考察,社会历史的研究大体面貌可以正确的把握到了。

又必需说明的,政治制度、社会思想、社会理论与观点等虽然是第二次的、派生的东西,然也不是无反作用的死东西,相反,它能影响社会经济、影响生产力与生产关系、影响生产,加速或阻滞它们的发展。但,牢记着,可不能决定它的发展规律!如果扩大上层建筑的反作用,而漠视社会物质生活条件在社会发展中的主导作用,那就转入观念论里去了!反之,把它们的反作用看做等于零,就犯了"经济主义"的机械的错误。例如:新的思想、新的理论、新的政治观点、新的政治制度改造的意义在那里呢?新史观指示:"他们产生之后,他们便成了极重大的力量,能够帮助解决社会物质生活发展所提出的新任务,能够帮助社会前进。"所以,考察生产、生产力与生产关系、社会经济的发展时,又必须注意政治制度与意识形态的反作用意义。总而言之,历史研究该是整体的、特殊的部分专门研究,也不是与一般的整体割裂或孤立的,相反,一般与特殊、部分与全体是统一的。分析史料、考察史料,步骤上虽可如上分次先后,最后则必需作一番精详的整个的全貌的考察工夫。我想,只有这样的考察史料方法,只有通过这样的考察史料方法的全过程,所得出的历史理论、规律才会是正确的。限于篇幅,只能导论至此,他日再作中国经济史料、政治史料、思想史料部门的具体运用方法的写作。下文开始史料的新方法运用研究。

二、怎样用科学方法运用历史的史料

科学方法在根本上和形而上学是直接对立的。我们对中国历史研究的运用史料方法是新方法的,不是实验主义的,不是机械论的;一句话,不是形而上学的。新方法的史料运用方法有以下的几个基本特点:

第一,与实验主义相反,辩证法的史料运用上,不是把各种各样的史料看做互相脱离、互相孤立、互相没有联系和依存的偶然堆集,而是看做互相联系、互相依存、互相范围的统一的整体。例如殷代已有繁盛的农业和畜牧,已有阶级剥削和国家出现诸现象,实验主义者把这些周围于生产工具的史料所呈现的诸现象脱离,见到有石器工具出土,便说殷代是石器时代,试问,石制工具的生产力能产生出私有制阶级国家的政治制度出来吗?明明承认殷代甲骨文字有大人、君子、小人、奴仆、童、妾以及奴隶参加生产劳动,刑罚牢狱等一系列"政治社会"设施史实的存在,那末,殷代家族制度理该是而且史实确证是一夫一妻制,而"实验主义者"把这些历史现象完全分离,把"兄终弟及"的史实孤立考察,把商勾刀上类似"多父多母"的字句孤立起来作观念的臆断,竟谓殷代还是"母系中心的社会"以及殷代的家族制是彭那鲁亚家族制度,这样错误的断语!

我们知道,实验主义者是把生产方法的两个面——生产力与生产关系作无联系的、相互孤立的看法,见得树木见不到森林的,如上错误的论断显是瞎子嘴里的"墙""柱"!很多的史学方法论,因含有实验主义的成分,对于史料运用欠正确,故中国古代社会研究中至今还留存许多待决的问题。又如殷虚出土遗物中,一方面发现有大宗石器的存在,一方面又发现许多非石器的青铜器,究竟殷代经济的技术基础是新石器?是金石器?还是青铜器?另一面殷代社会经济的性质是母系氏族制?是男系氏族制?是奴隶制?这必须把所有的历史史料作全貌的联系的研究,即必须把生产方法的两个面——生产力与生产关系作统一的研究,才能正确的解答。因为殷代史料明白呈现着非石器或金石器生产力所能创造的生产诸关系,明白地说,呈现着奴隶制经济构造以及政治的、法律的诸上层建筑,殷代的生产方法是青铜器的生产力与奴隶制生产关系的统一。殷代不是氏族社会,殷代社会经济的技术基础不是石器,不是金石器,而是青铜器。

那末,有人要问,西欧的奴隶制经济的技术基础一般的是以铁制金属工具的出现,殷虚无铁出土,只有青铜器,殷代不能是奴隶制社会,这便是死硬派的公式主义机械论的问语。研究中国历史,不该是"历史原理论者"那样脱离中国历史的史料而以世界史之"抽象的一般",凭脑袋去主观虚构而成;相反,我们要着着实实凭历史的原主——史料来答复的!青铜器是不是能创造剩余劳动、私有财产阶级和国家,不是主观臆测问题,是史实问题。而史实告诉我们"是可能的"!其实青铜器的硬度比初期的铁器还要大些,而且殷代农业经济是在"古代农业温床"的黄土地带优裕的地理条件上的,绝不能以殷虚无铁器出土而否认殷代奴隶制生产关系的史实。"殷代氏族社会论者"本质上是忽视了、离开了生产关系的一面,而单独把生产力的一面作偏面的实验主义的考察的"技术决定论者"。这些,不过是举一个例。只要不把某一史料与其周围的史料所呈现的各种现象孤立分离,而能从在统一的整体上作联系的、依存的考察,那末,任何史实都可了解、都可解释。

第二,与实验主义机械论相反,辩证法的史料运用不是从把各种各样的史料看做停滞不变、静止不动的观点考察,而是从变化的运动的过程上来考察的。换言之,各种各样的史料决不是没有某种史料是产生着、发展着;某种史料是破坏着、衰亡着,过完了自己时代的偶然堆集。如上殷虚的石器、铜器、青铜器的堆集;后冈的发掘,发现地质层式的仰韶、龙山、小屯各期遗物的相次堆集;即所谓"小屯期"自己的文化遗物,李济先生也说:"无论研究殷虚出土那种物品,它的形制总是在一个变化的状态中,很少保持着一个固定的样式。"殷虚遗物确是包括了人类史的一个很长时期。在这种处所,如果我们不从史料的互相联结、互相依存的统一总体上观察,固无法正确认识历史的真面貌,如果不从运动的、发展的过程上去观察,也是得不着正确结论,而陷于实验主义的。我们曾用辩证法的观点,考知殷虚遗物中之大宗石器不特是已经开始衰亡的东西,而且已完全"过完了自己的时代"而被废弃的东西;铜制的劳动工具和兵器已普遍的被使用,不特是"正在产生与发展的东西",而且是"坚固"的东西,殷代社会经济的技术基础不是金石器,是青铜器。一切殷代金石器技术的氏族社会论者的实验主义者不肯"向前看",反而"向后看"! 又如两周、秦汉有原始氏族制的残遗有奴隶制的残遗,有主导的封建制度的存在,实验主义者不从发展过程中来把握,忘记了"时间与地点",忘记了"主导与隶属",不分"残余的"与"坚固的",把残余的部分的史料现象中孤立的死的部分扩大,概括了全体,说两周是奴隶制社会。日本法西斯文化前哨秋泽修二还把秦及汉隋唐都看作奴隶制社会! 机械论者根本不了解辩证法的发展观,自然对于复杂史料的复杂堆积无法正确运用,与实验论同归于观念论"老家"的!

第三,与实验主义机械论相反,辩证法的史料运用上,观察史料的发展过程,不是当做简单的数量上升而引起质量变化的过程,而是紧握着旧质量与新质量的转变、低级到高级的发展的。形而上学的史学者,看到氏族制时代的农业和畜牧与其后来奴隶制的、封建制时代的农业和畜牧,不知有本质上的差异,农业就是农业,畜牧就是畜牧。诸如春秋战国时代,"儒家""道家"和两汉时代的、唐宋时代的"儒家""道家",没有部分的变质,孔丘、董仲舒、韩愈都是"儒家","儒家"就是"儒家",韩愈、董仲舒就是孔丘,有什么差异!"道家"就是"道家",张角、张修可以和老聃、庄周作"等量观","甲即是甲(同一律),甲不是非甲(矛盾律),甲不是乙或甲是非乙(排中律)",这种实验主义的看法是永远不能深入于史料之本质的认识,从而把握不到社会经济的历史阶段的各个特质的。因此,多少实验主义的中国历史研究者披上"辩证唯物论"的袈裟,满纸新名词术语,"腾云驾雾"于中国历史研究,怎能得出正确的结论?至今,秦汉以前的两周殷代的社会性质问题犹争论不清,殷代前的史前史则根本都在"等待"了。

我们把科学方法的论点用在中国历史的史料运用上、基本原则上,概如上述。

(节选自吴泽:《中国历史研究法》,峨眉出版社1942年版)

研究中国历史的方法

吴玉章

研究中国历史的方法

我们认为：只有用马克思的辩证唯物主义与历史唯物主义来研究中国历史才是唯一正确的立场与方法。

什么是辩证唯物主义呢？

什么是历史唯物主义呢？

辩证唯物主义是马列主义党底世界观。其所以叫作辩证唯物主义，是因为它对自然界现象的看法、它研究自然界现象的方法、它认识这些现象的方法是辩证的，而它对自然界现象的解释、它对自然界现象的了解、它的理论是唯物主义的。

历史唯物主义就是把辩证唯物主义原理推广去研究社会生活，把辩证唯物主义原理应用于社会生活现象、应用于研究社会、应用于研究社会历史。（《联共党史》，一九四八年莫斯科版，第一三三页）

辩证法是导源于希腊文 dialego 一字，其含义就是进行谈话、进行论战。古代人所谓辩证法，就是以揭露对方议论中的矛盾并克服这些矛盾来求得真理的方术。（同上，第一三四页）

辩证法是与形而上学根本相反的。（同上，第一三四页）

Ⅰ. 辩证法认为：

既然世界上没有孤立的现象，既然所有一切现象都是彼此关联、互相制约，那末在估计历史上每一个社会制度和每一个社会运动时，当然也就不可如历史家常作的那样从"永恒正义"或其他某种成见出发，而是要从这个制度和这个社会运动所由产生并与其相联结的那些条件出发。（同上，第一三九页）

因此，孟子所谓"五百年必有王者兴"的天命论，"天下之生久矣，一治一乱"的历史循环论，以及所谓"正统偏安""大义名分"等等永远不变的善恶的概念、绝对无条件的伦常观念的"永恒正义"的学说都不合乎科学。

奴隶制度就现代的条件来看是很荒谬的现象、反常的荒谬事情。而奴隶制度在瓦解着的原始公社制度条件下，却是完全可以了解并且合于规律的现象，因为它和原始公社制度相比是前进一步。

资产阶级民主共和国的要求，在沙皇制度和资产阶级社会存在的条件下，譬如说在一九〇五年的俄国，是完全可以了解的一种正确的和革命的要求，因为资产阶级共和国在当时是前进一步。而资产阶级民主共和国的要求，就我们苏联现时的条件来看却是一种荒谬的和反革命的要求，因为资产阶级共和国与苏维埃共和国相比是后退一步。（同上，第一三九页）

在半封建半殖民地条件下的中国，在过去——在"五四"运动以前，独立、自由、平等的民主共和国的要求是完全可以了解的、正确的与革命的要求，但是，在现在——在世界上资本主义共和国已经过时了、腐化了，而又有了最新式的社会主义共和国的现在，在中国也就不是要实现旧式的资本主义的民主共和国，而是要实现新民主主义共和国。

毛泽东同志说：

现在所要建立的中华民主共和国，只能是一切反帝反封建的人们联合专政的民主共和国，这就是新民主主义的共和国，也就是真正革命的三大政策的新三民主义共和国。这种新民主主义共和国，一方面与旧形式的、欧美式的、资产阶级专政的、资本主义的共和国相区别，这是旧民主主义的共和国，这种共和国已经过时了。

另一方面,也与最新式的、苏联式的、无产阶级专政的、社会主义的共和国相区别,这是最新民主主义的共和国,这种共和国已经在苏联兴盛起来,并且还要在各资本主义国家建立起来,无疑将成为一切先进国家的国家构成与政权构成的统治形式。但是这种共和国,在一定的历史时期中还不适用于殖民地半殖民地国家之中。因此,在一切革命的殖民地半殖民地国家,在一定历史时期中的国家形式,唯一的只能是第三种形式,这就是所谓新民主主义共和国。这是一定历史时期的形式,因而是过渡的形式,但是不可移易的必要的形式。(毛泽东:《新民主主义论》)

一切都依条件、地方和时间为转移。

显然,没有这种观察社会现象的历史观点,那历史科学就会无法存在和发展,因为只有这样的观点才能使历史科学不致变成一笔偶然现象的糊涂账,不致变成一堆荒谬绝伦的错误。(《联共党史》,第一三九页)

Ⅱ. 辩证法认为:

既然世界是处在不断运动和不断发展中,既然旧东西衰亡和新东西生长是发展底规律,那么当然也就没有什么"永世不移的"社会秩序,什么私有制和剥削制的"永恒原则",什么农民服从地主、工人服从资本家的"永恒观念"。(同上,第一三九到一四〇页)

这就是说:

资本主义制度可以用社会主义制度来替代,正如资本主义制度在当时替代了封建制度一样。(同上,第一四〇页)

Ⅲ. 辩证法认为:

最重要的不是现时似乎坚固,但已经开始衰亡的东西,而是正在产生、正在发展的东西,哪怕它现时似乎还不坚固,因为在辩证法看来,只有正在产生、正在发展的东西才是不可战胜的。(同上,第一三五页)

这就是说:

> 不是要指靠社会里已经不再发展的阶层,哪怕这些阶层在现时还是占优势的力量,而是要指靠社会里正在发展、具有远大前途的阶层,哪怕这些阶层在现时还不是占优势的力量。
>
> 在第十九世纪八十年代,当马克思主义者和民粹派斗争的时候,俄国无产阶级与当时占居民绝大多数的个体农民比较起来,还是占很小的少数。但当时无产阶级是个发展着的阶级,而农民却是个日趋瓦解的阶级。正因为无产阶级是个发展着的阶级,所以马克思主义者也就指靠着无产阶级。而且他们并没有弄错,因为大家知道,无产阶级后来已由一个不大的力量发展成了历史上和政治上的头等力量。(同上,第一四○页)

中国的无产阶级近三四十年来从很小的力量生长为革命中巨大的历史的与政治的力量,这是为人人所公认的事实,有些历史家只看见过时的、腐化的、正在衰亡的社会现象的一方面,而就以为"世道衰微""人心不古""江河日下""世界末日"等等所谓世界退化是必然的。因而"是古非今"大倡其复古读经等谬论,这是远反社会发展规律极糊涂的思想。

这就是说:

> 为了在政治上不犯错误,便要向前看,而不要向后看。(同上)

Ⅳ. 辩证法认为:

> 既然由缓慢的数变进到迅速的突然的质变是发展底规律,那末由被压迫阶级所实行的革命的变革,当然也就是完全自然而必不可免的现象。(同上)

这就是说,从封建或半封建社会到更进步社会的转变和被压迫民族从帝国主义压迫下的解放,也同从资本主义到社会主义的转变和工人阶级从资本主义的压迫下的解放一样,决不能经过缓慢的变化、决不能经过改良的道路来完成的,只能经过封建主义制度或资本主义制度之质的变化、经过革命的道路来完成。

中国近五十年的革命运动之所以未能使中国脱出半封建半殖民地的地位,除了其他重大的原因外,最重要的就是受了改良妥协派的戕害,使革命不能彻底,使中国社会不能起质的变化而得到解放和进步。

这就是说:

> 为了在政治上不犯错误,便要做革命家,而不要做改良主义者。(同上)

Ⅴ. 辩证法认为:

> 既然发展过程是经过内在矛盾底揭露,是经过基于这些矛盾的彼此对立势力冲突来克服这些矛盾而进行的,那末无产阶级底阶级斗争当然也就是完全自然而必不可免的现象。(同上,第一四〇到一四一页)

这就是说:不应该掩饰阶级社会的矛盾,而应该揭发与暴露这些矛盾,不应该湮没阶级斗争,而应该把它贯彻到底。

在中国近五十年革命的经验教训中,有两个失败的例子和一个成功的例子可以证明这个真理。

第一个失败的例子是一八九八年改良主义的戊戌变法失败以后,革命派与康梁保皇立宪的妥协派进行斗争,一九〇五年孙中山联合各革命党派组成革命同盟会,提出了革命的三大纲领,即民族主义、民权主义、民生主义,虽然它是旧式的、一般的资产阶级民主主义革命。没有认识到帝国主义列强是中国最大的敌人,反而想利用它来帮助中国革命,是很错误的。但还是团结了广大的革命力量,并与改良主义和妥协派作了不调和的斗争。因此获得了一九一一年辛亥革命的胜利,推翻了满清及中国数千年的专制制度,建立了民主共和国。不幸,革命的南京政府刚一成立,汪精卫等妥协派就力主南北议和。不把革命斗争贯彻到底,孙中山虽不赞成妥协政策,但没有坚持,反而把刚成立的革命政权交给反革命的官僚、北洋军阀袁世凯,并向参议院推荐袁世凯作总统,这就失掉了革命的阶级立场,使革命失败了、流产了。

第二个失败的例子是一九一九年"五四"运动时代,中国革命的事实已经证明旧式的资产阶级民主主义革命已经过时了,不能解决中国这个半封建、半殖民地的革命问题,而新式的、特殊的资产阶级民主主义革命的潮流则在中国发展起来。这个新民主主义革命是在一九一四年到一九一八年第一次帝国主义世界大战和一九一七年俄国十月革命之后才形成的。因为在地球六分之一的土地上建立了社会主义的国家,这就使整个世界起了一个大变化。改变了整个世界历史的方向,划分了整个世界历史的时代。中国在这一次世界大战的时期,因为欧洲各帝国主义陷于战争漩涡,对于中国的压力减轻了,中国资本主义有了飞跃的发展,而中国革命失败后军团混战的局面使得民不聊生,这就使新兴的革命阶级——无产阶级,不得不找寻新的出路,正在这个时候,十月革命的胜利和马克思主义传播到中国来了,新时代的新思潮就应时而生。"五四"新文化运动,不仅是表面的提倡白话文的文学革命、打倒孔家店的思想革命,而且是新的社会思想、新的政治观点、新的革命理论、新的政治制度的反映,乃是中国新民主主义革命运动产生的标志。

一九二一年中国无产阶级的先锋队中国共产党成立,打出了正确的、鲜明的反帝反封建的革命旗帜,这才把中国革命的对象认清楚了。孙中山认识了中国共产党是中国革命的新血液、生力军,愿和共产党合作来改组陈腐的国民党,并重新解释他的三民主义,提出联俄、联共、扶助农工的三大政策来完成他的革命的三民主义。一九二四年国共合作以后,中国革命的潮流更向前高涨,并与反对派、妥协派作了不调和的斗争,获得了一九二六—二七年北伐战争的胜利。

不幸,正当革命将在全国胜利的时候,钻进国民党的投机分子蒋介石背叛革命与帝国主义勾结,在上海残杀工人及共产党人,在南京成立反革命的政府。但武汉革命政府仍坚决战斗,成了革命的中心,革命更深入农村,土地革命蓬勃发展起来,革命营垒中的妥协投机分子汪精卫等又惊慌了,大叫农民运动过火了。当时中共中央机会主义、投降主义的领导者陈独秀也跟着大叫农民运动过火了。不仅不让革命斗争贯彻到底,反而与反革命妥协,反对土地革命,让反革命去镇压工农运动。但陈独秀这种怕资产阶级离开革命的投降妥协政策,还是不能阻止汪精卫也随蒋介石之后背叛革命,大杀工农及共产党人,革命又遭到失败了。

以上是两个革命失败的例子,下面再讲一个革命成功的例子。

这一个成功的例子是一九三一年日本帝国主义制造"九·一八"事变,继续占领中国东北各省以至于平、津。国民党蒋介石等反动政府以不抵抗主义坐视国土的不断丧失,反而专事"剿共"战争,压迫全国的抗日爱国运动,中国共产党领导全国革命党派和广大人民团结成抗日民族统一战线,与之作了长期的、不调和的斗争,终于迫使蒋介石不能不接受停止内战、一致对外的要求,于一九三七年开始了"七七"的抗日战争。虽然蒋介石在抗日战争中消极抗日、积极反共,阴谋同日寇妥协投降,由于中国共产党及其所领导的八路军、新四军和全国爱国民众坚持抗战到底,反对妥协投降,使蒋介石不敢继汪逆精卫之后投降日本,终于使抗日战争赢得了完全的胜利,使日寇投降。这是把斗争贯彻到底而获得成功的第一个好例子。

这就是说:要在政治上不犯错误,那末,就要实行不调和的革命阶级的革命政策,而不要实行阶级利益协调的改良主义政策,而不要实行资本主义"成长"成为社会主义的妥协政策。更不要实行与敌国妥协求和、苟且偷安的自杀的亡国灭种政策。

这就是应用马克思主义的辩证法到社会生活上、到社会历史上的情形。

至于马克思主义的哲学的唯物论,那他根本地和哲学的唯心论是直接相反的。

> 不言而喻,把哲学唯物主义原理推广去研究社会生活和社会历史,该有如何巨大的意义;把这些原理应用到社会历史上去、应用到无产阶级党底实际活动上去,该有如何巨大的意义。(《联共党史》,第一四五页)

Ⅰ. 唯物论认为:

> 既然自然界中各现象底相互联系和相互制约是自然界发展底规律,那末由此就应得出结论:社会生活中各现象底相互联系和相互制约也同样不是偶然的事情,而是社会发展底规律。
>
> 由此可见,社会生活、社会历史已不复是一堆"偶然现象",因为社会历史已成为社会底规律性的发展,而社会历史底研究已成

为一种科学。

  由此可见,无产阶级党底实际活动决不应以"卓越人物"底善良愿望为基础,决不应以"理性""普遍道德"等等底要求为基础,而应以社会发展底规律为基础,应以研究这些规律为基础。(同上)

  中国有些历史家认为历史是英雄创造的,所谓"英雄造时势"。抱这样一类观点的人往往把人民当奴隶去看待。因而他们不能不走向轻视人民的力量,侮辱人民,说人民是一般无知的群氓,要等待英雄去把他们变成人民。如《尚书》说:"黎民于变时雍。"孔子说:"民可使由之,不可使知之。"又有些历史家以唯心论的观点说,心理可以创造一切,英雄可以创造时势,如梁启超说:

  史界因果之劈头一大问题,则英雄造时势耶?时势造英雄耶?换言之,则所谓"历史为少数伟大人物之产儿""英雄传即历史"者,其说然耶否耶?罗素言:"一部世界史试将其中十余人抽去,恐局面或将全变。"此论吾侪不能不认为确含一部分真理……吾以为历史之一大秘密,乃在一个人之个性,何以能扩充为一时代一集团之共性?与夫一时代一集团之共性何以能寄现于一个人之个性?申言之:则有所谓民族心理与社会心理者,其物实为个人心理之扩大化合品,而复寄个人之行动以为之表现。……由人类心理之本身,有突变之可能性。心理之变动,极自由不可方物。无论若何固定之社会殊不能预料或限制其中之任何事任何人忽然起一奇异之感想;此感想一度爆发,视其心力之强度如何,可以蔓延及于全社会。(梁启超:《中国历史研究法》,第一七〇——一七四页)

马克思主义者则认为:

  不是英雄创造历史,而是历史创造英雄,也就是说,不是英雄创造人民,而是人民创造英雄并推进历史。英雄、杰出人物,只有当他们能正确了解社会发展条件,了解应如何改进这些条件的时候,才能在社会生活中起重大的作用。英雄和杰出人物如果不能正确了解社会底发展条件,却竟不顾社会底历史要求而胡作乱为,

俨然以历史底"创造者"自居,那他们就会变成滑稽可笑、一钱不值的倒霉人物。(《联共党史》,第二七页)

Ⅱ. 唯物论认为:

既然世界可能认识,既然我们关于自然界发展规律的知识是具有客观真理意义的确实知识,那末由此就应得出结论:社会生活、社会发展也同样可能认识,科学方面关于社会发展规律的材料是具有客观真理意义的确实材料。

由此可见,社会历史科学不管社会生活中的现象怎样复杂,都能成为例如生物学一样的准确科学,能利用社会发展规律来供实际的应用。

由此可见,无产阶级党在其实际活动中决不应以什么偶然动机为准则,而应以社会发展规律以及由这些规律中所得出的实际结论为准则。

由此可见,社会主义已由关于人类美满未来的空想变成了科学。

由此可见,科学和实际活动间的联系、理论和实践间的联系,它们的一致,应当成为无产阶级党底南针。(同上,第一四五到一四六页)

中国旧历史家认为:宇宙是不可测度的,一切归之于天命人心。圣人奉天承运,代天立极而为天子。天下治乱系于执政者之一心。所谓"正心以正朝廷,正朝廷以正百官,正百官以正万民"。以及所谓"执中"的《心传》、《中庸》的大道等等唯心论的观点都应该根本肃清,才能以科学的方法来研究社会历史。不然则自己虽号称以科学的方法来研究历史而终不能了解社会发展的规律。如梁启超说:

历史为人类心力所造成,而人类心力之动,乃极自由而不可方物,心力既非物理或数理的因果律所能完全支配,则其所产生之历史,自亦与之同一性质,今必强悬此律以驭历史,其道将有时而穷,故曰不可能,不可能而强应用之,将反失历史之真相,故曰有害也。(《中国历史研究法》,第一六七页)

虽然梁启超也注重物质环境,而始终不能脱离唯心论的观点,故他不能说明真正的历史。

Ⅲ. 唯物论认为:

> 既然自然界、存在、物质世界是第一性的现象,而意识、思维是第二性的现象、从生的现象;既然物质世界是不依赖于人们意识而存在的客观现实,而意识是这客观现实底反映,那末由此就应得出结论:社会底物质生活、社会的存在也是第一性的现象,而社会底精神生活是第二性的现象、从生的现象;社会底物质生活是不依赖于人们意志而存在的客观现实,而社会底精神生活是这客观现实底反映、存在底反映。
>
> 由此可见,社会底精神生活所由形成的来源,社会思想、社会理论、政治观点和政治制度所由产生的来源,并不是要到思想、理论、观点和政治制度本身中去探求,而是要到社会底物质生活条件中,要到社会存在中去探求,因为这些思想、理论和观点等等是这社会存在底反映。
>
> 由此可见,如果我们在社会历史各个不同的时期可以看见各种不同的社会思想、理论、观点和政治制度,如果我们在奴隶制度下所遇见的是一种社会思想、理论、观点和政治制度,在封建制度下所遇见的是另一种,在资本主义制度下所遇见的又是一种,那就不是由于什么思想、理论、观点和政治制度本身底"天性"和"属性",而是因为在各个不同的社会发展时期有各个不同的社会物质生活条件。
>
> 社会存在怎样,社会物质生活条件怎样,社会思想、理论、政治观点和政治制度也就会怎样。

因此马克思说:

> 不是人们底意识决定人们底存在,恰巧相反,正是人们底社会存在决定人们底意识。(《马克思选集》第一卷,第二六九页)
>
> 由此可见,为了在政治上不犯错误,为了不致陷入空洞臆想家的地位,那末无产阶级党在自己的活动中,就不应从抽象的"人类理性原则"出发,而应从具体的社会物质生活条件,即从社会发展

底决定力量出发；不应从"伟大人物"底善良愿望出发,而应从社会物质生活发展底现实需要出发。

　　空想派——包括民粹主义者、无政府主义者、社会革命党人在内——陷于覆亡的原因之一,就是他们不承认社会物质生活条件在社会发展过程中的首要作用,而陷入了唯心主义,不把自己的实际活动建筑在社会物质生活发展底需要上,却不顾这种需要并违反着这种需要而把它建筑在脱离社会现实生活的"理想计划"和"包罗万象的方案"上。(《联共党史》,第一四六——一四七页)

中国历史上歌颂的所谓"唐虞盛世""大同世界"、以孝和仁义为"包罗万象的方案"同空想派一样,都是一种空想。

　　马列主义之所以强而有力和生气勃勃,也就是因为它在自己的实际活动中正是凭借于社会物质生活发展底需要,无论何时也不脱离社会底现实生活。

　　可是,决不应当从马克思底话中作出结论,说社会思想、理论、政治观点和政治制度在社会生活中没有作用,说它们不反转来影响到社会存在,影响到社会生活物质条件底发展。我们在这里暂且只是说到社会思想、理论、观点和政治制度底起源,只是说到它们的产生,只是说到社会精神生活是社会物质生活条件底反映。至于社会思想、理论、观点和政治制度底意义,至于它们在历史上的作用,那末历史唯物主义不仅不否认,恰巧相反,正是着重指出它们在社会生活和社会历史上的严重作用和意义。

　　有各种各样的社会思想和理论。有旧的思想和理论,它们是已经衰颓并为社会上那些衰颓着的势力底利益服务的东西。它们的作用就是阻碍社会发展、阻碍社会前进。同时又有新的先进的思想和理论,它们是为社会上的先进势力利益服务的东西。它们的作用就是促进社会发展、促进社会前进,而且它们愈是确切反映着社会物质生活发展底需要,便能获得愈加巨大的意义。(《联共党史》,第一四七——一四八页)

中国有些历史家认为：

> 中国的文字、文学是建设了"人的文化"，同化了许多蛮族，平定了许多外患，同化了非人的文化……中国比欧洲人失败的原因只是少了一个大的和附带一个小的：大的是科学，小的是工业……我们明白了这个教训，比欧洲所缺乏的是什么，我们的努力就有目标。（一九三三年十二月《盛京时报》载胡适作《中国历史的一个看法》）

胡适这种说法和张之洞一流崇古尊孔的人所谓"中学为体，西学为用"的"理论"，都是替衰颓下去的社会势力服务的思想和理论。

> 新的社会思想和理论，只有当社会物质生活发展已在社会面前提出新的任务时才会产生出来。可是，它们既已产生出来，便会成为最严重的力量，能促进解决社会物质生活发展过程所提出的新任务，能促进社会前进。在这里也就表现出新的思想、新的理论、新的政治观点和新的政治制度所具有的那种伟大的、组织的、动员的和改造的意义。新的社会思想和理论所以产生出来，正是因为它们为社会所必需，因为若没有它们那种组织的、动员的和改造的工作，便无法解决社会物质生活发展过程中已经成熟的任务。新的社会思想和理论既已在社会物质生活发展过程所提出的那些新任务基础上产生出来，便能扫除障碍，深入民众意识，动员民众、组织民众去反对社会上衰颓着的势力，因而便利着推翻社会上正在衰颓而阻碍社会物质生活发展的势力。（《联共党史》，第一四八页）

从我们中国共产党最近十五年的革命历史来看，每当社会底物质生活发展到了一个新的政治形势时，我党就提出新的任务。一九三五年十二月我党即指出时局的特点说：

> 目前政治形势已经起了一个基本上的变化，在中国革命史上划分了一个新时期，这表现在日本帝国主义变中国为殖民地，中国革命准备进入全国性的大革命，在世界是革命与战争的前夜。

党提出的任务，"是在发动、团结与组织全中国全民族一切革命力量去反对当前主要的敌人——日本帝国主义与卖国贼头子蒋介石"。

这一反日反卖国贼的民族统一战线的指示适合于当时社会发展的

需要,因此就能发动全国广大民众,他们热烈要求实现中国共产党"停止内战、一致对外"的口号。但蒋介石仍不愿抗日,反而继续进行反共反人民的内战,亲自到西安逼迫张学良、杨虎城进攻陕北共产党的红军(即现在的人民解放军)。张杨出于义愤,于一九三六年十二月十二日在西安把蒋介石逮捕起来,这就是有名的西安双十二事变。中国共产党为了团结全国一致抗日,就向张杨建议,只要蒋介石愿意共同抗日,实行所提出的条件,就释放他以加强抗日力量。蒋介石被迫表示愿意停战、共同抗日,并允实行所提条件,这才开始了一九三七年"七七"的抗日战争。中国共产党和中国人民进行了艰苦的英勇的八年抗日民族革命战争,使日本无条件投降,中国人民获得了光荣的胜利。

但是,在八年抗日战争中,不是没有各种危险的,首先就是国民党蒋介石反共投降的危险。因此,毛泽东同志一九三九年六月指出当时的危险说:

> 目前形势的特点在于:国民党投降的可能已经成为最大的危险,而其反共活动则是准备投降的步骤。国民党投降可能是从抗战开始就存在的,不是今天突然发生的;但成为时局的最大危险,则是目前政局中的现象。国民党反共也是从统一战线建立时就存在的,不是今天突然发生的;但把反共作为直接投降的步骤,则是目前的实际。

毛泽东同志及时地指出当前的任务,他在答复《新华日报》记者的谈话中说:

> 中国的前途有两个:一个是坚持抗战、坚持团结、坚持进步的前途,这就是复兴的前途。一个是实行妥协、实行分裂、实行倒退的前途,这就是亡国的前途。
>
> 在新的国际环境中,在日本更加困难与我国绝不妥协的条件下,我国的战略退却阶段便已完结,而战略相持阶段便已到来。所谓战略相持阶段,即是准备反攻的阶段。
>
> 但是,正面相持与敌后相持是成反比例的,正面相持的可能增多,敌后相持的可能就要减少。所以,从武汉失守后开始的敌人在沦陷区(主要是在华北)举行的大规模军事"扫荡",今后不但还会

继续,而且还会加紧起来。更因敌人的主要政策是"以华制华的政治进攻"与"以战养战的经济侵略",英国的东方政策是召开远东慕尼黑,这就加重了引诱中国投降与造成中国分裂的极大危险性。至于我国国力与敌人对比还是相差很远,要准备实行反攻的力量,非全国一致艰苦奋斗是不可能的。

因此,我国抗战的任务还是一个非常严重的任务,千万不要丝毫大意。

因此,毫无疑义,中国万万不可放弃现在的时机,万万不可打错主意,而应该采取坚定正确的政治立场。

这就是:第一,坚持抗战立场,反对任何的妥协运动。不论是公开的汪精卫和暗藏的汪精卫,都应该给以坚决的打击,不论是敌人的引诱和英国的引诱,都应该给以坚决的拒绝,中国决不能参加东方慕尼黑。

第二,坚持团结立场,反对任何的分裂运动。也不论是从敌人方面来的、外国方面来的、国内投降派方面来的,都应该充分的警戒。任何不利于抗战的内部磨擦,必须用严正态度加以制止。

第三,坚持进步立场,反对任何的倒退运动。不论是军事方面的、政治方面的、财政经济方面的、党务方面的、文化教育方面的与民众运动方面的,一切不利于抗战的思想、制度与办法,都要来一个重新考虑与切实改进以利抗战,以慰全国喁喁之望。

果能如此,中国就能好好的准备反攻力量。

从现时起,全国应以"准备反攻"为抗战的总任务。

中国共产党和中国人民实行了毛泽东同志这个指示,使国民党蒋介石不敢投降,使中国转到反攻。

一九四〇年毛泽东同志发表《新民主主义论》,他说:

很清楚的,中国现时社会的性质既然是殖民地半殖民地半封建的性质,它就决定了中国革命必须分为两个步骤。第一步,改变这个殖民地半殖民地半封建的社会形态,使之变成一个独立的民主主义的社会。第二步,使革命向前发展,建立一个社会主义的社会。中国现时的革命是在做第一步。

这一有名的划时代的论文,把中国革命的前途、中国社会发展的方向、中国革命的目的说得清清楚楚,使人从思想上、从理论上得到一个明确的解答,是一部空前伟大的著作。

一九四五年毛泽东同志又发表《论联合政府》,详细说明了抗日建国的总路线。日本投降后的双十协定、停战协定、政治协商会议等等都是在新环境到来就提出新任务。

以上这些都是在新形势下提出新任务,使它变成新的思想和理论,以动员民众、组织民众。这些新任务是由社会底物质生活之发展而产生的,是随时局的发展和变化而发展和变化,其思想理论亦随之不断向前发展。尤其在最近三年来,时局的发展愈快,新任务的提出也愈快,每当一个新形势的紧要关头,毛泽东同志就很正确地、很明白地指出新的任务,充分表现出他的坚定的原则性和必需的灵活性。

一九四六年七月,为美国帝国主义所支持的国民党反动派撕毁了《停战协定》《政协决议》,在中国发动反革命的全国规模的战争,中国人民和人民解放军则在共产党领导之下起来反抗这种反革命战争,举行了伟大的人民解放战争。经过一年后,军事情况的基本特点就是人民解放军由防御转入进攻,国民党的反动军队则由进攻转入防御。同时国民党反动统治区域人民不堪压榨,纷纷起来反抗,开辟了第二条战线。一九四七年五月三十日,中共权威人士评目前时局的结论说:

> 中国事变的发展比人们预料的要快些。一方面是人民解放军的胜利,一方面是蒋管区人民斗争的前进,其速度都是很快的。为了实现一个和平的、民主的、独立的新中国,中国人民应当准备一切必要条件。(《目前形势和我们的任务》标准本,华北新华书店版,第四页)

一九四七年十月十日,中共中央发表《关于公布中国土地法大纲的决议》,号召展开及贯彻全国的土地改革运动,完成中国革命的基本任务。这是中国占乡村人口百分之八十以上的农民即三万万六千万以上的人的迫切要求,这一动员的号召使农民抬起头来,在解放区推翻了封建制度,打破了生产关系的枷锁,农民就活跃起来,踊跃生产和参军,使解放军壮大而所向无敌。

毛泽东同志于同年十二月二十五日在中共中央会议提出《目前形势和我们的任务》报告上说：

中国人民的革命战争现在已经达到了一个转折点。这即是中国人民解放军已经打退了美国走狗蒋介石的数百万反动军队的进攻,并使自己转入了进攻……中国人民解放军已经在中国这一块土地上扭转了美国帝国主义及蒋介石匪帮的反革命车轮,使之走向覆灭的道路,推进了自己的革命车轮,使之走向胜利的道路。这是一个历史的转折点。这是蒋介石二十年反革命统治由发展到消灭的转折点。这是一百多年以来帝国主义在中国的统治由发展到消灭的转折点。这是一个伟大的事变。这个事变所以带着伟大性,是因为这个事变发生在一个具有四万万五千万人口的国家内,这个事变一经发生,它就将必然地走向全国的胜利。这个事变所以带着伟大性。还因为这个事变发生在世界的东方,在这里共有十万万以上人口（占人类的一半）遭受帝国主义的压迫,中国人民的解放战争由防御转到进攻,不能不引起这些被压迫民族的欢欣鼓舞。同时,对于正在斗争的欧洲各国的被压迫人民也是一种援助。

毛泽东同志在同一报告中,又清楚地指出国内国际现时社会底物质生活发展的特点说：

蒋介石反动集团在一九四六年发动全国规模的反人民的国内战争的时候,他们之所以敢于冒险,不但依靠他们自己的优势的军事力量,而且主要地依靠他们认为是异常强大的、举世无敌的、手里拿着原子弹的美国帝国主义,一方面,能够像流水一样地供给他们以军事上与财政上的需要;另一方面,狂妄地设想所谓"美苏必战",所谓"第三次世界大战必然爆发"。这种对于美国帝国主义的依赖,是第二次世界大战结束以后全世界各国反动势力的共同特点。这件事反映了第二次世界大战给予世界资本主义的打击的严重性,反映了各国反动派力量的薄弱及其心理的恐慌与丧失信心,反映了全世界革命力量的强大,使得各国反动派除了依靠美国帝国主义的援助就感到毫无出路。但是,在国际上,在第二次世界大战以后的美国帝国主义,是否真如蒋介石及各国反动派所设想的那么强大呢?是否真能像流水一样的从美国接济蒋介石及各国反动派呢?并不如此。

美国帝国主义在第二次世界大战期间所增强起来的经济力量,遇着了不移定的日趋缩小的国内市场与国际市场。这种市场的进一步缩小,就要引起经济危机的爆发。美国的战争景气仅仅是一时的现象,它的强大只是表面的与暂时的。危机就像一座火山,每天都在威胁美国帝国主义,美国帝国主义就是坐在这座火山上。这种情况迫使美国帝国主义分子建立了奴役世界的计划,像野兽一样向欧、亚两洲及其他地方乱窜,集合各国的反动势力,那些被人民唾弃的渣滓组成帝国主义及反民主的阵营,反对以苏联为首的一切民主势力准备战争,企图在将来,在遥远的时间内,有一天发动第三次世界大战打败民主力量。这是一个狂妄的计划。全世界民主势力必须打败这个计划,也完全能够打败它。

全世界反帝国主义阵营的力量超过了帝国主义阵营的力量。优势是在我们方面,不在敌人方面。以苏联为首的反帝国主义阵营业已形成。没有危机的、向上发展的、受到全世界广大人民群众爱护的社会主义的苏联,它的力量现在就已经超过了被危机严重威胁着的、向下衰落的、受到全世界广大人民群众反对的帝国主义的美国。欧洲各新民主国家正在巩固其内部,并互相团结起来。以法意为首的欧洲各资本主义国家人民的反帝国主义力量正在发展。美国内部存在着日趋强大的人民民主势力。拉丁美洲的人民并不是顺从美国帝国主义的奴隶。整个亚洲兴起了伟大的民族解放运动。反帝国主义阵营的一切力量正在团结起来,并正在向前发展。欧洲九个国家的共产党业已组成了情报局,发表了号召全世界人民起来反对帝国主义奴役计划的檄文。这篇檄文振奋了全世界被压迫人民的精神,指示了他们的斗争方向,巩固了他们的胜利信心。全世界反动派在这篇檄文面前惊慌失措。

东方各国一切反帝国主义的力量也应当团结起来反对帝国主

义及各国内部反动派的压迫,以东方十万万以上被压迫人民获得解放为奋斗的目标,我们自己的命运完全应当由我们自己来掌握,我们应当在自己内部肃清一切软弱无能的思想。一切过高估计敌人力量与过低估计人民力量的观点都是错误的。我们和全世界民主力量一道,只要大家努力,一定能够打败帝国主义的奴役计划,阻止第三次世界大战,使之不能发生,推翻一切反动派的压迫,争取人类永久和平的胜利。

只要我们能够掌握马克思列宁主义的科学,信任群众,紧紧地和群众一道,并领导他们前进,我们是完全能够超越任何障碍与战胜任何困难的,我们的力量是无敌的。现在是全世界资本主义与帝国主义走向灭亡,全世界社会主义与民主主义走向胜利的历史时代,曙光就在前面,我们应当努力。

一年多以来,事实证明毛泽东同志的指示是完全正确的,我人民解放军接连获得无数次的伟大胜利。一九四八年十月,锦州、辽西大捷后,国民党在东北近百万的军队全部被歼,东北已完全解放,随即有徐州、淮海大战,歼灭了国民党军六十万,东北人民解放军入关,会同华北解放军包围平津,国民党军已面临全军覆没的命运。美国帝国主义恐其走狗的灭亡,嗾使蒋介石于一九四九年元旦放出和平空气,企图以假和平获得喘息机会,苟延生命,以便卷土重来。我党洞烛其奸,一面号召全国人民将革命进行到底,一面由毛泽东同志于一月十四日发表声明说:

虽然中国人民解放军具有充足力量和充足理由,确有把握在不要很久的时间之内全部消灭反动政府的残余军事力量,但是为了迅速结束战争,实现真正的和平,减少人民的痛苦,中国共产党愿意与南京国民党反动政府及其他任何国民党地方政府与军事集团在下列条件的基础之上进行和平谈判。这些条件是:(一)惩办战争罪犯;(二)废除伪宪法;(三)废除伪法统;(四)依据民主原则改编一切反动军队;(五)没收官僚资本;(六)改革土地制度;(七)废除卖国条约;(八)召开没有反动分子参加的政治协商会议,成立民主联合政府,接收南京国民党反动政府及其所属各级政府的一切权力。中国共产党认为,上述各项条件反映了全国人民的公意,只有在上述各项条件之下所建立的和平才是真正的民主的和平。如果南京国民党反动政府中的人们愿意实现真正的民主的和平,而不是虚伪的反动的和平,那么,他们就应当放弃其反动的条件,承认中国共产党提出的八个条件,以为双方从事和平谈判的基础。否则,就证明他们的所谓和平不过是一个骗局。

全国人民拥护这一声明,解放军打下天津后,北平二十余万国民党守军即依照解放军的条件,由解放军和平接收北平。至此,华北、华中、华东、中原几已完全解放,国民党反动政府不得已派代表到北平谈判,经过了十五日的和谈,作出了八条二十四项的《国内和平协定》,限于四月二十日签字。但是国民党反动政府拒绝签字,解放军于四月二十一日大举渡江,一天即渡过一百万大军,三天即解放了南京,作恶了二十二年的国民党反动政府宣告灭亡了。革命即将在全国范围内获得完全胜利了。

中国革命经过了许多曲折,遭受了很多困难,特别是一九三五年,日本帝国主义变中国为殖民地的侵略暴行,已由东北而热河,由热河而平津,民族危机到了深重的时候,毛泽东同志重申我党"停止内战、一致对外"的要求,向全国人民呼吁,得到全国人民的热烈欢迎,发动了广大民众,坚持了八年的抗日战争获得了完全的胜利。但是因为中国是半封建半殖民地的国家,在抗日时期,政权握在反革命蒋介石的手里,没有能如毛泽东同志"民主的抗日"的战略来达到建立独立与民主的新中国,恰恰相反,蒋介石乘抗日战争关系把一切国家大权集于一身,把国家经济"化公为私",成了蒋、宋、孔、陈四大家族的私产。这四大家族在他们当权的二十二年中,已经集中了价值达一百万万至二百万万美元的巨大资本,垄断全国的经济命脉。这个垄断资本与国家政权结合在一起成为国家垄断资本主义。这个垄断资本主义与外国帝国主义、与本国地主阶级及旧式富农密切地结合着,成为买办的封建的国家垄断资本主义,又成为美国帝国主义垄断资本主义的附庸。他们与美国帝国主义最反动的战争贩子结合,疯狂地反苏反共,企图制造第三次世界大战,公然要以中国为反苏大战的根据地,中国人民又面临着美国帝国主义变中国为殖民地的严重时期。三年来,中国人民终于在中国共产党领导之下、毛泽东同志领导之下又得到了伟大的胜利。

总结近十五年来的历史,中国革命遇到几次大的危机,终能取得胜利,这是什么原因呢?这就是由于中国共产党、毛泽东同志以马列主义的普遍真理与中国革命的具体实践相结合,正确地认识了中国社会底物质生活发展之需要,坚决地提出了必须打倒帝国主义、打倒封建主义、打倒官僚资本主义,在全国范围内推翻国民党的反动统治,在全国范围内建立无产阶级领导的以工农联盟为主体的人民民主专政的共和国。使中华民族来一个大翻身,由半殖民地变为真正的独立国,使中国人民来一个大解放,将自己头上的封建的压迫和官僚资本(即中国的垄断资本)的压迫一起掀掉,并由此造成统一的民主的和平局面,造成由农业国变为工业国的先决条件,造成由人剥削人的社会改造为没有人剥削人的社会主义社会发展的可能性。这个新的社会思想、这个新的社会理论是由中国社会底物质生活之发展所产生出来,适合于中国国情和人民的需要。而且在每一新环境、新形势到来,又灵活的提出新任务,因此就能发动广大民众,就能动员他们并把他们组织成为无产阶级党底伟大的军队,这个伟大军队就能完成新的革命的任务。

因此马克思说:

理论一掌握了群众,便立刻成为物质的力量。(《马恩全集》第一卷,第四〇六页)

由此可见,无产阶级党为要有可能去影响社会物质生活条件并加速其发展、加速其改善,便应凭借于这样一种社会理论和社会思想,这种理论和思想能正确反映社会物质生活发展底需要,因而能发动广大民众,能动员他们,把他们组织成一支决意打破社会反动势力并为社会先进势力开辟道路的无产阶级党的伟大军队。

"经济主义者"和孟什维克陷于覆亡的原因之一,就是他们不承认先进理论和先进思想有动员的、组织的和改造的作用,而陷入了庸俗唯物主义,竟把先进理论和先进思想的作用看成几等于零,因而使党陷于消极无为、陷于萎靡不振的地步。

马列主义之所以强而有力和生气勃勃,就是因为它凭借于正确反映着社会物质生活发展需要的先进理论,把这个理论提到它所应有的高度,并努力来彻底利用这个理论所有的动员的、组织的和改造的力量。

历史唯物主义就是这样来解决社会存在和社会意识间、社会物质生活发展条件和社会精神生活发展间互相关系问题的。

现在还要说明一个问题:从历史唯物主义观点看来,究应把归根到底决定社会面貌、社会思想、观点和政治制度等等的"社会物质生活条件"了解为什么东西呢?

这"社会物质生活条件"究竟是什么;它们的特征究竟怎样呢?

首先,"社会物质生活条件"这一概念,当然是把环绕着社会的自然界,即地理环境包含在内,因为这个环境是社会物质生活所必要的和经常的条件之一,而且无疑是影响到社会底发展。地理环境在社会发展中的作用怎样呢?地理环境是不是决定社会面貌、人们社会制度性质,以及由一个制度过渡到另一个制度的主要力量呢?

历史唯物主义对于这个问题的答复是否定的。

地理环境当然是社会发展底经常必要的条件之一,而且它无疑是能影响到社会底发展,加速或延缓社会发展进程。但它的影响并不是决定的影响,因为社会底变更和发展要比地理环境底变更和发展快得不可计量。欧洲在三千年内已更换过三种不同的社会制度:原始公社制度、奴隶制度、封建制度;而在欧洲东部,即在苏联,甚至更换了四种社会制度。可是,在这同一时期内,欧洲境内的地理条件不是完全没有变更,便是变更得很少很少,甚至地理学也不肯提到它。而这是不言而喻的。地理环境方面一种稍许严重的变更都需要几百万年,而人们社会制度中甚至最严重的变更也只需要几百年或一两千年就够了。

由此就应得出结论:地理环境决不能成为社会发展底主要原因、决定原因,因为在数万年间几乎仍旧不变的现象决不能成为那在几百年间就发生根本变更的现象发展的主要原因。

其次,人口底增长、居民密度底高低当然也包含在"社会物质生活条件"这一概念中,因为人是社会物质生活条件中的必要成分,没有一定的最低限度的人口,便不能有任何社会物质生活。人口底增长是不是决定人们社会制度性质的主要力量呢?

历史唯物主义对于这个问题的答复也是否定的。

人口底增长当然能影响到社会底发展,促进或延缓社会底发展,但它不能成为社会发展中的主要力量,它对于社会发展的影响不能是决定的影响,因为人口底增长并不能给我们说明为什么某个社会制度恰巧要由一定的新制度来替代,而不是由其他某一个制度来替代;为什么原始公社制度恰巧是由奴隶制度所替代,奴隶制度恰巧是由封建制度所替代,封建制度恰巧是由资产阶级制度所替代,而不是由其他某一制度所替代。

如果人口底增长是社会发展中的决定力量,那末较高的人口密度就必定会产生出相当于它的较高形式的社会制度。可是,事实上却没有这样的情形。中国人口密度比美国高至四倍,但美国在社会发展程度上高于中国,因为中国仍然是半封建制度占统治,而美国却早已达到资本主义发展底最高阶段。比利时人口密度比美国高至十九倍,比苏联高至二十六倍,但美国在社会发展程度上高于比利时,而苏联比之比利时更是高出一整个历史时代,因为比利时还是资本主义制度占统治,而苏联却已消灭了资本主义并确立了社会主义制度。

由此就应得出结论:人口底增长不是而且不能是在社会发展过程中决定社会制度性质、决定社会面貌的主要力量。

(甲)既然如此,那末在社会物质生活条件体系中,究竟什么是决定社会面貌、决定社会制度性质、决定社会由这一制度发展为另一制度的主要力量呢?

这样的力量,据历史唯物主义看来便是人们生存所必需的生活资料谋得方式,便是社会生活和发展所必需的食品、衣服、靴鞋、住房、燃料和生产工具等等物质资料生产方式。

为要生活,就需要有食品、衣服、靴鞋、住房和燃料等等,为要有这些物质资料,就必需生产它们,而为要生产它们,就需要有人们所利用来生产食品、衣服、靴鞋、住房和燃料等等的种种生产工具,就需要善于生产这些工具,就需要善于使用这些工具。

生产物质资料时所使用的生产工具,以及因有相当生产经验和劳动技能而发动着生产工具并实现着物质资料生产的人——这些要素总合起来,便构成为社会底生产力。

但生产力还只是生产底一方面、生产方式底一方面,其所表示的是人们对于他们所利用来生产物质资料的物件和自然界力量间的关系。生产底另一方面、生产方式底另一方面,便是人们彼此在生产过程中发生的关系,即人们底生产关系。人们和自然界斗争以及利用自然界来生产物质资料并不是彼此孤立、彼此隔绝、各人单独进行,而是以团体为单位、以社会为单位来共同进行的。因此,生产在任何时候和任何条件下都是社会的生产。人们在实现物质资料生产时,也就建立彼此间在生产内部的某种相互关系,即某种生产关系。这些关系可能是不受剥削的人们彼此间的合作和互助关系,可能是统治和服从的关系,最后,也可能是由一种生产关系形式过渡到另一种生产关系形式的过渡关系。可是,不管生产关系带着怎样的性质,而它们在任何时候和在任何制度下,都如社会底生产力一样是生产底必要原素。

马克思说:

人们在生产中不仅影响着自然界,而且彼此互相影响着。他们如果不用相当方式结合起来共同活动和互相交换其活动,便不能生产。为了实现生产,人们便发生一定的联系和关系,只有经过这些社会联系和社会关系,才会有人们对于自然界的关系存在,才会有生产。(《马恩全集》第五卷,第四二九页)

所以,生产、生产方式是把社会底生产力和人们底生产关系两者都包含在内,而体现着两者在物质资料生产过程中的统一。

(乙)生产底第一个特点就是它永远也不会长久停留在一点上,而是始终处在变更和发展状态中,同时生产方式中的变更又必然引起全部社会制度、社会思想、政治观点和政治制度之变更,即引起全部社会的和政治的结构底改造。人们在各个不同的发展阶段上有着各个不同的生产方式,或者粗浅一点说,过着各种不同样式的生活。在原始公社制度下有一种生产方式,在奴隶制度下有另一种生产方式,在封建制度下有第三种生产方式,余此类推。同时,人们底社会制度、他们的精神生活、他们的观点、他们的政治制度,也与此适应而各不相同。

社会底生产方式怎样,社会本身在基本上也就会怎样,社会底思想和理论、政治观点和政治制度也就会怎样。

或者粗浅一点说:人们底生活样式怎样,人们底思想样式也就会怎样。

这就是说,社会发展史首先便是生产发展史、数千百年来新陈代谢的生产方式发展史、生产力和人们生产关系发展史。

由此可见,社会发展史同时也就是物质资料生产者本身底历史,即身为生产过程中基本力量并实现着社会生存所必需物质资料生产的那些劳动群众底历史。

由此可见,历史科学要想成为真正的科学,便不能再把社会发展史归结为帝王将相底行动,归结为国家"侵略者"和"征服者"底行动,而是首先应当研究物质资料生产者底历史、劳动群众底历史、各国人民底历史。

由此可见,研究社会历史规律的关键,并不是要到人们底头脑中、到社会底观点和思想中去采求,而是要到社会在每个一定历史时期所采取的生产方式中,即要到社会底经济中去采求。

由此可见,历史科学底首要任务是要研究和揭示生产底规律、生产力与生产关系发展底规律、社会经济发展底规律。(《联共党史》,第一四九——一五四页)

中国旧历史材料虽然很丰富,但大都是记载帝王与将相的行动、记载朝代兴亡的活动,而很少记载社会经济的事实,这是研究中国历史的一个大缺陷。

中国有些历史家把自然界与人类社会对立起来,以为人类社会的历史只限于记载精神活动的结果。如梁启超说:

人类为生存而活动,亦为活动而生存。活动休止,则人道或几乎息矣。凡活动,以能活动者为体,以所活动者为相。史也者,综合彼等与活动者之种种体,与其活动所表现之种种相,而成一有结构的叙述者也。是故非活动的事项——例如天象、地形等,属于自然界现象者,皆非史的范围;反之,凡活动的事项——人类情感、理智、意志所产生者,皆活动之相,即皆史的范围也。(梁启超:《中国历史研究法》,第一页)

把人类社会历史不在致力于物质资料生产者,即劳动民众的生产方式中去找寻,而在人类情感理智意识,即人类头脑所产生的思想动作言行即所谓文化事功中去找寻,这种唯心论的观点根本就不能了解人类社会真正的历史。

(丙)生产底第二个特点就在生产底变更和发展始终是从生产力底变更和发展上,首先是从生产工具底变更和发展上开始。所以生产力是生产中最活动最革命的要素。起初是社会底生产力发生变更和发展起来,然后,人们底生产关系、人们底经济关系也依赖于这些变更并与这些变更相适应而发生变更。但这并不是说,生产关系不影响到生产力底发展,生产力不依赖于生产关系。生产关系虽然是依赖于生产力底发展而发展,但同时它们又反转来影响到生产力,加速或延缓其发展。而且必须指出:生产关系不能过分长久落后于生产力底增长并和这一增长相矛盾,因为只有当生产关系适合于生产力底性质及状况,并使生产力有发展余地时,生产力才能尽量发展起来。因此,无论生产关系怎样落后于生产力底发展,但它们迟早总应而且一定会去适合于生产力底发展水准,适合于生产力底性质。不然,便会有生产体系中生产力与生产关系统一底根本破坏、全部生产破裂、生产危机以及生产力破坏的情形。

生产关系和生产力性质不适合的实例、它们两者间冲突的实例,便是资本主义国家中所发生的经济危机,那里生产资料的资本主义私有制是和生产过程底公共性质,是和生产力底性质极不适合的。这种不适合的结果便是使生产力陷于破坏的经济危机,而这种不适合的情况就是那负有使命破坏现存生产关系,并建立起适合于生产力性质底生产关系的社会革命底经济基础。

反之,生产关系和生产力性质完全适合的实例便是苏联的社会主义国民经济,这里的生产资料的公有制和生产过程底公共性质是完全适合的,因此在苏联没有经济危机,也没有生产力破坏的情形。

所以,生产力不仅是生产中最活动最革命的要素,而且是生产发展过程中决定的要素。

生产力怎样,生产关系也就应怎样。

生产力底状况所回答的是人们用怎样的生产工具来生产他们所必需的物质资料的问题,而生产关系底状况所回答的则是生产资料(土地、森林、水流、矿源、原料、生产工具、生产建筑物、交通联络工具等等)归谁所有,生产资料由谁支配——是由全社会支配,还是由单个的人、集团和阶级支配并利用去剥削其他的人、集团和阶级的问题。

以下便是从古代到今日的生产力发展的一般情景。由粗笨的石器过渡到弓箭,并与此相适应而由狩猎生活过渡到驯养动物和原始畜牧;由石器过渡到金属工具(铁斧、铁口锄等等),并与此相适应而过渡到种植植物,过渡到农业;金属的制造工具继续改良,过渡到冶铁风箱,过渡到陶器生产,并与此相适应而有手工业的发展,手工业脱离农业的分立,独立手工业生产以及后来手工业工场生产的发展;由手工业生产工具过渡到机器,手工业工场生产转变为机器工业;再进而过渡到机器制。以及现代机器化工业的出现——这就是人类史上社会生产力发展的一个大致而远不完备的情景。同时,生产工具底发展和改善当然是由参加生产的人们所实现,而不是与人们无关,所以,由于生产工具底变更和发展,人们即生产力中最重要的原素也随着变更和发展起来,他们的生产经验、劳动技能以及运用生产工具的本领也随着变更和发展起来。(《联共党史》,第一五四—一五六页)

中国有些历史家不了解人们的变化与发展是伴着生产工具的变化与发展而来,科学与技能的发展是伴着生产经验的发展而发展,反而以天命论、唯心论的观点说："天聋聪明。""作之君,作之师。"把社会进化的动力归之于少数圣贤。并且如孟子所谓："劳心者治人,劳力者治于人,治于人者食人,治人者食于人,天下之通义也。"曾使剥削制度合理化而离社会发展的真理更远了。

随着社会生产力在历史上变更和发展,于是人们底生产关系、人们底经济关系也与此适应而变更和发展。

历史上有五种基本生产关系：原始公社制的、奴隶制的、封建制的、资本主义的、社会主义的。

在原始公社制度下,生产关系底基础是生产资料的公有制。这在基本上是与当时的生产力性质相合的。石器以及后来出现的弓箭,使人绝对不能单身去和自然界势力及猛兽作斗争。人们当时为要在森林中采集果实,在水里捕获鱼类,建筑某种住所,便不得不共同工作,否则便会饿死,便会成为猛兽或邻近部落底牺牲品。公共的劳动也就引起了生产资料和生产品的公有制。这里还不知道什么是生产资料私有制,而不过有些同时用以防御猛兽的生产工具是归个人所有。这里并没有什么剥削,也没有什么阶级。

在奴隶制度下,生产关系底基础是奴隶主占有生产资料和占有生产工作者,这生产工作者便是奴隶主所能当作牲畜来买卖屠杀的奴隶。这样的生产关系在基本上是与当时的生产力状况相合的。此时人们所拥有的已经不是石器,而是金属工具;此时所有的已不是那种不知畜牧业为何物,也不知农业为何物的贫乏原始的狩猎经济,而是已经出现了的畜牧业、农业、手工业以及这些生产部门彼此间的分工;此时已有可能在各个人间和各部落间交换生产品,已有可能把财富积累在少数人手中,而且真正把生产资料积累于少数人手中,已有可能迫使大多数人服从少数人并把这大多数人变为奴隶。这里已不是社会中一切成员在生产过程中共同地和自由地劳动,而是由那些被不劳而获的奴隶主所剥削的奴隶们底强迫劳动占主要地位。因此也就没有了生产资料和生产品的公有制,它已被私有制所代替了。这里,奴隶主是第一个和基本的十足的私有主。

富人和穷人、剥削者和被剥削者、享有完全权利的人和毫无权利的人,他们彼此间的残酷阶级斗争——这就是奴隶制度的情景。

在封建制度下,生产关系的基础是封建主占有生产资料和不完全占有生产工作者,这生产工作者便是封建主虽已不能屠杀但仍可以买卖的农奴。当时除封建所有制外,还存在有农民和手工业者以本身劳动为基础占有生产工具和自己私有经济的个人所有制。这样的生产关系在基本上是与当时的生产力状况相合的。熔铁和制铁工作更进一步的改善;铁犁和织布车的散布;农业、园圃业、酿酒业和制油业的继续发展;与手工业作坊并存的手工业工场企业的出现。——这就是当时生产力状况底特征。

新的生产力所需要的是在生产中能表现某种自动性、愿意劳动、对劳动感觉兴趣的生产者。因此,封建主就把奴隶抛弃,因为奴隶是对劳动不感兴趣和完全没有自动性的工作者;而宁愿利用农奴,因为农奴有自己的经济、有自己的生产工具,具有为耕种土地并从自己收成中拿出一部分实物缴给封建主所必需的某种劳动兴趣。

私有制在这里已经继续发展了。剥削几乎仍如奴隶制度下的剥削一样残酷,不过是稍许减轻一些罢了。剥削者和被剥削者间的阶级斗争,便是封建制度底基本特征。

在资本主义制度下,生产关系底基础是生产资料的资本主义所有制,同时这里已经没有了私自占有生产工作者的情形,这时生产工作者即雇佣工人,是资本家既不能屠杀,也不能出卖的,因为雇佣工人已免除了人格上的依赖,但他们却没有生产资料,所以他们为要不致饿死,便不得不出卖自己的劳动力给资本家,并忍受繁重的剥削。除资本主义的生产资料所有制外,还存在有免除了农奴制依赖的农民和手工业者以本身劳动为基础占有生产资料的私有制,而且这种私有制在第一个时期是很流行的。手工作坊和手工工场企业已由机器化的大工厂所代替了。用农民粗笨生产工具耕作的贵族地产,已由根据农艺学经营和使用农业机器的资本主义大农场所代替了。

新的生产力所需要的是比闭塞无知的农奴们文化些、伶俐些、能够懂得机器并正确使用机器的生产工作者。因此，资本家宁愿利用免除了农奴制羁绊而有相当文化程度来正确使用机器的雇佣工人。

可是，资本主义把生产力发展到巨大规模的时候，便陷入它自己所不能解决的矛盾中。资本主义生产出日益增多的商品并减低着商品价格，便使竞争尖锐化，使大批小私有主和中等私有主陷于破产，把他们变成无产者，减低他们的购买力，因而就使生产出来的商品无法销售出去。资本主义扩大生产并把千百万工人集合在大工厂内，便使生产过程具有了公共的性质，因而破坏了自己本身的基础，因为生产过程底公共性质要求有生产资料的公有制，而生产资料的所有制却仍然是资本主义私人性的，即与生产过程底公共性质势不两立的所有制。

生产力性质与生产关系间这种不可调和的矛盾，是暴露于周期的生产过剩危机中，此时资本家因他本身使广大民众遭受破产而找不到有支付能力的需求者，便不得不烧毁生产品、消灭已制成的商品、停止生产、破坏生产力；此时千百万民众被迫失业挨饿，而这并不是由于商品不够，却是因为商品出产太多。

这就是说，资本主义的生产关系已不复与社会生产力状况相适合，而是已与社会生产力处于不可调和的矛盾地位。

这就是说，在资本主义制度里成熟着革命，其使命就是要用社会主义的生产资料所有制来代替现存的资本主义生产资料的所有制。

这就是说，剥削者和被剥削者间最尖锐的阶级斗争乃是资本主义制度底基本特征。

在社会主义制度下，在此刻还只实现于苏联的这个制度下生产资料的公有制是生产关系底基础。这里已没有什么剥削者，也没有什么被剥削者。生产出来的物品是根据"不劳动者不得食"的原则来按劳动分配的。这里生产过程中人们相互关系底特征，乃是不受剥削的工作者们间同志的合作和社会主义的互助。这里生产关系与生产力状况完全相合,因为生产过程底公共性质是由生产资料的公有制所巩固的。

因此,苏联的社会主义生产也就根本不知道什么是周期的生产过剩危机,以及与此危机相联结的荒谬现象。

因此,生产力在这里是加速发展着,因为适合于生产力的生产关系使生产力有这样发展的充分广阔的余地。

这就是人类史上人们生产关系发展的情景。

这就是生产关系发展对于社会生产力发展,首先是对于生产工具发展的依赖性,而因为有这种依赖性,所以生产力底变更和发展迟早要引起生产关系与此相适应的变更和发展。

马克思说:

劳动资料①的使用和创造,虽其萌芽形式已为某几种动物所固有。毕竟是人类劳动过程所独具的特征,所以佛兰格林说人类是制造工具的动物。劳动资料的遗骸对于研究已经消亡的诸社会经济形态,也如动物骨骼底遗骸结构对于研究已消亡的诸种动物底躯体组织一样有极重要的意义。各个经济时代所由以区别的不是生产什么,而是怎样生产……劳动资料不仅是人类劳动力发展底尺度,而且是劳动在其中实现的社会关系底指标。(马克思:《资本论》第一卷,一九三五年版,第一二一页)

其次:

(1) 社会关系是和生产力密切联结的。人们既获得新的生产力,便会改变自己的生产方式,而随着生产方式底改变,即本身生活保证方式底改变,人们也就会改变自己所有一切社会关系。手力的磨坊产生了以封建主为首的社会;蒸汽力的磨坊产生了以工业资本家为首的社会。(《马恩全集》第五卷,第三六四页)

(2) 生产力增长底运动,社会关系底破坏以及思想底产生都是毫不间断地发生着,不动的只是运动底抽象。(同上,第三六四页)

恩格斯在解释《共产党宣言》内所表述的历史唯物主义时

---

① 马克思所说的"劳动资料"主要是指生产工具而言。(《苏联共产党(布)历史简要读本》编者注)

说道：

　　每一历史时代底经济生产以及必然从它发生的社会结构，便是这时代的政治和思想历史底基础……与此相适合的，是自从原始公社的土地占有制瓦解时起全部历史都是阶级斗争的历史，即社会发展各阶段上被剥削阶级与剥削阶级、被支配阶级与统治阶级间斗争的历史……在这个斗争现今所达到了的阶段上，被剥削被压迫的阶级（无产阶级）为要摆脱掉剥削它压迫它的那个阶级（资产阶级），已非同时使整个社会永远摆脱剥削、压迫以及阶级斗争不可了……（恩格斯为《宣言》德文版所作的《序言》）

　　（丁）生产底第三个特点就在新的生产力以及与其相适合的生产关系产生的过程，并不是离开旧制度而单独发生，不是在旧制度消灭以后发生，而是在旧制度内部发生；不是由于人们有意自觉活动底结果，而是自发地、不自觉地、不依人们意志为转移地发生的。其所以是自发的和不依人们意志为转移地发生，是由于以下两个原因：

　　第一个原因，就是人们不能自由选定这种或那种生产方式，因为每一新辈人开始生活时，他们已遇到现成的生产力和生产关系，即前辈人所工作的结果，因此这新辈人在最初一个时候，应当接受他们在生产方面所遇到的一切现成东西，应当去适应这些东西，以便有可能生产物质资料。

　　第二个原因，就是人们在改善这种或那种生产工具、这种或那种生产力要素时，不会觉悟到、不会了解到，也不会想到这些改善将会引起怎样一种社会结果，而只是想到自己的日常利益，只是想要减轻自己的劳动，谋得某种直接的、可以感触到的益处。

　　当原始公社社会中某些社员逐渐地摸索式地由石器过渡到铁制工具时，他们当然不知道、当然没有想到这种革新会引起怎样一种社会结果；他们并没有了解到、没有意识到，由石器过渡到金属工具是意味着生产中的变革，结果一定会引起奴隶制度——当时他们只是想要减轻自己的劳动和谋得眼前的感觉得到的益处——他们当时的自觉活动只局限于这种日常个人利益的狭隘范围。

当欧洲年轻资产阶级在封建制度时期开始建造巨大手工工场企业,以与细小行业作坊并列,因而推进社会生产力时,它当然不知道、当然没有想到它这种革新办法会引起怎样一种社会结果,它并没有意识到、没有了解到,这种"细微的"革新办法会引起社会力量的重新配合,结果会发生一个要把它当时所十分感戴的王室政权以及它的优秀代表所往往梦想侧身其间的贵族都一概推翻的革命——当时它只是想要减低商品生产成本费,更多拿些商品到亚洲市场以及刚才发现的美洲市场去销售,借以获得更多的利润——它当时的自觉活动只局限于这种日常实践的狭隘范围。

当俄国资本家和外国资本家一起加紧在俄国培植现代机器化大工业,丝毫也不触动沙皇制度,而听凭地主们牵制农民时,他们当然不知道、当然没有想到生产力这种严重的增长会引起怎样一种社会结果;他们并没有意识到、没有了解到,这个在社会生产力方面发生的严重跃进会引起社会力量的重新配合,结果会使无产阶级能和农民联合起来实现胜利的社会主义革命——当时他们只是想要极端扩大工业生产,掌握巨大的国内市场,变成垄断家并从国民经济中吸取更多的利润——他们当时的自觉活动并没有超出他们日常的狭隘实践的利益。(同上,第一五六—一六二页)

当国际帝国主义加紧剥削中国的时候,不得不在中国建筑铁路、开辟某些矿山、建立某些现代的机器工厂,以及建立工业和商业的中心,而同时他们要维持满清的和封建军阀的专制制度以便榨取中国农民的血汗。当然,在起初的时候,帝国主义的资本家他们没有知道和没有想到这些企业会引起什么社会的结果,他们没有意识到和没有了解到在社会生产力部门中这些企业会引导中国无产阶级的出现、中国知识界的进步、民族觉悟的勃兴、解放运动的加紧等等的社会力量的重新结合,这重新结合给了无产阶级以可能去和农民联合起来完成民族与民主的革命战争、担负世界革命一部分的伟大任务。帝国主义的资本家们简单地想极度的榨取额外利润,扩大贱价劳动的机器生产,榨取巨大的中国市场。他们的自觉的活动没有走出他们日常的狭隘的实际利益的范围之外。

因此马克思说：

人们在自己生活底社会生产中（即是在生产为人们生活所必需的物质资料中。——编者注）彼此间发生一定的、必然的、不依（着重点是《联共党史》编者所加）他们本身意志为转移的关系即与他们当时的物质生产力发展程度相适合的生产关系。（《马克思选集》第一卷，第二六九页）

但这并不是说，生产关系底变更以及由旧生产关系到新生产关系的过渡是一帆风顺地进行，而不经过什么冲突、不经过什么震动，恰巧相反，这样的过渡通常是表现于用革命手段来推翻旧生产关系而奠定新生产关系。到一定时期为止，生产力的发展以及生产关系方面的变更是不依人们意志为转移而自发进行的。但这只是到一定时候为止，只是到已经产生和正在发展的生产力还没有充分成熟的时候为止。而当新生产力已经成熟时，现存的生产关系及其体现者的统治阶级就变成了"不可克服的"，只有经过新阶级自觉活动、只有经过新阶级强力行动、只有经过革命才可扫除的障碍。这里特别明显地表现出应该用强力把旧生产关系消灭掉的那些新社会思想、新政治制度和新政权底伟大作用。在新生产力与旧生产关系互相冲突的基础上、在社会底新经济需要的基础上产生出新的社会思想；新的思想组织和动员群众；群众团结成为新的政治军队，建立起新的革命政权，并运用这个政权去用强力消灭生产关系方面的旧秩序而奠定新秩序。于是，自发的发展过程就让位于人们自觉的活动，和平的发展就让位于强力的变革，进化就让位于革命。

马克思说：

无产阶级在反对资产阶级的斗争中一定团结成为阶级……它借实现革命而把自己变为统治阶级，并以统治阶级资格去用强力消灭旧的生产关系。（《共产党宣言》一九三八年版，第五二页）

其次：

(1) 无产阶级运用自己的政治统治，一步一步夺取资产阶级所有的全部资本,把一切生产工具集中于国家手里,集中于已组织成为统治阶级的无产阶级手里,并尽量迅速地增加全部生产力。(同上,第五〇页)

(2)强力是每一个旧社会在怀孕着新社会时的产婆。(马克思:《资本论》第一卷,一九三五年版,第六〇三页)

以下便是马克思在一八五九年为他那部名著《政治经济学批评》所写的有历史意义的《序言》中,对历史唯物主义底实质所作的一个天才的表述:

人们在自己生活底社会生产中彼此间发生一定的、必然的、不依他们本身意志为转移的关系,即与他们当时的物质生产力发展程度相适合的生产关系。这些生产关系底总和就组成为社会底经济结构,即法律的和政治的上层建筑物所借以树立起来,而有一定的社会意识形式与其相适应的那个现实基础。物质生活底生产方式决定着社会生活、政治生活以及一般精神生活的过程。并不是人们底意识决定人们底存在,恰巧相反,正是人们底社会存在决定人们底意识。社会底物质生产力发展到一定程度时,便和它们向来在其中发展的那些现存生产关系,或不过是现存生产关系在法律上表现的财产关系发生矛盾。于是这些关系便由生产力发展的形式变成了束缚生产力的桎梏。那时社会革命时代就到来了。随着经济基础的变更,于是全部庞大的上层建筑物中也就会或迟或速地发生变革。在考察这些变革时,必须时刻把经济生产条件方面所发生的那些可用自然科学精确眼光指明出来的物质变革,去与人们所借以意识到这个冲突并力求把它克服的那些法律的、政治的、宗教的、美术的或哲学的形式——简言之思想形式——分别清楚。正如我们评判一个人时不能以他对于自己的揣度为根据一样,我们评判这样一个变革时代时也不能以它的意识为根据。恰巧相反,这个意识正须从物质生活底矛盾中,从社会生产力和生产关系间现存的冲突中求得解释,无论哪一个社会形态,当它所给以充分发展余地的那一切生产力还没有展开以前,是决不会灭亡的;而新的更高的生产关系,当它所借以存在的那些物质条件还没有在旧社会胞胎里成熟以前是决不会出现的。所以人类始终只会抱定自己所能够解决的任务,因为我们仔细去看时总可看出,任务本身只有当它所能借以得到解决的那些物质条件已经存在或至少是已在形成过程中的时候才会发生的。(《马克思选集》第一卷,第二六九至二七〇页)(同上,第一六三——一六五页)

这就是马克思的唯物史观,这就是马克思给我们研究历史的方法。

(节选自吴玉章:《中国历史教程绪论》,新华书店1949年版)

学习斯大林的《辩证唯物主义与历史唯物主义》

荣孟源

一

伟大的斯大林对于历史科学工作的指示,是我们历史科学工作者所必须认真学习、切实遵循的。我们也只有遵循革命导师马克思、恩格斯、列宁、斯大林和毛泽东的指示去研究历史,才能使自己的工作成为真正的历史科学工作,才能为人民服务。我们首先应当牢记斯大林的教导:"历史唯物主义就是把辩证唯物主义原理推广去研究社会生活,把辩证唯物主义原理应用于社会生活现象、应用于研究社会、应用于研究社会历史。"①

伟大的斯大林在《辩证唯物主义与历史唯物主义》一书中教导我们以马克思主义辩证法。他指明马克思主义辩证法与形而上学相反,形而上学把自然界看作什么彼此孤立的、静止不动的、发展只是简单增长的过程;马克思主义辩证法把自然界看作有内在联系的统一整体,不断运动、不断发展,发展是由不显露的、细小的数变进到显露的、根本的质变的过程,内在矛盾之斗争便是发展过程的实在内容。

我们历史科学工作者曾经努力,现在还继续努力遵循斯大林的指示,把辩证法的原理推广去研究社会历史,可是我们在工作中,往往是孤立的、静止的去观察问题。例如:提到专制问题,有的同志常把秦始

---

① 斯大林:《辩证唯物主义与历史唯物主义》,见《列宁主义问题》,苏联外国文书籍出版局一九五〇年中文版,第七〇三页。

皇和蒋介石并列在一起，好像这里边有一个什么"永恒正义"，可以离开具体的历史条件孤立地来说"专制"好或坏。我们根据史实来看一看，就知道秦始皇使诸侯割据称雄的封建国家统一为专制主义的中央集权的封建国家，是推动了中国历史的前进；蒋匪帮施行法西斯特务统治使中国沦为殖民地，阻碍着中国历史的进步；两者绝不能相提并论。

又如：一提到戊戌变法，有的同志就把它和王安石变法、商鞅变法并列在一起，说这些变法都是要求行"仁政"，好像这里有一个什么"永世不移的"社会秩序，可以离开具体的历史条件孤立地来评议变法。我们根据史实来看一看，就知道商鞅变法是以新兴地主的统治代替旧贵族领主的统治，是推动封建制度向前发展一大步；王安石变法是抑止大地主阶级的残酷剥削，使封建制度能维持现状并能得到一些发展；两者都不改变封建制度的本质。至于戊戌变法，则是要求基本上改变封建制度，使中国社会能够走上资本主义的道路，和前两种变法有着本质的不同，绝不能把它们混淆起来。

又如：一提到康有为，有些同志发生了争论。一方面说，康有为是保皇党，是反动的；康有为所进行的戊戌变法，目的是阻碍孙中山进行革命，也是反动的。另一方面说，戊戌变法要求中国社会走向资本主义，是进步的；康有为作过进步的事情，就是进步的。争论的两方都是离开了具体的历史条件，孤立的、静止地观察问题。根据史实来看一看：一八九五年兴中会在广州起义，革命运动确比改良运动进步，但是，当时革命党在全国的影响并不大，在全国影响最大的还是改良主义的维新运动。当时的维新运动是与以那拉氏（慈禧太后）为首的顽固派斗争，是与以李鸿章为首的洋务派斗争，即与以满清政府为首的大地主、买办阶级斗争，并不是与革命党人斗争；是改变封建制度为资本主义制度，并不是阻抑资本主义保护封建制度；因此，应该肯定戊戌变法是进步的，戊戌变法时的康有为是进步的。戊戌变法失败以后，以孙中山为首的革命党力量大增，革命运动展开了。这时不是变法不变法的问题，也不是立宪不立宪的问题，而是推倒满清政府彻底完成民主主义革命的问题。革命党提出"驱逐鞑虏（指满清统治者），恢复中华，创立民国，平均地权"的政纲并为此而努力奋斗，是代表当时中国人民的利益的。康有为等组织保皇党,不去反对满清政府的封建专制,不去揭露满清政府所谓"新政""立宪"的阴谋,反而保卫满清政府,与革命党为敌,亦即与中国人民为敌。因此,不能不说戊戌变法以后的康有为是反动的。我们不能以康有为后日的反动性,抹杀他在戊戌变法时的进步性;同时也不能以戊戌变法是进步的,就开脱康有为在一八九八年以后的反动罪行。

我们学习马克思主义辩证法,最重要的一点就是牢记斯大林的教导:"一切都依条件、地方和时间为转移。显然,没有这种观察社会现象的历史观点,那历史科学就会无法存在和发展,因为只有这样的观点才能使历史科学不致变成一笔偶然现象的糊涂账,不致变成一堆荒谬绝伦的错误。"①

二

伟大的斯大林教导我们以马克思主义哲学唯物主义。他指明马克思主义哲学唯物主义与唯心主义相反,唯心主义认为世界是"意识"的体现,只有意识才是真实存在着的,物质世界只是在意识中存在着,世界是不能认识的;马克思主义哲学唯物主义认为世界按其本质说来是物质的,物质是第一性的现象,意识是第二性的现象,是物质的反映,世界及其规律完全可能认识,世界上没有不可认识之物,而只有现在尚未认识但将来却会由科学和实际力量揭示和认识之物。

我们历史科学工作者努力遵循斯大林的指示,把马克思主义哲学唯物主义的原理推广去研究社会历史,可是处理起实际问题来,往往就夹杂上一些唯心主义:

第一,分析历史人物时常只注意其阶级出身,而不去仔细分析他在当时阶级斗争中所起的作用。例如:有的同志不去分析刘邦、李密等人领导农民战争,是否符合于当时广大农民的要求,而是简单地查一查刘邦、李密等人的社会出身不是农民,就否定了他们在农民战争中的地

---

① 斯大林:《辩证唯物主义与历史唯物主义》,见《列宁主义问题》,苏联外国文书籍出版局一九五〇年中文版,第七一〇页。

位。这种唯成份论,不顾历史人物的具体活动,只凭社会出身就演绎出人物的评价,是唯心主义的一种,它不能正确地批判历史人物,它对于历史人物的评价不符合于事实,是不科学的。我们为了科学地处理历史人物,应该遵循斯大林的教导:详细分析历史人物的思想和行动,"如果杰出人物底观念和愿望竟与社会底经济发展背道而驰,竟与先进阶级底要求背道而驰,那么这种杰出人物就会变成为无用之物;反之,如果杰出人物底观念和愿望正确表现着社会经济发展底要求,正确表现着先进阶级底要求,那他们就能成为真正杰出的人物"。①

第二,分析问题时常用机械的类比法,而不去作具体的分析。例如:有的同志讲述岳飞,讲到他抗金被秦桧杀害时,就说正如抗日战争时期的新四军;讲到他打杨幺时,又说正如"安内而后攘外"的蒋介石。我们知道,落后的女真族和日本帝国主义不同,封建时代的岳家军和中国共产党所领导的人民武装不同,硬要这样类比一番,并不能解决任何问题,只能更引起读者和听众的思想混乱。又如:有的同志讲到中国封建社会的形成,就拿日耳曼人侵入罗马的故事和"五胡乱华"类比一番。我们不必谈日耳曼人和匈奴、羯、鲜卑、氐、羌等族的不同。只看罗马是奴隶主剥削奴隶,西晋是地主剥削农民,就知道这两个性质不同的社会制度是不能类比的。如硬要类比,而且为了类比硬说西晋是奴隶主剥削奴隶,那就是歪曲历史,违反科学原则。类比法是以某些表面现象为依据的主观臆说,是唯心主义的一种,是不科学的。我们为了科学地分析历史问题,应该遵循斯大林的教导,详细分析事物内在的矛盾,牢记斯大林的话:"发展过程是经过内在矛盾底揭露,是经过基于这些矛盾的彼此对立势力冲突来克服这些矛盾而进行的。"②"旧东西与新东西间的斗争、衰亡着的东西和产生着的东西间的斗争,衰颓着的东西和发展着的东西间的斗争,便是发展过程底实在内容。"③

第三,处理材料时常以个人的爱憎为取舍标准,只是寻找对自己

---

① 《联共(布)党史简明教程》,苏联外国文书籍出版局一九五三年中文版,第二六一二七页。
② 斯大林:《辩证唯物主义与历史唯物主义》,见《列宁主义问题》,苏联外国文书籍出版局一九五〇年中文版,第七一一页。
③ 同上书,第七〇八页。

合用的材料来填主观制订的表格。在社会生活现象极端复杂的情况下,随时都可以找到几个或单个事例来证明任何一种意见。但是个别的事例并不能说明整个历史事件的性质。在关于中国古代社会性质问题的研究中,有的同志就采取了这种简单的方法。这种不根据客观的、全面的材料来寻求结论,而以片段的材料牵强附会地填自己预定的公式,实质上是唯心主义,绝不是科学。我们为了科学地处理历史问题,应该遵循马克思的教导:"研究必须搜集丰富的材料,分析它的不同的发展形态,并探寻出各种形态的内部联系。不先完成这种工作,便不能对于现实的运动,有适当的说明。"① 应该遵循列宁研究帝国主义战争时的教导:"须知,能证明战争底真实社会本质,或正确点说,真实阶级本质的自然不是战争底外交历史,而是对于一切交战国里统治阶级所处客观地位的分析。为要说明这种客观地位,我们就不应引用单个例子与单个材料(在社会生活现象极端复杂的情形下,随时都可以找得任何数量的例子或单个事实来证实任何一种意见的),而是一定要引用所有关于一切交战国和全世界经济生活基础的材料的总和。"②

第四,抛开历史事实从事空谈。例如:有的同志争论"假如林则徐不死,那么他会比曾国藩进步,抑是反动?"也有人煞有介事地讨论:"假如太平天国革命胜利了,今天的中国社会应该是什么样的,封建的、资本主义的还是社会主义的?"像这样毫无事实、纯粹臆测的把戏,不只没有一点唯物主义的味道,而且根本就不是认真地研究历史。

我们学习马克思主义哲学唯物主义,首先必须牢记斯大林的教导:"不应从抽象的'人类理性原则'出发,而应从具体的社会物质生活条件,即从社会发展底决定力量出发;不应从'伟大人物'底善良愿望出发,而应从社会物质生活发展底现实需要出发。"③ 必须牢记毛主席的

---

① 马克思:《资本论》第二版跋,见《资本论》第一卷序,人民出版社一九五三年版,第一七页。
② 列宁:《帝国主义是资本主义底最高阶段》,见《列宁文选》两卷集第一卷,苏联外国文书籍出版局一九五〇年中文版,第九二一页。
③ 斯大林:《辩证唯物主义与历史唯物主义》,见《列宁主义问题》,苏联外国文书籍出版局一九五〇年中文版,第七一七页。

教导：马克思列宁主义的态度，"就是应用马克思列宁主义的理论和方法，对周围环境作系统的周密的调查和研究。不是单凭热情去工作，而是如同斯大林所说的那样：把革命气概和实际精神结合起来。……而要这样做，就须不凭主观想像、不凭一时的热情、不凭死的书本，而凭客观存在的事实详细地占有材料，在马克思列宁主义一般原理的指导下从这些材料中引出正确的结论"。①

三

伟大的斯大林教导我们以历史唯物主义。他说：决定社会由这一制度发展为另一制度的主要力量，"据历史唯物主义看来，便是人们生存所必需的生活资料谋得方式，便是社会生活和发展所必需的食品、衣服、靴鞋、住房、燃料和生产工具等等物质资料生产方式"。生产方式的一方面是生产力，"生产物质资料时所使用的生产工具，以及因有相当生产经验和劳动技能而发动着生产工具并实现着物质资料生产的人——这些要素总合起来，便构成为社会底生产力"。② 生产方式的另一方面是生产关系，"生产关系底状况所回答的则是生产资料（土地、森林、水流、矿源、原料、生产工具、生产建筑物、交通联络工具等等）归谁所有，生产资料由谁支配——是由全社会支配，还是由单个的人、集团和阶级支配并利用去剥削其他的人、集团和阶级的问题"。③ "研究社会历史规律的关键，并不是要到人们底头脑中、到社会底观点和思想中去探求，而是要到社会在每个一定历史时期所采取的生产方式中，即要到社会底经济中去探求。"④

我们遵从斯大林的教导来研究中国历史，可是作得还很不够。例如：有的同志把生产方式简单地了解为生产力，把生产力简单地了解为生产工具，而又把生产工具简化为某种原料。说什么西周农业生产

---

① 毛泽东：《改造我们的学习》，见《毛泽东选集》第三卷，人民出版社一九五三年五月第二版，第八〇一页。
② 斯大林：《辩证唯物主义与历史唯物主义》，见《列宁主义问题》，苏联外国文书籍出版局一九五〇年中文版，第七二二页。
③ 同上书，第七二六页。
④ 同上书，第七二四页。

工具是石器和木器，不是铁器，因此西周不是阶级社会；到了纪元前四世纪，铁器普遍运用，原始社会才崩溃，到秦始皇统一全中国才建立了奴隶社会。这样的说法是很不妥当的。第一，斯大林教导我们要了解："生产关系发展对于社会生产力发展，首先是对于生产工具发展的依赖性，而因为有这种依赖性，所以生产力底变更和发展迟早要引起生产关系与此相适应的变更和发展。"①但这不是说，生产工具一有变动，生产关系即刻变动；也不是说，必须等到生产工具完全改变了以后，生产关系才能发生变化。斯大林教导我们的是："生产工具像语言一样，对于各个阶级表现着一种一视同仁的态度，能够同样地服务于社会各个不同的阶级——不管是旧的阶级也好，或新的阶级也好。"②"例如机器，也像语言一样，对于各个阶级是一视同仁的，既可以替资本主义制度服务，也可以同样替社会主义服务。"③由此可知，简单地只以铁器之有无来划分社会历史阶段是不妥当的。

其次，斯大林教导我们说："基础是社会发展在每一阶段上的社会经济制度。"④"每一个基础都有适合于它的上层建筑。封建制度的基础有它自己的上层建筑、自己的政治、法律等等的观点，以及适合于这些观点的制度；资本主义的基础有它自己的上层建筑；社会主义的基础也有它自己的上层建筑。"⑤基础是生产关系，斯大林指出："历史上有五种基本生产关系：原始公社制的、奴隶制的、封建制的、资本主义的、社会主义的。"⑥人们的生产关系、人们的经济关系是随着社会生产力在历史上的变更和发展而变更和发展。但是，划分历史阶段的标帜是生产关系而不是生产力，是生产资料归谁占有而不是用什么工具生产。如不问周、秦时期生产资料归谁所有，简单地以有无铁器来判断其社会性质，那是错误的。

再次，斯大林教导我们说："在原始公社制度下，生产关系底基础是

---

① 斯大林：《辩证唯物主义与历史唯物主义》，见《列宁主义问题》，苏联外国文书籍出版局一九五〇年中文版，第七三一页。
② 斯大林：《马克思主义与语言学问题》，人民出版社一九五三年一月第二版，第三六页。
③ 同上书，第五页。
④ 同上书，第一页。
⑤ 同上书，第一一二页。
⑥ 斯大林：《辩证唯物主义与历史唯物主义》，见《列宁主义问题》，第七二七页。

生产资料的公有制。""在奴隶制度下,生产关系底基础是奴隶主占有生产资料和占有生产工作者,这生产工作者便是奴隶主所能当作牲畜来买卖屠杀的奴隶。""在封建制度下,生产关系底基础是封建主占有生产资料和不完全占有生产工作者,这生产工作者便是封建主虽已不能屠杀,但仍可以买卖的农奴。当时除封建所有制外,还存在有农民和手工业者以本身劳动为基础占有生产工具和自己私有经济的个人所有制。"① 我们根据史实,知道西周通用的农具是钱(耕具)、镈(耘具)和铚(割具)等等,固然现在我们无法判断这些农具是铁器还是铜器,但是可以肯定地说都是金属工具,而不是所谓"石器和木器"。我们再看西周的生产关系,在史料中找不出生产资料公有制的记载,可知所谓西周为原始公社制者是完全错误的。根据史料,我们知道西周统治阶级占有生产资料,首先是占有土地,这些土地由名为农夫的生产工作者来耕种。生产工作者可以被主人买卖或赠送他人,但是不像牲畜那样被主人屠杀。生产工作者有自己的生产工具,有自己的小家私。可知西周不是奴隶制度而是封建制度。西周时期虽然还有奴隶制度的残余,而且还是相当大的残余,但是在农业生产上占主要地位的已经是农奴而不是奴隶了,因此,不应抓住这种残余来否认西周封建社会的性质。

我们学习历史唯物主义,遵从斯大林的教导,"就是把马克思主义的唯物主义应用于社会生活和社会历史……"② 也就是毛主席所教导我们的:"学习我们的历史遗产,用马克思主义的方法给以批判的总结,是我们学习的另一任务。我们这个民族有数千年的历史,有它的特点,有它的许多珍贵品。对于这些,我们还是小学生。今天的中国是历史的中国的一个发展;我们是马克思主义的历史主义者,我们不应当割断历史。从孔夫子到孙中山,我们应当给以总结,承继这一份珍贵的遗产。这对于指导当前的伟大的运动是有重要的帮助的。"③

---

① 斯大林:《辩证唯物主义与历史唯物主义》,见《列宁主义问题》,苏联外国文书籍出版局一九五〇年中文版,第七二七—七二八页。
② 同上书,第七三六页。
③ 毛泽东:《中国共产党在民族战争中的地位》,见《毛泽东选集》第二卷,人民出版社一九五二年八月第二版,第五二二页。

四

斯大林教导我们以马克思主义的辩证法、哲学唯物主义和历史唯物主义。我们学习《辩证唯物主义与历史唯物主义》一书,在提高我们的历史科学工作时应注意的是:

第一,伟大的斯大林教导我们说:"历史科学要想成为真正的科学,便不能再把社会发展史归结为帝王将相底行动,归结为国家'侵略者'和'征服者'底行动,而是首先应当研究物质资料生产者底历史、劳动群众底历史、各国人民底历史。"[①]我们遵循斯大林的教导,从事于历史科学工作,就应当时刻注意我们所谈的历史是不是人民的历史。我们历史科学工作者要想谈人民的历史,首先应当考虑是不是在讲述着劳动人民创造历史的事实;分析每一历史事件,应详细考虑它对于当时的人民有利还是有害,它是推动社会发展还是阻止社会发展。

第二,伟大的斯大林教导我们说:"所要编著的是教科书(在这里,应该周密的考虑到每个字和每个断语);而不是不负责的杂志的文章(在那里可以随便乱讲一切,自己毫不感到责任心)。"[②]我们遵循斯大林的教导,就应当时刻注意自己讲历史是否对人民负责。我们的历史科学工作应该是每一个字和每一个断语都不苟且的、都要慎重考虑的。

第三,伟大的斯大林教导我们说:"马克思列宁主义理论不是教条,而是行动底指南。"[③]"问题重心不是表面上承认马克思主义,而是实行马克思主义、实现马克思主义。"[④]我们遵循斯大林的教导,就应当端正自己的立场,使自己真正成为一个工人阶级的战士。如果没有工人阶级的立场,不可能懂得马克思列宁主义的理论,不可能懂得历史科学。事情很明白,一个自私自利专为个人的名誉、地位和生活享受打算的

---

① 斯大林:《辩证唯物主义与历史唯物主义》,见《列宁主义问题》,苏联外国文书籍出版局一九五〇年中文版,第七二四页。
② 斯大林、日丹诺夫、基洛夫:《对于苏联历史教科书提纲底一些意见》,见《马恩列斯思想方法论》附录,解放社一九五一年中文版,第三四二—三四三页。
③ 《联共(布)党史简明教程》,苏联外国文书籍出版局一九五三年中文版,第四三四页。
④ 斯大林:《列宁是俄国共产党底组织者和领袖》,见《列宁文选》两卷集第一卷,苏联外国文书籍出版局一九五〇年中文版,第三〇页。

人，他不能懂得全心全意为人民服务的道理，更不会全心全意为人民服务了。毛主席说："马克思列宁主义是科学，科学是老老实实的学问，任何一点调皮都是不行的。"①正确的态度是："有实事求是之意，无哗众取宠之心。"②"你要知道革命的理论和方法，你就得参加革命。"③我们历史科学工作者今后更要加倍努力，把自己锻炼成为革命战士。

马克思列宁主义理论具有高度的严格的科学性，当然不可能一下子学会、学好；但是正因为它具有高度的严格的科学性，它是老老实实的学问，所以它是可以学会、可以学好的。假如说，今天我们学习马克思列宁主义的成绩还不很好，那么我们努力下去，经过钻研、经过讨论、经过批评与自我批评，明天我们一定会有很大的进步，我们一定可以把历史科学工作作好，并且还可以作得很好。

(节选自中国史学会上海分会编：《怎样学习祖国的历史》，华东人民出版社1953年版)

---

① 毛泽东：《改造我们的学习》，见《毛泽东选集》第三卷，人民出版社一九五三年五月第二版，第八〇一页。
② 同上书，第八〇二页。
③ 毛泽东：《实践论》，见《毛泽东选集》第一卷，人民出版社一九五二年七月第二版，第二七六页。

学习斯大林的历史学说

李平心

主讲：华东师大历史系李圣悦教授
地点：华东师大
日期：一九五三年十二月二十一日
时间：下午二点
记录：吴诗陶

各位先生、各位同学：

今天我第一次作报告已经有失败的预感，因为声音有些毛病，这是由于对气候的敏感超过了历史科学的敏感！因此脑子很纷杂，要讲得非常全面、系统，恐怕是不大可能吧。希望同学在听了报告后多向我提出意见；尤其希望各位先生们的指教，并不要因为我的身体坏就加以原谅。

我今天的报告，基本上是根据已经拟定的报告提纲，但是因为最近看了一些新的东西，需要稍为补充一些内容，所以在提纲方面，不会完全依照次序而要作若干的调整；同时，由于时间不可能把这提纲所有的项目统统报告完，因此也只能报告到辩证法为止，其余的打算在下一次继续讲完。

（一）为什么要学习斯大林历史学说

大家知道，斯大林和列宁在一起发展马克思主义，发展马克思主义一切学说当中的很重要的一部分，就是关于马克思主义的历史学说，主要是历史唯物主义论。在列宁逝世后,斯大林继续地把马克思主义历史科学向前推进,因此在历史学说中添加了许多新的内容与理论,这就使得马克思的历史学说推进到一个阶段,这个阶段可以说是斯大林的阶段。

在这阶段当中,我们看见整个世界历史的形势有了一个新的发展。一方面,苏联的社会主义建设在苏共、斯大林的领导下得到了辉煌的胜利,并且毕备了过渡到共产主义的条件。就是社会主义的生产经验、革命经验以及科学文化等等,也都有了全面的、历史上空前未有的提高,特别是在全世界范围内各国的革命运动的高潮,尤其是工人运动的高潮是表现得非常显著。另方面,整个世界资本主义体系现在正处在不可挽救的总危机当中,即在资本主义体系中打开了许多缺口。因此整个世界资本主义体系是一天天地在削弱、一天天地在动摇,整个资本主义、资产阶级的文化体系、思想学识等,也在一天天地颓毁、堕落、反动。这是一个很显明的对照。

在这样一个新的历史情况下,斯大林把马克思主义历史学说推进到一个新的阶段。因此学习斯大林学说,这在我们研究历史科学中是有重大意义的。这是因为斯大林不断总结了、概括了马克思以至列宁的伟大的历史学说的遗产,而且总结了三十多年来十月革命后的苏联全面的历史经验与教学。所以斯大林的历史学说是马克思、恩格斯、列宁主义的历史学说的一个最新的发展。我们学习斯大林的历史学说,就可以与我们当前的新的历史情况配合起来,就可以使得我们不至于再停顿在旧的阶段。因为我们知道,斯大林的历史学说不但丰富了马克思主义的历史遗产,而且在某些地方还改正了马克思大使们的个别的、已经过时的论点与公式;即如恩格斯由于当时条件的限制而在某些地方有了错误,斯大林也天才地把它改正过来。因此,我们学习斯大林学说,不仅可以得到许多新的原理,并且可以避免一些过去马克思主义大使们的个别错误。不但如此,我们学习斯大林历史学说,对于历史科学研究固然是有极大的帮助,就是对于历史教学也是有极大的帮助的。因为斯大林的历史学说不仅是充满了丰富的科学性,而且发扬了非常丰富的教学力量。斯大林对于历史教学是十分重视的,他在工作非常冗忙的时候也要抽出时间来指导历史科学研究,指导许多历史教科书的编纂,并且他自己就写了历史学说最伟大的示范性的著作,如《联共党史》。这部著作在苏联历史学说史上是空前的,在世界历史学说(史)上也是空前的一个成就。我们看,斯大林对于史实非常精密的分析,对于史料非常周密的组织,对于各种历史问题予以非常明确的解决,像这些地方都是值得我们研究历史科学以及进行历史教学的人学习的。不但在《联共党史》中斯大林已有伟大的阐发,就是在其他有关历史组织中,他一直就很重视历史的教学力量。因此,他的文字的说服力非常强,他的逻辑非常周密,批判性非常坚强。

我们所以要学习斯大林的历史学说,在教学方面来说,一方面就是要提高我们科学的认识,使得我们的科学水平能够满足一般青年们不断增长的对于科学上的要求;另方面我们也可以从他的著作中学习历史教学的方法。当然,我们所谓的历史教学是广义的,它并不限于课堂进行教学,就是在群众当中,我们也应不断地进行历史教学。

因此,要进行历史教学,就不得不学习斯大林的历史学说。

斯大林的历史学说与我们中国国家总路线的这个新的历史任务的执行是有很大帮助的。我们研究历史学以及进行历史教学,当然不能离开当前的历史任务——服从国家总的需要、服从国家最高利益,因此把历史学说与国家总路线的学习,以及实现与执行结合起来,对于今天来说是有极其重大的意义的。

完成国家总路线的无论哪方面,一般群众与干部必须懂得主要历史的法则,特别是了解生产关系必须适合生产发展的这个法则。懂得这个历史法则以后,我们就能够掌握这个国家的总路线、总任务的推进规律,不至于陷入盲目的或者半盲目的状态。

其次,我们学习斯大林历史学说,就可以懂得群众创造历史的重要意义。这在斯大林历史学说中是特别加以强调的。所以,我们要学习国家总路线,如果不动员广大群众是不可能得到胜利的。就是说,学习斯大林历史学的群众观点,学习他所指出的群众创造历史、人创造历史的观点,这对我们目前国家提出的总路线的推进是可以起鼓舞的作用。

我们在进行科学研究、进行历史教学,乃至推进国家的总路线,固然要懂得历史,就是在进行一般日常的工作,从很重要的工作一直到比较不重要的工作,都必须要懂的历史学说;尤其是斯大林这个新的阶段的历史学说。因为只有懂得历史教学,才能应用历史法则与当前的法则结合起来,来分析一切现象、分析一切工作,使之不至于陷于盲目的状态;只有学习斯大林学说,才能从历史上接受历史的教训,从而避免可以避免的错误。

斯大林的历史学说,不但可以帮助我们在理论、工作、教学等方面有所提高,而且可以帮助我们在生活修养、在道德修养方面有所提高。这因为斯大林同志自己就是一个最伟大的、可以给我们作修养帮助的表率。他的那种无限的为人民服务的崇高精神,为革命事业献身的精神,不但表现在日常生活与工作中,而且贯彻在历史学说与许多著作中。

在斯大林的历史学说中常常这样教导我们:一切历史进步的发展是必然的;新的力量、正在生长的力量、发展中的力量是不可征服的、阻止的。这就可以帮助我们提高生活的勇气,以及提高我们在道德、修养方面的水平。

(二)斯大林学说在历史科学上的创造性贡献及其形成的基本条件

斯大林在马克思历史学说中有巨大创造性的贡献,这是大家都知道的。他的这个贡献是怎样得来的呢?是不是仅仅靠他伟大的天才,或者靠他平常学识的修养?事情不是这样简单的。固然斯大林的天才与平常的修养对于历史上的贡献是个相当重要的条件,但是,我们这里应该指出其更重要的条件:

① 斯大林概括和总结了马克思、恩格斯、列宁以来的马克思主义历史学说的巨大财富。就是他能正确地了解关于马克思历史学说的价值与它深刻的内容。

② 斯大林他并不是教条式地接受马克思历史学说的遗产,而是创

造性地接受。因为斯大林他抛弃了某些已经过时的历史学说的论点。所以斯大林学说绝对不是教条,而且非常创造性的。这在斯大林整个学说,特别是历史学说的一个重要的条件。

③ 斯大林之所以能够在历史学上有伟大的创造性的贡献,还在于他经常不断地与那些反动的历史观点进行不调和的斗争。因此,他把马克思主义的历史学说锤炼得非常有力量,非常富于战斗性、批判性。

④ 斯大林之所以能够在历史学说上有创造性的贡献,这不仅仅在理论上接受了过去的遗产,并与反马克思学说进行了不调和的斗争,问题的重点就是在于他本身就是一个历史的创造者。我们知道,斯大林与列宁在一起进行俄国的革命,一起领导十月革命的胜利,一起领导苏联反对帝国主义的干涉;以及反对白卫军的内战取得了伟大的胜利。在列宁逝世后,斯大林领导苏联人民进行了伟大的社会主义建设,并且取得了辉煌无比的胜利;后来又领导伟大的卫国战争;争取全人类免于法西斯奴役的战争——直到他临终的时候,斯大林从来没有离开斗争,从来就在战斗的最前列。因此,他就可能总结苏联乃至全人类的革命斗争的经验与科学的成就。

⑤ 斯大林学说之所以富于创造性,还在于他批判性地接受真理。就是接受俄国乃至世界历史学说的遗产。换言之,斯大林并不限于接受马克思、列宁的学说,而且对于从奴隶社会一直到资本主义社会历史学说中的某些个别的成就,他也是接受过来的。当然这种接受是经过他的批判的。因为在奴隶社会、封建社会以及资本主义社会的历史学说当中是有许多错误与杂质的,斯大林把这些东西都毅然地扬弃。此外,斯大林对于国内的大思想家与□□□□□等国际的大思想家们的历史学说比较有价值的遗产也都予以批判性地取过来。因此,他的历史学说之所以丰富,当然就不是偶然的事情了。

在这里需要着重指出的是:绝对不能把斯大林接受马克思主义的历史学说遗产与批判性地接受俄国乃至其他各国非马克思主义的历史学说等量齐观,这是不允许的!因此,假如说,斯大林学说把□□□□□等这些学说包括在历史学说体系当中统一起来,那是非常错误的!

（三）辩证唯物主义对于研究历史的巨大意义

在马克思、恩格斯以前，可以这样说：历史学是不成为一种科学的。因为从奴隶社会一直到资本主义社会的历史学者们都不能展现与掌握历史的发展法则，他们只是把历史看成为许多偶然现象的堆积；认为历史不是按照一定的规律在发展，它不是生活的法则，而是按照少数吃血人物像帝皇、将相们的意志来塑造；认为历史是经常地受着某些现象的支配；又认为历史学只是一种技术性的学问，因此，他们就不可能去发现与掌握它的法则。也就是说，不能使得历史学像自然科学那样成为一种精密的科学。总的讲起来，他们的历史学说——不论是哪种宗派——都是为了剥削阶级服务的，为少数压迫者服务的。

马克思、恩格斯的伟大，就在于他们在历史上第一次把历史学从形而上学的、唯心主义的、机械论的理论中解放出来，正像把其他科学从这里面解放出来一样。所谓解放，就是把历史学安放在科学的基础上。所以要安放在科学的基础上，正是为了能够发现与掌握历史发展的法则。这个法则反映在历史科学当中，这是与客观的历史发展的真实过程是相符合的。因此，历史学从此以后才开始成为一种精密的学问，犹如自然科学那样精密的学问。

我们应该知道：任何一种科学要是没有科学的法则作为基础，那么这种学说是不能成为科学的；只有安装在科学的法则上的学问，才能成为一种科学。

我们说马克思、恩格斯把历史学说安放在科学的基础上，那么这种科学的基础是什么东西呢？就是大家所知道的：辩证唯物主义。辩证唯物主义，它是一切科学家，不论是自然科学家、社会科学家所必须精通的一种哲学体系。

马克思、恩格斯的伟大贡献，不仅仅在发现与奠定了辩证唯物主义，他们并且把辩证唯物主义推广和引伸开来，应用到社会生活现象以及研究社会科学与历史科学上去。像这样一种推广、引伸——就是把辩证唯物主义应用到历史上、地球上——在历史学说的科学上，可以说是一个极其伟大的科学成就。

在马克思、恩格斯以后,我们知道列宁和斯大林是继续不断地在发展历史科学,正像他们发展其他的社会科学一样。关于发展的内容,我想不必再详细讲。

我们研究辩证唯物主义研究历史学说到底有什么重大的科学意义以及实践的意义?在马克思、恩格斯、列宁、一切的马克思主义者看来,辩证唯物主义不但是可以作为一切自然科学的基础,而且可以作为社会科学的基础,并能应用其来研究一切历史的现象。由此可见,没有辩证唯物主义而要建立真正的历史科学,那是不可能的。

为什么历史学说与各项的社会科学要和自然科学同样地应用辩证唯物主义呢?因为社会科学与历史学跟自然科学是一样的:1. 它们都是按照共同运动的发展的法则,就是按照辩证法的法则。一切的社会现象与自然现象都是一样的,它们都是遵循这个辩证法的基本规律向前运动和发展。2. 它们的法则都是反映着不以人们意志为转移的客观的真实生活的过程;反映客观真实的物质世界的过程。这就是说,它们都必须要与唯物主义的观点结合起来。因此,应用辩证唯物主义的观点来研究历史学,这在科学上、实践上都有非常巨大的意义,首先就使历史学从此摆脱了那些形而上学的、唯心主义的笼罩,因而使它能由偶然现象上升到科学的范畴,并且人们也就可以从这历史现象中去发现、去掌握、去应用各种历史法则来说明。各种现象与历史事变,尤其可以解释许多历史法则——从当前的、现实的、运动的法则联系起来,来预见整个历史发展的趋势。3. 把辩证唯物主义与历史学结合起来以后,就使人们有可能依据历史的法则去总结历史学说上的许多政治、经济的经验——包括生产经验与阶级斗争经验——并且可使人们把历史学作为指导实际工作、实际革命斗争以及生产的一种指南。4. 历史学从过去为极少数剥削者服务的那种学问,从帝皇们、将相们的家谱与那些神仙、豪绅们的流水账里面,转变成为为人民服务的科学以后,就使得群众与他们的领袖们能够从历史上去吸取各种历史教训来鼓舞他们生产、斗争的热情,从而为建立新社会创造各种条件。

因此,凡是认为历史学说没有用的这种观点,我们必须予以反对。

我们的同学们可能常常有这样的苦闷：觉得学习其他科学都有办法，唯有学习历史学不但感到棘手，而且以为有什么用处呢？其实这种想法正是不了解历史学的用处。那么历史学为什么我们要说它有用呢？主要是由于历史学不论在理论上、实际工作上以及革命斗争等各方面都有其极大的用处。老实说，历史学说不仅是进步的、有用的，就连那些反动的历史学说也是有用的，但是应该说明的是：它不是对我们有用处，而是对某些剥削阶级、资产阶级和那些把历史拉向后退的人是很有用处的！至于马克思、恩格斯的历史学说，那它的用处是不能想象的。

（四）学习斯大林创造性地应用辩证法研究历史

为什么我们要说斯大林是"创造性"地应用辩证法呢？这就是说：一方面，斯大林对于历史学上有创造性的贡献，这些贡献的内容是系统的、全面的；另方面，我们要学习斯大林分析历史的态度——不是刻板的、教条主义的、正式主义的，而是创造性的。也就是说，斯大林在马克思、恩格斯、列宁以后，把这辩证唯物主义提高到新的阶段，因为他在里面添加了许多新的内容。

现在简单地来讲一讲斯大林的创造性的贡献：1. 斯大林全面地总结了、概括了马克思一直到列宁的伟大的历史学说和辩证法学说，使得辩证法与唯物主义高度地结合起来。2. 斯大林把某些马克思主义大使们的已经过时的、个别的错误观点与公式予以抛弃。像恩格斯例举的辩证法的规律比如否定的否定这样一个规律，斯大林就没有把它放在辩证法规律之内。这个阐发是非常重要的。3. 斯大林与那些反辩证法和非马克思辩证学说作了严重的斗争，批判了他们的错误，在批判斗争中锤炼了马克思主义辩证法的体系。就是斯大林经常强调辩证法是应该感觉生活的脉搏，应该经常地敏感；它不是落在新的形式后面的，而是经常地赶上新事物的发展。因此，斯大林不但是批判了那些非马克思主义辩证法的学说，而且他把辩证法贯彻到学说以及整个工作中去。即是斯大林在著作方面，在伟大的革命实践方面，都是应用贯彻辩证法的。所以就使辩证法的内容更加丰富起来。4. 斯大林把辩证法与科学事业结合起来，因而提高了苏联各部门的科学水平。换言之，不论在语言学上、在政治经济学上都有他无限的、创造性的贡献。比如在《马克思主义与语言学问题》和《苏联社会主义经济问题》这两部著作中，斯大林把马克思、列宁主义提高到一个新的阶段，并丰富了马克思主义的内容。这是科学上的辉煌的胜利，这个胜利与他的辩证法的造诣、修养是分不开的。由此可见，斯大林不仅个人用辩证法来丰富各种科学，而且还指导苏联科学研究工作，使它们达到新的阶段。在斯大林领导下，我们可以看到苏联的社会科学、自然科学乃至文学、艺术都有了新的提高，这是由于他对非马克思主义的倾向作了批判与纠正所致。5. 斯大林用辩证法教育了许多干部与群众，使他们都学会了或者初步学会了应用辩证法的知识。

以上所述，都是斯大林在辩证法上巨大的、创造性的贡献。他不但丰富了辩证法本身，而且丰富了整个马克思与列宁主义的学说体系。

斯大林把辩证法作了新的概括，这是大家都知道的。他并不完全按照恩格斯的那些公式，而是提出了新的概括。就是他把辩证法进化的基本精神予以总结，并答出这样四个辩证法的基本法则：1. 普遍的内在联系规律；2. 运动与发展的规律；3. 质与量相互推移的规律；4. 普遍内在矛盾的规律。这四个辩证法的基本规律都是有机地联系起来，它们也都是按照辩证法本身的次序排列起来的。

我们现在介绍斯大林在辩证法上的新的贡献时，特别要结合历史学的科学，所以不可能很详细地介绍他在哲学上的新成就，而只着重地研究怎样研究辩证法来分析历史。因此，下面就来谈谈四个辩证法的法则：

1. 普遍的内在联系规律。斯大林把历史与自然界一样地看待，因为它们都服从它的基本规律。历史现象并不是孤立的、隔离的、相互不依赖，而是彼此关联、相互制约的，因此，斯大林就把这个联系法则与整个历史学的法则密切地联系起来。我们要知道，历史现象如果没有联系的话，是不可能建立系统的科学的，正像自然界没有联系就不能成为自然科学一样，因为科学就是真理。

所谓"法则"是什么东西呢？法则就是事物本质的内在联系的形式；也是反映各种现象怎样产生、怎样变化、怎样发展的东西。

一些资产阶级的学者，或者是奴隶社会、封建社会的历史学者，他们就不可能了解这个历史现象，至少他们不能全面了解，他们至多只能抓住非本质的现象，因此，他们就不可能把历史学变成一种科学，从而确立历史的法则。但是，马克思主义的历史科学，它首先就是要抓住、掌握历史的内在规律；并通过它的发展与掌握来确定各种历史的法则——从基本法则一直到其他次要的法则。

我们知道，没有历史现象内在的联系，历史科学是不能存在的，这是一个重要的事实。但是也必须指出的是：如果没有历史内在的联系，人类社会是不可能存在的，人类也就不能继续生存下去。比如就像在资本主义社会那种无政府状态的王国里，也同样是有它们的内在联系的。举个例子来说，价值法则是资本主义很重要的法则，因为它在资本主义社会里面对于生产与商品的流转起着调整的作用；反之，没有价值法则的话，它们的生产就不可能继续。当然，资本主义的价值法则对于生产、商品起调整作用这是经济学的范围，但是我所以这样提出来，就是用以说明即连资本主义这么一个非常混乱的社会里也还是有它的内在联系。

所以马克思写出了很伟大的《资本论》。

斯大林在《马克思主义与语言学问题》一书中就指出了某些语言学家的错误："认为在社会中有残酷的阶段斗争存在，好像一个社会便分裂成了相互之间毫无经济联系的各个阶级，当然是不正确的。相反地，只要资本主义存在一天，有产者和无产者相互之间便有千丝万缕的经济联系。他们是一个资本主义社会里的两部分。有产者如果没有受他支配的雇佣工人便不能生活和发财，无产者如果不出卖自己的劳动力给资本家，也便无法继续生存。斩断他们之间一切经济联系，便是停止一切生产，而停止一切生产便会使得社会灭亡、阶级本身灭亡。很显然的，没有一个阶级愿意自己灭亡的。因此，阶级斗争不管怎样尖锐，是不会引起社会的分裂的。"

由此就足以说明：在资本主义、社会主义当中，首先是工人阶级与资产阶级之间是有着千丝万缕的联系的。根据这样一个联系规律，我们就有可能纠正语言学家、社会科学家的重大错误。这种错误，恐怕在中国许多历史学的著作中也常常犯了的。所以，我们通过斯大林的学说纠正以后，就应该明确内在的联系规律。

既然历史现象不是彼此孤立，而是相互关联、相互制约的，那末我们在估计历史上每一个社会制度和每一个社会运动时，都应该从这个制度和这个社会运动所由产生并与相联系的周围的条件出发，不应该如某些"历史家们"所说的那种"永恒正义"出发。关于这一点，斯大林给我们答出了这样一个伟大的命题："一切都依条件、地方和时间为转移。"斯大林在讲到民族问题的时候，他也非常强调要从具体条件出发的观点。这就是辩证法的推移方法。

所以要从具体条件出发，那当然就是反对依据教条来分析、研究历史的办法。斯大林曾经举例说：奴隶制度在今天看来是非常荒谬的现象，但是就当时来说，是有其很重要的意义的。他又说：民主共和国的要求，在俄国初期革命运动中是有重大的进步意义，但是以我们苏联现时的条件来看，当然又是后退一步的。因此，我们今天已进到一个新的阶段，如果没有这种新的历史观点，那末历史科学就不能成为科学，相反地将成为非常荒谬、错误的事实堆积。

根据斯大林这样的指示，我们在研究历史问题与一般问题时，绝对不能从抽象出发，而是要从具体条件出发。比如"割据"是不是好呢？还是坏的？假使说，军阀的割据是坏的我们应该反对；如革命的割据——像毛主席领导的第一次革命内战的那种革命的割据我们当然要拥护，那末单从割据两字出发显然是不对的。拿赚钱来说也不例外。资本主义的盈利当然是从剥削工人而来，所以我们必须反对；但是社会主义也有盈利的问题，我们新民主主义同样也重视这个盈利，然而由于我们的盈利是有进步的意义——因为它可以积累资金，所以我们当然必须拥护。再比如：今天资本主义国家里的资产阶级拼命地追求最高限度的利润，我们当然要坚决地反对；但是在它们反对封建社会以后曾起进步作用的盈利，我们对之就不可厚非了。

所以，我们不应笼统、抽象、分裂地来看问题，否则，那就是教条。

我们能够分析各种具体的现象，这是研究历史最重要的历史观点。在我们评价一个历史上的运动与人物的时候，尤其必须掌握这个观点。比如就以俄国历史上的封建时代的彼得大帝来说，我们不能单纯地从他本身的条件出发，主要得从他的周围的历史条件出发；还必须要结合他的阶级条件与阶级生活。斯大林在评价彼得时不仅估价到他的进步意义，同时也指出了他剥削农民的那种反动的、反人民的一面。有位大著作家曾经这样地问斯大林：列宁与彼得是否有相像的地方？斯大林的回答是：列宁是大海，彼得是海里的一滴水。由此说明，一个伟大的人民领袖是不能与反动的封建领袖相提并论的。虽然像彼得这样的人物在历史上是起过进步的作用，但是究竟不能如影评那样过高地评价他为"人民的儿子"，这是错误的。因为他们只看到他的进步的一面，而忽略了他反人民的一面，以及对他的阶级条件与代表哪个阶级利益这些方面都没有能够予以正确的估价。再如秦朝的郡县制度与汉朝是不同的。这种郡县制度，当然是反映着社会经济的转变，因为它设立这样一个制度绝对不是偶然的，而是为了适应当前新的环境才建立起来的；而汉朝部分采用秦朝的郡县制度并再加上了王国制度，这也是为了适应当前新的环境所致。郡县制度远在周朝以前即已产生，那时是县大于郡，后来秦朝把它倒个头——郡统治县，但是到了汉朝又有变化。因此，我们分析历史现象必须全面地来进行。

斯大林在《苏联社会主义经济问题》一书中就曾这样教导我们，他说："决不能把商品生产看作是某种不依赖周围经济条件而独立自在的东西。商品生产比资本主义生产更老些。它在奴隶制度下就存在过，并且替奴隶制度服务过，然而并没有引导到资本主义。它在封建制度下就存在过，并且替封建制度服务过，可是，虽然它为资本主义生产毕备了若干条件，却没有引导到资本主义。"由此可见，在了解任何一个问题、概念、制度的时候，必须要在历史条件这样的角度出发。同时值得我们提出的是：还必须要警戒庸俗的联系观点——为了联系而联系，或者把一切现象等量齐观。这种罗列许多现象、许多因素的观点，我们应该予以反对。

列宁与斯大林曾经这样指示我们：在革命转变关头，必须抓住一个中心的口号,抓住一个中心的环节。因此,我们在研究历史的时候,也需要抓住历史现象最本质、最主要、最有决定性的现象,不可以把许多现象无条件、无差别地罗列起来,那是很庸俗的联系观。比如以太平天国内讧的问题来说,一般把它解释成为是韦杨之间的私仇,或者是争权夺利、争领导与宗派思想等等(这当然是可以估计到的),但是如果我们能够深刻地加以分析,那末这个事变基本上是反映着农民、手工业生产的一种生活情况。因为农民与手工业都是小生产者,他们与无产阶级是不同的,他们受着小生产条件的限制,非常富于保守性、非常富于私有观念,所以容易闹宗派。像这样一种从小生产基础上来说明韦杨的冲突,这比其他的说明是比较本质一些了。

总之,我们看历史现象必须抓住最本质、最有决定性的东西,不可以随便地把现象罗列起来。但是,我们也要反对偏面的观点,就是只抓住一、两个原因而把其他的历史因素抛弃掉,这也是错误的。

斯大林在这方面给我们作了很好的示范。比如伟大十月社会主义革命的胜利,他就把它分析成下面五个重要原因：① 由于当时十月社会主义革命所遭遇到的敌人是比较软弱的,因为资产阶级的组织性不够、经验不够；② 由于当时领导十月社会主义革命是久经锻炼与经过二次伟大革命经验的无产阶级；③ 由于当时的工人阶级有战胜的农民作为它主要的同盟者,构成了一个强大的工农联盟；④ 由于当时领导革命斗争的伟大的布尔什维克党,这个党是久经考验的,它是善于把握各种革命运动的规律的；⑤ 由于当时十月社会主义革命正处在帝国主义彼此打的火热的时候彼此忙于自杀的时候,致使革命比较容易得到胜利。斯大林这样列举十月社会主义革命胜利的原因,与那些庸俗的因素论者是没有相同之点。又比如讲到在十月社会主义革命以后苏维埃国家能够打退帝国主义干涉、能够击灭资产阶级、地主阶级以及白卫军的叛乱时,他也精辟地把它分析出了八个条件。

总括地说,我们在估计历史上每个运动、制度与各种问题的时候,一方面要抓住中心环节；另方面要全面地、周密地考虑问题。

2. 历史的运动与发展规律。历史现象正如自然现象一样,它不是停顿不变、静止不动的,而是不断地在那里变化、更新、发展。拿这个观点来研究历史,是有非常重要的意义。这样一种观点,是为资产阶级的历史学者以及其他反动阶级的历史学者所不能接受的,只有无产阶级的革命领袖才能接受。

根据辩证法的规律讲起来,世界上是没有不变的东西,而且永远在产生着新的东西;另方面,旧的东西、衰败的东西又永远与新的东西在不断地斗争着(这当然要联系到下面矛盾的规律)。总之,应用这个运动发展的观点来研究历史,一定会得到这样的结论:社会历史总是不断向前发展。历史没有什么不变的,新东西的生长发展与旧东西的没落死亡,这是铁定不移的发展规律。什么永恒的、不变的原则,什么剥削者的"万古长存"的这些东西,都可以由此一扫光!

因此,社会主义一定要代替资本主义,正如过去资本主义代替封建制,封建制又代替奴隶制一样的道理。根据这样的道理来看,我们中国伟大的过渡时期——新民主主义时期——一定能够胜利地走上社会主义。这个胜利是必然的。所以关于这个问题,我们可以联系到总路线的学习。中国走上社会主义这样的一个过程是任何力量不能抗拒的,它是反映着历史的必然性。

但是,历史的运动法则它并不是平衡的东西,它经常在不平衡的状态中。比如资产阶级革命,在各国的历史上总有时间的不同、规模的不同。就以社会主义革命运动的重心来说,也正如斯大林所指出的那样:它也是在那里转移的。当十九世纪四十年代革命运动的重心转移到德国的时候,德国就产生了马克思主义;在资本主义革命重心转移到俄国的时候,俄国就产生了列宁主义。这当然不是偶然的,而恰恰说明了历史的发展是不平衡的。斯大林又常常这样地教导我们:革命的发展总是曲线的,不是直线上升的,直线上升这是教条主义的观点;任何一个革命运动都不可能是一帆风顺的,而一定是有胜利、有挫败、有前进、有退却。不但革命运动如此,就是其他的事物也不例外,这在历史上我们是可以常常看到的。比如进步的力量有时候不免受到挫败,反动的力量却也有暂时得到胜利的。

大家知道,太平天国革命运动也曾给当时反动的满清皇朝的刽子手曾国藩所暂时扑灭,使满清皇朝暂时得到了胜利。再像第一次世界大战以后,资本主义曾经有过一度的稳定,这也是事实,不承认这个事实,就是非马克思主义观点。但是这种逆流绝对不能阻止进步的主流的。所以,列宁讲到中国革命问题的时候,曾经预言帝国主义走狗蒋介石是必然要灭亡的。这就是他能够灵活应用辩证法的观点所现。对于帝国主义暂时的稳定,斯大林曾经也作过非常经典式的分析:一九〇九年,以布哈林为首的右派曾经以为资本主义的稳定是可以使资本主义避免危机,但是斯大林驳斥这种反对的观点,他认为当时已经有了资本主义崩溃的因素存在其间,所以断定资本主义的总危机是不能消灭的。后来果然证实了他的预见。斯大林的预言所以会这样地准确,这是由于他能正确地应用辩证法的观点。

斯大林又曾这样指出:历史新旧的力量是在经常交替着,旧的势力总要被新势力所代替。这种新的历史与旧的历史分裂的现象,在历史上我们是常常可以看到的。斯大林在讲到各国的革命时这样说过:发动工人阶级向资本主义冲击的新时期到来了。又比如他在一九三九年"斯大林宪法"这个具有历史性的报告中这样指出:"苏联进入了发展的新时期,进入了社会主义社会建设完成及渐渐地过渡到共产主义社会去的时期。"这些,都足以证明斯大林总是能够把新与旧的各个时期划分的很清楚。

斯大林在辩证法上还有一个极大的贡献,就是他特别强调在历史的运动、发展的过程中,新生的力量、正在发展的力量是不可抗拒与征服的。关于这一点,他曾举过很重要的例子来说明:在十九世纪,那时俄国的民粹派很猖狂,他们认为在当时俄国人数最多的农民应该是革命的领导与主力。但是斯大林驳斥这种错误说:虽然当时工人阶级在人数上比农民少得多,然而这种新的力量比农民有前途,因为农民是在不断地分化为富农或者无产者,而工人阶级就不同了,他们是不断地在壮大、不断地在发展的最有前途的力量,所以我们必须要依靠这种最有前途、最富于生长的力量。斯大林的这种看法与列宁是完全一致的。他所以能领导苏联十月社会主义革命的胜利,正在于他善于掌握这样一个历史原理,这是一个很重要的关键。

我们把斯大林的这种观点应用到我们中国来也是非常恰当的,由于中国历史也应该有这样的看法。当一九二七年中国革命失败以后，毛主席和中国共产党领导的第二次国内革命战争的时候，我们红军的苏维埃政府与帝国主义为靠山的反动的蒋介石匪军比起来，与他们的财政经济力量比起来是差得很远的；但是，由于前者是个新生的力量、最有前途的力量，也是代表着历史进步的力量，因此，毛主席与中国共产党所以能够领导红军战斗，并使伟大的人民革命事业得到胜利，这完全是符合于这个历史的法则，这个辩证法的法则。就是说，蒋介石匪帮所以没落、崩溃、封建主义、帝国主义、官僚资本主义所以在中国垮台，完全证明了这个辩证法的观点的正确性。

斯大林在他二十七岁的时候，曾以"科巴"的署名写出了《无政府主义还是社会主义？》这样的经典式的论文。在这里面，斯大林一再强调这个重要的历史原理——新生的、成长的力量是不可征服的。所以，根据这个观点，我们研究历史必须要经常保持对新鲜事物的高度敏感。不但对现实的、当前的新事物我们要有敏感，就是对历史上的那些进步的萌芽，我们也要敏感与非常重视这个力量。即使这个萌芽给反动派、封建主义压垮了，然而在历史上小小的进步——萌芽——还是值得我们重视的。比如中国历史上的每一个农民战争，它都是代表着进步的力量，所以我们必须予以重视。

中国历史上有许多科学家、思想家的著作、学说都给反动派烧毁掉。但是，这些遗产是无价之宝，我们必须要很珍贵地把它整理出来，因为运动与发展的观点我们还要答出一个结论。就是我们要解释历史上变动的现象，必须要用最有变动的东西来进行解释，而不能拿变化不大的东西来解释。

斯大林在《无政府主义还是社会主义？》书中，曾经干脆地驳斥那些反动的唯心主义者所说的"吃饭决定思想体系"的这种谬论说：吃饭的形式古时怎样，现在还是怎样，没有什么不同，都是一样张口咀嚼、消化、大便；而俄国的历史还是经常地在变，那末怎样以这个不变的东西来决定经常变化的东西呢？再比如有些地理学者认为：地理环境是决定新社会发展的主要原因，这种观点是不正确的。我们知道，地理环境方面一种比较严重的变化都需要几百万年，而人们社会制度中甚至最严重的变化,也只需要几百年或者一两千年就够了,像苏联在三千年中就经过了四个阶段。所以,拿这种变化极慢的东西来解释社会的发展是解释不通的。上面这种说法是非常辩证法的。就是说,我们学了辩证法、学习历史绝对不能拿那些变化最少的东西来说明变化很快的东西。

3. 历史的质量相互推移的规律(这种表现也许还有一些问题,因为只是把斯大林的第三个辩证法初步概括一下,所以将来是还要经过修正的)。

我们光是了解历史现象内在联系、历史的运动与发展是不够的,我们对于许多历史问题必须要从两方面去看,就是从质和量的方面去看。因为在历史现象当中经常有这样两种范畴——质和量。这两者构成统一体。

辩证法有没有这样的存在呢?辩证法所以能够应用到历史、社会、自然方面,正因为也同样地存在着量和质的范畴。不过,历史的量与质同自然现象的量和质在内容上、形式上是有很多的不同。因为自然方面的量是很自然的,天文学家、生物学家很容易比较各种的量与质;但是在社会现象当中可就复杂得多了。比如革命危机发展的程度、人民觉悟的程度以及经济危机的程度等等,都不可能用度量衡去量,甚至做数字表也有困难,虽然如此,但是我们不能否认这个历史现象的量的存在,因为它是经常地在表现出来的。比如列宁曾经这样说过:二十世纪俄国的革命危机比其他各国都要严重。他又说:奴隶社会进入到封建社会经过二百年左右;封建社会进入到资本主义社会经过一百年左右;以后的社会主义社会的优越是超过资本主义社会的,所以它的发展将会更快。这种看法就是对历史发展的掌握,也就是对历史现象的量的掌握。由此证明:历史现象的量是可以掌握的,但一定要根据具体条件来进行分析。有时候也可以用数字来表现。就像资本主义的经济危机,虽然不能用尺或者称来衡量,但从市场的生产、商品的生产、居民的购买力、群众的工资水平等等,是可以算得出来的。

对于质的掌握也是很重要的。一个研究历史的人,必须要善于掌握与区别各种不同的历史现象的质。所以斯大林关于各种社会发展阶段的各种形态的质的分辨是非常警严的。

任何一个制度的不同,这从什么地方来分别呢?要从质的方面来分别。所以,把不同性质的东西混为一谈,那就要犯右倾的错误。即是绝对不能把历史上性质不同的东西等量齐观,这是不允许的。比如商品生产在今天的苏联还是存在的,但是我们知道,资本主义也是有商品生产的,那末是不是就此可以相提并论呢?绝对不能。价值法则在资本主义里面是起着调节作用、破坏作用,但在苏联就完全不同,因为它只能在商品流通中起相当作用;然而价值法则却可以影响资本主义的生产,使流通于整个社会的经济完全盲目地服从它,资本主义的总危机就是由于它的存在而产生的。这里可以看出,我所要分别历史上各种不同的现象,哪怕是同样的名称,或者表面是相同的东西,都要把它的性质区别出来。就拿生产资料来说,在苏联它不是一种商品——因为它是不出卖的——但是它还保持着商品的外壳、保持着生产的外壳。像这种形式与内容的分别,也是应该注意到的。

关于质量相互推移的规律,斯大林在这方面也有伟大的贡献。他在《无政府主义还是社会主义?》一书中指出:"运动有两种形式,即进化的形式和革命的形式。当这些进步分子联合起来,抱着一个共同思想向敌人的营垒冲去,以期根本消灭旧制度,使生活发生质的变化即建立新制度的时候,运动就是革命的。进化为革命作准备,为革命打下基础,而革命则完成进化,促进进化的进一步发展。"大意是这样的:斯大林对于进化和革命的质变与量变这两个概念,以辩证唯物主义的观点看来,那是同一运动的两个必要的形式;就是当历史有巨大变化的时候,进化是量的范畴,因为它不是一个根本的改变,而革命是质的改变、是飞跃的,因此,这是两个不同的范畴;假使强调进化而把革命低估,就要犯改良主义的毛病,反之,也容易犯冒险主义的毛病,所以,这两方面必须要同时照顾到。

但是,斯大林曾经与马克思、恩格斯一样非常强调历史革命的作用。因为历史的动力是革命,所以他反对一切改良主义、妥协主义、调和主义,他把革命非常重视,哪怕革命在历史上暂时失败了,他说也是值得我们重视的。

斯大林关于质量的范畴还有很大的创造性的贡献。他曾经这样说质的变化有两种，一种是爆发性的，一种是非爆发性的。宇宙上许多现象——包括社会现象——发生质变的时候，这就是由于它经过了爆发。像伟大的十月社会主义革命就是一个爆发性的革命。但也有不经过爆发也能够造成伟大的革命。比如五年计划实行以后，苏联把旧俄遗留下来的小农经济改造成为社会主义的集体经济——集体农庄制度——这也是一种革命。主要的是这个革命不是爆发性的，不是经过群众用暴力推翻一个政权那样地来实现，而是经过苏维埃人民的政党的领导下来实现的。这种例子当然举不胜举。但是，我们由此就可懂得质变是有这样两种形态——爆发性与非爆发性。如果对此没有透彻的了解，就很容易犯错误。

斯大林特别强调地说：历史的运动与发展，它绝对不是循环式的，不是过去事物的简单重复，而是不断地前进、上升的运动。就是由旧的阶段向新的阶段、由简单的发展到复杂、由低级发展到高级的过程。所以那些走马看花似的历史解释与马克思主义是没有丝毫相同之点。

根据某些看法，这种循环的观点是代表剥削阶级的，无产阶级是不承认这个循环的历史法则的。当然，并不是一般地否认循环，但是历史主要的发展就不是循环。因为历史的循环就是把历史重复一遍，这是错误的。纵然历史规律是有重复，但与循环观点是没有共同之处。因此，我们必须反对这种看法。这种看法，常常存在于初步学习马克思学说者的头脑里面，他们往往会产生着这样种种的想法，社会主义既然能够代替资本主义，那末将来社会主义、共产主义是否还有别的社会代替？既然人是从动物进化成为非常有文化、思想的人，那末今天我们的人，将来是否会退化和恢复到过去类人猿的状态？如果可能的话，今天的猴子是我们的本家了！像这种循环的观点，都是不成话的，都是违反历史法则的。比如同样是一个共产主义，但是我们将来的共产主义是绝对不可能回复到私有财产制度的。

我们要知道，在社会主义以前，原始共产主义社会一直到资本主义这段长期的历史，在马克思主义观点看来它还不是历史，还不是全史；只有在社会主义发展到共产主义的时候才真正地开始到了历史的阶段。这个看法是完全辩证法的，因为社会主义到共产主义并不就是一个变化，它是有法则的。比如苏联的生产关系，它的内容还是要改变的。大家知道苏联是存在着这样的两种所有制，即国有的全民所有制和合作社、集体农庄所有制，这两种制度的并存在苏联共产主义建设当中是必要的；但是往后这两种并存的制度就可能阻碍生产的发展，因此，将来必须要经过调整。就是把全民制度包罗万象地代替集体农庄、合作社制度。那末，社会基础在改变，上层建筑当然不可能不随之而改变，所以，将来到了共产主义还是有变动的。但是我们不是先知，因此无法预料！

从社会主义过渡到共产主义的规律，斯大林在《苏联社会主义经济问题》中给我们作出了绝伦的阐释，他把马克思主义与社会主义提高到一个最新的阶段，不但马克思、恩格斯没有讲到，连列宁也没有讲到过。

4. 历史的内在矛盾。依照辩证法讲起来，一切历史现象，不但像自然现象一样有内在联系，它是经常发展、量和质在不断地变，并且它还经常包含着内在的矛盾。斯大林在年纪很小的时候就谈这个问题。他把马克思内在矛盾的辩证法认识得非常透彻，他认为：历史上永远是有新与旧、发展与死亡、进步与落后以及破坏与创造这些东西对抗着。马克思揭露历史的内在矛盾，这是一个伟大的科学法则，也是伟大的科学成就。应用内在矛盾的法则来研究历史，就以斯大林著作来说，正像马克思、恩格斯、列宁的著作一样，里面有许多重要的例子可以给我们学习。比如说到帝国主义矛盾的时候就指出了这样三个主要的矛盾：① 资产阶级、无产阶级的矛盾；② 资产阶级内部的矛盾——各国帝国主义互相冲突的矛盾、各国资产阶级集团的矛盾；③ 帝国主义与殖民地半殖民地的矛盾。斯大林并且根据这三个矛盾来说明我国以至世界革命的发展。

学习内在矛盾的法则，对于我们是非常重要的。我们分析矛盾必须要具体地来进行，正如具体地分析历史条件一样。因为在历史上的内在矛盾是有各种各样的。比如中国革命运动爆发的现象，有些同志学习了历史唯物主义以后，常常有这样的情况：把每个革命运动都一样地来看待与解释。这样，就不免成为教条。要知道，离开这个法则——内在矛盾——那是不能说明革命的本质的,所以我们研究历史,一定要很具体地分析矛盾的内容与它们互相转变的具体情况。比如辛亥革命产生的原因,我们一定要从当前中国的经济条件、阶级条件以及那个时候产生的一种新的矛盾等等来说明。就像"五四"运动,我们也应该根据这样的原则来解释。就是把当时中国的无产阶级与资产阶级对比起来作个具体的分析,还要与其他社会条件作个具体分析,只有这样,对于我们研究"五四"运动才有帮助,否则它的真相就会弄不清楚。

矛盾在历史上是不断地在转变,但它也不是一成不变的。拿生产与生产关系的矛盾来说,资本主义国家存在着这样的矛盾,就是在社会主义国家也是存在的,然而它们两者之间是有本质上的不同。换一句话说,否认社会主义国家存在着这样的矛盾是不对的;但是把它与其他资本主义的矛盾混为一谈,也是错误的。斯大林讲过"在苏联,生产关系一定要适应生产力的性质",但这样并不是说两者之间就没有矛盾了,而是不致引起爆发式的冲突。那么社会主义生产力与生产关系这其间存在着什么矛盾呢?就是生产力它总是走在前面,生产关系总是落后于生产力的发展,因此在前进落后、新与旧的情况下就容易发生矛盾,而且矛盾是在发展起来。今天在苏联社会主义经济体系当中是存在着矛盾的,这种情况斯大林已经看出来了,然而今天的这种矛盾不致于发生很大的问题;如果说,保留集体农庄、保留商品生产制,不用全民交换制来代替,那末这个矛盾就要严重起来。所以内在矛盾的生长与发展,主要还有赖于革命的领导方面能够及时地看出来。就是在预见到矛盾发生的情况来防止这种矛盾。

在研究矛盾的过程中,我们还必须要了解哪方面是主要矛盾和次要的矛盾。关于这个问题,毛主席讲得非常仔细。今天,凡是关于历史内在矛盾的问题我们还可以谈谈。

我们为什么要这样强调历史矛盾?就是反对一切非科学的、形而上学的观点。在形而上学者说来,宇宙间的许多变化都是靠了外面的力量和上帝的力量来支配的;但是在辩证法看来不是这样的,一切的运动都是在于它本身,并不是上帝,就是宇宙本身内部存在着矛盾,而这个矛盾推动着事物矛盾的发展。当然社会内部也存在着矛盾。

这里，我们可能产生着这样一个问题：我们强调内在矛盾就是强调社会的变化、历史的发展是经常通过内在矛盾来变化；必然是外界条件经常通过内在条件而起变化，那么中国历史上的许多农民战争最后还是被统治阶级扑灭掉，以及人民革命力量在碰到强大敌人的时候往往也被暂时压服下去的这些例子，不是与一切决定于内在矛盾的法则有抵触吗？这不是外在决定里在条件的很好例子吗？因此，可能有些同志对辩证法内在矛盾的法则表示怀疑。这种想法，完全是由于他们对它没有能够了解透彻所致。当然，辩证法是可以作进一步的理解的，但是不是简单的事情。我们要知道，一个事物现象的运动通过内在条件来表现着力量，并不等于否定外在的力量，并不等于外在力量与内在力量的对比来说明的。在历史上有这样的情况：一个进步的运动、一个正义的战争每每会被反动势力压服下去，然而许多外在力量所以能够产生作用，经常都是通过内在能力来表现的。这是无可否认的真理。比如在民族的阶级当中，他们经常打败和镇压起义革命、正义战争当然是基于他们的力量强大，就是能够得到这个胜利，他们是通过内在力量来表现的；反之，革命起义方面、正义战争方面的力量，要是组织比较好、领导比较得当，那末失败是可以避免，至少是可以减轻，然后再积累力量毕备下次再起来。所以我们不能因此否定外在力量在某种情况下是可以打败一种主动的力量。

还有，碰到矛盾交错的问题时，即在某些历史情况下，每每有二、三、四个矛盾同时并存的状态，我们研究历史事变的人就会感到很吃力，很容易给它迷糊住。其实是不要紧的，因为尽管存在着二、三、四个交错的矛盾，但是，在这过程发展的各个阶段当中，必定有一种是起着主要的、领导的、决定的作用，而其他则是处在次要和服从的地位；那末只要我们能够善于掌握某个时期占着主要一面的矛盾，一切问题当然也就不难迎刃而解了。比如就秦朝历史来说，在某一时期也同时存在着好多矛盾面——国内阶级斗争、农民战争以及种族的斗争。我们怎样来掌握这样复杂的矛盾呢？就是当种族矛盾还没有趋于严重的时候，那末主要的应该是国内的阶级矛盾；但是等到种族的矛盾超过了国内阶级矛盾的时候，即异族的侵略威胁着种族的生存、不斗争就要灭亡的情况下,那末我们就要把种族的矛盾提到第一位。这在近代史上是常常出现的。再像一九二七年革命失败以后,中国国内的阶级矛盾十分严重——地主、资产阶级与主体的反动的矛盾——是当时占着主要矛盾的一面;后来日本帝国主义发动侵略战争(一九三一年"九一八"事变)威胁着中华各民族的生存,民族的矛盾就超过了国内阶级的矛盾而转变成为主要的矛盾了。因此,我们研究历史必须要善于掌握主从矛盾的这个规律。又比如在十五世纪的俄国,也曾经面临着很复杂的矛盾。就是从一四三三年到一四五三年差不多将近二十年当中,由于反动贵族集团与中央极权的冲突而引起了大规模的内战——罗斯内战;后来除了上述统治阶级内部的矛盾外又加上了民族矛盾,因为当时的鞑靼、立陶宛与罗马教廷干涉俄国内政、侵略俄罗斯民族,所以这时候广大的人民就动员起来,一方面反对外族的侵略,一方面反对国内的反动集团,终于在一四四五年在莫斯科发生了民族阶级斗争。因此,当时是存在着这样三种不同的矛盾——国内统治阶级内部矛盾、民族矛盾、反革命的矛盾。像这种复杂的矛盾,我们分析起来是不难看出哪个矛盾在哪个阶段是处于主要或者次要的地位的。就是当俄罗斯人民还没有起来斗争的时候,反动贵族集团与中央集权的冲突是占着主要矛盾的一面;但是当外族干涉俄国内政、侵略俄罗斯民族的时候,那末主要矛盾就转移到人民与反动统治、国外侵略者之间的这一面了。

斯大林与苏联历史学

А.Сидоров

斯大林是马列主义的天才理论家,是马、恩、列伟大事业之延续者。他的整个生命、他的整个革命活动都是毫无保留地贡献给工人阶级事业,尽力于建立布尔什维克党,从事于斗争以求社会主义革命的胜利,并创立和巩固多民族的苏维埃国家。斯大林是国内战争和卫国战争那几年中苏联人民胜利之鼓励者和组织者。斯大林是全世界工人阶级和劳动群聚之最伟大的革命领袖。他的理论的劳绩在马列主义发展上开创了一个新的更高的阶段。与帝国主义崩溃、无产阶级革命胜利、共产主义建设这个时代相对应,斯大林发展了和丰富了列宁主义、社会主义革命和无产阶级专政之理论,以及马列主义关于民族、政党、国家及共产主义建设之道路和方法等的学说。他又发挥了军事理论。与斯大林名字有不可分离的联系的,是我们国内共产主义社会建设上所达到的那几次历史性的胜利,这些胜利就是斯大林时代最重大的革命转变。斯大林是被压迫的人民群众的希望和火炬,群众现在正在斗争,反对资本主义的奴役制、反对民族压迫。

斯大林指导和决定我国科学的发展,尤其社会科学的发展。他提高了苏联前进的科学的知识至于空前的高度,他指示了科学和我国的共产主义建设过程之间有不可分离的联系。斯大林同志在历史学发展上的功绩更加伟大。由于他的倡议,并在他直接领导之下,苏联大大提高了历史教育,编纂了历史教科书,清算了博克洛夫斯基学派的反马克思主义的歪曲。斯大林著作了《联共(布)党史简明教程》这部经典,这是历史研究的模范。《斯大林全集》给人以关于社会发展法则的知识,以方法论的基础,使人能够正确理解历史过程。

★　★　★　★

斯大林同志在他的天才的著作中教人如何创造性地应用马列主义理论,他举出许许多多的实例指示:教条性的理解马克思主义和创造性的应用马列主义以解决革命斗争和社会主义建设上理论的和实践的问题,这中间有甚么不同。

斯大林同志本身就完全具有他在列宁身上发现的那个优点,这就是:能够创造性地发展理论,每逢必须抛弃陈旧的结论而代以新的结论的时候绝不犹豫退却,又能够利用理论"以解决革命运动中的实践问题"。斯大林一生半个世纪以上的革命活动证明了,在工人阶级对资产阶级的斗争中,在共产主义社会建设过程中,马列主义是一件何等有力的武器。

斯大林同志指示,所谓把握马列主义理论,意思就是说:"能够拿革命运动的新经验来丰富这个理论,能够拿新的命题和新的结论来丰富它,能够发展它,推动它前进,只要从理论本质出发,绝不犹豫抛弃若干已变陈旧的命题和结论,而代之以适应于新的历史环境的新的命题和结论。"(《联共(布)党史简明教程》俄文本,第三四〇页)

斯大林是创造性的马克思主义之天才的代表者,从他开始革命活动起,他就不断地丰富了和发展了马克思主义。

斯大林同志是十九世纪末叶走上革命斗争舞台的,那时,用他自己的话说,他还是一个"青年的马克思主义者",但他一下就明白:蒲列汉诺夫、马尔托夫、阿克塞洛德一流人对于马克思主义的关系,和列宁对于马克思主义的关系,这中间是有原则上不同的。斯大林论列宁说:"每逢我拿列宁去比较本党内其余的领袖时候,我总觉得那些与列宁共同工作的人,如蒲列汉诺夫、马尔托夫、阿克塞洛德等等都比列宁低了一个头,对于他们说来,列宁不仅是党内领袖之一,而且是更高形态的领袖,是山鹰,斗争时从来不知道害怕,他领导党勇敢前进,走上俄国革命运动未曾经历的道路。"(《斯大林全集》第六卷,第五三页)

斯大林那时已经从列宁的活动中发现了对于马克思主义的创造性

的关系,即一种自觉的要求,要前进,要依照当时俄国无产阶级面临的新的历史环境和新的任务而发展理论。列宁对于理论采取的创造性的态度,如此吸引了青年的斯大林,以致斯大林自己也成了"山鹰",成了更高形态的领袖。

斯大林同志时常指出历史学如何重要,从他的所有关于历史学的言论看来,我们看见,他发展了社会过程符合于辩证法法则的一种思想,他指示我们必须把握着社会发展法则、历史法则。斯大林同志始终努力,为了用唯物论观点去了解社会发展法则而斗争。他的早期著作已经表明他能够异常灵活地应用这些法则于社会主义斗争之要求了。他教人注意社会生活是不断发展的,他说:"所以生活中始终存在着新的和旧的、生长的和衰亡的、革命的和反革命的。"(《斯大林全集》第一卷,第二九八页)

斯大林同列宁一样,从社会生活中看出新的萌芽,这萌芽将渐渐长大起来去代替那趋于瓦解和衰老的东西。"在生活中诞生出来的,而且一天跟一天长大起来的,就是不可克服的,要阻止它运动前进是不可能的。例如,无产阶级在生活中诞生出来,而且一天跟一天长大起来,无论它今天力量如何弱、人数如何少,它最后必然会得胜利的。"(同上)斯大林在他的一切著作中都教人注意那关于新的和旧的斗争的思想,关于新的有进步性、有不可克服的力量的思想。

在那本天才的著作《辩证法唯物论和历史唯物论》中,斯大林从各方面发挥历史学问题,有关于社会发展法则的问题。他发展了马克思和列宁的学说,指出哲学的唯物论必须扩大范围去研究社会生活、"研究社会历史"。"如果自然界现象间的联系及其相互影响表现了自然界发展的合法则性,那么由此就可以推出社会生活现象间的联系及其相互影响也不会是偶然的,而是合于社会发展法则性的。由此可见,社会生活、社会历史已非许多'偶然事件'之堆积了,因为社会历史已成为社会的合法则性的发展,而对于社会历史的研究也已成为一种科学了。……由此可见,不管社会生活如何复杂,研究社会历史的学问仍能成为一种精密的科学,例如同生物学一般,即仍然能利用社会发展法则为实际的应用。"(《联共(布)党史简明教程》俄文本,第一〇九页)斯大林同志以他特有的坚决指出：社会生活是合法则性的，"关于社会发展法则的学问，其结论是切实可靠的，是有客观真理意义的"（同上）。无产阶级政党的活动可以依据于这些结论之上。

斯大林创造性地发展了马、恩、列用以造成唯物史观和科学社会主义理论的那些思想。他依据于历史发展法则之上指出这些法则的意义，即可以给那为社会主义而斗争的无产阶级政党拿去做武器。"马列主义所以有力、有生气，正是因为它的实际活动是根据于社会物质生活发展之需要的，是永远不脱离社会的现实生活的。"（同上书，第一一一页）科学和实践的统一，"理论和实践的联系"——这个从社会发展法则做出来的伟大的列宁主义结论乃是"无产阶级政党底指南针"（同上书，第一〇九页）。

苏联的历史学就是在斯大林思想的活的影响之下兴盛起来的。此时，帝国主义国家正在进行斗争，要降低历史的地位，使之不能成为一种科学；那里，最反动的"理论"正复活起来，到处正在号召回到中世纪去等等。资产阶级哲学家温德朋和黎克特的唯心论观点复活了，人们拿那种仅能描绘个别现象的历史学，去对抗那研究一定现象法则的精密的科学。工人阶级伟大的领袖列宁和斯大林，当初曾攻击资产阶级的实际主义、司特鲁威和合法马克思派的"客观主义"。列宁和斯大林曾无比深刻地和明显地指出，社会主义敌人进行斗争反对唯物史观时，不仅是公然撑起唯心论旗帜来反对的，而且常常借马克思主义辞藻为掩护，承认"经济的唯物论"，表面承认马克思和恩格斯的理论，以之对抗列宁和斯大林的学说。"教条马克思主义者"、第二国际下机会主义者就是这样，他们"表面上自然征引马克思的理论，但只为的从中阉割了活的革命的精神"（《列宁主义问题》俄文本第十一版，第八页）；伯恩斯坦、顾诺夫、考茨基、阿德列及第二国际其他的理论家就是这样；俄国的经济主义者、孟什维克派及其他主张经济唯物论的人也是这样。他们征引马克思主义文句，为的事实上背叛工人阶级事业，使无产阶级变成资产阶级的附属品，使马列主义思想丧失其伟大的革命力量，并拿资产阶级的"自发论"去代替历史发展底唯物法则，这自发论结果必至否认布尔什维克党底领导作用，否认社会主义理论的作用。

这些假冒的马克思主义者遇到了决不妥协的天才的敌人，即列宁和斯大林。斯大林在他的天才的著作《列宁主义概论》中说明列宁学说的基本要点，同时以他特有的坚决性攻击机会主义者、那些主张自发论的人。他指出，这些人乃是无产阶级专政的敌人、无产阶级革命的敌人。自发论是"反对运动走上那摧毁资本主义根基的路向的，它主张运动只好走上那种路向，即只能提出资本主义'可以实行的''可以接受的'要求。它全力主张走上最小阻力的路向"（《列宁主义问题》，第一五页）。

斯大林同志证明，自发论不仅是俄国经济主义者提出来，而且"毫无例外地普遍为第二国际属下各党所接受"，不过有若干改变罢了（同上）。我国十月社会主义革命以后，那些人民公敌也主张自发论而加以某些改变。反革命的布哈林派反对党的政策时，就是依据于资产阶级"均衡论"之上的，以及社会主义建设"自流论"之上的。在苏维埃国家的新条件之下，这个资产阶级的关于历史过程的理论不是别的，正是企图"拿新的武器放在农村资本主义分子手里，帮助他们从事于反对集体农场的斗争。这个理论的反马克思主义本质现在已明白无疑的了"（同上书，第二七九页）。右倾的复辟派曲解了马列主义的阶级斗争学说，并以"资本家逐渐进入社会主义"的理论代替这个学说（同上书，第二二七页）。

斯大林保卫和发展马列主义的社会发展理论，同时以其坚决性和原则性坚持列宁主义，坚持列宁对于阶级斗争的学说，不仅用来解释过去的历史，而且用来进行社会主义的建设事业，用来同资产阶级理论家斗争，他们的领袖就是工人阶级的敌人。

俄国无产阶级在第一次俄国革命中表现强有力的革命行动，引起了资产阶级学者的惊慌失措。这种惊慌表现于历史学上的，列宁有如下的说明："不能用科学方法分析现在，逃避科学，倾向于鄙视一切的一般化，否认历史发展有甚么法则，只见树株不见森林——这就是时髦的资产阶级怀疑主义的阶级思想……死的和垂死的烦琐主义。"（《列宁全集》第十七卷，第二七一页）资产阶级自由派派到工人阶级中来的奸细，各种取消派也是跟着资产阶级学者走的。

在我国，博克洛夫斯基及其"学派"则是拿马赫的主观唯心论理论去歪曲马克思主义。这个倾向，结果要否认历史法则有甚么客观性，要消灭历史学本身。

自然,"惟有向资产阶级的理论成见作斗争才能巩固马列主义的阵地"(《列宁主义问题》,第二七六页)。

斯大林保卫历史学,反对一切要消灭历史学的企图。他致命地批评了资产阶级社会学,批评了民粹派和无政府党的主观主义。他粉碎了资产阶级理论家们和资产阶级在工人运动中的奸细们主张的民族主义。他一面在工人运动中坚持国际主义立场,坚持民族平等,一面粉碎种族主义、资产阶级客观主义、世界主义;他一面做被压迫民族的友人,保卫劳动群众的民族利益,一面坚决反对资产阶级民族主义和民族虚无主义。他颂扬俄国杰出的政治家、军事家,以及文化、科学、艺术上前进的人物,指出他们对于俄国人民的历史意义。

历史家感谢斯大林同志,因为他非常明确地给历史学的对象下了定义。这个天才的定义是说:历史家首先要"把握物质财富生产者的历史、劳动群众的历史、人民的历史"(《联共(布)党史简明教程》,第一一六页)。斯大林确定了和说明了人民群众在历史中的作用。"由此可见,研究社会历史法则的锁钥并不存在于人的头脑中、于社会思想和观念中,而是在每一历史时代社会所实行的生产方式里面,即社会经济里面。由此可见,历史学的第一个任务就是去研究和发现生产的法则、生产力和生产关系发展的法则、社会的经济发展的法则。"(同上)惟有在这个基础之上,我们才能了解阶级斗争、政治制度和社会思想生活。斯大林同志说的话固然规定苏联国家历史发展的方向,但现在历史家距离那完全满意解决斯大林同志提出的任务还很远哩。

既然把历史看作研究历史发展法则的一种精密的科学,那么研究过去时代的历史家就有可能协助发现和预言未来的事变。"马克思主义的理论研究客观过程,首先在其发展和衰亡中研究,同时确定发展的方向,指出那一阶级或那几阶级必然要走上政权的,或必然要没落的、应当没落的。"(《斯大林全集》第五卷,第六二—六三页)"理论能够帮助实践,不仅去了解那些阶级现时如何活动以及向甚么方向活动,而且去了解最近将来这些阶级应当如何活动,以及向甚么方向活动。"(《斯大林全集》第六卷,第八九页)

斯大林同志为了使他的理论具体化起见,曾从各民族各时代的历史中征引了许多不可反驳的事实,但他注意的中心自然是在于新的革命力量(无产阶级)的出现及其所负历史使命的问题。

斯大林同志在他的著作《辩证法唯物论和历史唯物论》中,特别明显而有力地说明历史是一种科学。他征引了许多证据来证明他的思想。他说:"如果世界上没有甚么孤立的现象,如果一切现象是互相联系、互相影响的,那么显然可见,对于历史上每一种社会制度、每一种社会运动,我们去估计它的价值时,决不可采取甚么'永久正义'的观点或其他成见,如历史家所常采取的,而应当根据那些条件,即这个制度、这个社会运动所由产生及与之有联系的那些条件。"(《联共(布)党史简明教程》,第一〇四页)

斯大林同志从历史中征引了许多明显的例证,使他的思想具体化。这些例证特别有力说明历史家必须审察各种社会现象,解释各种历史事变之间的内在联系。"显然可见,如果没有拿这种历史态度去看社会现象,那么历史学就不能存在、不能发展的,因为惟有这种态度才能使历史学不致变成许多偶然事件的杂乱的堆积,不致变成许多荒谬的错误之汇聚。"(同上书,第一〇五页)

历史的发展表现于社会运动的不间断性和辩证法性,表现于旧的衰亡和新的生长,表现于从旧的到新的、从这种社会形式到那种社会形式之间的革命转变。由此就可以做出结论说:"并没有甚么永远不变的社会制度,并没有甚么私产制和剥削制的永久原则,并没有甚么永久观念使农民非服从地主不可、工人非服从资本家不可。"(同上书)由此又可以做出完全自然的结论,即说必须拿社会主义去代替资本主义。

斯大林同志描绘了人类历史从远古直至现在的一般画图。他划分了五种社会经济形式,五种基本的生产关系类型,即:原始公社制度、奴隶制度、封建制度、资本主义制度和社会主义制度。每种社会形式中最有重大意义的是社会关系和阶级的性质、生产手段的性质、技术发展的水平、财产制和剥削制的形式。大家知道,把历史看作几种社会经济形式相接续,这种观点是马克思提出和确定的。从马克思底《资本论》出版时候起,用列宁的话来说,"唯物史观就不是假设了,而是科学地证明过的命题了"(《列宁全集》第一卷,第一二五页)。

马克思把历史发展看作一种过程,其中有一定的法则,人的意志和意识是受这些法则所决定的。马克思证明了,生产工具的发展就是社会发展过程的基础,人和人间的经济关系受生产工具发展影响而起变化。马克思确定地证明了,在社会生活中、在政治的和思想的上层〔建〕筑物发展中,经济关系有决定的作用。马克思证明了,阶级斗争是历史的发动力,结果必至于无产阶级专政。马克思又证明了,在各种社会经济形式中历史发展法则并非一样的。

列宁也坚决反对那种思想,即认为"无论过去或现在人类生活法则总是一样"的思想。他说:"恰好相反,每个历史时期有其自己的法则。"(同上书)斯大林则详尽地说明了各种社会经济形式所共有的基本的发展法则,即生产关系的发展是受生产力所决定的,首先是受劳动工具所决定的。

> 生产力增长,遂使社会从这一制度过渡到那一制度。生产力不仅是生产中最活动的最革命的原素,而且是生产发展中有决定作用的原素。(《联共(布)党史简明教程》,第一一八页)

斯大林同志说明了社会主义生产发展的基本法则。说到从这个社会形式到那个社会形式的过渡时期问题时,斯大林曾作极有价值的指示,关于新社会形式战胜旧社会形式所需要时间的。这个指示对于专门的历史家以及一般的历史学都有很重大的意义。"封建经济制度需要经过二百年长久才能表现它优越于奴隶经济制度,资产阶级经济制度也需要经过一百年长久才能表现它优越于封建经济制度。"(《斯大林全集》第九卷,第一三六—三七页)后一时期比较缩短,这是因为资产阶级经济制度的技术比较发展、速度比较迅速罢了。

根据苏联社会技术发展和组织改变的情形,斯大林同志做出结论说,苏联社会主义制度表现它优越于资本主义制度,所需要的时间还更短些。他打击投降派的立场、敌人的立场,因为他们夸耀资本主义的力量,认为社会主义社会需要几百年长久才能战胜资本主义社会。斯大林同志说:"难道没有看见这个事实么,即不知道指挥我们的生产的乃是生产者自己而非寄生虫么?难道这个事实不是很重要的因素,足使

社会主义经济制度长足发展,并于更短的时间内表现它优越于资本主义经济制度么?"(同上书,第一三七页)

为了证明他的观点,斯大林同志还征引了其他的理由,即说苏联有计划经济,社会主义经济又有很大的集中性。斯大林同志做出的关于社会主义经济优越于资本主义经济的结论,已为事实所完全证明了。

★ ★ ★ ★

社会从这个形式过渡到那个形式,并不是和平的、不是进化的,而是跳跃的、革命的。当社会关系同生产力发展发生激烈的冲突时候,革命就成为不可避免了的。革命是被压迫阶级做成的,被压迫阶级从事革命是"完全自然的不可避免的现象"(《联共(布)党史简明教程》,第一〇五页)。斯大林同志检讨了世界历史发展,指出有三种大革命替世界历史三个新时期开辟道路。奴隶革命摧毁了奴隶制度,结果造成封建统治;农奴革命消灭了封建制度,结果造成资产阶级胜利;无产阶级革命、社会主义革命在俄国消灭了资本主义,结果造成社会主义胜利。前二种革命,结果不过推翻了一种阶级压迫制和剥削制,而代之以另一种阶级压迫制和剥削制罢了。"惟有苏维埃革命,惟有我们的十月革命,才提出这个问题,即不要拿一些剥削者来代替另一些剥削者,拿一种剥削制来代替另一种剥削制,而要根绝一切剥削制,根绝一切剥削者、一切富人、一切压迫者,不管是旧的或新的。"(《列宁主义问题》,第四一二页)

历史学上还未曾有人如此精密地说明从一种社会形式过渡到另一种社会形式,也未曾如此指出那些决定性的因素,它们保证用革命的方法摧毁旧的社会关系。斯大林这个指示提供了新的见解,足以解释奴隶社会的灭亡以及许多其他的现象,无论是发生于我们的祖国的(波斯博尔朝代等),或是发生于巴尔干半岛诸国及其他地方的。

斯大林关于农奴革命的指示也推翻了旧的见解,即认为农民运动总是失败的见解。斯大林同志指出农民运动的革命意义就在于这运动能动摇农奴制度和封建制度,能实行革命性的摧毁。

斯大林同志的指示特别在俄国历史上得到了证实。专门家的研究非常清楚地证明,十九世纪上半期,尤其在俄国废除农奴制度以前,农民运动是不断增长着的。显然可见,这个运动不是别的正是农奴的革命运动,使得俄国农奴制度再不能存在下去了,使得政府再不能不自上而下地废除农奴制度。自然,这并不是说奴隶和农奴起来革命并非生产力的发展所促成的,其实斯大林已经不止一次地很明显说到这个关系了。这不过是说,奴隶和农奴的革命有重大的历史意义,因为恰好发生于生产力和生产关系进入于冲突的时候。斯大林同志证明,没落的阶级决不肯自愿放弃其阵地的,革命的跳跃是合乎历史法则的,进行革命的阶级并非每次都能享受自己的劳动的果实的。

斯大林同志还更加详尽地更加多方面地研究各种类型的资产阶级革命。他同列宁一起发挥了俄国资产阶级民主革命的性质和动力问题,证明了党的口号和策略与本国和工人阶级发展的客观条件之间有不可分离的联系。

斯大林同志打破了旧的虚伪的传统,令人心服地证明了并非每次资产阶级革命一定会使资产阶级得到政权的。恰好相反,在帝国主义时代,资产阶级就变成了反革命势力,不能够向专制制度和农奴制残余进行斗争。

在《临时革命政府与社会民主党》那篇论文中,斯大林打击了孟什维克派的结论,这结论认为在俄国进行的革命是有利于资产阶级的,是以资产阶级为革命领袖的。他说:"在法国,站在革命头上的是资产阶级①,在俄国则是无产阶级。那里,资产阶级支配革命命运;这里,则是无产阶级支配革命命运。革命的领导力量既然有如此改变,各阶级所得的结果难道会一样的么?如果在法国,做革命领袖的资产阶级享受了革命果实,那么在俄国,虽然是无产阶级做革命领袖,也许仍是资产阶级享受革命果实罢?孟什维克说:不错,法国发生甚么事情,俄国也要发生甚么事情。这些先生们,同做棺材的木匠一般,只晓得死人的尺度,而且拿这个尺度测量活人。"(《斯大林全集》,第一五一页)

斯大林同志坚持列宁的思想,关于资产阶级民主革命的,关于无产阶级的领导权的,关于革命生长为社会主义的。他不仅在这一点上反

---

① 如列宁和斯大林所指出的,虽然主要的革命力量乃是农民。

对孟什维克派,而且后来反对其他的工人阶级叛徒和仇敌。说到党在革命中的新立场时,斯大林写道:"以前,在资产阶级革命中,例如西欧,领导权是属于资产阶级的。无产阶级,不管自己愿意不愿意,总是做资产阶级底助手,农民则做资产阶级后备军。马克思主义者认为这种配合是或多或少不可避免的,但同时主张无产阶级应当尽可能坚持自己的切近的阶级要求,而且应当有自己的政党。现在,在新的历史环境之下,事情就照列宁所说的进行了,即无产阶级变成了资产阶级革命中的领导力量,资产阶级脱离了革命领导,而农民变成了无产阶级的后备军。"(《联共(布)党史简明教程》,第六六—六七页)党的这个新立场也可以说是列宁和斯大林的立场,现在就成为实践的革命斗争中和我们的历史学中主导的立场了。这个立场使得历史家有可能更深一层去研究一般的资产阶级革命,以及特殊的在帝国主义时代的资产阶级革命。

列宁和斯大林很注意研究各个社会形式的法则及其合法则性。例如,资本主义时代有经济发展的不平衡法则。斯大林同志研究这个法则对于资本主义发展各阶段的作用——对于垄断以前的阶段和对于帝国主义阶段。"资本主义法则,在资本主义发展各阶段是如何改变的,这些法则又是如何随客观条件不同而受限制或增强力量的?这个问题有特殊的理论意义。"(《斯大林全集》第九卷,第一六六页)大家知道,为了资本主义国家发展之经济上的和政治上的不平衡性原敌(斯大林同志特别重视这一方面),列宁和斯大林才发挥了社会主义革命的新理论,即关于社会主义能在一国胜利的理论,并以此拿极有力的武器放在无产阶级手里去同资产阶级斗争。斯大林同志十分坚决而明显地指出,从资本主义到社会主义的过渡是不能按照改良道路的,只能按照"资本主义制度质变道路,即革命道路"(《联共(布)党史简明教程》,第一○五页)。完成这个革命的条件以及党的策略和战略,已由列宁和斯大林规定出来了,而且成为各国无产阶级斗争的主导原则。斯大林同志继续发展无产阶级革命理论,以此丰富了列宁主义,而且保卫这个理论,反对工人阶级敌人们、孟什维克派及其他叛徒的修正。

斯大林同志说到伟大的社会主义的十月革命时,说到它的国际意义时,总是提醒人注意它同以前各次革命有性质上的差别——以前各次革命不过是推翻一种剥削形式而代之以另一种剥削形式罢了。"过去的革命结果往往是推翻一派剥削者的统治而代之以另一派剥削者的统治。剥削者改换了,但剥削仍旧存在。奴隶革命、农奴革命、工商业资产阶级革命就是这样。十月革命则原则上与这些革命都不同。它的目的并不在于推翻一种剥削形式而代之以另一种剥削形式,推翻一派剥削者而代之以另一派剥削者,而是在于消灭一切人剥削人的制度,消灭一切剥削者。"(《斯大林全集》第十卷,第一六八页)十月革命建立了无产阶级专政,它"根本改变了政治和经济、生活和习惯、道德和传统、文化和一切精神面貌"(同上书,第一六九页)。十月社会主义革命之后,"通常的资产阶级革命时代就已过去了,在那时代里无产阶级不过是冲锋的力量,而剥削者享受了革命的果实"(同上书)。

斯大林同志这些思想完全被世界历史进程所证实了。苏联在那些摆脱了帝国主义枷锁的民族当中占据领导的地位。斯大林的著作,关于俄国伟大的社会主义十月革命的,同列宁的著作一般已经成为经典了。真正科学的十月革命史、苏联社会史,就是以这些著作为其坚固的基础的。历史学的最重要的任务之一,就是具体地解释伟大的社会主义的十月革命,它的解放欧洲和亚洲其他民族的使命,它的在殖民地开辟了一个解放革命的时代。

斯大林同志在历史学中特别注意社会历史过程上两个最重要的问题:思想在人民的历史生活进程中的作用问题,以及个人在历史中的作用问题。斯大林仔细探索社会思想之起源及其在历史中的作用。

社会思想是起源于社会的物质生活、于社会存在的,社会存在之反映就是社会思想。奴隶制度下有一种理论,封建制度下有一种理论,资本主义制度下又有一种理论。

社会的物质生活发展提出了新的任务于社会面前,这些任务如果不能解决,就会产生新的社会思想,在这些思想的有组织的动员性的改造性的影响之下,这些任务才能解决。

但这些思想产生出来以后,就变成一种重大的力量了,它能帮助解决新的任务、帮助推动社会前进。新的思想和理论的产生是因为"社会需要它们,没有它们的有组织的动员性的改造性的工作,则社会物质生活发展中成熟了的任务就不得解决"(《联共(布)党史简明教程》,第一一一页)。在成熟了的任务基础上发生出来的思想,"反过来作用于社会存在、于社会的物质生活"(同上书,第一一二页)。所以,前进的思想就获得重大的动员意义,使广大的人民动员起来组织成无产阶级政党的伟大军队,去打击反动力量,并替社会进步力量开辟道路。斯大林同志特别注意研究新思想、马列主义在工人阶级革命斗争中的社会政治作用问题。

说到个人在历史中的意义时,斯大林同志引了无数的实例证明马克思主义并不否认伟大人物的作用,他们所以伟大,因为他们能够了解、能够正确表示本时代的要求。"英雄、伟大人物所以能够在社会生活中发生重大的作用,仅仅因为他们能够正确了解社会发展条件、了解如何改善这些条件。英雄、伟大人物如果不能够正确了解社会发展条件,如果图谋违抗社会的历史要求,如果自命为历史'制造者',那就会落入于可笑的一事无成的无人需要的地位了。"(同上书,第一六页)

所以,拿将军、帝王等的行动来解释历史,或如斯大林同志说的,拿国家"篡窃者"和"征服者"的行动来解释历史,都是非常错误的。但历史家必须给伟大人物以客观的评价。斯大林同志特别举出彼得第一为例,详尽地和具体地说明这个问题。

斯大林又指示历史科学不可将过去事实理想化(历史不可"改善"也不可"改恶")。斯大林关于民族问题的著作对于历史学有异常可宝贵的意义。深刻地科学地研究民族形成问题,民族、种族、人民之间的差异问题说明各种民族运动的阶级内容,解释社会主义民族的形成过程及其与资本主义民族的区别——这一切武装了历史学,使之能根据马克思主义观点科学地去了解社会运动,去了解民族运动在无产阶级为社会主义而斗争中的作用。

马列主义理论,斯大林在他的著作中曾根据新的历史经验而加以创造性的发展。莫洛托夫于纪念斯大林同志六十岁生日时,曾写了一篇论文《列宁事业继承者斯大林》,其中就列举了斯大林对于列宁主义新发展的重要思想。莫洛托夫首先列举的是斯大林关于新型布尔什维克党的思想,以及关于社会主义能在一国胜利的思想。斯大林同志几十年来用尽全力来建党,他同所有机会主义倾向作战,以此来巩固党。

斯大林同志辩护、发展和实现列宁的关于社会主义在一国胜利的学说、关于苏联能建设完成社会主义社会的学说。斯大林同志"以共产主义斗争的明晰的远景武装了我们的党,无此远景,则在苏联进行斗争以建设社会主义社会而得胜利就是不可能的。斯大林同志有了这个历史功绩,即从各方面辩护和发展列宁主义的这些伟大思想,这些思想同常明的灯塔一般照耀着共产主义完全战胜资本主义的历史道路上"(莫洛托夫上引论文)。大家知道,还有其他的重要问题也是斯大林同志所发展和解决了的:苏联工业化问题、农村经济集体化问题、全力巩固那陷于资本主义包围中的社会主义国家问题,以及其他的重要问题。

斯大林同志要求别的人能够根据苏维埃国家存在之经验,并"从马克思主义本质出发去具体化马克思主义所提出的个别的带一般性的命题,去使它们更加精密而且完美"(《列宁主义问题》,第六〇四页)。我国的历史学的领袖提出的这些要求,必须有机地接受而且实现为具体的历史著作。

在第十八次党大会上,斯大林同志特别唤起全党注意理论问题,尤其关于苏维埃国家的本质问题。他指出恩格斯关于社会主义革命在一国胜利后国家将渐渐衰亡问题所说的话是有缺陷的。恩格斯的话只有在这个前提之下才是正确的,即"社会主义已经在一切国家或在大多数国家取得胜利"(同上书,第六〇二页)。他的话却不能推广应用于特殊的具体的情况,即"社会主义仅在单独一国取得胜利,而周围都是资本主义国家,时刻有外国军事进攻的危险"(同上书,第六〇三页)。所以,苏维埃国家不应当渐渐衰亡,反而需要加强起来,"能够保卫社会主义胜利品而抵御外国的攻击"(同上书,第六〇三页)。斯大林同志指出,自从伟大的社会主义的十月革命以来,我们的社会主义国家在其发展上经过了两个重要阶段:第一阶段,从伟大的社会主义的十月革命起至剥削者阶级肃清为止;第二阶段,从剥削者阶级肃清起至社会主义经济制度完全胜利为止。斯大林同志说:"我们现在再向前进,到共产主义去。"但虽在共产主义社会,国家仍旧要保存着的,"倘若那时仍旧陷于资本主义包围之中,倘若外国军事进攻的危险还未曾消除,自然，我们的国家的形式将伴随国内外环境的变化而变化"（同上书，第六〇六页）。

在理论和实践的统一的基础之上，斯大林同志发展了马列主义的国家论，他主张在那到共产主义去的过渡时代，苏维埃国家不是衰亡的，而是加强的，但国家的职能将是本质上不同的。

斯大林同志对于马克思主义的国家论有极重大的贡献，他填补了列宁当时所未能填补的缺陷。他的理论思想的力量和他的政治远见帮助苏维埃国家力量强固起来，提高了它的机关的警觉性。

斯大林分析了阶级国家（奴隶制的、封建制的和资产阶级制的国家）的两种职能，以此暴露了和具体化了这些社会的阶级结构，遂给历史家以武器去同历史学中流行的资产阶级理论相斗争。例如，在索洛维也夫、克柳舍夫斯基、密柳可夫、狄亚可诺夫等人的著作中，俄国君主专制制度是被曲解了的，"为少数剥削者利益去控制多数被剥削者"的职能是被人同那化农民为农奴的职能分开了的。在资产阶级地主的科学中又有另一种曲解国家作用的倾向，这个倾向以齐赤林、索洛维也夫、史特鲁威、蒲列汉诺夫为代表，把国家设想为超阶级的势力，能束缚和解放一切阶级。至于罗支可夫和博克洛夫斯基的反马克思主义观念，则认为俄国君主专制是代表商业资本的。斯大林关于国家职能的分析，对于外国历史学中流行的资产阶级和小资产阶级的观念说来是一个新的打击，对于我们的研究家说来则是一个新的有力的武器，帮助他们更深一层去了解，更正确、更符合历史过程步骤地去把革命前的国家的社会政治作用解释为剥削者阶级的阶级统治，又把苏维埃社会主义国家的社会政治作用解释为重要的、有力的武器，为了保卫苏联人民以抵御帝国主义进攻。

斯大林关于苏维埃国家发展上两个阶段的分析则详细发挥在《联共（布）党史简明教程》里面。他肃清了那关于苏维埃国家将渐渐衰亡的不正确的见解，而使历史学能正确了解苏维埃国家的作用。斯大林同志严肃地纠正了和补充了恩格斯的见解，即认为在一国无产阶级革命胜利之后国家就要渐渐衰亡的。

此外还有几个问题，斯大林也曾纠正了恩格斯的见解。斯大林同志回答辣真上校的信中，曾指出恩格斯对于巴克莱德托里的评价不正确。与恩格斯不同，斯大林则推崇天才的统帅顾土若夫，他"做军队统帅，毫无疑义要比巴克莱德托里高出两个头的"(《布尔什维克》一九四七年第三期，第八页)。

在同一信中，斯大林同志又打破了克劳塞维奇做军事理论家的权威，推翻了毛奇、史里芬、鲁登道甫等人发展起来的德国军事学说，并指出必须终止"夸大"德国理论家的价值。斯大林同志以此指示定出了整个纲领，教我们如何去研究战争、军事艺术、军事思想，以此著作战争史和普通史。可注意的，是斯大林同志将军事思想的发展同技术发展和社会经济发展联系起来。斯大林说克劳塞维奇是战争之手工业的时代的代表人，在现在战争之机器的时代，若向克劳塞维奇看齐，那就是错误的和有害的。"如果没有采取批评的选择态度去对付有名的权威者的已成陈旧的命题和言论，那就不能前进，也不能推动科学前进。这不仅可以应用于军事权威者，而且可以应用于马克思主义的古典著作。"(同上书，第七页)

斯大林果真修正了恩格斯在《俄国帝制的外交政策》论文中发挥的若干陈旧的命题(《马恩全集》第十六卷第二部分，第三至四〇页)。斯大林同志评论恩格斯这篇论文，指出它有很重大的缺点(《布尔什维克》一九四一年第九期，第一至五页)。第一，恩格斯解释俄国帝制的掠夺政策，少注意到俄国上层社会军事封建商业集团的要求，而多注意到"外国冒险家"的阴谋诡计。第二，恩格斯说明欧洲局势并解释世界战争发生原因时疏忽了一个重要因素，即帝国主义为争夺殖民地和市场而斗争，英国和德国之间的斗争，这个斗争"在世界战争的发生和发展上有差不多决定性的作用"(《布尔什维克》同期，第四页)。斯大林同志解释恩格斯这篇论文的缺点和片面性，首先指出：当时已到帝国主义阶段了，但恩格斯并未曾分析资本主义的新现象，并未曾指出诸"大"国间(首先英、德二国间)为重新分割世界而进行斗争。由此，恩格斯才未曾正确了解世界战争的性质，以及工人阶级对于世界战争的关系。斯大林令人心服地指出：在恩格斯的思想进程中"并没有位置留下来给革命的失败主义，给列宁的转变帝国主义战争为国内战争的政策"(同上书,第五页)。

斯大林同志对于恩格斯这篇论文的批评,首先给人以一个正确的方向去研究十九世纪中页以后俄国帝制的外交政策问题,去解释在世界大战前夜俄国外交政策方面何以丧失了独立作用;其次,暴露这个事实,即帝国主义战争是从帝国主义时代资本主义矛盾中产生出来的,并确定其中的主要矛盾,即英、德二国之间的矛盾;最后,指出恩格斯过分估高了俄国帝制的力量,视之为"全欧洲反动的最后堡垒"。斯大林这个批评对于历史家有巨大的方法论意义是不言而喻的。

我们还要说起具体历史的若干重要问题,为斯大林同志所解决了的,而且已经收入我们的科学宝库里面的。这就是:他输入了"前封建"时期的观念于历史学中;他确定了东欧诸多民族国家形成的原因;他提出了保卫本国免受军事上强大邻国侵略是促进集中化国家形成过程的因素;他立下了在不同的历史阶段上国家的阶级本质的定义;他精密地说明了民族的意义及民族的发生。斯大林同列宁一起发挥了帝国主义为资本主义最后阶段,为垂死的资本主义的问题。斯大林规定的历史过程划分时代的原则是有巨大意义的。斯大林继续发展了历史学含有党派性的原则。历史家从他的著作中应当懂得我们的科学的党派性了。斯大林说的科学党派性和苏维埃爱国主义是一致的,是有有机联系的,是反对资产阶级的世界主义和民族主义的。斯大林特别伟大贡献的是在解决俄国资产阶级民主革命和社会主义革命的历史的问题,是在苏维埃社会史的问题。

社会主义经济、文化、国家的建设、农村经济的集体化等等——在解决这一切问题上,斯大林的著作是根本的源泉,它们丰富了马克思主义理论,它们替共产主义社会建设开辟了具体的道路。斯大林同志写了共产党史,替国内战争史的著作开辟了新道路。我们的国家苏维埃社会史也是他划分阶段的,他又研究了欧、亚各国共产党的历史,发现了殖民地人民争取独立斗争的法则、殖民地革命的法则,天才地分析了反法西斯的卫国战争,指出了战后时期帝国主义阵营日益增长的攻势。这一切问题不是一篇文章所能说尽的。

列宁和斯大林是两个最伟大的革命领袖,是马列主义的两个天才的理论家,是创造性的马克思主义的两个代表人,发展了马克思主义的活的精神。斯大林同志是列宁死后列宁事业之最光辉的继承者,无论在理论方面、在建党方面、在建国方面。在斯大林同志领导之下,布尔什维克党击败一切投降者、一切机会主义者,发展了列宁主义。斯大林同志多方面地为列宁主义的历史问题和理论问题而发言,他坚持用科学方法阐明布尔什维克党的历史,他保卫马列主义抵御种种伪造和走私。斯大林同志一九三一年时在致《无产阶级革命》杂志编辑部的信中已经提出任务,"要提高布尔什维克主义历史问题于应有的高度,要用科学的布尔什维克的方法研究党的历史以反对一切伪造者"了(《列宁主义问题》,第三六一页)。

★ ★ ★

一九三八年,斯大林同志创造了他的天才的著作《联共(布)党史简明教程》,这是对于马列主义的最杰出的贡献。这部著作乃是马恩列斯思想之有系统的叙述,首先将俄国工人阶级的革命斗争一般化,俄国工人阶级是在列宁和斯大林的党领导之下第一次建立社会主义的社会和国家的。在这部著作里面,列宁主义是在马克思主义理论基础上同布尔什维克党的历史有机地联系起来;党的政策和世界观(辩证法唯物论和历史唯物论)是发挥为辩证法的相互联系的形式。在这部著作里面,"说明了马克思学说和列宁学说间有不可分离的一致性、有整齐性、有连续性,说明了马列主义的统一性,说明了列宁和他的学生们根据帝国主义和无产阶级革命时代无产阶级斗争的新经验,对于马克思主义理论有甚么新的贡献"(《联共(布)党中央委员会关于〈联共(布)党史简明教程〉出版时党的宣传工作之决议》,第四页)。在这部著作里面,发现了和证明了列宁主义乃是帝国主义、无产阶级革命及社会主义建设时代,无产阶级斗争的新经验所丰富了的马克思主义;发现了列宁和斯大林贡献何等丰富的思想于马克思主义理论。以布尔什维克党的历史为例,斯大林同志说明了马列主义对于无产阶级革命斗争的意义。同时,他又根据无量数的事实说明了革命斗争对于马列主义理论的发展和丰富有甚么作用和意义。

《联共(布)党史简明教程》使人"明了社会发展和政治斗争的法则，明了革命的动力"(《联共(布)党史简明教程》，第四页)。那里面特别阐明社会发展法则和无产阶级革命斗争之间的相互联系。这个问题在本书的有名的结论中说得更加清楚："马列主义理论，乃是关于社会发展的科学、关于工人运动的科学、关于无产阶级革命的科学、关于共产主义社会建设的科学。"(同上书，第三三九页)

《简明教程》中发挥的社会发展法则，是研究了帝国主义和无产阶级革命时代社会的历史而以此研究为根据的，是推广了共产主义社会建设经验而以此推广为根据的，因此比当初马克思所发挥的要更完满得多。以前的马克思主义者虽然知道这些法则，但还未曾知道得这般完满，因为以前还没有造成社会主义革命胜利以及我国社会主义胜利的那些伟大的历史实践可为依据。马克思主义的关于社会发展法则的科学，有了列宁和斯大林所作的天才的新发现之后，就更加精深阔大了。

历史学必须完全能够创造性地应用《简明教程》中发挥的社会发展法则去从事于具体的研究。斯大林这部著作提高了历史学至于更高的水平，并武装了历史学，使之战斗性地、党派性地、深刻科学性地去了解遥远的过去时代和现在帝国主义危机时代，去了解我们的祖国的伟大的社会主义的改革，那些人民民主国家是向我国看齐的。

《简明教程》乃是具体的历史研究之最伟大的模范，历史家从中学习了如何党派性地记载历史事变。书中划分的阶段适合于历史性和年代性。书中充满了最深刻的理论思想，表明列宁主义有发展。此书是创造性地应用辩证法于具体历史材料的伟大的模范。

斯大林同志写本党历史学，是先精密分析了俄国经济发展、阶级性质和政治制度特点的，换一句话说，即他联系着本国一般历史来写本党历史。斯大林同志说明了俄国资本主义的发展及其转变为帝国主义，说明了工人阶级的形成及其经济地位，说明了无产阶级集中化的特殊性、阶级斗争的发展，以及无产阶级在反君主专制和反资本主义的斗争中占据的领导位置。

《简明教程》证明了俄国经济发展和阶级斗争进程是合于法则的，

是不可避免地先引致资产阶级革命,然后引致社会主义革命的党的形成及其与机会主义斗争,是有机地联系于阶级斗争的。

斯大林同志在《简明教程》中又发挥了《辩证法唯物论和历史唯物论》,其中不仅含有列宁同修正主义者及各派敌人斗争时留下来的理论财富,而且含有他自己添入的财富。为此他利用了工人阶级斗争经验、布尔什维克党经验、共产主义建设经验。

斯大林诸著作中关于苏联社会历史的,尤其《简明教程》中与此对应的几章具有最伟大的科学的和实际政治的意义。在这几章书中,他有系统地、一步一步地叙述了苏联社会历史,叙述了党为建设社会主义而作的斗争,叙述了经济、文化、国家各方面建设社会主义的经验,而且推广了这一切的经验。斯大林同志说明了苏联人和布尔什维克党在建设社会主义道路上遇着甚么困难:国内战争、社会残破、经济落后,国内阶级敌人进行阴谋,国外帝国主义进行诡计,有系统地派遣奸细进苏联来,屡次地图谋挑拨武装冲突等等。斯大林同志表扬工人的英勇的努力、党的领导作用,以及苏联人民对于建设完全的社会主义社会的可能性之坚定的信心。

这是人类历史上第一次一个政党主持了建设社会主义的事业。当恢复时期结束时,党的面前已经提出了"关于前途,关于我们的发展和建设的性质的问题,关于社会主义在苏联的命运的问题。苏联的经济建设应当朝着甚么方向走呢?朝着社会主义呢,还是其他方向呢?我们应当而且能够建设社会主义经济么?或者我们命运注定要替其他的资本主义经济培养土壤么?在苏联建设社会主义经济一般是可能的么?如果是一般可能的,那么在资本主义国家革命拖延和经济稳定之下仍是可能的么?新经济政策是尽力巩固和扩大国内社会主义力量的,同时也相当助长了资本主义,在新经济政策道路上建设社会主义经济是可能的么?建设社会主义的人民经济需要甚么?又从何处去着手建设?——对于以上一切问题,党都给了明白而确定的回答。党回答说:是的,社会主义经济是可能而且必须在我们国内建设起来的,因为我们有了一切必需的东西去建设完全的社会主义社会"(《联共(布)党史简明教程》,第二五九—二六〇页)。

斯大林的国家工业化和农村经济集体化的政策决定了社会主义建设的具体道路,并保障了社会主义在苏联的胜利。消灭富农阶级和农村经济集体化,造成了"最深刻的革命转变,从旧性质的社会跳跃至新性质的社会,就其效果说是与一九一七年十月的革命转变有同等意义的"(同上书,第二九一页)。

★ ★ ★ ★

斯大林同志在理论上发挥了苏维埃社会的合法则性,指出了和解释了苏联战胜希特勒德国的原因。苏联历史家必须有机地接受这个伟大的理论宝库,因为惟有这个宝库才能开辟宽阔的道路,使研究苏维埃社会的苏联历史学能繁荣起来。

苏联历史学是在列斯主义理论基础之上进行工作的。这就保证了一连串的成功,以致产生出很多种有价值的历史著作。可是,有些关于一般历史和苏联历史的著作、关于苏联社会史的著作,科学团体和党出版部出版的有许多种竟发现了世界主义的错误,教科书中也发现了粗暴的资产阶级客观主义的错误,以及民族主义的歪曲、诺尔曼主义的思想尚未曾清除,人们研究时忽视思想方面和偏重赤裸的事实等等——这一切都明显反映了我们的历史学的重大缺点,以前几期《历史问题》杂志已经报告过了。

要清除这些错误和缺点,最可靠的方法就是深刻地创造性地研究斯大林给我们的伟大的思想宝库。他的著作就是最伟大的模范,表现科学的党派性、表现提出和解决新问题时的勇敢和革新精神。他的著作是活的实例,说明科学和实践间、理论的结论和实践的任务间有直接的联系和一致性。不仅研究苏联社会的历史家,而且西方和东方国家的历史家,研究封建制度、农奴制度问题的,都必须在斯大林著作中学习如何培养战斗性,如何斗争求得苏联思想和苏联科学的胜利,求得苏联科学家的优胜地位。

我们看见列宁和斯大林思想的胜利如何增长而扩大。一天比一天多的民族走上苏联所开辟的道路了。人民民主国家的巩固,其中的社会主义建设、中国人民的胜利、民主德国的成立(斯大林政策的实现)——这一切就是证据。

斯大林同志提高了和丰富了苏联的历史学。他保卫苏联的历史学,抵御博克洛夫斯基主义(事实上的取消主义)的有害的影响。他警告历史家干部防备他们中间产生反马克思主义的和反列宁主义的观点。由于他的倡议,历史教育展开了,青年的历史家干部养成了,高等学校马列主义教育改善了,历史学各部门的教科书编辑出来了。根据他的指示,苏联科学家们开始向那屈服于西方资产阶级科学的倾向作斗争了。

伟大的斯大林思想感召起来的苏联历史学必须经过一番改造,提高至斯大林向社会科学要求的水平,指导研究者的思想去解决那照斯大林的话说来构成了历史学基本内容的一些问题。根据列宁主义立场多多编著历史学各部门的教科书,以及有关于历史学重要问题的专书;改善列宁主义历史学青年干部的训练方法;多多帮助民族的历史家干部的教育;不妥协地防止仇敌观点侵入我们的历史学。以上便是历史家们的实际任务,这些实际任务乃是从斯大林同志向苏联历史学提出的那些重大的任务之中推演出来的。

(节选自邱伯年译:《斯大林与苏联历史学》,中华书局1950年版)

图书在版编目(CIP)数据

《辩证唯物主义与历史唯物主义》在中国／任虎编校.—上海：上海古籍出版社，2023.12
（中国近代史学文献丛刊）
ISBN 978-7-5732-1005-0

Ⅰ.①辩… Ⅱ.①任… Ⅲ.①辩证唯物主义-研究-中国②历史唯物主义-研究-中国 Ⅳ.①B02②B03

中国国家版本馆 CIP 数据核字（2023）第 246590 号

中国近代史学文献丛刊
《辩证唯物主义与历史唯物主义》在中国
任 虎 编校
上海古籍出版社出版发行
（上海市闵行区号景路 159 弄 1-5 号 A 座 5F 邮政编码 201101）
(1) 网址：www.guji.com.cn
(2) E-mail: guji1@guji.com.cn
(3) 易文网网址：www.ewen.co
浙江新华数码印务有限公司印刷
开本 635×965 1/16 印张 22.75 插页 6 字数 328,000
2023 年 12 月第 1 版 2023 年 12 月第 1 次印刷
ISBN 978-7-5732-1005-0
A·2 定价：108.00 元
如有质量问题，请与承印公司联系